"四好农村路"理论与实践

交通运输部政策研究室
交通运输部公路局   编著

人民交通出版社股份有限公司
China Communications Press Co.,Ltd.

近十年来农村公路建设成绩斐然，为改善农民生产生活条件作出了重要贡献。交通基础设施建设具有很强的先导作用，特别是在一些贫困地区，改一条溜索、修一段公路就能给群众打开一扇脱贫致富的大门。新形势下，要进一步深化和加强农村公路发展，农村公路建设要因地制宜、以人为本，与优化村镇布局、农村经济发展和广大农民安全便捷出行相适应。要通过创新体制、完善政策，进一步把农村公路建好、管好、护好、运营好，逐步消除制约农村发展的交通瓶颈，为广大农民脱贫致富奔小康提供更好的保障。

——2014年3月，习近平总书记对农村公路发展作出重要批示

（《人民日报》2014年04月29日01版）

近年来,"四好农村路"建设取得了实实在在的成效,为农村特别是贫困地区带去了人气、财气,也为党在基层凝聚了民心。交通运输部等有关部门和各地区要认真贯彻落实党的十九大精神,从实施乡村振兴战略、打赢脱贫攻坚战的高度,进一步深化对建设农村公路重要意义的认识,聚焦突出问题,完善政策机制,既要把农村公路建好,更要管好、护好、运营好,为广大农民致富奔小康、为加快推进农业农村现代化提供更好保障。

——2017年12月,习近平总书记
对"四好农村路"建设作出重要指示
(《人民日报》2017年12月26日01版)

编委会

主　　任：杨传堂　李小鹏
副 主 任：戴东昌　刘小明
委　　员：周　伟　吴德金　吴春耕　杨国峰
　　　　　杨文银　朱伽林　谭　鸿

编写组

主　　编：孙文剑
副 主 编：臧　青
主要成员：韩东方　解晓玲　刘明君　杨　勇
　　　　　张　杰　郭永亮　徐　瑛　祝　昭
　　　　　丁　建　牟　凯　方　田　弋晓明
　　　　　陈　鹏

前　言

　　农村公路是覆盖范围最广、服务人口最多、提供服务最普遍、公益性最强的交通基础设施。党的十八大以来，以习近平同志为核心的党中央高度重视农村公路工作，多次作出重要指示批示。2014年3月，习近平总书记作出了要把农村公路"建好、管好、护好、运营好"的"四好农村路"重要指示。2016年9月，他强调"四好农村路"建设是总结经验，特别是成功经验所提出的，要认真落实，久久为功。2017年12月，习近平总书记对"四好农村路"作出新的重要指示，他指出：近年来，"四好农村路"建设取得了实实在在的成效，为农村特别是贫困地区带去了人气、财气，也为党在基层凝聚了民心。交通运输部等有关部门和各地区要认真贯彻落实党的十九大精神，从实施乡村振兴战略、打赢脱贫攻坚战的高度，进一步深化对建设农村公路重要意义的认识，聚焦突出问题，完善政策机制，既要把农村公路建好，更要管好、护好、运营好，为广大农民致富奔小康、为加快推进农业农村现代化提供更好保障。

　　习近平总书记关于"四好农村路"重要指示，饱含着对"三农"工作的高度重视，对脱贫攻坚、决胜全面小康的高度重视，对建、管、护、运营好"四好农村路"，为农民致富奔小康、农业农村现代化提供保障的高度重视。这些重要指示，深刻阐述并系统回答了农村交通为谁发展、怎样发展、实现什么样的发展等根本性问题，从系统的角度出发，注重协同推进农村公路建、管、养、运各个环节的工作，着力于弥补农村公路发展中的短板，提高农村交通发展效能，是习近平总书记科学运用系统思维和统筹方法指导交通运输实践的具体体现，抓住了交通运输发展的一般规律，不仅为下一阶段农村公路工作提供了根本遵循，也为下一步我国推进现代综合交通运输体系建设、加快社会主义现代化交通强国建设提供了科学的行动指南。

当前，我国交通运输发展正处于支撑全面建成小康社会的攻坚期、优化网络布局的关键期、提质增效升级的转型期，将进入现代化建设新阶段。我们必须要充分用好"黄金时期"，用好"四好农村路"蕴含的思想方法，加快推进现代综合交通运输体系建设。必须要始终坚持以人民为中心的发展思想，顺应人民群众对美好生活的向往，更好满足多元、舒适、便捷等客运需求和经济、可靠、高效等货运需求，不断实现好、维护好、发展好最广大人民群众的根本利益。必须要坚持服务大局，充分发挥交通运输在全面建设小康社会中的作用，突出对"三大战略"和乡村振兴、新型城镇化、脱贫攻坚的支撑保障，着力消除瓶颈制约。必须要坚持统筹兼顾，补齐交通运输发展短板，协同推进各种运输方式建、养、管、运，更加注重提高交通安全和应急保障能力，提升绿色、低碳、集约发展水平。必须要坚持改革创新，把创新作为引领发展的第一动力，注重创新体制机制，创新完善政策，破解交通运输发展的难题和制约。

为深入学习贯彻习近平新时代中国特色社会主义思想，学习好领会好贯彻落实好习近平总书记关于"四好农村路"重要指示精神，在习近平总书记提出"四好农村路"四周年之际，我们在组织开展的中宣部马克思主义理论研究和建设工程重大实践经验总结课题成果的基础上，对有关资料进行了整理，汇编了本书，供各地交通运输主管部门、公路管理机构及相关从业人员、研究人员等学习和借鉴。相信学习和应用好本书，将有力推动大家增强新时代"四好农村路"建设的责任和自觉，把习近平总书记重要指示精神落到实处。

交通运输部政策研究室
交通运输部公路局
2018 年 1 月

目 录

习近平总书记"四好农村路"重要论述及其成功实践研究 …………（ 1 ）

杨传堂在 2014 年全国农村公路电视电话会议上的讲话 …………（ 27 ）

杨传堂在 2015 年全国农村公路现场会上的讲话 …………………（ 35 ）

杨传堂在 2016 年全国"四好农村路"运输服务工作现场会上的讲话
　　……………………………………………………………………（ 47 ）

李小鹏在 2017 年全国"四好农村路"养护现场会上的讲话 ………（ 62 ）

政 策 篇

(一) 中央有关政策

中共中央　国务院关于加大改革创新力度加快农业现代化建设的
　　若干意见
　　（2015 年 2 月 1 日　中发〔2015〕1 号） ……………………（ 77 ）

中共中央　国务院关于落实发展新理念加快农业现代化实现全面
　　小康目标的若干意见
　　（2015 年 12 月 31 日　中发〔2016〕1 号） …………………（ 92 ）

中共中央　国务院关于深入推进农业供给侧结构性改革加快培育
　　农业农村发展新动能的若干意见
　　（2016 年 12 月 31 日　中发〔2017〕1 号） …………………（110）

中共中央　国务院关于实施乡村振兴战略的意见
　　（2018 年 1 月 2 日　中发〔2018〕1 号） ……………………（124）

国务院办公厅关于印发农村公路管理养护体制改革方案的通知
　　（2005 年 9 月 29 日　国办发〔2005〕49 号） ………………（145）

国务院办公厅关于创新农村基础设施投融资体制机制的指导意见

  (2017年2月6日 国办发〔2017〕17号)……………(149)

关于印发《关于进一步发挥交通扶贫脱贫攻坚基础支撑作用的实施
  意见》的通知

  (2016年4月29日 国家发展改革委 交通运输部 国务院扶贫办
  发改基础〔2016〕926号)………………………………………(157)

农村公路建设管理办法

  (2018年4月8日 中华人民共和国交通运输部令2018年第4号)
  ……………………………………………………………………(165)

农村公路养护管理办法

  (2015年11月11日 中华人民共和国交通运输部
  令2015年第22号)………………………………………………(172)

交通运输部关于推行农村公路建设"七公开"制度的意见

  (2014年5月4日 交公路发〔2014〕100号)………………(178)

交通运输部关于推进"四好农村路"建设的意见

  (2015年5月11日 交公路发〔2015〕73号)………………(183)

关于稳步推进城乡交通运输一体化提升公共服务水平的指导意见

  (2016年10月25日 交通运输部 国家发展改革委 公安部
  财政部 国土资源部 住房城乡建设部 农业部 商务部
  供销合作总社 国家邮政局 国务院扶贫办
  交运发〔2016〕184号)…………………………………………(189)

交通运输部关于印发《"十三五"交通扶贫规划》的通知

  (2016年7月30日 交规划发〔2016〕139号)……………(196)

交通运输部关于印发《"四好农村路"督导考评办法》的通知

  (2017年1月18日 交公路发〔2017〕11号)………………(208)

交通运输部办公厅关于创建"四好农村路"全国示范县的实施意见

  (2017年6月22日 交办公路〔2017〕90号)………………(213)

(二) 地方有关政策

辽宁省人民政府办公厅关于推进"四好农村路"建设的实施意见
  (2017年6月21日 辽政办发〔2017〕68号) ………………(221)
吉林省人民政府办公厅 关于实施农村公路惠民工程的意见
  (2016年7月22日 吉政办发〔2016〕58号) ………………(228)
江西省人民政府办公厅关于进一步加快推进"四好农村路"建设的
 实施意见
  (2017年7月21日 赣府厅发〔2017〕50号) ………………(234)
福建省人民政府关于促进农村公路建管养运全面协调发展的若干意见
  (2014年9月13日 闽政〔2014〕51号) …………………(240)
福建省人民政府关于进一步创新农村公路管理体制机制的意见
  (2017年11月22日 闽政〔2017〕50号) …………………(247)
安徽省人民政府关于实施农村道路畅通工程的意见
  (2015年12月31日 皖政〔2015〕133号) …………………(254)
宁夏回族自治区人民政府办公厅关于转发自治区交通运输厅推进
 "四好农村路"建设实施方案的通知
  (2016年7月3日 宁政办发〔2016〕104号) ………………(259)
贵州省人民政府办公厅关于深入推进"四好农村路"建设的实施意见
  (2017年6月7日 黔府办函〔2017〕88号) ………………(266)

实 践 篇

河北省迁安市 ……………………………………………………(273)
山西省临汾市尧都区 ……………………………………………(277)
内蒙古自治区达拉特旗 …………………………………………(282)
辽宁省绥中县 ……………………………………………………(286)
吉林省柳河县 ……………………………………………………(290)
黑龙江省富裕县 …………………………………………………(295)

江苏省丹阳市……………………………………………………（298）

浙江省安吉县……………………………………………………（303）

安徽省舒城县……………………………………………………（307）

福建省永安市……………………………………………………（311）

江西省安远县……………………………………………………（315）

山东省荣成市……………………………………………………（322）

河南省新安县……………………………………………………（326）

湖北省竹山县……………………………………………………（330）

湖南省长沙县……………………………………………………（334）

广东省惠州市惠阳区……………………………………………（338）

广西壮族自治区荔浦县…………………………………………（342）

重庆市永川区……………………………………………………（351）

四川省成都市郫都区……………………………………………（356）

贵州省六盘水市钟山区…………………………………………（360）

云南省华宁县……………………………………………………（364）

陕西省大荔县……………………………………………………（369）

甘肃省陇西县……………………………………………………（373）

青海省海东市乐都区……………………………………………（377）

宁夏回族自治区固原市原州区…………………………………（381）

新疆维吾尔自治区巩留县………………………………………（386）

习近平总书记"四好农村路"重要论述及其成功实践研究

党的十八大以来，习近平总书记高度重视交通运输工作，作出了一系列重要论述和批示指示，其中三次专门就"四好农村路"建设作出重要指示批示，充分肯定了农村公路建设的成绩，明确提出要把农村公路建好、管好、护好、运营好，为广大农民致富奔小康、为加快推进农业农村现代化提供更好保障。总书记的重要论述，深刻阐述并系统回答了农村交通为谁发展、怎样发展、实现什么样的发展等根本性问题，源于我国农村公路长期实践经验总结，又在新的成功实践中得到检验，是基于对农村公路发展与农村社会、经济发展的科学规律的认识，是正确反映农村公路发展本质和规律的理论，是习近平新时代交通运输重要思想的重要组成。

一、全面把握习近平总书记关于农村公路建设及交通运输发展的重要论述

（一）习近平总书记关于农村公路发展的重要论述

党的十八大以来，习近平总书记高度重视农村公路事业发展，在关于全面建成小康社会、"三农"工作、扶贫开发和脱贫攻坚、城乡一体化、边疆及少数民族地区工作等重要讲话和重要论述中，反复强调发展农村交通问题。他还多次就农村公路发展作出重要论述和指示、批示。

——"要想富，先修路"，改善贫困地区交通条件，为农民脱贫致富奔小康提供更好的保障。2013年11月，习近平总书记在湖南湘西视察矮寨大桥时指出："贫困地区要脱贫致富，改善交通等基础设施条件很重要，这方面要加大力度，继续支持"。2014年元旦前夕，习近平总书记得知独龙江公路隧道即将贯通的消息后十分高兴，立即作出批示，向独龙族的乡亲们表示祝贺。他对独龙江公路隧道贯通后，帮助独龙族同胞"与全国其他兄弟民族一道过上小康生活"，寄予了很高的期望。2017年全国"两

会"期间，习近平参加四川代表团审议时说，看到"悬崖村"村民出行状态"感到很揪心"，后来看到建了铁梯，"心里稍稍松了一些"。

——**要加大基础设施建设投入，解决"最后一公里"问题**。2014年9月，习近平总书记在中央民族工作会议的讲话中提到：我们要进一步推动兴边富民行动。基础设施落后是边疆建设要突破的"瓶颈"。要面向边疆农村牧区，打通"毛细血管"，解决"最后一公里"问题，全面推进与群众生产生活密切的通水、通路、通电等建设，为兴边富民打好基础。2015年1月，总书记在云南省视察结束时的讲话中指出："对人口较少民族要多倾注些心血，多投入些力量，在水电路等基础设施建设、在民贸民品培育壮大上多下功夫，确保不让一个兄弟民族掉队，不让一个民族地区落伍。"2015年11月，在中央扶贫开发工作会议上习近平总书记再次强调，要把扶贫攻坚重点放在改善生产生活条件上，着重加强农田水利、交通通信等基础设施和技术培训、教育医疗等公共服务建设，特别要解决好入村入户等"最后一公里"问题。

——**要因地制宜，建好、管好、护好、运营好农村公路**。2014年3月，习近平总书记在农村公路发展批示中指出："近十年来农村公路建设成绩斐然，为改善农民生产生活条件作出了重要贡献。交通基础设施建设具有很强的先导作用，特别是在一些贫困地区，改一条溜索、修一段公路就能给群众打开一扇脱贫致富的大门。新形势下，要进一步深化和加强农村公路发展，农村公路建设要因地制宜、以人为本，与优化村镇布局、农村经济发展和广大农民安全便捷出行相适应。要通过创新体制、完善政策，进一步把农村公路建好、管好、护好、运营好，逐步消除制约农村发展的交通瓶颈，为广大农民脱贫致富奔小康提供更好的保障。"2016年中央一号文件提出，"建好、管好、护好、运营好农村基础设施，实现城乡差距显著缩小"，就是"四好农村路"建设经验在"三农"问题上的拓展和推广，必须深刻领会并持续推进。

——**推进城乡一体化发展，农村交通基础设施体制机制改革完善要先行一步**。2015年4月30日，在中共中央政治局就健全城乡一体化体制机制第二十二次集体学习时，总书记提出"要完善农村基础设施建设机制，推进城乡基础设施互联互通、共建共享，创新农村基础设施和公共服务设施决策、投入、建设、运行管护机制，积极引导社会资本参与农村公益性基础设施建设"。浙江嘉善曾是习近平总书记的联系点，他多次对该县经济社会发展作出批示指示，特别强调在县域城乡一体化发展中交通要先行一步。

——**脱贫攻坚多措并举，"要想富，先修路"不过时**。2016年9月19日，习近平总书记指示，实现全面建成小康的目标，难点在中西部、在贫困地区，重点也在中西部、在贫困地区。实现扶贫脱贫要多措并举，路、水、电等基础设施是重要方面，"要想富，先修路"不过时，你们要继续努力。"四好农村路"的建设是总结经验，特别是成功经验所提出的，你们要认真落实，久久为功。2017年2月21日下午，习近平总书记主持中央政治局第三十九次集体学习，主题是我国脱贫攻坚形势和更好实施精准扶贫。总书记指出，要坚持精准扶贫、精准脱贫。要加大政策落实力度，加大财政、土地等政策支持力度，加强交通扶贫、水利扶贫、金融扶贫、教育扶贫、健康扶贫等扶贫行动。

——**"四好农村路"助力乡村振兴和农业农村现代化**。2017年12月19日，习近平总书记对"四好农村路"建设作出重要指示。他强调，近年来，"四好农村路"建设取得了实实在在的成效，为农村特别是贫困地区带去了人气、财气，也为党在基层凝聚了民心。交通运输部等有关部门和各地区要认真贯彻落实党的十九大精神，从实施乡村振兴战略、打赢脱贫攻坚战的高度，进一步深化对建设农村公路重要意义的认识，聚焦突出问题，完善政策机制，既要把农村公路建好，更要管好、护好、运营好，为广大农民致富奔小康、为加快推进农业农村现代化提供更好保障。

（二）习近平总书记关于交通运输发展的重要论述

十八大以来，习近平总书记还就交通运输先行发展、综合交通运输体系建设、交通支撑国家"三大战略"、运输安全生产、交通互联互通等作出了一系列重要论述。

——**推动交通运输供给侧结构性改革**。习近平总书记指出，"推进供给侧结构性改革，促进物流业降本增效，交通运输大有可为"，"在组织创新、管理创新等方面都要有所作为"，"特别是要把简政放权、提高效率放到重要的位置上"。习近平总书记在中央经济工作会议上部署2016年扩大有效供给任务时明确指出，"要补齐软硬基础设施短板，提高投资有效性和精准性，推动形成市场化、可持续的投入机制和运营机制。"

——**发挥交通运输对国家战略的支撑保障作用**。京津冀协同发展战略方面，在2014年2月北京召开的座谈会上，习近平总书记明确把京津冀交通一体化作为七项重要任务之一。2016年9月，总书记进一步指出，京津冀一体化最重要的是交通一体化。长江经济带战略方面，2013年7月，总书记在武汉新港调研考察时指出，长江流域要加强合作，发挥内河航运作用，努力把全流域打造成黄金水道。2016年1月，总书记在重庆主持召开推动长江经济带发展座谈会，强调把长江经济带建成生态更优美、交通更顺畅、经济更协调、市场更统一、机制更科学的黄金经济带。在"一带一路"战略方面，2013年9月，总书记在哈萨克斯坦发表演讲，呼吁共建"丝绸之路经济带"，强调要加强道路联通，打通从太平洋到波罗的海的运输大通道，指出愿同各方积极探讨完善跨境交通基础设施，逐步形成连接东亚、西亚、南亚的交通运输网络，为各国经济发展和人员往来提供便利。2013年10月，总书记在印度尼西亚国会发表演讲，提出建设"21世纪海上丝绸之路"的战略构想，指出中国愿致力于同东盟国家开展基础设施互联互通建设。2014年11月，总书记在"加强互联互通伙伴关系"东道主伙伴对话会上指出：以交通基础设施为突破，实现亚洲互联互通的早期收获。2014年11月，总书记在亚太经和组织（APEC）领导人非正式会议第一阶段会议上指出：互联互通是一条脚下之路，无论是公路、铁路、航路还是网络，路通到哪里，我们的合作就在哪里。

——**加快推进综合交通运输体系建设**。2014年2月，习近平总书记在视察北京市轨道交通指挥中心时指出，"综合交通运输进入了新的发展阶段，在体制机制上、方式方法上、工作措施上要勇于创新、敢于创新、善于创新，各种运输方式都要融合发展"，"平衡各种运输方式"，"加快形成安全、便捷、高效、绿色、经济的综合交通体系"，在专题听取京津冀协同发展工作汇报时强调"着力构建现代化交通网络系统，把交通一体化作为先行领域"。

——确保交通运输安全发展。2014年5月,总书记对民航作出重要批示,"民航业是重要的战略产业,要始终坚持安全第一,严格行业管理"。2015年8月,习近平总书记对天津港特大火灾爆炸事故作出批示,"天津港'8·12'瑞海公司危险品仓库特别重大火灾爆炸事故以及近期一些地方接二连三发生的重大安全生产事故,再次暴露出安全生产领域存在突出问题、面临形势严峻。血的教训极其深刻,必须牢牢记取。"2015年12月,总书记对加强安全生产工作提出要求,特别提到了"强化港区等功能区安全监管"和"针对煤矿、非煤矿山、危化品、烟花爆竹、交通运输等重点行业做好安全防范"。2016年7月,总书记对加强安全生产和汛期安全防范工作作出重要指示强调:"要在煤矿、危化品、道路运输等方面抓紧规划实施一批生命防护工程。"

　　——推进交通运输"走出去"。2015年7月,总书记在视察中车长春轨道客车股份公司时说,高铁动车体现了中国装备制造业水平,在"走出去"、"一带一路"建设方面也是"抢手货",是一张亮丽的名片。2016年总书记在上海合作组织成员国元首理事会第十六次会议上指出,建议加强交通基础设施建设,积极推进中吉乌铁路等重大互联互通项目取得新进展,确保2020年前如期开放《上海合作组织成员国政府间国际道路运输便利化协定》中规定的跨境路线。

　　——交通运输发展"黄金期"。2016年9月,习近平总书记明确指出,"十三五"是交通运输基础设施发展、服务水平提高和转型发展的黄金时期,要抓住这一时期,加快发展,不辱使命,为实现中华民族伟大复兴的中国梦发挥更大的作用。

　　此外,习近平总书记还在弘扬"两路"精神、加强党的建设等方面作出了重要指示。

二、习近平总书记"四好农村路"重要论述的思想内涵和重大意义

(一)"四好农村路"重要论述的思想内涵

　　习近平总书记"四好农村路"重要论述深刻阐述并系统回答了交通运

输为谁发展、怎样发展、实现什么样的发展等根本性问题。

1. 农村交通发展要服务农民依靠农民

"四好农村路"重要论述，明确回答了农村交通为谁发展这个基本问题。中国共产党人的初心和使命就是为中国人民谋幸福。习近平总书记指出，"改一条溜索、修一段公路就能给群众打开一扇脱贫致富的大门""为广大农民脱贫致富奔小康提供更好的保障"，让独龙族同胞"与全国其他兄弟民族一道过上小康生活"。这些论述，是习近平总书记以人民为中心的发展思想在交通领域的集中体现，阐释了农村交通对于农民过上好日子的极端重要性，回答了农村交通发展为了谁、服务谁、依靠谁等重大理论和现实问题，彰显了永远把人民对美好生活的向往作为奋斗目标，建设人民满意交通的为民情怀。

2. 农村交通是解决"三农"问题的重点先行领域

"四好农村路"重要论述，科学回答了农村交通在农村经济社会发展中的定位问题。道路通，百业兴。习近平总书记强调，"交通基础设施建设具有很强的先导作用"，要"逐步消除制约农村发展的交通瓶颈"实现扶贫脱贫要多措并举，路、水、电等基础设施是重要方面，'要想富、先修路'不过时"。他在多次重要讲话中，都把与农民群众生产生活密切的水电路等基础设施摆在扶贫开发、兴边富民的重点领域和优先位置，强调要打通"毛细血管"和"最后一公里"。"三农"问题是全党工作的重中之重。乡村要振兴，农业农村要现代化，交通是基础。把农村交通建设作为重点和先行领域，完全符合我国国情和新时代主要矛盾变化的要求，是对农村交通地位和作用的科学界定，凸显了交通先行官的重要性。

3. 农村交通发展要系统谋划、协调推进

"四好农村路"重要论述，为怎样发展农村交通提供了科学的思想方法和工作方法。习近平总书记在论述农村交通问题时，总是把它放在解决"三农"问题、全面建成小康社会的大系统中来考量、来谋划。他特别指出，要"从实施乡村振兴战略、打赢脱贫攻坚战的高度，进一步深化对建设农村公路重要意义的认识""农村公路建设要因地制宜、以人为本，与优化村镇布局、农村经济发展和广大农民安全便捷出行相适应"。习近平总书记把解决农村交通等局部问题与实现社会主义现代化和中华民族伟大复兴全局问题统一起来，抓住重点带动面上工作，突出重点发展农村公路等基础设施，补齐经济社会发展的短板，体现了系统思维和战略思维。针对农村交通这个子系统，习近平总书记提出的"既要把农村公路建好，更要管好、护好、运营好"，蕴含着系统思维和辩证思维。农村公路"建好"是基础，"管好"是手段，"护好"是保障，"运营好"是目的，"四好"缺一不可，必须全面协调发展，才能实现系统最优。

4. 农村交通发展难题的破解要靠改革创新

"四好农村路"重要论述，为破解农村交通发展难题指出了方法路径和动力源泉。习近平总书记多次强调改革创新的重要性，他在关于农村公路发展的批示中特别指出要"创新体制"，要"聚焦突出问题，完善政策机制""要完善农村基础设施建设机制，推进城乡基础设施互联互通、共建共享，创新农村基础设施和公共服务设施决策、投入、建设、运行管护机制，积极引导社会资本参与农村公益性基础设施建设"。体制、机制和政策创新，是破解农村交通难题和矛盾的必由之路，是推动农村交通健康、可持续发展的关键一招，是动员全党全社会力量、调动农村地区干部群众积极性创造性的活力之源。唯有改革创新，才能破除各方面体制机制弊端，构建系统完备、科学规范、运行有效的交通运行制度体系，才能更好地服务经济社会发展，保障和改善民生，增进人民群众的获得感和幸福感。

5. 农村交通要与乡村振兴紧密结合

"四好农村路"重要论述，科学回答了农村交通应实现什么样的发展问题。习近平总书记"四好农村路"重要论述是在总结实践中的成功经验基础上形成的。早在2004年任浙江省委书记时，他就提出把乡村公路纳入全省"千村示范万村整治"工程建设。2005年，习近平同志在安吉县提出了"绿水青山就是金山银山"的重要思想，鼓励和支持安吉县把"美丽公路"作为"美丽乡村"建设的重要内容。浙江嘉善曾是习近平总书记的联系点，他多次强调在县域城乡一体化发展中，交通要先行一步。党的十九大后，习近平总书记再次对"四好农村路"建设的批示中要求我们，从实施乡村振兴战略、打赢脱贫攻坚战的高度，深化对农村公路的认识；要为广大农民致富奔小康、为加快推进农业农村现代化提供更好保障。发展农村公路和城乡一体化的交通体系，是改善农村人居环境和乡村振兴的应有之义，也是新农村和新型城镇化协调发展、互惠一体的重要条件，更是农业农村现代化的保障。不断涌现的产业路、生态路、文明路、旅游路、观光路……，恰恰体现农村交通的基础性和引领性以及与其他产业的渗透性和融合性，反映了农村交通与乡村振兴的良好互动关系。

（二）"四好农村路"重要论述的历史逻辑和实践逻辑

改革开放以来，随着经济的发展，我国农村公路经历了一个由少到多，由普及到提高，由低级到较高级的发展过程。与之相适应，农村公路建设的指导思想从着重建设、养护工作，进阶为"四好农村路"的全面发展，符合了农村公路的发展规律和发展特征，促进了农村公路的建设与发展，提升了农村交通运输服务能力和水平。

1. 改革开放头三十年：重点放在"建"，奋力解决"通"

1978年十一届三中全会以后，党中央提出经济工作要以提高经济效益为中心。随着对内搞活经济、对外实行开放政策的实施，商品生产和商品经济蓬勃发展，公路交通与之不相适应的矛盾愈益突出，农村公路不足的问题更显明显。在1978年，全国农村公路里程只有58.6万公里，公路等级很低，大量乡镇和村庄都不通公路，造成城市与乡村隔绝，农民出行困难，农村公路建设的主要任务重点解决"通"的问题。

全国人大五届一次会议通过的国务院《政府工作报告》提出了要建立起一个适应工农业生产发展需要的交通运输网的要求。1984年底，国家计委开始采用以工代赈形式修建农村公路，地方各级政府和公路交通部门也从地方财政、各专项基金和养路费中投入相应配套资金，积极扶持农村公路的发展。1994年我国开始实行"八七"扶贫攻坚计划，从1994~2000年的7年间，每年约7亿元资金主要用于592个国家贫困县的农村公路建设，极大地改善了贫困地区农村公路条件。2000年，配合西部大开发，我国开始在西部地区实施总投资为310亿元、涉及1100个县的通县公路建设，对改善西部地区农村公路状况、解决西部地区群众出行难的问题发挥了重要作用。

从2003年开始,我国大规模开展农村公路建设。为了落实中央建设社会主义新农村的战略部署,交通部党组提出,"修好农村路,服务城镇化,让农民兄弟走上油路和水泥路",开始实施"东部地区通村、中部地区通乡、西部地区通县"工程。2005年初国务院审议通过的《农村公路建设规划》提出,"到'十一五'末基本实现全国所有具备条件的乡(镇)通沥青(水泥)路(西藏自治区视建设条件确定),东中部地区所有具备条件的建制村通沥青(水泥)路,西部地区基本实现具备条件的建制村通公路"。五年间,国家安排车购税资金400亿元建设"通达工程";安排投资一千亿元建设"通畅工程",其中,车购税投资735亿元,中央预算内和国债投资265亿元。

经过头三十年的发展,农村公路从改革开放初期的59万公里,到2008年底达到了324万公里,全国农村公路等级公路233万公里,占比71.8%,铺装路面158万公里,占比48.8%。全国乡镇通油(水泥)路率达到88.6%,东、中部建制村通油(水泥)路率分别达到90.1%和79.8%,西部建制村通公路率达到81.2%。我国农村公路事业快速发展,让绝大多数农民群众摆脱了"晴天一身土、雨天一身泥"的行路难局面,走上了水泥路和沥青路,摆脱了贫困,奔向小康,有效促进了农村地区的和谐稳定。

2. 加强养护管理发展时期:探索养护管理新机制

随着农村公路建设进程的不断加快,农村公路里程迅速增加,养护资金短缺、养护需求与养护能力之间的矛盾加剧,农村公路失养严重、路况恶化、管理跟不上等问题突出,原有的群众性、非专业养护模式已经不适应新时期农村公路发展的要求,建设是发展、养护管理也是发展而且是更加可持续发展的理念更加深入人心。在继续大规模建设农村公路的同时,交通运输部和地方政府把农村公路养管问题摆在更加重要的位置。

2005年,国务院办公厅印发的《农村公路管理养护体制改革方案》(国办发〔2005〕49号)颁布实施后,各地积极推进管养体制改革,探索建立适合农村公路的养护运行新机制,"县道县管、乡道乡管、村道村管"

养护管理格局初步建立，农村公路养护管理工作逐步进入正常化、规范化的轨道。各地落实了省级农村公路养护工程补助资金标准（即县道每年7000元/公里、乡道3500元/公里、村道1000元/公里），地方公共财政对农村公路养护管理的投入逐年加大，并基本纳入县级公共财政支出范围。

2011年交通运输部印发了《农村公路管理养护年活动总体方案》，开展为期三年的农村公路管理养护年活动。各地在落实责任、筹集资金、建章立制、养护模式、监督考核和示范路创建等方面取得了积极成效，农村公路养护与管理工作稳步推进、进展良好。2012年中央印发《集中连片特困地区扶贫纲要（2012-2020）》后，农村公路发展进入集中攻坚阶段，逐步从规模扩张向路网优化、质量和效益并重转型。

交通运输部在各省各地推行推广河北省农村公路建设"七公开"等经验，要求对农村公路建设中的七个关键环节进行全面公开，主要包括公开农村公路年度建设计划、公开建设资金补助政策、公开施工过程管理等，推进了农村公路管养体制改革的落实到位。

截至2012年底，全国农村公路达到367万公里，等级公路达308万公里，占比83.7%，铺装路面230万公里，占比62.5%，乡镇通公路率和通沥青（水泥）路率分别达到99.97%和97.43%。2012年，全国乡道养护里程为107万公里，占比99.1%；村道养护里程为196万公里，占比94.9%。农村公路的养护水平显著提升，农村公路管理养护工作逐步常态化、规范化，推进了农村公路建设的稳步发展。

3. 党的十八大以来：贯彻"四好农村路"重要指示

经过多年的发展，我国农村公路建设成效十分显著，全国农村公路网基本形成，路面水平和技术等级不断提高，但与全面建成小康社会的目标相比，农村公路建设和管理仍存在着交通运输网络有待优化、养护管理长效机制有待健全、主体责任不够明确、交通运输安全工作有待改进等问题，不能完全适应农村社会经济发展的需求。2014年3月，习近平总书记在交通运输部上报的关于农村公路发展情况的报告上作出重要批示，在充分肯定了农村公路建设取得的显著成绩的同时，鲜明指出了交通基础设施建设的先导作用，要求进一步把农村公路建好、管好、护好、运营好，逐步消除制约农村发展的交通瓶颈，为广大农民致富奔小康提供更好的保障。习近平总书记的重要批示，站在党和国家事业发展全局的高度，高屋建瓴，指向清晰，是做好农村公路工作必须长期坚持的重要指针。

交通运输部认真贯彻总书记关于"四好农村路"的重要批示精神，落实"小康路上，绝不让任何一个地方因农村交通而掉队"的总目标，提出了"五个坚持五个确保"的理念，即"坚持政府主导，确保农村公路发展责任落实到位；坚持改革创新，确保提质增效升级迈上新台阶；坚持民生优先，确保全面建成小康社会的战略目标如期实现；坚持协调发展，确保'四好农村路'取得显著成效；坚持安全绿色，确保农村公路走上可持续发展道路"，为优化村镇布局、促进农村经济发展当好先行，为全面建成小康社会提供基础支撑和重要保障。在2014年全国农村公路电视电话会、2015年全国农村公路现场会上，交通运输行业确定了"保基本、强服务、惠民生、促发展"的总方针，明确了加快实现"四个转变"的总思路，即从"会战式"建设向集中攻坚转变，从注重连通向提升质量安全水平转变，从以建设为主向建管养运协调发展转变，从适应发展向引领发展转变。交通运输部确定的2015年10件实事，其中6件与农村公路有关。

2016年1月起实施的《农村公路养护管理办法》，是交通运输部在公路养护管理领域的第一部规章，加快推进了农村公路养护向规范化、专业化、机械化、市场化方向发展。2015年5月，交通运输部印发了《关于推进"四好农村路"建设的意见》，并于9月在甘肃庆阳召开了全国农村公路现场会，将建设"四好农村路"作为今后一个时期全国农村公路工作的核心任务。近20个省级党委和政府把"四好农村路"建设工作作为交通运输工作的重点，纳入对政府的绩效考核。2017国务院办公厅印发《关于创新农村基础设施投融资体制机制的指导意见》，其中对完善农村公路建设养护机制作出部署，明确农村公路建设、养护、管理机构运行经费及人员基本支出纳入一般公共财政预算。交通运输部出台《"四好农村路"督导考评办法》。启动了国务院办公厅《农村公路管理养护体制改革方案》修订工作。同时，启动了"四好农村路"全国示范县创建工作，推出53个全国示范县。

由此可见，改革开放头三十年，针对农村地区"晴天一身土、雨天一身泥"的行路难局面，我国农村公路发展重点放在"建"上，奋力解决"通"的问题。随着农村公路里程的迅速增加，针对农村公路失养严重、路况恶化、管理跟不上等问题，交通运输行业提出"建设是发展、养护管理也是发展，而且是更加可持续发展"等理念，初步建立了"县道县管、乡村道乡村管"的农村公路管养体系。尽管我国农村交通几十年发展的成就斐然，但仍然是农村发展的瓶颈之一，不同程度地存在管理养护体制机制不顺、资金保障不力、"重建轻养""以建代养"、农村居民出行不便、农村物流不畅等问题，还不能完全适应全面建成小康社会的要求。2014年3月，习近平总书记在总结经验，特别是成功经验的基础上，对农村公路发展作出重要批示。在这一重要论述的指导下，我国农村公路发展理念和实践从建设为主、建养并重，上升为建、管、养、运全面协调发展，有力支撑了脱贫攻坚和农村经济社会的全面发展。"现实的成功是最好的理论，没有一种抽象的教条能够和它辩论"。近年来的农村交通发展成效充分证明，"四好农村路"重要论述是科学理论，是指导农村交通又好又快发展的基本遵循。

（三）"四好农村路"重要论述思想的继承和发展

发展是人类社会的永恒主题。任何治国理政活动，都可归结到谋求和促进生产力发展上来，归结到适应生产力发展要求推动生产关系与上层建筑的更新进步上来。马克思在《资本论》及其手稿中，认为运输业是一个生产部门，具有发展生产力基础的战略地位。

马克思从生产、消费、分配和流通环节的经济理论出发，对交通运输问题作了全面、系统地论述。他指出："交通运输业一方面形成一个独立的生产部门，从而形成生产资本的一个特殊领域。另一方面，它又具有如下的特征：它表现为生产过程在流通过程的继续，并且为了流通过程而继续"（《马克思恩格斯文集》（第六卷））。

新中国成立之初，以毛泽东同志为核心的党的第一代中央领导集体，紧紧抓住恢复和发展生产这一中心环节，迅速恢复了在旧中国遭到严重破坏的国民经济并开展了有计划的经济建设。1954年9月全国人大一届一次会议上，周恩来总理根据毛泽东主席的指示，明确提出"如果我们不建设起强大的现代化的工业、现代化的农业、现代化的交通运输业和现代化的国防，我们就不能摆脱落后和贫困，我们革命就不能达到目的"（在第一届全国人民代表大会第一次会议上的《政府工作报告》），这是"四个现代化"的最早提法，足以看出这一时期交通运输在经济社会发展中的重要地位，为经济发展、国防建设和改善人民生活做出的重要贡献。

以邓小平同志为核心的党的第二代中央领导集体，提出了改革、开放、搞活的战略方针，把能源和交通作为我国的三大战略重点之一。邓小平同志指出："我赞成加强基础工业和农业。基础工业，无非是原材料加工、交通、能源等，要加强这方面的投资，要坚持十到二十年，宁肯欠债，也要加强。这也是开放，在这方面，胆子要大一些，不会有大的失误。多搞一些电，多搞一些铁路、公路、航运，能办很多事情"（《邓小平文选》第三卷）。

江泽民同志在党的十五大和十六大报告中提出，继续加强基础设施和基础工业，实施西部大开发战略，加大对中西部地区的支持力度，重点抓好基础设施和生态环境建设，争取十年内取得突破性进展。这一时期，交通运输始终是国家加快基础设施建设优先考虑的领域之一，交通运输迈入了跨越式发展阶段。

胡锦涛同志在党的十七大报告中提出，加强基础产业基础设施建设，加快发展现代能源产业和综合运输体系。综合交通运输体系首次被写入党代会报告，标志着我国交通综合运输发展进入了新的历史阶段。

习近平总书记高度重视交通运输工作，对交通运输事业给予了殷切期望和亲切关怀，对交通运输发展进行科学指导，重点围绕交通运输先行发展、综合交通运输体系建设、发展成果共享、安全发展、交通运输互联互通和"两路"精神等方面发表了重要论述。

可以看到，不同时代国家领导人关于交通运输的论述是在马克思主义唯物史观指导下，结合不同发展阶段的发展需求，对交通运输的定位和工作重点进行的论述，是谈更好地解放和发展交通运输生产力，让交通运输更好地服务于经济社会发展。以习近平同志为核心的中央领导集体，对交通运输的论述更加全面、综合、深入、具体，对交通运输行业的发展定位、发展重点、发展目的、主要任务和发展动力等方面都做了全面深刻的论述。

（四）"四好农村路"重要论述的重大理论和实践意义

"四好农村路"重要论述，源于我国农村交通长期实践经验总结，又在新的成功实践中得到检验，是正确反映农村交通发展本质和规律的理论，是习近平新时代中国特色社会主义思想的重要组成。这一思想极大地丰富了中国特色社会主义交通发展理论，深化了中国特色社会主义"三农"发展理论，贯穿着辩证唯物主义和历史唯物主义的立场、观点、方法，具有很强的实践性、人民性、创新性和指导性。

1. 牢牢把握了交通发展的时代特征和实践特征

真知源于实践。改革开放头三十年，针对农村公路少、行路难局面，我国农村公路发展重点放在"建"上，奋力解决"通"的问题。随着里程的迅速增加，农村公路失养严重、管理跟不上等问题凸显，养护管理逐步得到重视，建设是发展、养护管理也是发展的理念开始深入人心。党的十八大以来，针对农村公路体制机制不顺，资金保障不到位，"重建轻养""以建代养"等问题，习近平总书记从党和国家事业发展大局出发，在总结经验特别是成功经验的基础上，准确提炼概括出"四好农村路"，指导我国农村交通发展从建设为主、建养并重，上升为建、管、养、运全面协调发展。近年来的成功实践充分证明，"四好农村路"合乎交通发展规律，合乎人民愿望，具有很强的可操作性。

2. 生动体现了以人民为中心的发展思想

人民性、人民立场是我们党的显著标志，人民对美好生活的向往就是我们党的奋斗目标。以广大农民为中心发展农村交通凸显了实现人民幸福的目的和归宿，彰显了以民为本、人民至上的价值取向，是发展为了人民、发展依靠人民与发展成果由人民共享的有机统一。交通运输与人民群众的日常生活息息相关，是重要的民生领域。"四好农村路"拓展了发展新视野，开辟了发展新境界，其核心要求是"行有所达"，实现人民群众对"行"既要"通"又要"畅"的期盼，与幼有所育、学有所教、劳有所得、病有所医、老有所养、住有所居、弱有所扶，共同成为人民群众过上好日子的标准，保证全体人民在共建共享发展中有更多获得感。

3. 高度概括了中国特色社会主义交通发展新理论

习近平总书记在坚持马克思主义基本原理的基础上，以更宽广的视野、更长远的眼光来思考和把握交通发展战略问题。作为我们党的领导核心，系统回答了农村公路为谁发展、怎样发展、实现怎样的发展等基本问题，这在我们党的历史上还是第一次。"四好农村路"明确了新的历史条件下农村交通在农村经济社会全局中的基础性地位和先导性作用，既强调发展农村交通生产力，不断满足日益提高的农村交通需求；又强调围绕农村交通发展谋划部署改革，通过改革生产关系和上层建筑来解放交通生产力，更好地推动生产关系与生产力、上层建筑与经济基础相适应。它既包括了农村交通发展的顶层设计、目标要求、实现路径，又包含了丰富的思想方法和工作方法。

4. 是党在基层实施民心工程的行动指引

得民心者得天下，失民心者失天下。民心是最大的政治，是判断执政合法性的试金石，是中国共产党执政的合法性基础。习近平总书记强调，"四好农村路"建设取得了实实在在的成效，为农村特别是贫困地区带去了人气、财气，也为党在基层凝聚了民心。"四好农村路"思想，要求我们更好地建设农村公路这项保障和改善民生的基础性工程，为党在基层凝聚更大的民心，厚植最坚实的执政基础。农村公路与广大农民的日常生活、生产息息相关，是农民最关心最直接最现实的问题。建设"四好农村路"，得民心、顺民意、厚民生，让农民有了实实在在获得感、幸福感。党的十八大以来，农村公路发展力度之大、决心之强、规模之广、影响之深，前所未有，"四好农村路"不仅成为农村经济发展的小康路、致富路，更成为密切党和群众联系的民心路、连心桥。农村公路越修越长，党群关系越来越近，群众表示出行的路宽了、畅通了，心里也宽敞了。"四好农村路"建设，改善了农村就业、上学、看病、消费等条件，有利于居住环境、乡风文明、基层治理等方面的改善，有益于筑牢党的执政基础。

5. 对交通运输发展具有普遍指导意义

"四好农村路"重要论述具有广泛的指导性。从交通运输供给的环节和发展演变来看，每一种运输方式都涉及到建设、管理、养护、运营；但在不同的发展阶段关注的重点有所不同，大体上依建设、养护、管理、运营的次序演进。"四好农村路"重要论述凝炼了交通运输发展的一般规律，不仅对农村交通实践具有指导价值，而且对交通运输整体发展具有普遍指导意义，也是"交通强国"的重要理论指导和行动指南。同时，"四好农村路"思想指导下的中国农村交通发展模式和成功做法，对世界减贫特别是发展中国家农村交通发展贡献了中国智慧，提供了中国方案，拓展了发展中国家走向交通现代化的途径。

三、"四好农村路"重要论述指导下的交通扶贫攻坚成功实践

"交通基础设施建设具有很强的先导作用，特别是在一些贫困地区，改一条溜索、修一段公路就能给群众打开一扇脱贫致富的大门。"习近平总书记的重要论述形象说明了交通基础设施在扶贫攻坚中的作用。交通基础设施是国民经济发展的重要支撑，其中，公路的覆盖范围最广、服务人口最多、里程规模最大，与社会经济、人民生活的联系最密切。在广大农村地区，铁路、水运、航空等运输方式很难覆盖，农民出行、货物流通的主要方式是公路交通。"要想富，先修路"，公路是盘活发展资源的重要纽带，是助力脱贫攻坚的基础保障。

（一）交通运输扶贫攻坚的重大举措

在习近平总书记"四好农村路"重要论述的指导下，交通运输部党组提出把"建设人民满意交通"作为交通运输发展的根本宗旨，并向全社会庄严承诺：小康路上绝不让任何一个地区因交通而掉队！交通运输行业以马克思主义基本理论为指导，紧密结合事物发展的客观规律，把集中连片特困地区交通运输发展作为工作重点，充分发挥主观能动性，完善工作机制，强化部省协作，多措并举，真扶贫、扶真贫，不断加大对贫困地区交通发展的支持力度，推进交通扶贫进入有计划、大规模、广覆盖的跨越式发展阶段。

1. 注重顶层设计，统筹协调发展

认识来源于实践，又高于实践、指导实践。交通运输部深入学习中央扶贫开发工作会议精神，了解贫困地区的特点及交通基础设施在脱贫扶贫中的作用，加强对贫困的认识和了解，在此基础上，加强脱贫攻坚的顶层设计，认真落实《中共中央国务院关于打赢脱贫攻坚战的决定》任务要求，交通运输部编制制定《集中连片特困地区交通建设扶贫规划纲要（2011-2020年）》《"十三五"交通扶贫规划》和《交通运输定点扶贫工作规划（2016-2020年）》等，以构建"外通内联、通村畅乡、班车到村、安全便捷"的交通运输网络为总目标，以解决制约贫困地区交通运输发展瓶颈问题，推进交通运输基本公共服务均等化。

交通运输部会同国家发展改革委、国务院扶贫办联合印发了《关于进一步发挥交通扶贫脱贫攻坚基础支撑作用的实施意见》，坚持目标导向和问题导向，指明交通扶贫的模式和发展方向，将贫困地区交通运输发展与经济社会、产业发展、新型城镇化和新农村建设以及产业优化升级相结合，把交通扶贫放在综合运输体系的大框架中，统筹点与面、内与外、城与乡的交通运输协调发展，统筹建、管、养、运协调发展。

全国各省也高度重视交通扶贫的顶层设计，推动国家相关规划的不断落实，建立健全交通基础设施的发展机制。如吉林省发布了《吉林省农村公路养护和路政管理若干规定》的政府令，并相继颁布实施了《吉林省公路管理条例》《吉林省农村公路条例》，省政府办公厅又发布了《关于实施农村公路惠民工程的意见》，对农村公路建管养运进行了全面部署，构建了农村公路的发展框架。

2. 坚持因地制宜，精准定向施策

事物之间是普遍联系的，交通扶贫脱贫的内容、方式与贫困地区的经济、社会、环境、人文等发展需求均存在一定的关联性，不但要考虑到当前的脱贫需求，更要考虑到未来的发展需求。因此，要盯紧扶贫脱贫的关键节点，充分考虑贫困地区生态环境和交通需求特点，在交通规划、设计、施工过程中，因地制宜，合理确定建设方案和技术标准，集约节约利用土地，注重生态环境保护，尊重民俗文化传统，实现交通扶贫与区域环境协调融合。准确把握不同扶贫地区的交通需求，在交通扶贫对象选择、项目落地、资金使用等方面提高精准性。针对贫困人口绝对数量多、贫困发生率高的地区，制定更加细化、精准的支持政策和保障措施，推动交通运输基本公共服务向革命老区、民族地区、边疆地区、连片特困地区延伸，向贫困人口全覆盖，确保交通扶贫目标落到实处。

各省也充分根据自身的发展特点，制定了交通发展的对策。如江苏省围绕"两个率先"的要求和城乡交通运输一体化发展战略，全面完成农村公路提档升级工程；青海省紧紧围绕全省"保护生态、改善民生"的任务，坚持建、管、养并重的发展思路，以农村公路为依托，加快农牧民群众脱贫致富奔小康和新农村建设。

3. 强化资金渠道，凝聚合力攻坚

马克思主义理论认为矛盾是推动事物发展的内在动力。当前贫困地区资金保障能力与发展需求之间的矛盾是交通基础设施发展的主要矛盾。基于此，中央加大对贫困地区的投资支持力度，提升脱贫攻坚的"造血"能力，交通运输部大幅提高集中连片特困地区中央投资补助标准，加大中央资金倾斜支持力度，对普通国道升级改造、乡镇通沥青（水泥）路、建制村通沥青（水泥）路补助标准分别较"十一五"期提高了260%、100%和150%，"十二五"期间累计投入车购税资金约5500亿元，占全国车购税资金用于公路水路建设总规模的45%，带动全社会公路建设投资近2万亿元。

各省也不断加大对农村交通基础设施的投入力度。如河北省按照每年每公里县道8400元、乡道3500元、村道1000元的标准补助农村公路养护工程，省级财政每年安排燃油税资金3.5亿；河南省、市两级政府将一般财政预算收入的1%、1.5%投入农村公路发展，市县两级财政平均每年列支22亿元用于农村公路的养护工程配套和日常养护生产。

4. 完善工作机制，强化组织保障

农村交通基础设施的发展离不开各级政府的重视，这是符合我国现阶段国情的发展模式，也是农村交通发展探索出的经验之路。交通运输部顺应农村交通的发展规律，适应现阶段的发展特点，充分发挥自主能动性，专门成立扶贫开发暨农村公路工作领导小组，统筹协调全国交通扶贫工作，牵头建立了"中央、省、市、县"分层负责、合力推进的交通扶贫工作机制，各地按照"中央统筹、省负总责、县抓落实"的总体要求，明确各级政府交通扶贫工作的责任任务，成立交通扶贫跨部门协作机制，加强了交通、财政、国土、环保、林业等部门间的协调，为交通扶贫工作顺利推进提供了强有力的组织保障。

同时，交通运输部与24个省级人民政府签订交通扶贫部省共建协议，部分省级交通运输主管部门与地市政府签订重点项目目标责任书，加强了对交通扶贫目标和绩效的落实与考核，充分发挥地方政府的脱贫攻坚主体作用，形成政府主导、部门协作、上下联动、多方参与的交通扶贫工作新格局。

（二）交通运输扶贫脱贫攻坚的成效

党中央和国务院一直将消除贫困作为最主要的工作之一，20世纪80年代以来，中国已经使8亿人口摆脱了贫困。中国政府设定的扶贫目标是，到2020年农村贫困人口如期脱贫、贫困县全部摘帽、解决区域性整体贫困。这是中国全面建成小康社会的底线任务，也是中国向全世界作出的庄严承诺。联合国《千年发展目标2015年报告》显示，全球极端贫困人口已从1990年的19亿下降到2015年的8.36亿，其中中国的贡献率超过70%，1978-2010年全球贫困人口数量减少的93.3%来自中国。许多专家学者以及联合国机构的代表都认为，中国到2020年消除现行标准下全部极端贫困人口的目标，与2015年联合国大会通过的《联合国2030年可持续发展议程》设定的发展目标高度一致，中国将提前10年实现联合国的减贫目标。

农村公路是覆盖范围最广、服务人口最多、提供服务最普遍、公益性最强的交通基础设施。2005年世界银行详细研究了近20年（1982-1999年）中国农村和城市公路建设带来的经济和社会效益。研究表明农村公路的成本—效益比是城市地区高等级公路的四倍，农村公路建设还能够带来农村地区更高的非农GDP增长。报告建议发展中国家应当增加农村和贫困地区的交通基础设施的供应量。无独有偶，联和国人居署2014年研究表明，农村地区提供道路基础设施，能够产生和带来更高的经济和社会效益；农村道路建设降低交通成本，连通农民与市场便于他们销售产品，促进劳动力流动，方便上学和就医。报告分析了中国的发展经验，认为投资回报率最高的基础设施投资来自于低等级的农村公路建设，对农村公路的投资要比投资更高等级和更高容量的道路更能带来贫困的减少和 GDP 的增加。

近年来，交通运输部门以集中连片特困地区为重点，不断加大投资力度，全面发展农村交通基础设施，为扶贫攻坚提供有力保障。

2014 年，14 个集中连片特困地区完成公路水路交通固定资产投资 4143.5 亿元，同比增长 8.8%，其中公路建设和水运建设分别完成投资 4104.8 亿元和 25.1 亿元，同比分别增长 8.6% 和 26.8%；截至 2014 年年底，14 片区公路总里程达 127.93 万公里，同比增长 3.1%，其中农村公路里程达 111.47 万公里，同比增长 3.2%。14 片区乡镇通达率为 99.96%、通畅率达 94.31%，建制村通达率为 99.43%、通畅率达 78.66%；近五成乡镇建有等级客运站，95.12% 的乡镇开通班线客运。

2015 年，14 个集中连片特困地区完成公路水路交通固定资产投资 4188.6 亿元，同比增长 1.1%，其中公路建设和水运建设分别完成投资 4127.7 亿元和 25.9 亿元，同比分别增长 0.6% 和 3.3%。截至 2015 年底，14 片区公路总里程达 132 万公里，同比增长 3.2%，乡镇通达率 99.97%、通畅率达 95.71%，建制村通达率 99.63%、通畅率 86.23%。

2016 年，支持贫困地区建设了 7200 公里高速公路，1.89 万公里普通国省道干线，10.4 万公里通乡通村硬化路，6300 公里旅游公路、产业路、资源路等；全年农村公路建设完成投资 3565 亿元，新建改建农村公路达到 29.2 万公里，同时新增通硬化路的建制村 1.3 万个，其中有 1 万个都是在贫困地区，新增通客车的建制村 5500 个。

可以看出，交通运输扶贫攻坚工作具有以下几个特点：

一是目标明确。2003 年交通部党组提出了"修好农村路，服务城镇化，让农民兄弟走上油路和水泥路"发展目标，十几年来，农村公路发展取得了显著成效。到目前全国农村公路通车总里程超过 400 万公里，基本实现所有乡镇通公路和东中部地区建制村通硬化路，西部地区建制村通硬化路比例约80%的目标。全国乡镇、建制村通客运班车率分别超过99%和93%。农村客运网络不断完善，农村货运蓬勃发展，亿万农民"出门水泥路，抬脚上客车"的梦想正在加快实现。农村交通的快速改善，让农业更加繁荣兴旺，让农村更加贴近城市，让农民更加幸福安康。

二是力度更大。"十二五"期间，中央投资农村公路3265亿元，发放农村客运补贴资金超过100亿元。全国农村公路建设带动社会总投资约1.3万亿元，比"十一五"期间增长约40%，GDP贡献率达0.6%，带动农民就业超过290万人，增收超过940亿元。农村公路发展惠及民生点多面广，使群众出行和农产品外运更加便捷，"农家乐""乡村游"迅速兴起，很多群众摘掉了贫困的帽子。对14个集中连片特困地区，中央农村公路规划建设投资的近60%用于这一地区，已解决这些地区3.1万个贫困村的出行难问题，有效打开了贫困地区脱贫致富的通道。

三是决心更强。"小康路上绝不让任何一个贫困地区因交通而掉队！"体现了交通运输扶贫攻坚的信心和决心。近年来，交通运输部大力推进"四好农村路"建设，连续将新改建农村公路纳入到"交通运输更贴近民生实事"，并且每年均能超额完成既定目标，如2016年全国农村公路新改建里程超额45%完成国务院下达的年度任务，通硬化路建制村数量超额46%完成目标；全年新增通客车建制村数量超额38%完成目标。基础设施的大力发展为实现脱贫攻坚奠定了坚实的保障基础。同时深入推进联系六盘山片区、定点扶贫和对口支援等专项工作。如作为六盘山片区联系单位，交通运输部2016年安排了124.5亿元车购税资金，支持片区改造建设742公里高速公路、1939公里普通国省道和约3500公里农村公路。

党的十八大以来，全国新建改建农村公路127.5万公里，99.24%的乡镇和98.34%的建制村通上了沥青路、水泥路，乡镇和建制村通客车率分别达到99.1%和96.5%以上，城乡运输一体化水平接近80%，初步形成以县城为中心、乡镇为节点、建制村为网点，遍布农村、连接城乡的农村公路交通网络，极大地改变了农村地区交通面貌，有力支撑了脱贫攻坚和农村经济社会的全面发展，表现在以下几个方面：

一是改变了农村交通落后面貌，促进了农民生活宽裕。农村公路缩短了城乡空间，有效地解决了历史上困扰农村地区的农产品"销售难"问题，农民增收效果明显。例如，新疆喀什地区巴楚县阿拉格尔乡，农村公路没有通之前，当地农民是赶着驴车卖菜，一路灰尘，菜没好品相不好卖，蔬菜大量滞销。水泥路通后，汽车上门收购，以前1块钱一公斤的蔬菜，现在可以卖到2块钱仍供不应求，农民收入翻了一番。

二是改变了农村消费结构，促进了经济增长。农村交通条件改善，激发了这一最大规模消费群体的消费意愿，各种商品进入了农家，为保持经济平稳较快增长作出了积极的贡献。例如，青海玉树州农村公路修通以后，农牧民的思想观念和市场意识发生明显变化，很多牧民由原来的骑马放牧改骑摩托车放牧。

三是改变了农村产业结构，促进了农业现代化。便利的农村公路为农业机械化、专业化和社会化创造了条件，促进了传统农业向高效生态农业、绿色旅游农业、商品加工业等现代农业转变，提高了农业的现代化水平。例如，金华市婺城区的农村公路网络完善后，工业和服务业得到了快速发展，一二三产业的比重由以前的23∶45∶32调整为13∶47∶40。

四是改变了乡风村容，促进了农村文明。农村公路通畅，加速了新思想、新理念的传播，改变了传统的伦理观念，优化了村镇规划，改善了村容村貌，推进了农村地区乡风文明和村容整洁。例如，宁夏固原市农民群众普遍反映，"公路通了，信息灵了，脑瓜活了，收入多了，农民也更讲文明了"。

五是改变了二元结构，促进了城乡一体化。农村公路拉近了城乡距离，使乡村对接城市，增强了工农城乡互动，推进了城乡一体化进程。例如，浙江省实施"乡村康庄工程"后，农民群众到县城的时间缩短了53.6%，到集贸市场的时间缩短了59.2%，看病方便了，子女上学坐车了，山村的孩子也享受到了中心学校的师资和教育条件。

（三）经验与启示

回顾总结几年来"四好农村路"实践，给予我们许多经验启示：一是必须牢固树立以人民为中心的发展思想，始终把建设人民满意交通，满足人民日益增长的美好生活需要作为我们的奋斗目标。这是做好农村交通工作的核心要义。**二是**必须坚持从实际出发、因地制宜建设农村公路，充分发挥交通基础设施的基础性先导性作用，为乡村振兴和交通强国建设打下坚实基础。这是做好农村交通工作的关键所在。**三是**必须坚持建设与"青山绿水"相协调的美丽农村交通，促进宁静、和谐、宜居、文明的美丽乡村建设。这是做好农村交通工作的重要理念。**四是**必须坚持深化改革、持续创新，紧紧依靠制度创新和科技创新增强农村交通可持续发展能力，促进农业现代化。这是做好农村交通工作的动力之源。**五是**必须坚持调动各方力量，形成政府主导、上下联动、部门协同、社会参与的机制，推动交通运输治理体系和治理能力现代化。这是做好农村交通工作的基本方法。

四、进一步贯彻落实好"四好农村路"重要指示

改革开放以来，我国交通实现了由"瓶颈制约""总体缓解"向"基本适应"的重大跃升，其成果令世人瞩目。当前中国特色社会主义进入了新时代，开启了全面建设社会主义现代化国家的新征程。交通是兴国之利器、利国之基石、强国之先导。党的十九大提出建设交通强国的宏伟目标。加快由"交通大国"向"交通强国"迈进，是新时代赋予交通运输行业的新使命。作为"交通强国"重要组成部分的农村交通决不能掉队，不仅要"补齐短板""适应发展"，更要"引领发展"，实现"高质量发展"。我们要深入领会习近平总书记"四好农村路"重要指示，坚持用习近平新时代中国特色社会主义思想统领交通运输工作，奋力建设交通强国，开启农村交通现代化新征程，支撑乡村振兴战略实施，为实现社会主义现代化强国和中华民族伟大复兴的中国梦、实现人民对美好生活的向往努力奋斗。

（一）紧紧围绕主要矛盾变化，进一步做好农村交通发展顶层设计

新时代我国社会主要矛盾已经转化为人民日益增长的美好生活需要和不平衡不充分的发展之间的矛盾。习近平总书记准确把握了农村交通发展阶段、发展需求和主要矛盾变化，提出了"既要把农村公路建好，更要管好、护好、运营好"的新要求。我们应着眼于社会主义现代化强国的战略

目标，根据主要矛盾变化，结合交通强国战略规划，布局谋划农村交通长远发展，做好顶层设计，促进农村交通更高质量、更高效率、更加公平、更可持续发展，满足人民群众日益增长的美好生活需要。

（二）紧紧围绕服务乡村振兴和农业农村现代化，当好交通先行官

党的十九大报告对乡村振兴战略提出"产业兴旺、生态宜居、乡风文明、治理有效、生活富裕"的总要求。农村交通是乡村振兴的基础和载体，应充分发挥交通在引领城镇发展、优化农村布局、支撑新农村建设等方面的作用，推动农村交通与美丽乡村、旅游休闲、产业发展、乡村治理等深度结合，建设"产业之路、生态之路、文明之路、自治之路、富裕之路"，切实推动农业更强，农村更美，农民更富，实现乡村振兴和农业农村现代化。

（三）紧紧围绕全面建成小康社会，强化交通精准扶贫

全面建成小康社会已进入决胜阶段，交通扶贫也进入攻坚拔寨的冲刺阶段，应彻底由"大水漫灌"向"精准滴灌"转变，在西部地区、老少边穷地区和集中连片特困地区的交通扶贫中下"绣花"功夫，加快促进交通基础设施通村畅乡、互联互通。继续支持贫困地区建设旅游路、产业路、资源路，促进贫困地区资源开发和特色产业发展，早日实现脱贫致富。全面提高通达地区农村交通网络质量，完善公路安保设施，提高生命安全保障能力。

（四）紧紧围绕可持续发展，构建农村公路管养长效机制

在"管好""护好"的薄弱环节下功夫，建立农村公路管养长效机制，增强持续保障能力。落实县级人民政府的主体责任，健全机构，充分发挥乡镇政府、村委会等基层组织的积极性和主动性。破解养护资金难题，明确各级政府的支出责任，建立以政府投入为主、渠道稳定的农村公路管养资金保障机制，激发和调动各方的积极性。完善养护运行机制，建立考核结果与投资挂钩的奖惩机制。加快建立健全适应农村公路实际的相关法规和技术规范体系。

（五）紧紧围绕城乡协调发展，加快交通运输服务一体化

统筹城乡和区域协调发展，加强城市、城乡、区域之间的交通联系，强化在交通规划、线网优化、运输服务等方面的统筹衔接，加快交通运输一体化发展，缩小城乡发展差距。统筹农村公路、客运、物流、邮政快递等资源，建立与旅游、电商、物流、供销、金融等多部门协同推进农村交通的新机制，形成发展合力。创新农村客运发展模式，提升公共服务质量，促进城乡交通运输基本公共服务均等化，增强人民群众获得感和幸福感。

（六）紧紧围绕增强发展活力动力，继续推进农村交通改革创新

加快科技创新，促进新技术、新材料、新装备、新工艺应用，推动农村交通运输绿色发展和提质增效。创新农村公共交通供给方式和组织模式，提高服务水平。推动"互联网+"等新业态发展，提供个性化、差异化、更高品质的运输服务，促进传统道路运输转型升级。创新农村交通运输管理制度和政策，顺应网络化社会、数字化生活、大数据时代的趋势，加强信息化建设，促进农村交通运输治理体系和治理能力现代化。

杨传堂在 2014 年全国农村公路电视电话会议上的讲话

(2014 年 12 月 8 日)

党的十八大以来,习近平总书记多次就农村公路发展作出重要指示批示。今年 3 月 4 日,习近平总书记在我部上报的关于农村公路发展情况的报告上作出重要批示,充分肯定了农村公路建设取得的显著成绩,鲜明指出了交通基础设施建设的先导作用,要求我们进一步把农村公路建好、管好、护好、运营好,逐步消除制约农村发展的交通瓶颈,为广大农民致富奔小康提供更好的保障。习近平总书记的重要批示,站在党和国家事业发展全局的高度,高屋建瓴,指向清晰,是我们做好农村公路工作必须长期坚持的重要指针。我们召开这次会议,主要任务是深入贯彻落实党的十八大、十八届三中、四中全会精神和习近平总书记重要指示批示精神,认真总结农村公路发展经验,准确把握新形势新要求,全面深化改革,推动农村公路发展再上新台阶。下面,我谈三点意见。

一、十年来农村公路建设取得的主要成绩

2003 年,部党组根据中央支持"三农"工作的部署要求,提出了"修好农村路,服务城镇化,让农民走上油路和水泥路"的目标。2013 年,又根据党的十八大全面建成小康社会的战略部署,进一步提出了"小康路上,绝不让任何一个地方因农村交通而掉队"的新目标。经过 10 年努力,我国农村公路实现了跨越式发展。

一是在"建好"农村公路上成绩斐然,全国农村公路网基本形成,路面水平和技术等级不断提高。10 年来全国新改建农村公路 310 万公里,新增通车里程 240 万公里,通车总里程达到 378.5 万公里,乡镇和建制村通

公路率分别达到99.97%和99.70%，通硬化路率达到97.9%和89%，基本实现所有具备条件的乡镇和东、中部地区具备条件的建制村通硬化路，西部地区建制村通硬化路比例达到65%。"十二五"前三年，中央车购税投资农村公路建设1523亿元，带动全国农村公路建设总投资6565亿元，新增3200个建制村通公路和470个乡镇、4.7万个建制村通硬化路。农村公路成为服务农业现代化的"产业路"、农民朋友奔小康的"致富路"。

二是在"管好"农村公路上，养护能力和质量得到大力提升，农村公路持续健康发展长效机制初步形成。着力推动农村公路管理养护体制改革，全国31个省（区、市）均已出台农村公路管理养护体制改革实施方案，管养机构、职责、人员逐步落实。2013年全国农村公路列养比例达到98.1%，比10年前提高了44%，基本实现了"有路必养"，平均优良路率达58%，中等以上达76%。

三是在"护好"农村公路上，安全水平不断提高，农民出行安全得到有效保障。组织实施了以"消除隐患，珍视生命"为主题的农村公路安保工程和危桥改造工程，10年来累计投入资金147.6亿元，处置改造安全隐患路段18.9万公里，危桥79.5万延米、10712座。农村公路标志标线设置齐全里程及占比近年来大幅提升，农村公路交通安全状况明显改善。

四是在"运营好"农村公路上，城乡客运蓬勃发展，有效满足了农民群众的基本出行需求。坚持路站运一体化发展，努力实现"路通车通"。目前全国农村客运站24.6万个，开通农村客运线路9.6万条，日发班次117万班，全国98.6%的乡镇和92.8%的建制村通了客运班车，绝大部分农民在家门口就能方便乘坐客运班车。

就像习近平总书记在批示中指出的"在一些贫困地区，改一条溜索、修一段公路就能给群众打开一扇脱贫致富的大门"。农村公路就是这样一项惠及亿万农民群众的民生工程。农村公路网络的延伸，打通了城乡之间的"微循环"，建立了城乡融合发展的新通道，带动了乡村旅游业的快速发展，使得交通运输基本公共服务覆盖到广大田园村庄，为农业现代化提供了基础保障。今年部组织部分人大代表和全国政协委员对农村公路建设发展情况进行了调研，鲍义志政协委员在青海调研后指出，农村公路发与免除农业税、新农合一样，是社会主义新农村建设的"三大亮点"。

10年来农村公路的发展积累许多好的经验和做法，**一是注重责任落实**，把"修农民真正需要的路"作为工作的出发点和落脚点，有效调动和激发各部门及农民群众的积极性和创造力，为农村公路发展注入了不竭动力。**二是注重改革深化**，以落实"规章制度、财政资金、机构人员"为重点，不断深化农村公路管养体制改革，巩固了农村公路建设成果。**三是注重制度创新**，在前期规划、资金管理、技术标准、工程项目管理、养护管理、质量监督、目标责任考核等方面，逐步建立完善法规制度体系，提高了农村公路建管养运的科学化水平。**四是注重系统推进**，把农村公路与新农村建设和新型城镇化发展等工作结合起来，整合各方资源形成发展合力。

农村公路发展取得了显著成效，但与全面建成小康社会的发展要求相比，仍然存在一些不容忽视的问题：一是区域发展不平衡，西部地区尤其是集中连片特困地区建制村通硬化路建设任务仍然艰巨。二是养护任务重与资金不足的矛盾日益突出，县级政府农村公路管养事权责任与财力不匹配，不少地方还存在着弃养待建和以建代养问题。三是安全问题凸显，农村公路危桥居高不下，不少路段缺少必要的安保配套设施。四是运输服务水平和能力仍显不足，农村物流发展刚刚起步，群众出行便利性、舒适性有待提高。

二、加快"四个转变"，推动农村公路发展再上新台阶

现在离党的十八大提出的到2020年全面建成小康社会的目标，只有5年左右的时间。这是实现中华民族伟大复兴中国梦的第一个百年目标。"小康不小康，关键看老乡"，全面建成小康社会，重点和难点都在农村。随着农业现代化与工业化、信息化、城镇化的同步推进，农村改革发展面临着更为复杂的环境和更多的困难挑战。

"十三五"及今后一段时期，是深化改革，建设法治国家的关键时期，在"新常态"的情况下，我国农村公路发展将适应形势，推进改革，加强管理，步入提质增效、科学发展的新时期，要落实好习近平总书记作出的

"新形势下,农村公路建设要因地制宜、以人为本,与优化村镇布局、农村经济发展和广大农民安全便捷出行相适应"指示要求,必须加快实现"四个转变":一是从"会战式"建设向规范化发展转变。随着"通达""通畅"目标的逐步实现,广大农村居民出行难题基本得到解决,过去长期实行的"会战式"建设发展模式,已经明显不能适应今后农村公路的发展需求,必须加强顶层设计,进一步完善农村公路管养体制和运行机制,确保农村公路在制度化和规范化的轨道上实现持续健康发展。二是从全面铺开向重点突破转变。经过"十二五"期的加快建设,全国农村公路建设的重点和难点,主要集中在西部地区尤其是集中连片特困地区。东中部地区基本完成通畅任务后,农村公路改造升级、优化结构和网络化发展的需求也日益突出。下一步的工作重心要转到集中攻坚和解决突出问题上来,实现重点突破和差异化发展。三是从以建设为主向建管养运协调发展转变。建管养运是农村公路工作的有机整体,过去以建为主,先解决"通"的主要矛盾,今后要更加注重统筹兼顾,转移到建管养运同步推进、协调发展上来,努力消除制约农村公路交通发展的短板。四是从适应发展向引领发展转变。我们要在满足广大农民群众基本出行需求的基础上,根据中央促进城乡发展一体化的战略部署,从以人为本出发,把农村公路工作与优化村镇布局、发展农村经济结合起来,统筹谋划,系统安排,充分发挥农村公路的先导作用,通过完善农村公路基础设施、提高农村客货运输服务水平,改变农村地区村容村貌,促进农村地区人口和产业集聚,引领社会主义新农村建设,推动城乡发展一体化,让广大农民共同分享现代化成果。

根据上述新变化新要求,"十三五"期及未来一段时间,我国农村公路发展总体思路是:认真贯彻落实习近平总书记的重要指示、批示精神,以党的十八大和十八届三中、四中全会精神为指导,适应全面建成小康社会、扶贫攻坚和国家财税体制改革的要求,按照"保基本、强服务、惠民生、促发展"的总体方针,全力推进规范发展、协调发展、安全发展和引领发展。通过"保基本",满足全面建成小康社会和基本交通运输服务均等化的要求;通过"强服务",不断提高农村公路发展质量、通畅水平和服务水平，促进新农村建设、新型城镇化和农业现代化。重点抓好以下四个方面工作：

（一）因地制宜，进一步"建好"农村公路

一是兜住底线，打好集中连片特困地区交通扶贫攻坚战。"十三五"期农村公路剩余的建设任务，"硬骨头"主要集中在集中连片特困地区、西藏和四省藏区、新疆南疆四地州以及边远和少数民族地区。这些地区自然条件恶劣，经济发展落后，交通基础薄弱，是全面建成小康社会的"短板"。以西部和集中连片特困地区为主战场，完成具备条件的剩余乡镇和建制村通硬化路的建设任务，是增强贫困地区自我发展能力、保障这些地区与全国同步全面建成小康社会的基本条件，必须坚决打好这场攻坚战。

二是扩大成果，进一步完善农村公路网络结构。综合考虑村镇行政区域调整、移民搬迁、小城镇建设以及人口迁移、集聚等因素，有序推进人口仍然聚居的撤并建制村和新建移民搬迁安置点通硬化路建设，有序推动农村公路逐步延伸至较大规模自然村和农村联网公路建设，着力提高城市近郊、城镇化、人口密集地区农村公路网络化水平。

三是提质增效，着力夯实农村公路交通安全基础。加大农村公路安保工程建设、危桥改造实施力度，不断提高农村交通安全水平和农村公路抗灾能力。新改建农村公路根据需要同步实施安保工程，有序推进已建成农村公路的技术改造。加强不符合通班车要求的（路基宽度小于等于4.5米或路面宽度小于等于3.5米）路段的拓宽改造，逐步推动全国县乡公路尤其是"油返砂"公路的改造，让农民群众走上"安全路"，坐上"放心车"。

（二）深化改革，进一步"管好"农村公路

一是构建权责清晰的农村公路管养责任体系。按照国家财税体制改革和事权改革的总体要求，推动《公路法》修订工作，争取尽快出台《农村公路管理条例》，将村道纳入法治轨道，形成农村公路规范发展的长效机制。

二是健全农村公路建设质量监督体系。完善农村公路质量保证体系，细化参建各方质量管控责任，强化质量监督和技术指导，确保农村公路的建设质量和安全。全面落实《交通运输部关于推行农村公路建设"七公开"制度的意见》，推行项目管理公开透明、阳光操作，完善项目建设监督机制。

三是加强对农村公路工作的考核和评价。健全农村公路建设考核评价机制，定期对建设目标完成情况、工程质量及实施效果等进行综合督查和评价，制定农村公路建设成果与资金分配相互联动的制度措施，强化制度激励效果。研究制定《农村公路养护与管理考核办法》，将农村公路养护管理工作纳入各级地方政府考核指标体系。组织开展养护管理示范县创建活动。贯彻落实《国务院关于改善农村人居环境的指导意见》，开展"美丽乡村路、助圆小康梦"为主题的"农村公路路域环境综合整治活动"。加强农村公路路政管理，加大对农村公路超限超载车辆治理力度。

（三）创新引领，进一步"护好"农村公路

一是建立以公共财政为主的养护资金保障体系。加快建立以政府公共财政投入为主，多渠道筹措为辅的资金筹措机制。除成品油消费税返还用于农村公路养护的资金外，推动省、地市级政府明确一定比例的公共财政性资金，随农村公路里程增加和财力增长同步增加养护投入，不足部分纳入县级公共财政预算。注重发挥中央和省级补助资金的引导和激励作用，完善"以奖代补"政策，发挥好"一事一议"资金在农村公路建设养护中的作用，继续鼓励采取多种方式筹集社会资金用于农村公路养护。

二是因地制宜选择农村公路养护生产组织模式。充分考虑各地发展实际，建立政府与市场合理分工的养护生产组织模式。对于农村公路的专业化养护，可通过合同、委托等方式，交由专业化养护队伍承担，日常养护可通过政府购买服务的方式，择优选择沿线群众参与。鼓励和引导专业化养护企业跨区域参与养护市场竞争，引导基层养护作业单位逐步向独立核算、自主经营的企业化方向转企改制。

三是建立健全养护技术支撑体系。完善规章制度，健全养护技术标准及规范。开展农村公路养护工程计划编制政策研究，为县级交通运输主管部门申请养护资金提供政策支持。加强基层一线人员培训，让基层工作人员掌握必要的专业知识和养护技能。

(四)以人为本,进一步"运营好"农村公路

一是建好农村客运设施。充分考虑各地农民群众出行需求和出行特点,统筹规划,因地制宜,把农村客运站亭与农村公路统一规划、同步实施,做到路通、站成、车通。创新站场建设运营管理模式,形成农村客运站亭管理、运营和维护的长效机制。

二是完善农村客运网络。改革农村客运线路管理方式,推广农村客运片区经营模式,创新客运组织形式,灵活组织客运班线。加大农村客运扶持力度,推进城乡客运一体化,支持城镇化水平和居民出行密度较高的地区推进农村客运线路公交化运营,鼓励有条件的地区有重点、分阶段在镇域内发展镇村公交,使农村客运班车"开得通、留得住、有效益",保证农村地区基本公共客运服务实现全覆盖。

三是强化客运安全监督管理。健全车型标准、通行条件、安全监管等方面的制度,加强农村客运车辆、站场、企业资格、线路审批等源头管理,强化司乘人员的安全培训和教育。

四是提高农村货运服务水平。推进农村生产生活资料配送网络建设,加快完善县、乡、村三级农村物流服务体系。发挥邮政系统在农村地区基础网络体系作用,鼓励交通、商务、供销、邮政、快递、粮食等农村物流资源整合。

三、凝心聚力,抓好农村公路工作责任落地

(一)切实落实地方政府主体责任

按照国家深化财税体制改革和事权改革的精神,各级交通运输主管部门要主动作为,尽快研究出台促进农村公路发展的新思路、新举措,积极推动各地出台地方性法规,使地方政府在农村公路发展中的主体责任得到真正落实,形成保障农村公路持续发展的长效机制。

(二)抓好"十三五"规划的编制和落实

各地要在全面检查"十二五"建设目标完成情况的基础上,提早谋划"十三五"农村公路发展规划。规划编制应与村镇规划和易地扶贫搬迁(生态移民)相结合,与小城镇建设相结合,与其他路网和运输方式衔接

互补。规划目标既要满足全面建成小康社会的总体要求，也要综合考虑不同地区经济发展的差异性，合理确定发展类指标。规划的实施既要兼顾公平，优先安排涉及"托底性"指标的相关项目，又要注重效益，安排好对地方经济促进作用大、群众需求强烈的相关项目。规划执行中的问题要早发现、早研究、早解决。

（三）积极争取更多财政资金投入农村公路

各级交通运输主管部门要积极协调发改、财政部门，争取中央转移支付资金加大对农村公路项目的投入力度，统筹各类扶贫资金和涉农资金向农村公路建设项目倾斜，建立以公共财政投入为主的农村公路管养资金来源渠道，完善农村客运公共财政保障措施，研究农村物流发展政策。"十三五"期我部也将按照"更精准、更细化"的原则，实施"差异化"的中央投资政策，进一步加大对集中连片特困地区和西部地区农村公路建设支持力度，减轻特殊困难地区筹资压力。

同志们，在全面建成小康社会的伟大进程中，交通运输部门肩负着重要的责任。我们要深刻学习领会总书记关于农村公路工作的重要指示批示，进一步增强责任感和紧迫感，以更高的认识、更大的决心、更强的力度、更硬的措施，推动农村公路又好又快发展，为全面建成小康社会提供更好交通运输保障！

杨传堂在 2015 年全国农村公路现场会上的讲话

（2015 年 9 月 21 日）

今年是"十二五"的收官之年，也是谋划"十三五"的关键之年，全面建成小康社会进入了决战决胜的阶段。这次会议的主要任务是：深入贯彻落实党的十八大、十八届三中、四中全会精神和习近平总书记对农村公路的重要指示批示精神，总结经验，分析形势，明确目标，部署推动"四好农村路"建设工作，确保小康路上绝不让任何一个地方因农村交通掉队。

党的十八大以来，习近平总书记分别对独龙江公路隧道贯通、农村公路发展和川藏青藏公路建成通车 60 周年作出重要指示批示，明确要求进一步把农村公路建好、管好、护好、运营好。在湖南、陕西、贵州等地调研时，习近平总书记反复强调，要加快农村地区、贫困地区、革命老区、民族地区和边疆地区交通建设。习近平总书记的重要指示批示，是我国农村公路发展史上一件具有深远影响的大事，充分体现了党中央对交通运输发展的亲切关怀和殷切期待，为我们做好新形势下农村公路建、管、养、运工作，明确了指导方针和重要遵循。去年 3 月 6 日，我们接到习近平总书记对农村公路的重要批示后，部党组立即召开会议组织传达学习，召开电视电话会议和领导小组会议，对加快农村公路发展做出具体部署。今年初，部从 2015 年重点工作中确定了既促进稳增长又体现惠民生的十件实事，其中六件实事与农村公路有关。近期，部制定下发了《关于推进"四好农村路"建设的意见》，对"四好农村路"建设工作进行了全面部署。

一年多来，各地认真落实"四好农村路"建设的新要求，福建、河南、湖北、云南、贵州、四川、甘肃等省级人民政府结合实际，落实加快农村公路发展的政策。特别是甘肃省委、省政府立足省情，将农村公路发展作为扶贫攻坚六大任务之首，举全省之力实施交通扶贫攻坚，周密部署，强力推进，投入大，措施实，效果好，全省乡镇和建制村通达率均达到100%，农村公路发展已经取得显著成绩。在养护上，省、市（州）两级财政分别按"7351"标准进行补助，县财政则按2倍标准配套。甘肃作为西部欠发达省份，贫困是最基本的省情，他们能够做到的，其他地方也应该能做到，大家要学习借鉴他们的经验和做法。

新形势下，贯彻落实好中央领导的重要批示精神，加快"四好农村路"建设，要敢于担当，有所作为，更好地发挥支撑和保障作用，当好全面建成小康社会的"先行官"。下面，我讲三点意见。

一、"十二五"以来农村公路发展取得的成绩

"十二五"期，特别是2012年中央印发《集中连片特困地区扶贫纲要（2012-2020）》后，农村公路发展进入到了集中攻坚阶段，逐步从规模扩张向路网优化，质量和效益并重转型。各级交通运输部门按照党中央、国务院决策部署，全力推进农村公路发展，"十二五"农村公路规划目标任务即将圆满完成。

一是服务"三农"能力更强。 预计"十二五"期间，全国新增5000个建制村通公路，近900个乡镇和8万个建制村通硬化路，全国新改建农村公路将超过100万公里，通车总里程约395万公里，基本实现所有乡镇通公路和东中部地区建制村通硬化路，西部地区建制村通硬化路比例约80%的目标。全国乡镇、建制村通客运班车率将超过99%和93.2%。农村客运网络不断完善，农村货运蓬勃发展，亿万农民"出门水泥路，抬脚上客车"的梦想正在加快实现。农村交通的快速改善，让农业更加繁荣兴旺，让农村更加贴近城市，让农民更加幸福安康。

二是惠及民生力度更大。 今年部党组部署的"更加贴近民生十件实事"中，有六件实事与农村公路有关。到8月底，新改建20万公里的任务已完成13.9万公里，新增通客车建制村1500个，其他任务也均进展过半，预计能够完成目标任务。五年来，中央投资农村公路3265亿元，发

放农村客运补贴资金超过100亿元。全国农村公路建设带动社会总投资约1.3万亿元，比"十一五"增长约40%，GDP贡献率达0.6%，带动农民就业超过290万人，增收超过940亿元。农村公路发展惠及民生点多面广，群众出行和农产品外运更加便捷，"农家乐""乡村游"迅速兴起，很多群众摘掉了贫困的帽子。

三是扶贫攻坚成效更突出。"十二五"期间，国家启动了集中连片特困地区扶贫攻坚，对14个集中连片特困地区，在规划投资建设等方面加大支持力度，中央农村公路投资的近60%用于这一地区。通过三年的集中攻坚，已解决这些地区3.1万个贫困村的出行难问题，有效打开了贫困地区脱贫致富的通道。部与国务院扶贫办全面推动四川、云南等7省（区、市）溜索改桥工作，已完工开工近300座。

四是法规政策支撑更完善。部印发了"十二五"农村公路建设指导意见，制修订涉及农村公路重要技术规范6个，行业发展政策和技术体系基本完善。制定并总结推广了"七公开"制度，"修农民需要的路"，"修群众放心的路"成为农村公路建设项目的"必修课"。省级层面的农村公路法规基本做到全覆盖，甘肃、山东、安徽、湖北、河南、黑龙江、湖南、云南等8省份均颁布了农村公路地方性法规，14个省（区、市）已有了政府规章。各省（区、市）共制定83项农村公路技术规范或指南，出台了90多项管理办法等规范性文件。法规、政策和技术标准体系是一项重要工作，要不断完善并认真落实。

五是质量和安全基础更实。五年来，加快树立和推广"高质量建设是最好养护""宁可少修一公里，也要同步完善安全防护设施"等理念，"政府监督、专业抽检、群众参与、施工自检"的农村公路质量保证体系全面覆盖，工程质量呈现稳中有升态势。"十二五"农村公路抽检指标总体合格率达96.2%，比"十一五"提高2.4%。部组织开展了安保工程和危桥改造，预计全国累计处置农村公路安全隐患路段21.7万公里，危桥13109座、95.3万延米，农村公路运行安全条件全面改善。在规模迅速扩大的情况下，安全事故呈稳中有落态势，农村交通的安全水平明显提升。

六是养护和管理成效更好。部组织开展了为期三年的农村公路管养年活动。"县道县管、乡村道乡村管"的体系基本建立,"以县为主、分级负责、群众参与"的格局基本形成,"有路必养"基本实现,"养必到位"步伐加快。截至2014年底,全国农村公路列养率达到97.3%,比2010年提高1%。农村公路技术状况(PQI)由2010年的63.51上升到2014年的70.9,优良路率由57.8%上升到59.7%。

同时,涌现一批养护管理示范县、示范乡镇,县级政府主体责任得到较好落实。

我国农村公路实现跨越式发展,形成了适应国情和交通运输实际的发展模式,得益于以下五个方面的发展导向和有力举措,这些都是农村公路发展较好地区的共性经验,应当倍加珍惜,继续发扬光大。

第一,政府主导。农村公路是服务农村经济社会发展的公益性、基础性、先导性设施,是强农富民的"民生工程",密切政府和群众的"德政工程",也是政府提供基本公共服务的重要内容,必须坚持政府主导。多年实践表明,政府重视程度高,农村公路发展就质量高,速度快。这次会上甘肃、湖北等省的介绍,都充分体现了这条经验。

第二,健全法制。农村公路建设养护责任落实难、资金筹措难、机构和人员不到位,是困扰农村公路可持续发展的难题。解决的根本之策,就是完善法规,将农村公路发展由行业行为向政府行为转变。从已出台专门的农村公路地方性法规省份的发展实践看,上述问题都得到了很好的解决,可持续发展有了较好的保障。

第三,保障投入。地方人民政府事权与财力不匹配,资金不足是农村公路发展面临的最主要问题。近年来,一些地方在加大公共财政投入,调动地方投入方面探索了很多经验。河北、福建等地采取"以奖代补"机制,浙江、安徽等地采取省、地、县三级定额投入机制,较好缓解了农村公路资金供需矛盾,成效突出。

第四,改革创新。农村公路点多面广,各地情况千差万别。如何从实际出发,因地制宜,通过改革创新,解决农村公路规模迅速扩大,等级不断提高后面临的新问题,成为十分紧迫的任务。"十二五"以来,广东、辽宁、陕西、青海等18个省份,创新省对地方的考核内容;北京、江苏等地依据路况检测数据,创新对区县政府的考核指标;天津、宁夏、重庆等地则深化养护体制改革,为农村公路可持续发展注入了不竭动力。

第五,群众参与。农民群众既是农村公路发展的直接受益者,也是推动农村公路发展的重要力量。2013年,部在河北保定召开"七公开"现场会,这次会议又把内蒙古自治区的《群众监督手册》发给大家,就是要着力推广自上而下的宣传动员机制,自下而上的民主决策机制,公开透明的群众监督机制,社会共同参与的合力攻坚机制,充分调动农民群众的热情和积极性,使之成为拥护者和参与者。

"十二五"农村公路的跨越式发展,离不开党的惠民政策,离不开中央有关部门的大力支持,更离不开广大人民群众的积极参与和交通运输部门广大干部职工的顽强拼搏。在这里,我代表交通运输部,向所有关心支持农村公路工作的同志们,向交通运输系统广大干部职工表示衷心的感谢!

二、农村公路发展面临的形势与基本思路

"十三五"期是全面建成小康社会决战决胜的时期,我国经济发展进入新常态,处于三期叠加的深刻转折期,稳增长、促改革、调结构、惠民生、防风险的任务繁重。农村公路是我国综合交通运输体系的重要组成部分,是农村生产生活极为重要的基础设施,承担着支撑经济发展、民生改善、社会和谐的重任。

第一,从经济社会发展看,农村公路要为实现全面建成小康社会目标提供基础支撑和重要保障。党的十八大以来,以习近平同志为总书记的党中央从坚持和发展中国特色社会主义全局出发,提出并形成全面建成小康社会、全面深化改革、全面依法治国、全面从严治党的战略布局。全面建成小康社会是实现社会主义现代化和中华民族伟大复兴中国梦的阶段性战略目标,是现阶段党和国家事业发展的战略统领。"小康不小康,关键看老乡"。习近平总书记反复强调,没有贫困地区的小康,没有贫困人口的脱贫,就不可能全面建成小康社会。全面建成小康社会的最大"短板"在农村。新形势下,交通运输工作必须以"四个全面"战略布局为统领,加

快综合交通运输体系建设，立足"补短板、保基本、兜底线"，推进交通运输基本公共服务均等化，服务全面建成小康社会目标。农村公路覆盖广、比例大，在服务"三农"中处于基础性地位，必须在服务农村经济社会发展、支持现代农业、带动农民脱贫致富奔小康、促进城乡一体化发展等方面，发挥"先行官"作用。

第二，从党和国家的政治使命看，农村公路要为革命老区、民族地区、边疆地区、贫困地区脱贫致富贡献力量。习近平总书记高度重视和关注革命老区、民族地区、边疆地区、贫困地区发展，特别强调要做好老区扶贫开发工作，让老区人民尽快脱贫致富。这些地区的群众，为中国革命事业的成功、新中国的建设和发展、促进民族的团结与稳定、创造和平的发展环境、巩固国防等，都做出了历史性的贡献。经过多年的扶持和发展，这些地区经济社会取得了极大进步，但受地理区位、资源禀赋、历史文化和基础条件等因素制约，经济社会发展水平还比较滞后，发展的基础还比较薄弱，贫困人口还占较大的比例。我们应当从推进区域协调发展、确保边疆和民族地区的安定、实现同步全面建成小康社会的高度，认识做好这些地区交通运输发展工作的重要意义，带着对这些地区群众的深厚感情和责任，全力推进这些地区交通运输特别是农村公路发展，助推扶贫攻坚，助推全面小康社会建设，确保小康路上，决不让任何一个地方因农村交通掉队。

第三，从人民群众需求看，农村公路要为广大农民群众提供更普惠更优质的出行和运输服务。交通运输是重要的民生领域，与人民群众生产生活息息相关。加快农村公路发展，不断提升发展质量和效益，就是要践行党全心全意为人民服务的根本宗旨，让人民交通实现好、维护好、发展好人民群众的根本利益，坚持把以人为本作为交通运输工作的出发点和落脚点，在服务百姓、改善民生中实现交通运输的价值追求。"十三五"期是我国以工促农、以城带乡的关键时期，随着广大农民收入水平和消费能力的提高，人民群众对出行安全性、便捷性、舒适性和多样性的要求将进一步提升；农村经济产业结构加快调整，货运结构调整步伐加快，对经济性、及时性、可靠性的要求更高。农村公路发展必须贯彻落实党中央、国务院关于稳增长、惠民生等要求，全面提升农村交通运输的总体供给能力和综合服务水平，扩大公路网覆盖范围和通达深度，完善公共客运服务和农村物流配送网络，提高交通基本公共服务均等化水平。农村公路发挥的普惠作用，充分体现了人民交通为人民的宗旨。在农村公路初步成网的新形势下，下一步要把群众出行和运输更便捷放在更加突出位置，更好的服务新型城镇化。

第四，从现代综合交通运输体系建设来看，必须尽快补齐农村交通这个薄弱环节和"短板"。 今年政府工作报告明确提出，使交通真正成为发展的先行官。当好先行官是一个动态的过程，中长期的发展愿景是交通运输发展对标国际一流、实现现代化，加快建成现代综合交通运输体系，助推引领经济社会现代化和中华民族伟大复兴的中国梦。目前，我国高铁和高速公路里程、港口码头吞吐能力和实际吞吐量均位居世界第一，7个沿海港口位居世界十大港口之列，交通基础设施更加完善，服务经济社会发展全局的能力大幅提升，交通运输服务保障能力快速提高，但农村交通始终是整个综合交通运输体系的"短板"，必须加大力度补齐。

与全面建成小康社会的总体要求相比，与人民群众的殷切期盼相比，农村公路发展任务艰巨，仍然存在一些突出的矛盾和问题。主要有：**一是难啃的"硬骨头"任务重。** 贫困地区通达、通畅任务仍然艰巨，剩余不通硬化路的400多个乡镇、3.9万个建制村，大多处于山大沟深困难地区，投资大、建设难度大，助力这部分群众小康的道路尤为艰巨。经济欠发达或刚脱贫地区网化任务也很重。**二是养护和管理任务重。** 前期建成的公路标准较低，抗灾能力较弱，缺桥少涵，安全设施不到位，养护投入严重不足，一些地方已出现"油返砂"现象。按十年一个周期测算，约100万公里需要大中修，占总里程的四分之一。**三是改革发展任务重。** 中央深化财税体制改革对交通运输体制机制建设提出了许多新要求，公路事权和支出责任改革不确定因素增多，原有的融资平台和举债模式发生深刻调整，改革农村公路管理体制机制和投融资模式的难度和阻力不小。同时，新的人口、土地、环境、资源等政策要求，使得外部刚性约束进一步增强。

在去年召开的农村公路电视电话会议上，我就贯彻总书记批示精神，推动农村公路科学发展提出实现"四个转变"的要求,这是当前和今后一个时期推进和发展农村公路的路线图和总抓手。在新形势下,为加快"四好农村路"建设,实现"四个转变",必须做到"五个坚持,五个确保"。

坚持政府主导,确保农村公路发展责任落实到位。更加注重通过完善法制,明确各级政府责任,落实县级人民政府主体责任和公共财政保障机制,建立绩效评估和成效考核体系,健全农村公路管理机构和人员,充分发挥乡镇、村委会和村民的作用,激发和调动社会力量参与"四好农村路"建设的积极性。

坚持改革创新,确保提质增效升级迈上新台阶。按照事权改革和财税体制改革的要求,积极推进农村公路体制改革,构建责任明确、运转高效的管理体制和运行机制,加快实现农村公路从"会战式"建设向集中攻坚转变,从注重连通向提升质量安全水平转变,从以建设为主向建管养运协调发展转变,从适应发展向引领发展转变。

坚持民生优先,确保全面建成小康社会的战略目标如期实现。按照精准扶贫、精准脱贫的要求和部党组"绝不让任何一个地方因农村交通掉队"的承诺,推进西部地区尤其是集中连片特困地区、"老少边穷"地区农村交通建设,全面完成剩余乡镇和建制村公路硬化任务。按照差异化发展思路,统筹推进东中部农村公路改造升级、优化结构和网络化发展需求,让农民群众享受普惠发展成果,共享普惠服务。

坚持协调发展,确保"四好农村路"取得显著成效。坚持"路、站、运"一体化发展,统筹建、管、养、运协调发展,统筹中央与地方、政府与市场、交通行业内与社会力量,全面服务群众出行和农村货物运输,支撑沿线产业发展和农业现代化建设。

坚持安全绿色,确保农村公路走上可持续发展道路。大力提升农村公路安全保障能力和农村客运安全水平,全面提高工程质量和耐久性、实用性。充分考虑生态建设和环境保护要求,大力开展路域环境整治,做改善农村地区人居环境的"排头兵",打造与社会主义新农村要求相匹配的"美丽农村路"。

三、切实做好"十三五"农村公路工作

按照习近平总书记的重要指示批示和党中央、国务院对"三农"工作的部署,部在《关于推进"四好农村路"建设的意见》的基础上,进一步研究提出了"十三五"农村公路工作的指导思想:深入贯彻落实党的十八大和十八届三中、四中全会精神,紧紧围绕协调推进"四个全面"战略布局,以"建好、管好、护好、运营好"农村公路为总目标,按照"五个坚持五个确保"的理念,进一步加快农村公路发展,努力实现"四个转变",逐步消除制约农村发展的交通瓶颈,为优化村镇布局、促进农村经济发展当好先行,为广大农民致富奔小康提供更好的保障。各级交通运输部门要采取强有力的措施,落实好"四好农村路"建设任务。这里,我再强调八项重点工作。

一是加快推进"四好农村路"建设。"四好农村路"建设是"十三五"全国农村公路工作的核心任务。中央将继续加大农村公路建设投入,各地也要多渠道筹资,努力解决资金瓶颈问题。要明确"兜底"发展目标,到 2020 年,确保具备条件的乡镇和建制村通硬化路比例达到 100%,具备条件的建制村通客车比例达到 100%。要发挥"四好农村路"示范县的示范引领作用,出台激励政策和奖惩措施,以点带面,全面推进,充分调动县级人民政府的积极性。要积极争取各级人民政府支持,出台硬措施、好政策,将示范活动纳入政府年度考核范围。

二是全力打好交通扶贫攻坚战。对于剩下的"硬骨头",要按照中央关于精准扶贫的要求,对集中连片特困地区和革命老区、国家级贫困县、边境县、少数民族县等扶贫攻坚任务最重的地区,进一步提高农村公路建设补助标准,加大中央资金支持力度,全面完成具备条件的剩余乡镇和建制村通畅任务。同时,交通扶贫攻坚是底线性工作,要兼顾好施策精准、对象精准、服务精准、措施精准等要求,从实际出发解决通达通畅问题,以人为本、因地制宜地推动农村公路发展,推广低成本建养技术,特别是要注重通过修建"错车道"解决会车难问题。

三是实施农村公路路网优化工程。要着力改善农村客运通行条件,加

大"窄路"改造力度，重点对宽度不达标路段进行加宽。新改建农村公路要同步建设交通安全、排水和防护设施，改造危桥，确保"建成一条、达标一条"。要落实《国务院办公厅关于实施公路安全生命防护工程的意见》要求，部将加大公路安全生命防护工程和危桥改造投入力度。到2020年，县乡道安全隐患治理率基本达到100%。要继续提高通畅深度，有序解决人口聚居的撤并建制村通畅问题，结合农村经济发展和新型城镇化，建设一批旅游路、资源路、产业路和新型村镇出口路。要高度重视建设质量，部将修订《农村公路建设管理办法》，强化分类指导，完善质量保证体系，加强质量监督，切实落实"七公开"，发挥群众监督作用。

四是切实加强农村公路养护。"三分建、七分养"，必须继续坚持"建设是发展，养护管理也是发展"的理念。要切实落实县级人民政府主体责任，建立健全"县为主体、行业指导、部门协作、社会参与"的养护工作机制，充分发挥乡镇人民政府、村委会和村民的作用。部将制定《农村公路养护管理办法》，加强养护管理考核制度建设，推进农村公路养护常态化发展。要切实做到"有路必养"，完善公路管理机构，落实机构和人员经费，将日常养护经费落实作为考核指标，真正实现"有路必养"，优、良、中等路的比例不低于75%，路面技术状况指数逐年上升，努力实现"养必到位"。

要全面建立以公共财政为主的农村公路养护资金保障机制，推动将农村公路养护纳入一般转移支付基数，切实落实养护资金。到2020年，公共财政投入为主的养护资金保障机制基本完善，并建立稳定的增长机制。要平稳有序推进养护市场化改革，建立政府与社会合理分工的组织模式，大力推行政府购买服务，加快养护专业化、机械化、规范化进程，全面提高养护效率。要强化绿色发展和低成本理念，积极推广废旧路面材料、轮胎、建筑垃圾等废物循环利用技术，注重路域环境生态保护，推进绿色发展。

五是着力加强农村公路管理。要强化依法治路，按照建立事权与支出责任相适应的财税体制改革要求，推动《公路法》的修订工作。各地要加快出台农村公路条例，完善农村公路法规体系，形成农村公路规范发展的长效机制。要加强农村公路保护，完善农村公路保护设施，努力防止、及时制止和查处违法超限运输及其他各类破坏、损坏农村公路设施等行为，到2020年，农村公路管理法规基本健全，爱路护路的乡规民约、村规民约制定率达到100%，基本建立县有路政员、乡有监管员、村有护路员的路产路权保护队伍。要贯彻落实《国务院关于改善农村人居环境的指导意见》，大力开展路域环境整治，打造"美丽农村路"。到2020年，具备条件的农村公路全部实现路田分家、路宅分家，创造"畅安舒美"的交通环境。

六是推进城乡交通一体化。实现新型城镇化，城乡交通一体化是前提，绕不开，躲不过。要加快发展农村客运，因地制宜，统筹规划和建设农村公路和农村客运场站。要明确农村客运基本公共服务发展定位，发挥地方政府主体作用，改革线路审批方式和运营模式，完善扶持政策，鼓励有条件的地区在县域或镇域内发展城乡公交。要更加关注农村客运安全，落实农村客运线路通行条件审核规则。

要加快发展农村物流，贯彻落实《物流业发展中长期规划》的工作部署，坚持部门协同和资源整合，加快县、乡、村三级物流站场设施建设，推广适用于农村物流的厢式、冷藏等专业化车型，加快培育农村物流龙头骨干企业，全面提升农村物流整体服务水平。要开展城乡交通一体化发展试点，"十三五"期，部将在全国选择100个县级行政区开展城乡交通一体化发展试点工作，对有关县区予以指导和支持。到2020年，实现城乡道路客运一体化发展水平AAA级以上的县区超过60%，基本建成覆盖县、乡、村三级的农村物流网络。

七是保障农村公路发展资金。资金问题是农村公路发展的主要矛盾之一，必须加快建立以公共财政分级投入为主，多渠道筹措为辅的农村公路资金筹措机制，在中央财政加大投入的同时，各地也必须加大公共财政投入。要创新投入机制，用改革的办法破解资金难题，继续鼓励社会资金用于农村公路发展，争取政府债券、各类扶贫和涉农资金向农村公路倾斜。通过政策引导和投融资改革，用市场的办法把社会资金、银行信贷资金调动起来，落实好部与农发行《关于充分发挥农业开发性金融作用，支持农村公路建设的意见》。要挖掘投入潜力，建立农村公路建设资金切块与建设开展和地方投入相挂钩的制度，发挥好上级投入的杠杆作用，强化制度激励效果，调动地方的积极性。充分发挥"以奖代补""先建后补"等机制作用，建立省级补助资金与绩效考核、地方配套等挂钩制度，引导和激励地方加大投入。重视"一事一议"资金的作用，调动农民群众的积极性。要确保存量效益，提高资金使用效率，坚决压缩管理类支出，大力推广低成本建设养护技术，在保证质量和耐久性的前提下，花更少的钱，办更多的事。要严肃财经纪律，加强资金使用监管，坚决防止跑冒滴漏。

八是做好"十三五"农村公路规划。目前，我部在与各省（区、市）充分对接的基础上，已经初步形成了公路"十三五"发展规划，提出了农村公路发展目标、任务、重点以及投资政策，八月底再次征求了各省（区、市）意见。请各省（区、市）围绕国家确定的农村公路发展目标和重点，根据中央资金切块规模和地方财力情况，合理确定各地"十三五"期农村公路建设任务和目标，建立"十三五"期农村公路项目库。在项目安排、补助标准等方面综合考虑不同地区的差异性特征，优先安排涉及"托底性"指标的相关项目，又要兼顾效益，实施一批对地方经济促进作用大、群众需求强烈的路网完善类项目。在农村公路建设已经取得跨越式发展的新形势下，要更加突出可持续发展，把养护和运输这两个重点突出出来，主要负责同志要亲自过问，善于调动各方面的积极性，研究处理不同情况，切实推动农村公路向"四好"方向发展，发挥好"先行官"作用，让群众满意。

同志们，加快推动"四好农村路"建设，推进交通扶贫攻坚，责任重大，使命光荣。我们要紧紧围绕协调推进"四个全面"战略布局，坚决贯彻落实党中央、国务院的决策部署，把推动农村公路科学发展作为践行"三严三实"的主战场，勇于担当、攻坚克难、锐意创新，以良好的作风推动工作落实，全面完成"十三五"农村公路发展目标和任务，为全面建成小康社会，实现中华民族伟大复兴的中国梦，作出新的更大贡献。

杨传堂在 2016 年全国"四好农村路"运输服务工作现场会上的讲话

(2016 年 11 月 9 日)

今天,我们召开全国"四好农村路"运输服务工作现场会,主要任务是:**全面贯彻党的十八大和十八届二中、三中、四中、五中、六中全会精神,深入落实习近平总书记系列重要讲话精神,特别是关于"四好农村路"的重要指示精神,回顾总结农村交通运输服务工作,深入研判"十三五"农村交通运输改革发展面临的新形势、新要求,进一步深化思想认识,明确发展目标,对今后一个时期"四好农村路"运输服务工作再动员、再部署,全力提升农村交通运输服务能力和水平,为强农惠农富农、为全面建成小康社会提供更好的运输服务保障。**

党的十八届六中全会刚刚胜利闭幕,以习近平同志为核心的党中央对全面从严治党作出战略部署,把"四个全面"战略布局更加系统地提升到新的高度。我们党一切工作的出发点和落脚点,无论是从全面建成小康社会目标出发,还是强调全面深化改革、全面依法治国、全面从严治党,归根结底都是为人民谋福祉,让百姓过上好日子,有更多获得感。我国是农业大国,农业、农村、农民始终是国家安定与社会和谐的基本依靠,始终是关系党和人民事业发展的全局性和根本性问题。在推进完成"两个一百年"奋斗目标、实现中华民族伟大复兴的中国梦历史进程中,农业仍然是国民经济的基础,农民仍然是全社会的基础,农村仍然是全面建成小康社会的重点和难点。

党的十八大以来,习近平总书记多次就农村公路发展作出重要指示批示,指出:"交通基础设施建设具有很强的先导作用,特别是在一些贫困地区,改一条溜索、修一段公路就能给群众打开一扇脱贫致富的大门。"

"贫困地区要脱贫致富，改善交通等基础设施条件很重要，这方面要加大力度，继续支持。"2014年3月4日，总书记就农村公路建设作出重要批示，强调："农村公路建设要因地制宜、以人为本，与优化村镇布局、农村经济发展和广大农民安全便捷出行相适应，要进一步把农村公路建好、管好、护好、运营好，逐步消除制约农村发展的交通瓶颈，为广大农民脱贫致富奔小康提供更好的保障。"近期，总书记再次叮嘱我们部，"要想富，先修路"不过时，"四好农村路"的建设是总结经验，特别是成功经验所提出的，你们要继续努力，认真落实，久久为功。

近年来，交通运输部党组认真学习并深刻领会总书记对交通运输工作的重要指示批示，特别是总书记关于"四好农村路"的重要批示，我有几点体会：

一是总书记"四好农村路"的重要批示意义重大、影响深远。总书记的指示批示，充分肯定了多年来农村公路发展成就，深刻指出了农村公路的先导作用，充分体现了党中央和总书记对广大农民群众的关心关爱，充满了对农村公路发展的殷切期望，这是做好农村公路工作的指导方针和根本遵循，吹响了"四好农村路"建设"新长征"的号角，具有深远的影响和重大的现实意义。今年中央一号文件提出，"建好、管好、护好、运营好农村基础设施，实现城乡差距显著缩小"，就是"四好农村路"建设经验在"三农"问题上的拓展和推广，我们必须深刻领会并持续推进。

二是部党组贯彻落实总书记重要批示精神行动迅速、目标明确。接到总书记重要批示后的当晚，部党组即刻组织专题会议，认真学习、深刻领会总书记的重要指示批示精神。之后，部印发多个专题文件、召开多个专题会议、开展多次专项督查，在全行业认真传达学习和系统贯彻落实总书记重要指示批示精神。两年多来，部党组将"四好农村路"建设工作，作为全国交通运输系统服务全面建成小康社会、推进农业现代化、让人民群众共享改革发展成果的重要抓手，紧密围绕"四个全面"战略布局和"五大发展理念"新要求，确定了"五个坚持、五个确保"的"四好农村路"工作理念，完善举措，推动落实。在2014年全国农村公路电视电话会、2015年全国农村公路现场会上，提出了到2020年实现建好、管好、护好、运营好的总目标，确定了"保基本、强服务、惠民生、促发展"的总方针，明确了加快实现"四个转变"的总思路，即：从"会战式"建设向集中攻坚转变，从注重连通向提升质量安全水平转变，从以建设为主向建管养运协调发展转变，从适应发展向引领发展转变，并将"四好农村路"建设确定为"十三五"交通运输工作的核心任务之一。部党组关于贯彻落实总书记"四好农村路"重要指示批示的系列工作部署，我们必须继续坚持并持续推进。

三是全国交通运输系统贯彻落实总书记重要批示精神措施有力、成效显著。部党组连续两年将农村公路发展作为"交通运输更贴近民生实事"的重要内容。在中央车购税资金极为紧张的情况下，提高了补助标准，加大了投资力度，近三年安排车购税投资2343亿元，车购税资金在公路建设方面安排的比例逐年加大。两年多来，近20个省级党委和政府把"四好农村路"建设工作作为交通运输工作的重点，纳入对地方政府的绩效考核，通过制度创新和系统推进，形成了"政府主导、部门协同、行业主抓、社会参与"的强大合力。2014年和2015年两年完成新改建农村公路48.5万公里，今年政府工作报告中下达的20万公里任务，截止到9月底，已完成19.2万公里。同时，农村公路建设、管理、养护和运营工作机制和政策保障体系基本建成，农民出行和物资运输更加安全、便捷、经济、高效。

四是贯彻落实总书记重要批示精神要持续发力、久久为功。总书记关于"四好农村路"的重要指示批示，具有很强的现实意义和战略意义。贯彻落实总书记重要批示指示精神，要求我们既要着眼当前、更要谋划长远。要站在讲政治、敢担当、有作为的高度，将"四好农村路"建设作为交通运输服务全面建成小康社会的重要载体和抓手，作为"十三五"期交通运输工作的重中之重，做到重点部署、重点支持、重点督促。要在既有工作基础上，持续发力、久久为功，确保"四好农村路"建设工作力度更大、资金投入更多、工作要求更严、建设速度更快，确保"四好农村路"建设成为交通运输发展的样板，成为交通运输服务全面建成小康社会的重要引擎。

"四好农村路"中，建好是基础，管好、护好是保障，运营好是目的，也是根本价值体现。部党组研究决定，在前两年重点研究部署农村公路建设、管理、养护、运营工作基础上，今年重点对"运营好"进行研究部署，使农村交通运输各项工作围绕"运营好"这个主题主线，更加注重服务效率、质量效益、运营效能，加快提升农村交通运输服务水平，为广大农民奔小康提供更好的运输服务保障。为此，部党组决定召开这次现场会，一方面对持续落实总书记"四好农村路"重要指示予以再动员、再部署、再督查，另一方面对"运营好"进行专题研究和系统部署，对于开好这次现场会十分关心，多次进行专题研究，部党组各位同志对会议文件都进行了审议。下面，我讲三点意见：

一、农村交通运输工作成效显著，有力支撑了农村经济社会发展

"十二五"期以来，各级交通运输主管部门坚决贯彻习近平总书记指示批示精神，按照党中央、国务院决策部署，在地方党委、政府的坚强领导下，在有关部门和社会各界的大力支持下，开拓创新、攻坚克难，农村交通运输发展取得显著成效。

一是"四好农村路"建设迈上新台阶，服务农业现代化的能力明显增强。 截止2015年底，全国农村公路里程达到398万公里，比"十二五"初期增长13.5%。乡镇和建制村公路通达率分别为99.99%、99.87%，通硬化路面率分别达98.62%、94.45%，全国农村公路列养率达到97.3%，优良中等路率达到80.6%。完成了8840个空白乡镇邮政局所补建，建成乡镇邮政普遍服务局所3.9万处，实现了"乡乡设所"。累计建设村邮站21.8万个，建制村直接通邮比率达到94.2%，基本实现"村村通邮"，为全面实现"外通内联、通村畅乡"的运输网络奠定了坚实基础。内蒙古自治区推进以农村公路街巷硬化为重点的"十个全覆盖"工程，全力打通农村交通的"最后一公里"。吉林省深入开展农村公路惠民工程，全力推进农村公路建营养运协调发展。福建省创新农村公路灾毁保险机制，多措并举筹措农村公路灾毁抢通资金。河北、河南、海南、贵州、四川、陕西、

宁夏等省级政府出台了推进"四好农村路"建设的政策措施。农民群众"乡乡镇镇通油路，四通八达奔小康"的梦想正在加快实现。

二是交通扶贫工作成为新亮点，服务农民群众脱贫致富的能力明显增强。部党组始终将支持贫困地区交通运输发展作为一项重要政治任务全力推进，"十二五"以来，累计安排车购税资金5500亿元用于集中连片特困地区公路建设，建成6.6万公里国省道和33万公里农村公路，解决了集中连片特困地区600多个乡镇、4.8万个建制村、2000多万农民群众的出行问题；完成渡口改造1166处、渡改桥6.4万延米，会同国务院扶贫办实施300多个"溜索改桥"项目，解决了1万余名学生的出行问题。扎实推进联系六盘山片区、定点扶贫四川阿坝州、对口支援赣南安远县等专项任务。2015年，支持集中连片特困地区建设300多个县级客运站、6.8万个乡村客运站。湖南宁乡建设2000余公里农村公路和6条旅游公路，带动宁乡西部山区9个贫困乡1.2万人就业，农民人均增收达1.5万元。通过部省联动，多措并举，使农村交通成为带领百姓脱贫的致富路、党群干群的连心路、全面建成小康的希望路，农民群众昂首阔步走上了幸福大道。

三是客运网络建设呈现新局面，服务广大农民便捷出行的能力显著增强。截至2015年底，全国农村客运站总数达26万个，农村客运线路9.7万条，覆盖了3.5万个乡镇、57.4万个建制村，年平均日发110万班次，乡镇和建制村通客车率分别达到99.01%和94.28%，解决了5.7亿农民群众的出行问题，初步形成了以县城为中心、乡镇为节点、建制村为网点，遍布农村、连接城乡、纵横交错的农村公路客运网络。北京、河北、辽宁、吉林、上海、江苏、湖北等7个省市率先实现了农村客运建制村全覆盖。湖北省委、省政府将"村村通客车"作为"一号工程"，全员动员，全力投入，经验做法两次登上了《人民日报》头版。江苏省在全国率先将"行有所乘"纳入省级基本公共服务体系规划，全面推进"镇村公交"。甘肃省出台了《关于加快农村客运发展的意见》。广东省实施农村客运"三个百分百"工程，即"百分百镇有站、百分百符合条件的建制村通客车和百分百有候车亭"，并列入了地市级人民政府考核指标体系。福建省全面实施了海岛交通"百千万"运输服务工程，方便海岛居民日常出行。

路通了、车来了，群众出行"最后一公里"打通了，"穷在天、困在路"的局面打破了，广大农民群众开始享受到与城市相同的运输服务，生活满意度、获得感逐年上升。

四是物流体系建设取得新成效，服务生产生活资料进城下乡的能力明显增强。 农村快递网点乡镇覆盖率达70%以上。各地交通运输、供销、邮政、商贸等部门通力合作，加快整合农村物流资源、搭建物流信息平台，积极推进县乡村三级农村物流服务体系建设，生产生活物资进城下乡更加便利。吉林、黑龙江、山东、贵州等地积极推进交通运输和邮政业务合作，探索推出"交邮共建""综合运输服务站""货运班线"等各具特色的发展模式。辽宁省建立了省级农村物流及农产品现代流通体系建设联席会议制度。江西省全面推进农村快递服务体系建设战略合作，邮政、快递携手推动资源高效共享。海南省推动快递"上车上机"工程，鼓励"互联网+农业+快递"模式，积极培育从"田间"直达"舌尖"的特色农产品示范项目。山东莱阳、陕西大荔、河南卫辉、湖北赤壁等一批典型农村物流发展模式正在加快推广。今天下午大家要去现场观摩的湖北竹山县，积极推进客货联盟、交农携手、运邮结合等融合发展模式，实现了农村物流与干线物流网络有效衔接。粮食、蔬菜、水果等农产品更高效地进入了百姓的菜篮子、摆上了群众的餐桌，广大农民致富奔小康的道路越走越宽广。

五是城乡客运一体化有了新进展，服务城乡统筹发展的能力明显增强。 各地不断加大城乡客运统筹力度，积极创新城乡客运管理和服务模式，提高城乡交通运输一体化服务水平。京津冀地区深入推进协同发展战略，创新体制机制，城乡交通运输一体化发展取得新成效。北京、上海、深圳等地大力推进城市公交向城市周边延伸服务，实现行政区域城市公交全覆盖。重庆建立了政府出资购买农村客运保险和支线农村客运运营补贴制度。内蒙古、西藏、青海、宁夏等地均将农村客运发展作为重点民生工程予以推进。新疆维吾尔自治区和兵团建立兵地融合机制，协同推进城乡交通运输一体化。安徽舒城推行"财政兜底、一元普惠、城乡一体"的民生公交模式，财政每年出资2800万元支持全域公交改造。河北保定、浙江嘉兴、山东莱芜、河南新乡等地因地制宜，统筹规划建设城乡客运服务设施，创新推进"市一镇一村"三级城乡客运服务网络发展。目前，全国城乡道路客运一体化发展水平达到3A级以上的市县比例接近80%。城乡交通运输一体化的稳步推进，缩短了城乡距离，"市民下乡、农民进城"更加便利，有力支撑了城乡经济社会统筹发展。

六是交通运输安全防护工作得到新提升，服务农村地区平安创建的能力明显增强。"十二五"期间，累计安排车购税资金173亿元，用于农村公路安全生命防护工程和危桥改造工程建设。全国累计处置农村公路安全隐患路段14.2万公里，实施公路安全生命防护工程7.6万公里，改造农村公路危桥1.31万座、95万延米，农村公路危桥数量逐年减少，安全出行环境不断改善。山西省委、省政府出台了《改善农村人居环境规划纲要》，将农村公路建设、通村水泥（油）路完善提质工程和农村公路安全生命防护工程建设等，列入对各市政府的年度目标考核。广西壮族自治区加快实施县乡道路联网提质改造工程。各地加快完善农村客运线路联合审核机制，根据农村公路等级、通行条件合理确定客车车型。大力推广应用符合标准的经济适用车型，有效提高了农村客运安全运营水平。云南丘北县建立"一盯一、一帮一、一对一"工作机制，成立乡镇安全监督管理站，由乡镇、村委会分级聘用交通协管员、安全员，从源头抓好安全管理。

在推进农村交通运输科学发展的实践中，我们深刻体会到：**第一，发挥政府主导作用是做好农村交通运输工作的基本前提。**农村交通运输具有显著的社会公益属性，必须始终坚持政府主导。多年实践表明，政府重视程度高、财政投入大、政策扶持强，农村交通运输发展的质量就高、速度就快。**第二，树立以人民为中心的发展思想是做好农村交通运输工作的根本导向。**践行便民、利民、惠民的服务理念，全力服务农民群众安全便捷出行、服务工业产品下乡和农产品进城双向流通，把党的温暖送到田间地头，才能赢得农民群众的最有力支持。**第三，持续推进改革创新是做好农村交通运输工作的强大动力。**大力推进理念创新、制度创新、体制机制创新，深化财税体制改革，强化规划的统筹引领作用，才能为农村交通运输持续健康发展注入强大动力。**第四，社会广泛参与是做好农村交通运输工**

作的重要依托。农民群众是农村交通运输发展的直接受益者,也是推动发展的重要力量。要发挥县乡政府和村委会的主力作用,调动农民群众的积极性、主动性和创造性,实现"大家事,大家办",齐心协力推进农村交通运输发展。

这些成绩和经验的取得,是党中央、国务院正确领导的结果,是各级党委、政府大力支持及有关部门统筹推动的结果,是广大农民群众发扬主人翁精神、无私奉献的结果,也是交通运输系统广大干部职工不畏艰难、努力奋斗的结果。在此,我代表交通运输部党组,向长期以来大力支持农村交通运输工作的各级党委、政府及社会各界表示衷心的感谢,向交通运输系统广大干部职工致以由衷的敬意!

成绩令人鼓舞,困难不容小觑。我们清醒地认识到,与总书记的要求相比,与全面建成小康社会的目标相比,与人民群众的期盼相比,我们的工作仍然存在不少差距:**一是"四好农村路"主体责任有待深入落实**。县级人民政府作为责任主体,其事权与财力不匹配,一些地方主体责任落实不到位,政府主导的氛围尚未形成,特别是政府投入机制有待完善,交通运输行业"单打独斗"问题仍然存在。**二是农村交通运输网络结构有待优化**。农村公路通达深度不足、区域发展不平衡,农村物流站点覆盖率低、村级邮政寄递网络不完善等问题依然较为突出。截至2015年底,全国还有521个乡镇、3.5万个建制村不通硬化路,西部地区建制村通村率81.6%,低于全国平均水平13个百分点。全国还有3.5万个建制村不通客车,农村客运经营管理模式滞后,集约化程度低,部分地区农村客运班线"开得通、留不住"问题突出。**三是农村公路养护管理长效机制有待健全**。地方政府主体责任尚未完全落实到位,"重建轻养"问题依然存在。养护投入严重不足,一些地方已出现"油返砂"现象。按十年一个周期测算,约100万公里的农村公路需要大中修,占了总里程的四分之一。**四是城乡交通运输一体化水平有待提升**。城乡交通运输一体化推进力度还不够,公交与农村客运换乘不方便,干线货物运输与农村物流、邮政快递衔接不畅,有些环节的物流成本依然较高。**五是农村交通运输安全工作有待改进**。经营者安全意识淡薄,"重效益、轻安全"问题突出,运输市场秩序不规范，安全隐患还不同程度存在。农村交通抗灾能力薄弱，应急处置能力有待提高。这些问题，需要我们高度重视，认真研究，加快解决。

二、持续贯彻落实总书记重要指示精神，准确把握"四好农村路"运输服务工作面临的新形势新要求

农村公路是保障农民群众生产生活的基本条件，是农业和农村发展的基础性、先导性设施，是社会主义新农村建设的重要支撑。总书记作出的"四好农村路"等一系列重要指示批示，体现了以习近平同志为核心的党中央对农村交通运输工作的高度重视，蕴含着习近平总书记深切的爱民情怀。全国交通运输系统要以习近平总书记重要指示批示精神为指引，牢固树立和贯彻落实创新、协调、绿色、开放、共享的发展理念，准确把握"四好农村路"运输服工作的新形势新要求，把思想和行动统一到党中央、国务院的决策部署上来，持续发力，久久为功，扎实推进"四好农村路"运输服务工作。

（一）深刻认识新形势下"四好农村路"运输服务工作的重要作用

一是要充分发挥对新农村建设的基础支撑作用。 在农村经济社会活动和农民生产生活中，农村交通运输尤其是农村公路运输，是不可或缺的基本公共服务，是强农惠农富农的先决条件，是农村公共福利和公共事业发展的基础支撑。我们在实际调研中，经常会看到"要想富、先修路""要大富、修大路""路通商兴、运通人和"等标语，这既是发展经验的总结，也是人民群众的殷切期盼，是持续加快推进新农村建设的必由之路。

二是要充分发挥对精准扶贫脱贫的先行引领作用。 把贫困地区的交通运输发展好，是扶贫的先行之道，也是治贫脱贫的首要条件。我们一定要把发展农村交通运输作为扶贫攻坚、脱贫致富的重要切入点，带动社会总投资、带动农民就业，使农村公路更好地惠及民生，帮助更多群众摘掉贫困的帽子。

三是要充分发挥对城乡协调发展的桥梁纽带作用。 农村交通运输是农民进城务工创业、农村经济外向发展的基本依托，是沟通城乡联系、密切城乡往来、促进城乡要素交换和商贸便利互通的重要纽带，我们一定要加

快推进城乡交通运输一体化发展，推动新型城镇化与新农村建设双轮驱动、互促共进。

（二）准确把握新形势下"四好农村路"运输服务工作的重要任务

一是要紧紧围绕全面建成小康社会目标，加快提升农村交通运输普遍服务能力。小康不小康，关键看老乡。按照全面建成小康社会新的目标要求，我们要着力提升农村交通运输普遍服务能力，大力提高交通运输公共服务均等化水平，为农民群众同步迈入全面小康社会提供坚强的运输服务保障。

二是要紧紧围绕推进农业现代化，加快推进农村交通运输转型升级。实现农业现代化，要求农村交通运输发挥好服务保障作用。我们既要加快解决农村交通基础设施总量不足、运输服务总体偏弱等问题，更要紧紧依靠科技创新，着力改进技术装备，加强信息化建设，推进"互联网+"新业态创新发展，推动农村交通运输转型升级。

三是要紧紧围绕新型城镇化战略，加快推进城乡交通运输一体化。新型城镇化是以城乡统筹、城乡一体、产城互动、节约集约、生态宜居、和谐发展为基本特征的城镇化，我们要加快推进城乡交通运输一体化，强化城乡之间交通联系，推动农村交通运输服务网络与城市群综合交通运输网络融合衔接，促进生产要素自由流动和优化配置。

四是要紧紧围绕深化供给侧结构性改革，着力优化农村交通运输体系结构。当前，交通运输的结构性问题突出表现为有效供给不足，其中农村交通运输是主要的短板。我们要进一步加强农村交通运输基础设施建设，着力优化农村交通运输体系结构，进一步统筹协调区域间、城乡间交通运输发展，继续加大对西部地区、老少边穷地区和集中连片特困地区的支持力度，加强农村地区个性化、差异化、更高品质的运输服务供给，推动供需有效匹配。

（三）始终坚持新形势下"四好农村路"运输服务工作的重要原则

一是要始终坚持政府主导、先行引领。当好先行官是党中央、国务院赋予交通运输行业的历史使命，需要全行业共同担当。要在各地党委、政府的统一领导下，切实发挥交通运输在农村地区的先行先导作用，加快消除制约农村发展的交通瓶颈，为促进农村经济发展当好先行。

二是要始终坚持问题导向、改革创新。改革创新是引领交通运输发展的第一动力。当前，交通运输行业改革已经进入深水区和攻坚期，摆在我们面前的都是难啃的硬骨头。农村交通运输发展基础相对薄弱、制约严重，问题各有不同，改革的难度很大，我们要系统研究、集中精力、排除万难、务求必胜。

三是要始终坚持统筹协调、稳步推进。着力促进区域协调，推动东、中、西部地区交通运输协调发展。着力促进城乡协调，让广大农民共享交通运输发展成果。着力促进交通运输建管养运协调，坚持全寿命周期成本理念，推动交通运输发展水平整体提升。

四是要始终坚持共享发展，普惠服务。不断提升交通运输服务质量水平，是交通运输发展永恒的追求。把便民、利民、惠民的服务理念贯穿到交通运输服务的全过程，更好地满足人民群众对交通运输发展的新需求新期待。

五是要始终坚持安全第一、预防为主、综合治理。交通运输安全的警钟要始终长鸣，巩固交通运输安全基础的弦要始终绷紧。我们必须要始终将安全发展作为交通运输所有工作的前提和基础，全面推进安全体系建设，突出本质安全管理，狠抓安全主体责任落实，切实做好农村交通运输安全监管工作。

三、抓住黄金时期加快发展"四好农村路"事业，为广大农民奔小康提供更好运输服务保障

习近平总书记指出，"十三五"是交通运输基础设施发展、服务水平提高和转型发展的黄金时期，要抓住这一时期，加快发展，不辱使命，为实现中华民族伟大复兴的中国梦发挥更大的作用。《"十三五"现代综合交通运输体系发展规划》《综合运输服务"十三五"发展规划》《"十三五"交通扶贫规划》等系列规划正在陆续制定印发，近期我部联合国家发展改革委、财政部、农业部等11部门印发了《关于稳步推进城乡交通运输一体化提升公共服务水平的指导意见》，对加快农村交通运输发展进行了系

统部署安排。下一步，我们要紧紧围绕"四好农村路"建设总目标，持续推进农村公路实现"四个转变"，力争到 2020 年，基本建成能力总体适应、结构科学合理、组织集约高效、技术先进适用、安全保障有力、生态环境友好、体制机制顺畅的农村交通运输服务体系。我们要努力实现"十个百分百"，一是具备条件的乡镇和建制村通硬化路率达到 100%；二是农村公路列养率 100%；三是县乡农村公路管理机构设置率 100%；四是具备条件的乡镇和建制村通客车比例达到 100%；五是 500 人以上岛屿通航比例达到 100%；六是建制村直接通邮比例达到 100%；七是具备条件的乡镇快递服务网点覆盖率达到 100%；八是具备条件的建制村通快递比例达到 100%；九是城市建成区路网密度和道路面积率符合要求比例达到 100%；十是中心城市公交站点 500 米覆盖率达到 100%。

任务已经明确，关键在于落实。各级交通运输主管部门要紧紧围绕目标任务、重点工程，真抓实干、攻坚克难，以更大的决心、更大的力度、更高的要求、更快的速度推进实施。要重点抓好以下 8 个方面工作：

第一，要在持续完善"四好农村路"建设工作顶层设计上下功夫、见实效。在出台《农村公路养护管理办法》的基础上，加快《农村公路建设管理办法》立法步伐，为修订《公路法》或制定《农村公路条例》奠定坚实基础。针对农村公路养护资金保障、组织机构保障和绩效考核保障等突出问题，推动修订《国务院办公厅关于农村公路管理养护体制改革方案的通知》。各地要按照依法治路的总要求，同步加紧完善农村公路法制体系，加快"四好农村路"建设工作立法步伐。要积极争取地方党委、政府的支持，大力推进"四好农村路"工作由行业行为向政府行为转交，加大政策扶持力度，充分发挥和调动乡镇、村委会和群众的积极性和主动性，努力推动将"四好农村路"纳入地方政府绩效考核体系。

第二，要在持续补齐农村交通运输扶贫工作短板上下功夫，见实效。要认真贯彻中央扶贫工作会议精神，举全行业之力坚决打赢农村交通运输扶贫脱贫攻坚战，确保到 2010 年全面建成"外通内联、通村畅乡、班车到村、安全便捷"的农村交通运输网络，总体实现"进得来、出得去、行得通、走得畅"。要落实好《"十三五"交通扶贫规划》，加快推进革命老区、民族地区、边疆地区、贫困地区交通运输发展，实施交通扶贫脱贫攻坚重点工程。研究制定适应贫困地区农村交通运输发展的技术标准和服务规范，统筹推动交通运输公共服务向贫困人口全覆盖。要按照《国务院办公厅关于实施公路安全生命防护工程的意见》要求，继续加大农村公路安全生命防护工程建设，加强农村公路危桥改造力度。到2020年，要基本完成乡道及以上行政等级公路安全隐患治理。

第三，要在持续完善农村公路等基础设施网络上下功夫、见实效。经与财政部协调，部调整了车购税资金下达时间，近期已下达2017年第一批车购税资金。各地也要简化农村公路建设审批环节，优化前期工作流程，缩短审批时间。进一步拓展农村公路网络通达深度，着力优化农村公路网络结构，重点加快剩余乡镇、建制村通硬化路建设，推进一批旅游路、产业路、新型村镇出口路等县乡道路改造和联网路建设，加快不达标路段改造。要推动建立"县为主体、行业指导、部门协作、社会参与"的农村公路养护工作机制，建立与物价上涨、里程增加、等级提升等因素联动的农村公路养护管理资金稳定增长机制，力争将农村公路管理机构运行经费及人员基本支出全额纳入同级政府一般公共预算。加快完善水网发达地区船舶城乡便民停靠点和乡镇渡口设施，改善海岛交通基础设施，加快渡口标准化、陆岛交通码头的建设和改造。

第四，要在持续提升农村客运服务质量上下功夫、见实效。要进一步完善农村客运网络体系，提高城乡客运网络覆盖广度和深度。因地制宜推进城市公交线路向镇村延伸，积极发展"镇村公交"。创新运营组织模式，鼓励企业利用移动互联网技术积极开展农村客运服务。加强站场体系建设，科学规划并建设标准适宜、经济适用的农村交通运输站场。完善乡村旅游客运网络，推进"运游结合、融合发展"，提升对乡村旅游的支撑能力和服务水平。严格落实农村客运安全监管责任，建立健全农村客运安全生产协同管理机制，全面提升安全监管水平。要认真落实农村客运成品油价格补助政策，完善农村客运资金保障制度，促进农村客运可持续发展。

第五，要在持续拓展农村物流服务功能上下功夫、见实效。部已印发《关于进一步加强农村物流网络节点体系建设的通知》，明确了推进县乡村三级农村物流网络节点体系建设的具体要求。各地要加快完善农村物流体制机制，统筹交通运输、商贸、供销、邮政、快递等物流资源，构建覆盖县乡村三级的农村物流网络体系。按照"多站合一、资源共享"的原则，拓展现有交通运输站点服务功能，强化与乡镇电商服务中心、邮政局所和农资站等的衔接整合，发展紧密型、集约化的农村物流网点，健全城乡物流末端网络。加强县级农村物流中心上下游枢纽节点之间的运输组织，促进农村物流特别是零担、冷链运输与电子商务的融合发展，鼓励各类经营者开展深层次合作，积极发展农村货运班车，依托城乡客运班车开展小件快运业务。大力推广适用于农村物流厢式、冷藏等专业化车型。

第六，要在持续推进农村邮政快速服务全覆盖上下功夫、见实效。要加快推进西部地区和农村地区邮政普遍服务基础设施建设，促进投递深度向下延伸，基本实现建制村邮件直投到村。鼓励邮政、快递、电商的融合发展，加快发展邮政包裹等新业务，充分利用互联网技术，推动邮政传统业务服务水平整体提升。因地制宜推动多种形式的村邮站建设，将村邮站打造成保障农村通邮、服务农村电商、解决农村"最后一公里"的重要平台。引导快递企业合理规划快递节点布局，落实网点建设标准，在特色经济乡镇、交通枢纽乡镇等地区建设高标准服务网络，提高网点均衡度和稳定性，实现县乡全面覆盖。健全农村快递末端网络，提高快递服务乡镇覆盖率。继续深化"交邮合作"，引导邮政企业利用农村客货运站场等交通运输基础设施，建立仓储场地和小型邮件分拨中心，推动合作共赢。

第七，要在持续推进城乡交通运输统筹协调发展上下功夫、见实效。近期，部印发了《关于开展城乡交通运输一体化建设建工程的通知》，明确在"十三五"期，将在全国选择100个县级行政区，开展城乡交通运输一体化建设工程。各地要按照"全面摸底、好中选优"的原则，开展建设工程的申报和组织实施工作。要大力推广农村客运片区经营模式，鼓励支持骨干龙头企业开拓整合农村客运市场，培育农村客运服务品牌。推进资源共享共用，统筹规划建设城市公交站点、农村客运停靠站点等服务设施，推动城市公交与农村客运线路的有效衔接，妥善处理各方利益，逐步消除同一线路城市公交和农村客运班线的政策差异。鼓励规模大、基础好的物流企业建立覆盖城乡的物流配送网络。

第八，要在持续健全农村交通运输治理体系上下功夫、见实效。要加快制定实施《"四好农村路"督导考评办法》，重点围绕中央确定的农村公路发展任务落实、主体责任落实、资金落实开展督导，建立健全考核结果与投资挂钩的奖惩机制。要进一步加强组织领导，按照财政事权和支出责任划分改革的总体要求，明确各级政府和部门的责任。各级交通运输主管部门要加强监督考核，及时发现和解决问题。推动完善政府购买交通运输公共服务制度，积极探索社会化、市场化融资模式，调动各方面推进农村交通运输发展的积极性。坚持严格规范公正文明执法，形成农村交通运输规范发展的长效机制。

同志们，推进"四好农村路"运输服务工作，更好保障广大农民奔小康，是党和人民赋予我们的光荣使命，责任重大、意义深远。我们要坚决贯彻并持续落实习近平总书记重要指示批示精神，按照党中央、国务院决策部署，团结协作，勇于担当，开拓创新，攻坚克难，在新的历史起点上努力开创"四好农村路"运输服务工作新局面，为全面建成小康社会当好先行官，为实现中华民族伟大复兴的中国梦作出新的更大贡献！

李小鹏在 2017 年全国"四好农村路"养护现场会上的讲话

(2017 年 8 月 23 日)

今天,我们召开全国"四好农村路"养护现场会。主要任务是:全面贯彻党的十八大和十八届三中、四中、五中、六中全会精神,深入学习领会、坚决贯彻落实习近平总书记关于农村公路工作系列重要指示批示精神,结合"四好农村路"工作成绩和发展经验,按照供给侧结构性改革的要求,推动农村公路转型发展,为全面建成小康社会提供更加安全稳定的交通保障。

昨天,大家实地观摩了山东临沂农村公路养护现场,刚才,9 家单位作了经验交流,听了以后很受启发。会议还对首批"四好农村路"全国示范县授牌,他们都创造了典型经验,请各地认真学习借鉴。下面,我讲三点意见。

一、充分肯定"四好农村路"工作取得的成绩

习近平总书记十分关心农村公路发展,多次作出重要指示批示。交通运输部认真贯彻习近平总书记提出的把农村公路建好、管好、护好、运营好的总要求,作出"小康路上,决不让任何一个地方因农村交通而掉队"的庄严承诺,全面推进"四好农村路"建设。

一是落实习近平总书记"四好农村路"指示精神迅速有力。2014 年 3 月,接到习近平总书记对"四好农村路"的重要批示后,我部迅速召开党组会议组织传达学习,对农村公路建、管、养、运全面部署。近年来,我们始终将"四好农村路"作为服务全面建成小康社会、推进农业现代化、让人民共享改革发展成果的重要载体,久久为功,打出一系列组合拳,强

化顶层设计、加强组织保障、加大资金投入、精准定向施策。截至2016年底，全国农村公路总里程已经达到396万公里，乡镇和建制村通公路率分别达到99.99%和99.94%，通客车率达到99.02%和95.37%，初步形成了以县城为中心、乡镇为节点、建制村为网点，遍布农村、连接城乡的农村公路交通网络，北京、天津、上海、广东、江西等13省市率先实现了乡镇和建制村通畅率"双百"目标。习近平总书记"四好农村路"的指示精神已经转化为农村公路富民安邦的生动实践。

二是补齐交通运输供给侧短板取得实质进展。我们始终坚持把"四好农村路"建设作为交通运输供给侧结构性改革补短板的重要内容和主攻方向。党的十八大以来，新改建农村公路98.2万公里，新增等级公路44万公里，新增硬化路60万公里，解决了406个乡镇、59588个建制村通硬化路。近三年，新增通客车建制村1.7万个。在增加供给数量的同时，注重提升供给质量，农村路网结构持续优化，技术等级不断提高，等级路率达89%，增长了4个百分点，硬化路率达73%，增长了10个百分点。"四好农村路"的快速发展，有效带动特色种养业、农村电商、客货运输、乡村旅游等产业，有力支撑了现代农业与新型农村经济的发展。海南、贵州、广西、云南乡村游的飞速发展，黑龙江、新疆生产建设兵团现代农业快速发展成长，都得益于"四好农村路"的发展。

三是服务脱贫攻坚成效显著。"要想富，先修路"，这句话没有过时。交通扶贫脱贫工作在全面建成小康社会征程中的作用越来越重要。我们始终把贫困地区农村公路作为重点，确定了"外通内联、通村畅乡、班车到村、安全便捷"的交通扶贫目标，持续加大投资力度，加快发展农村交通基础设施，重点支持集中连片特困地区小康路，建设了约2.5万公里资源路、旅游路、产业路，解决了3.1万个贫困村农民群众"出行难"问题，改变了贫困地区交通落后面貌，涌现出一批交通联通城乡、带富乡村、致富农民的典范。青海、西藏、新疆等贫困发生率高的省区，农村公路服务脱贫攻坚效果突出。宁夏固原把"四好农村路"同产业开发有机结合，马铃薯、高原凉冷蔬菜、牛羊养殖、乡村旅游业快速发展，得到了习近平总书记的肯定。

四是惠民利民能力稳步提升。我们坚持以人民为中心的发展思想,以人民群众需求为导向,充分发挥农村公路作为交通运输服务群众"最后一公里"作用,坚持把新改建农村公路作为"交通运输更贴近民生实事",并且每年都超额完成既定目标。2016年全国农村公路新改建里程超额45%完成国务院下达的年度任务,通硬化路建制村数量超额46%完成目标。我们实施公路安全生命防护工程约22.1万公里,改造危桥1.25万座,为农民群众打造了更加安全的出行环境。在资金十分紧张的情况下,我们优先确保农村公路投入,特别是2017年,部进一步加大了对农村公路投资倾斜力度,农村公路投资905.8亿元,占全年安排车购税资金总数的36.3%。"四好农村路"不仅推进了城乡交通运输基本公共服务一体化,还增强了城乡互动、缩小了城乡差距,加快了城乡一体化进程,也为农村教育、医疗等基本公共服务均等化提供了基础条件。山西、内蒙古、安徽、湖南等省份把农村公路发展作为统筹城乡,服务民生的重要抓手,力度大,效果好。"四好农村路"真正发挥了连接城乡、服务"三农"的普惠作用,使广大农民群众共享交通运输改革发展成果。

五是助力乡村更美丽,农村更宜居。各级交通运输部门牢固树立绿色发展理念,落实绿色发展方式和生活方式,大力开展美丽农村路建设,全面整治路域环境,使路与生态环境,路与人文历史相交融,打造出一条条"畅安舒美"的农村公路风景线,助力形成了一大批宜居、宜业、宜游的特色小镇和美丽乡村。山东、江苏、浙江、福建等省的"美丽农村路"较好地引领了美丽乡村建设,这些省份的成功经验,值得大家学习借鉴。

六是行业治理能力全面提升。在交通运输部的层面,我们印发了《关于推进"四好农村路"建设的意见》《农村公路养护管理办法》《"四好农村路"督导考评办法》等一系列文件,连续两年开展"四好农村路"督导考评,现在又启动了"四好农村路"全国示范县创建工作。随着《农村公路建设管理办法》和《农村公路管养体制改革方案》的加快出台,"四好农村路"顶层设计将全面完成。在地方层面,县、乡级管养机构设置率分别达到99.9%和92.9%,农村公路列养率达到97.5%,基本实现了"有路必管""有路必养",河北、福建、吉林、四川、贵州等16个省级政府相继出台了"四好农村路"支持政策,北京、辽宁、湖北、重庆等20个省级政府将"四好农村路"主要指标纳入政府绩效考核,辽宁、吉林、河南、重庆、陕西、甘肃全面强化行业管理,有制度、有载体、有落实的行业管理体系基本完善,行业治理能力明显增强。

回顾这几年"四好农村路"工作,我们积累了一些管用的做法和好的经验。**一是坚持根本遵循、以人民为中心**。始终坚持把习近平总书记对农村公路的系列指示批示精神作为前进方向和根本遵循,牢固树立以人民为中心的发展思想,坚持建设中国特色社会主义的"四好农村路"。**二是坚持依法治路、政府主导**。依法治路是全面依法治国的要求,也是做好农村公路工作的根本保证,充分发挥县级人民政府在农村公路发展中的主体作用,更好发挥交通运输部门行业管理作用,将成功经验上升为规章制度、建立发展长效机制,才能真正解决"四好农村路"可持续发展的难题。**三是坚持与时俱进、改革创新**。近年来,农村公路建设规模迅速扩大,随之也产生了许多新情况、新问题,唯有创新驱动发展,敢于自我革命,用创新思维不断破解发展难题,才能为"四好农村路"发展提供持久动力。**四是坚持质量为本、安全至上**。质量和安全是"四好农村路"永恒的主题,事关人民群众的切身利益,必须始终作为头等大事来抓,培养造就一支懂技术、敢担当、善作为的队伍,确保农村公路的工程质量和安全水平始终保持稳中向好态势。**五是坚持群众参与、部门联动**。一根稻草抛不过山,一根木头架不起梁。必须修老百姓愿意修的路,让老百姓参与到建设和管护中来,同时,加强部门间的统筹协调,提高工作的协同性和联动性,才能形成发展合力。

农村公路发展取得成绩,得益于以习近平同志为核心的党中央坚强领导、亲切关怀,得益于各级党委、政府的高度重视、全力推动,得益于有关部门和社会各界的大力支持、协调配合,得益于广大人民群众的积极参与、无私奉献,得益于全国各级交通运输部门广大干部职工不忘使命、团结拼搏、求真务实、忘我工作。在此,我代表交通运输部向大家并通过大家向所有为"四好农村路"建设作出贡献的同志们表示衷心的感谢和崇高的敬意!

二、准确把握"四好农村路"面临的新形势新要求

党的十八大以来,以习近平同志为核心的党中央高度重视交通运输在脱贫攻坚中的重要作用,重视农村公路建设发展工作。习近平总书记强调,交通基础设施建设具有很强的先导作用,特别是在一些贫困地区,改一条溜索、修一段公路就能给群众打开一扇脱贫致富的大门。他要求把农村公路建好、管好、护好、运营好。这是习近平总书记以人民为中心的发展思想在交通领域的生动体现,赋予了人民交通为人民崭新的内涵,向我们提出了更高的要求。去年9月,习近平总书记提出实现扶贫脱贫要多措并举,路、水、电等基础设施是重要方面,"要想富,先修路"不过时。今年6月,总书记进一步就扶贫攻坚特别是深度贫困地区脱贫致富,提出要采取更加集中的支持、更加有效的举措、更加有力的工作,打赢脱贫攻坚这场硬仗中的硬仗,确保深度贫困地区同全国一道如期迈进全面小康的新时代,他强调交通建设项目要尽量向进村入户倾斜。习近平总书记的指示,明确了交通运输扶贫攻坚定位,深化了对农村公路的要求,充分体现了党中央对交通运输扶贫攻坚的重视,也为建设"四好农村路"、为打赢脱贫攻坚战,进一步指明了方向。

对照习近平总书记的重要指示批示,我们深刻认识到虽然"四好农村路"建设取得了一定的成绩,但是一些方面还存在与新形势新要求"不匹配"的问题。**一是深度贫困地区农村公路现状与扶贫攻坚的新要求有不小差距**。党的十八大提出,到2020年我国要实现全面建成小康社会目标。习近平总书记指出深度贫困地区同样要实现2020年脱贫攻坚目标。深度贫困地区多是革命老区、民族地区、边疆地区,交通运输仍然是制约当地经济社会发展的重要因素,依靠常规的思路和手段不可能完成脱贫攻坚的任务,需要更加精准的交通扶贫政策和更大的工作力度。**二是农村公路粗放式发展与绿色发展方式和生活方式的要求有不小差距**。依靠要素驱动的粗放式发展方式仍未发生根本转变,适用于建设农村公路的环保材料以及低成本农村公路技术等方面存在很大提升空间,绿色生产方式和生活方式要加快融入"四好农村路"建设全过程中。**三是农村交通运输的供给能力

与人民群众持续增长的需求有不小差距。农村交通运输是整个现代综合交通运输体系的"短板",部分农村地区交通基础设施网络亟待完善,公路技术等级仍然偏低,安全防护措施还有待加强,农村公路上仍然还有一些危险桥梁、危险隧道、危险路段,急需进行排查治理,运输服务供给还不能满足日益增长的农民出行和农村物流的需求,农村公路是交通运输供给侧结构性改革迫切需要补上的一块短板。**四是相对滞后的养护水平与全面提升"四好农村路"的要求有不小差距**。农村公路"油返砂""畅返不畅"等问题凸显,需实施养护工程的农村公路达100万公里,占路网的1/4,并且以每年平均5万公里的速度增加,但是我们实际安排养护工程还不到10万公里,仅占需求的十分之一,养护成为当前"四好农村路"工作中的薄弱环节,养护抓不好,建设成果将付之东流,运输服务也就更无从谈起。

面对新形势,把握新机遇,解决新问题。我们要以习近平总书记重要指示精神为引领,以深度贫困地区为重点,因地制宜、精准施策,聚焦农村公路养护,更好地统筹谋划"四好农村路"的建设发展。

一是必须着眼于实现全面小康这一总体目标。实现全面建成小康社会目标,最艰巨、最繁重的任务在农村,特别是在贫困地区。交通运输必须切实发挥对促进贫困地区经济社会发展、人民群众脱贫致富奔小康的先行作用,着力消除广大贫困地区交通瓶颈,努力建设广覆盖、深通达、提品质的农村地区交通运输网络。今后一段时间,农村公路的建设任务依然繁重。我们要在实现农村地区"进得来、出得去、行得通、走得畅"的基础上,进一步强化交通引导联动开发能力。通过建设"四好农村路",努力把农村地区的环境优势、资源优势转变为经济优势、发展优势,为实现农村贫困地区同步全面建成小康社会提供有力支撑。

二是必须服务于深度贫困地区同步脱贫致富。许多深度贫困地区门前万重山,农民兄弟行路难。但其中很多地方拥有良好的自然环境和独特的人文环境,建设一条"四好农村路",就能使农产品出得去,旅游者进得来,促进当地特色产业因路而起、因路而兴。我们要认真落实习近平总书记在深度贫困地区脱贫攻坚座谈会上的重要讲话精神,加快推进贫困地区建制村通硬化路等建设任务，加大对深度贫困地区农村公路建设的支持力度。要优化通村硬化路路线走向，尽可能串联带通更多的自然村，推进一定人口规模自然村通硬化路。要切实发挥交通运输对于促进深度贫困地区经济社会发展、人民群众脱贫致富奔小康的先行作用，以深度贫困地区交通运输便利化推动经济社会更好发展，尽快实现深度贫困地区脱贫致富。

三是必须着力于提升交通运输供给能力。进一步完善农村交通基础设施网络，着力解决交通运输网络中的"毛细血管"问题，着力解决群众出行"最后一公里"问题。要在"通"的基础上，进一步解决"畅"的问题，着力提升农村公路安全技术水平，提升农村交通普遍服务能力。进一步加强农村公路与干线公路以及铁路、支线机场、码头、渡口等的有效衔接，打通农村交通运输"最后一公里"，为农村经济社会发展提供更好保障，让广大人民群众共享交通运输改革发展成果。

四是必须聚焦于农村公路养护管理这个重点。我们已经建成了396万公里的农村公路，成绩来之不易。但养好管好现有公路、让其更好发挥作用，将是一项长期的重要任务。当前农村公路养护管理工作在人员、理念、技术方面还有差距，我们要坚持问题导向，牢固树立四个理念。要牢固树立高品质建设就是最好养护的理念，这是"畅安舒美"农村交通环境的基础，也是降低养护成本，减轻养护工作量的重要途径，只有以"工匠精神"把农村公路的品质提上去，后续的养护和管理才能做好。要牢固树立精打细算过日子的理念，充分认清养护相对于建设难度更大、资金更缺、周期更长、要求更高的特点，按照因地制宜的原则，发展经济实用的养护技术，让每一分钱花在刀刃上，最大程度发挥资金效益。要牢固树立老百姓参与的理念，农村公路是广大老百姓家门口的路，必须充分依靠群众、发动群众，既让群众增加获得感，又发挥群众主人翁地位，提升爱路护路热情，最大程度发挥作用，真正使广大农民群众既成为"四好农村路"的直接受益者，又成为推动"四好农村路"建设发展的重要推动者。要牢固树立典型引领的理念，积极培育可复制、可借鉴、可推广的好经验、好做法、好典型，通过"四好农村路"示范县的示范引领作用，以点带面，促进农村公路养护更加规范、科学发展。

三、加快提升"四好农村路"发展水平,为实现全面小康奠定坚实基础

"十三五"是全面建成小康社会的决胜阶段,是包括"四好农村路"在内的交通运输基础设施发展、服务水平提高和转型发展的黄金时期。全国交通运输系统必须坚决贯彻落实习近平总书记关于农村公路工作系列重要指示批示精神,全面推动"四好农村路"协调发展,加快补齐农村交通短板,为全面建成小康社会提供强有力的交通保障。

我们的工作目标是,到2020年,县级人民政府的主体责任得到落实,基本建成结构科学合理的农村公路网。基本形成责任清晰的组织保障体系、政府主导的绩效考核体系、稳定可靠的资金保障体系、因地制宜的技术指导体系。基本形成城乡统筹、客货并举、运邮结合的农村公路运输服务网络。具备条件的乡镇和建制村通硬化路率达到100%,县乡道安全隐患治理率基本达到100%,农村公路危桥总数逐年下降,农村公路品质工程全面开展,新改建工程验收合格率接近100%;农村公路列养率达到100%,农村公路管理机构运行经费及人员基本支出纳入财政预算的比例达到100%,年均大中修比例达到7%,优、良、中等路总比例达到75%;具备条件的乡镇和建制村通客车比例达到100%,建制村直接通邮比例达到100%,具备条件的乡镇、建制村通快递比例达到100%。为了实现上述目标,我们要着力抓好四个方面的工作。

一是要在建设上攻坚克难,坚决打赢交通扶贫脱贫攻坚战。习近平总书记强调交通建设项目要尽量向进村入户倾斜,这是总书记对我们提出的新要求新希望,我们要结合行业实际积极与有关部门共同研究推进,坚决落实好总书记的重要指示。大家要尽心竭力,坚决履行好交通运输支撑引领农村经济社会发展的职责使命。要重点建设"康庄大道",加快实现骨干通道外通内联,实现国家高速公路主线基本贯通,加快普通国省道提级改造。要加快实施"幸福小康路",保基本、惠民生,实现农村公路通村畅乡,确保2019年前全面完成贫困地区乡镇和建制村通硬化路托底目标。要扎实推进"特色致富路",围绕"交通+特色产业""交通+快递"扶贫,建设一批资源路、旅游路、产业路,构建县、乡、村三级农村物流配送网

络，进一步提升农村公路引领地方特色产业发展的能力。要全力打造"平安放心路"，重点实施农村公路安全生命防护工程，提升农村公路安全水平，确保到 2020 年前基本完成乡道及以上公路安全隐患治理，因地制宜、多措并举改善通行条件，努力确保群众出行安全。

二是要在管理上加强创新，不断增强农村公路发展内生动力。今年中央 1 号文件明确要求深化农村公路管养体制改革，我部和中编办、发展改革委、财政部启动了对 2005 年国办《农村公路管理养护体制改革方案》修订。下午，会议还将对方案进行专题研讨。下一步，各地要不等不靠，将深化农村公路管养体制改革作为当前的重点，积极主动，提前谋划，通过管理创新，进一步激发农村公路发展活力。在组织保障体系上，要进一步完善和落实省、市、县、乡镇、村五级责任，清晰界定工作职责，明确权力清单、责任清单。同时结合事业单位和乡镇机构改革，完善县乡农村公路管理体制。在资金保障体系上，要贯彻落实《国务院办公厅关于创新农村基础设施投融资体制机制的指导意见》，进一步强化政府投入和主导责任，健全分级分类投入体制，构建"事权清晰、权责一致、中央支持、省级统筹、县级负责、社会参与"的农村公路管养资金投入体系。推动将农村公路建设、养护资金及管理机构运行经费和人员基本支出纳入一般公共财政预算。在技术指导体系上，要按照因地制宜、专群结合、经济实用的原则，加快完善农村公路技术标准，大力推广低成本、操作简单的标准化养护技术。完善养护计划编制规则，根据旅游路、资源路、产业路等功能定位，明确差异化的技术要求。在绩效考核体系上，要着力克服"重建轻养"的观念，推动将路况、大中修里程、养护资金、机构能力建设等纳入考核。进一步健全完善考核问责机制，充分调动责任主体的积极性和主动性，推动职责落实、政策落地。

三是要把养护作为主攻方向，切实巩固农村公路建设成果。《"十三五"公路养护管理发展纲要》已经作了全面部署，关键是抓落实。要按照构建现代化公路养护管理体系要求，把养护作为农村公路的主攻方向。要强力推进规范化，认真贯彻落实《农村公路养护管理办法》，加快建立适合地方特点的养护管理制度体系。要积极推进专业化，吸引专业化公司从事农村公路养护管理，努力打造专业化的养护管理人才队伍，不断提升农村公路养护专业化水平。要扎实推进机械化，大力推广成熟的养护工程施工工艺和施工设备，鼓励开发应用经济实用、易操作、多功能的日常养护设备，加快由"人海战术"向"机械养路"转变，通过机械化提升养护效率和质量。要稳步推进市场化，鼓励经济发达、市场成熟的地区积极培育养护市场，逐步推行养护工程市场化。参照市场竞争模式，鼓励沿线村民和家庭分段承包农村公路日常管护，积极推行社会化的养护用工模式。

四是要在运营上突出服务水平提升，着力提升人民群众的获得感。出行方便不方便、物资运输便捷不便捷，农民兄弟感受最直接，这也是检验"四好农村路"工作成效的唯一标准。要努力为人民群众提供更加便捷的出行条件。在进一步提高农村公路通达水平的基础上，着力实施"村村通客车"工程，聚焦2020年具备条件的建制村通客车这一目标，不断完善农村客运网络体系，提高城乡客运网络覆盖广度和深度，充分发挥政府和市场两个作用，努力在开得通、留得住上下功夫，使人民群众对出行条件改善有更加直观的感受，对交通运输有更加强烈的获得感。要努力为人民群众脱贫致富提供更加高效的物流条件。继续推进农村货运站场布局建设，加快农村地区县乡村三级物流网络体系建设步伐，积极推进"交通运输+特色产业"、交邮结合、"互联网+物流"等发展，让农产品更快捷高效地运到城里去，家电、农资、生活用品等更方便地送到农民手中，使农民在家乡既能挣到钱，也能享受到城市居民同样的现代生活，用"四好农村路"加快缩小城乡差距。要努力为人民群众提供更加安全的交通条件。这里我要特别强调安全的重要性。随着农村公路里程的增加，车流量、人流量显著增加，发生事故的可能性也随之增加。特别是许多贫困和深度贫困地区的公路处于崇山峻岭之中，路通了，安全风险可能会成倍放大。对这一点，我们要有清醒的认识，要把工作做在前面，确保路修到哪里、车通到哪里，安全工作就要做到哪里，从各个方面堵住漏洞、消除隐患，织密织牢农民兄弟出行的安全网。在建设上牢固树立"高品质建设就是最好养护"的理念，全面推进农村公路品质工程建设，在养护上及时排查整治安全隐患、改造危桥病隧，在管理上加强对农村客运站和运输企业安全监管,着力提升农村道路运输安全运营水平。与此同时,还要凝聚各方力量,在农村普及安全出行知识,不断提高农村群众安全出行的意识,夯实农村交通安全的基础。要努力为人民群众提供更加舒适宜人的运输条件。坚持绿色发展理念,在设计上尽可能避免大填大挖,在建设改造上要充分利用旧路资源,推广废旧材料应用,在路域环境治理上进一步加强综合整治和绿化美化,努力做到路与自然环境、当地文化以及风土人情和谐交融,营造更加舒适宜人的出行环境,让农村公路成为美丽乡村中一道亮丽的风景线。

同志们,建好"四好农村路",确保广大农村地区与全国人民同步实现全面小康,既是党和国家交给我们的神圣使命,也是交通运输行业的职责所在。让我们更加紧密地团结在以习近平同志为核心的党中央周围,全力以赴做好"四好农村路"各项工作,更好发挥先行作用,以优异成绩迎接党的十九大胜利召开,为全面建成小康社会作出新的更大的贡献!

政　策　篇

(一) 中央有关政策

中共中央 国务院
关于加大改革创新力度
加快农业现代化建设的若干意见

(2015年2月1日 中发〔2015〕1号)

2014年，各地区各部门认真贯彻落实党中央、国务院决策部署，加大深化农村改革力度，粮食产量实现"十一连增"，农民收入继续较快增长，农村公共事业持续发展，农村社会和谐稳定，为稳增长、调结构、促改革、惠民生作出了突出贡献。

当前，我国经济发展进入新常态，正从高速增长转向中高速增长，如何在经济增速放缓背景下继续强化农业基础地位、促进农民持续增收，是必须破解的一个重大课题。国内农业生产成本快速攀升，大宗农产品价格普遍高于国际市场，如何在"双重挤压"下创新农业支持保护政策、提高农业竞争力，是必须面对的一个重大考验。我国农业资源短缺，开发过度、污染加重，如何在资源环境硬约束下保障农产品有效供给和质量安全、提升农业可持续发展能力，是必须应对的一个重大挑战。城乡资源要素流动加速，城乡互动联系增强，如何在城镇化深入发展背景下加快新农村建设步伐、实现城乡共同繁荣，是必须解决好的一个重大问题。破解这些难题，是今后一个时期"三农"工作的重大任务。必须始终坚持把解决好"三农"问题作为全党工作的重中之重，靠改革添动力，以法治作保障，加快推进中国特色农业现代化。

2015年，农业农村工作要全面贯彻落实党的十八大和十八届三中、四中全会精神，以邓小平理论、"三个代表"重要思想、科学发展观为指导，深入贯彻习近平总书记系列重要讲话精神，主动适应经济发展新常态，按照稳粮增收、提质增效、创新驱动的总要求，继续全面深化农村改革，全面推进农村法治建设，推动新型工业化、信息化、城镇化和农业现代化同步发展，努力在提高粮食生产能力上挖掘新潜力，在优化农业结构上开辟新途径，在转变农业发展方式上寻求新突破，在促进农民增收上获得新成效，在建设新农村上迈出新步伐，为经济社会持续健康发展提供有力支撑。

一、围绕建设现代农业，加快转变农业发展方式

中国要强，农业必须强。做强农业，必须尽快从主要追求产量和依赖资源消耗的粗放经营转到数量质量效益并重、注重提高竞争力、注重农业科技创新、注重可持续的集约发展上来，走产出高效、产品安全、资源节约、环境友好的现代农业发展道路。

1. 不断增强粮食生产能力。进一步完善和落实粮食省长负责制。强化对粮食主产省和主产县的政策倾斜，保障产粮大县重农抓粮得实惠、有发展。粮食主销区要切实承担起自身的粮食生产责任。全面开展永久基本农田划定工作。统筹实施全国高标准农田建设总体规划。实施耕地质量保护与提升行动。全面推进建设占用耕地剥离耕作层土壤再利用。探索建立粮食生产功能区，将口粮生产能力落实到田块地头、保障措施落实到具体项目。创新投融资机制，加大资金投入，集中力量加快建设一批重大引调水工程、重点水源工程、江河湖泊治理骨干工程，节水供水重大水利工程建设的征地补偿、耕地占补平衡实行与铁路等国家重大基础设施项目同等政策。加快大中型灌区续建配套与节水改造，加快推进现代灌区建设，加强小型农田水利基础设施建设。实施粮食丰产科技工程和盐碱地改造科技示范。深入推进粮食高产创建和绿色增产模式攻关。实施植物保护建设工程，开展农作物病虫害专业化统防统治。

2. 深入推进农业结构调整。科学确定主要农产品自给水平，合理安排农业产业发展优先序。启动实施油料、糖料、天然橡胶生产能力建设规划。加快发展草牧业，支持青贮玉米和苜蓿等饲草料种植，开展粮改饲和种养结合模式试点，促进粮食、经济作物、饲草料三元种植结构协调发展。立足各地资源优势，大力培育特色农业。推进农业综合开发布局调

整。支持粮食主产区发展畜牧业和粮食加工业，继续实施农产品产地初加工补助政策，发展农产品精深加工。继续开展园艺作物标准园创建，实施园艺产品提质增效工程。加大对生猪、奶牛、肉牛、肉羊标准化规模养殖场（小区）建设支持力度，实施畜禽良种工程，加快推进规模化、集约化、标准化畜禽养殖，增强畜牧业竞争力。完善动物疫病防控政策。推进水产健康养殖，加大标准池塘改造力度，继续支持远洋渔船更新改造，加强渔政渔港等渔业基础设施建设。

3. **提升农产品质量和食品安全水平。**加强县乡农产品质量和食品安全监管能力建设。严格农业投入品管理，大力推进农业标准化生产。落实重要农产品生产基地、批发市场质量安全检验检测费用补助政策。建立全程可追溯、互联共享的农产品质量和食品安全信息平台。开展农产品质量安全县、食品安全城市创建活动。大力发展名特优新农产品，培育知名品牌。健全食品安全监管综合协调制度，强化地方政府法定职责。加大防范外来有害生物力度，保护农林业生产安全。落实生产经营者主体责任，严惩各类食品安全违法犯罪行为，提高群众安全感和满意度。

4. **强化农业科技创新驱动作用。**健全农业科技创新激励机制，完善科研院所、高校科研人员与企业人才流动和兼职制度，推进科研成果使用、处置、收益管理和科技人员股权激励改革试点，激发科技人员创新创业的积极性。建立优化整合农业科技规划、计划和科技资源协调机制，完善国家重大科研基础设施和大型科研仪器向社会开放机制。加强对企业开展农业科技研发的引导扶持，使企业成为技术创新和应用的主体。加快农业科技创新，在生物育种、智能农业、农机装备、生态环保等领域取得重大突破。建立农业科技协同创新联盟，依托国家农业科技园区搭建农业科技融资、信息、品牌服务平台。探索建立农业科技成果交易中心。充分发挥科研院所、高校及其新农村发展研究院、职业院校、科技特派员队伍在科研成果转化中的作用。积极推进种业科研成果权益分配改革试点，完善成果完成人分享制度。继续实施种子工程，推进海南、甘肃、四川三大国家级育种制种基地建设。加强农业转基因生物技术研究、安全管理、科学普及。支持农机、化肥、农药企业技术创新。

5. 创新农产品流通方式。加快全国农产品市场体系转型升级，着力加强设施建设和配套服务，健全交易制度。完善全国农产品流通骨干网络，加大重要农产品仓储物流设施建设力度。加快千亿斤粮食新建仓容建设进度，尽快形成中央和地方职责分工明确的粮食收储机制，提高粮食收储保障能力。继续实施农户科学储粮工程。加强农产品产地市场建设，加快构建跨区域冷链物流体系，继续开展公益性农产品批发市场建设试点。推进合作社与超市、学校、企业、社区对接。清理整顿农产品运销乱收费问题。发展农产品期货交易，开发农产品期货交易新品种。支持电商、物流、商贸、金融等企业参与涉农电子商务平台建设。开展电子商务进农村综合示范。

6. 加强农业生态治理。实施农业环境突出问题治理总体规划和农业可持续发展规划。加强农业面源污染治理，深入开展测土配方施肥，大力推广生物有机肥、低毒低残留农药，开展秸秆、畜禽粪便资源化利用和农田残膜回收区域性示范，按规定享受相关财税政策。落实畜禽规模养殖环境影响评价制度，大力推动农业循环经济发展。继续实行草原生态保护补助奖励政策，开展西北旱区农牧业可持续发展、农牧交错带已垦草原治理、东北黑土地保护试点。加大水生生物资源增殖保护力度。建立健全规划和建设项目水资源论证制度、国家水资源督察制度。大力推广节水技术，全面实施区域规模化高效节水灌溉行动。加大水污染防治和水生态保护力度。实施新一轮退耕还林还草工程，扩大重金属污染耕地修复、地下水超采区综合治理、退耕还湿试点范围，推进重要水源地生态清洁小流域等水土保持重点工程建设。大力推进重大林业生态工程，加强营造林工程建设，发展林产业和特色经济林。推进京津冀、丝绸之路经济带、长江经济带生态保护与修复。摸清底数、搞好规划、增加投入，保护好全国的天然林。提高天然林资源保护工程补助和森林生态效益补偿标准。继续扩大停止天然林商业性采伐试点。实施湿地生态效益补偿、湿地保护奖励试点和沙化土地封禁保护区补贴政策。加快实施退牧还草、牧区防灾减灾、南方草地开发利用等工程。建立健全农业生态环境保护责任制，加强问责监管，依法依规严肃查处各种破坏生态环境的行为。

7. 提高统筹利用国际国内两个市场两种资源的能力。加强农产品进出口调控，积极支持优势农产品出口，把握好农产品进口规模、节奏。完善粮食、棉花、食糖等重要农产品进出口和关税配额管理，严格执行棉花滑准税政策。严厉打击农产品走私行为。完善边民互市贸易政策。支持农产品贸易做强，加快培育具有国际竞争力的农业企业集团。健全农业对外合作部际联席会议制度，抓紧制定农业对外合作规划。创新农业对外合作模式，重点加强农产品加工、储运、贸易等环节合作，支持开展境外农业合作开发，推进科技示范园区建设，开展技术培训、科研成果示范、品牌推广等服务。完善支持农业对外合作的投资、财税、金融、保险、贸易、通关、检验检疫等政策，落实到境外从事农业生产所需农用设备和农业投入品出境的扶持政策。充分发挥各类商会组织的信息服务、法律咨询、纠纷仲裁等作用。

二、围绕促进农民增收，加大惠农政策力度

中国要富，农民必须富。富裕农民，必须充分挖掘农业内部增收潜力，开发农村二三产业增收空间，拓宽农村外部增收渠道，加大政策助农增收力度，努力在经济发展新常态下，保持城乡居民收入差距持续缩小的势头。

8. 优先保证农业农村投入。增加农民收入，必须明确政府对改善农业农村发展条件的责任。坚持把农业农村作为各级财政支出的优先保障领域，加快建立投入稳定增长机制，持续增加财政农业农村支出，中央基建投资继续向农业农村倾斜。优化财政支农支出结构，重点支持农民增收、农村重大改革、农业基础设施建设、农业结构调整、农业可持续发展、农村民生改善。转换投入方式，创新涉农资金运行机制，充分发挥财政资金的引导和杠杆作用。改革涉农转移支付制度，下放审批权限，有效整合财政农业农村投入。切实加强涉农资金监管，建立规范透明的管理制度，杜绝任何形式的挤占挪用、层层截留、虚报冒领，确保资金使用见到实效。

9. 提高农业补贴政策效能。增加农民收入，必须健全国家对农业的支持保护体系。保持农业补贴政策连续性和稳定性，逐步扩大"绿箱"支持

政策实施规模和范围，调整改进"黄箱"支持政策，充分发挥政策惠农增收效应。继续实施种粮农民直接补贴、良种补贴、农机具购置补贴、农资综合补贴等政策。选择部分地方开展改革试点，提高补贴的导向性和效能。完善农机具购置补贴政策，向主产区和新型农业经营主体倾斜，扩大节水灌溉设备购置补贴范围。实施农业生产重大技术措施推广补助政策。实施粮油生产大县、粮食作物制种大县、生猪调出大县、牛羊养殖大县财政奖励补助政策。扩大现代农业示范区奖补范围。健全粮食主产区利益补偿、耕地保护补偿、生态补偿制度。

10. 完善农产品价格形成机制。增加农民收入，必须保持农产品价格合理水平。继续执行稻谷、小麦最低收购价政策，完善重要农产品临时收储政策。总结新疆棉花、东北和内蒙古大豆目标价格改革试点经验，完善补贴方式，降低操作成本，确保补贴资金及时足额兑现到农户。积极开展农产品价格保险试点。合理确定粮食、棉花、食糖、肉类等重要农产品储备规模。完善国家粮食储备吞吐调节机制，加强储备粮监管。落实新增地方粮食储备规模计划，建立重要商品商贸企业代储制度，完善制糖企业代储制度。运用现代信息技术，完善种植面积和产量统计调查，改进成本和价格监测办法。

11. 强化农业社会化服务。增加农民收入，必须完善农业服务体系，帮助农民降成本、控风险。抓好农业生产全程社会化服务机制创新试点，重点支持为农户提供代耕代收、统防统治、烘干储藏等服务。稳定和加强基层农技推广等公益性服务机构，健全经费保障和激励机制，改善基层农技推广人员工作和生活条件。发挥农村专业技术协会在农技推广中的作用。采取购买服务等方式，鼓励和引导社会力量参与公益性服务。加大中央、省级财政对主要粮食作物保险的保费补贴力度。将主要粮食作物制种保险纳入中央财政保费补贴目录。中央财政补贴险种的保险金额应覆盖直接物化成本。加快研究出台对地方特色优势农产品保险的中央财政以奖代补政策。扩大森林保险范围。支持邮政系统更好服务"三农"。创新气象为农服务机制，推动融入农业社会化服务体系。

12. 推进农村一二三产业融合发展。增加农民收入，必须延长农业产业链、提高农业附加值。立足资源优势，以市场需求为导向，大力发展特色种养业、农产品加工业、农村服务业，扶持发展一村一品、一乡（县）一业，壮大县域经济，带动农民就业致富。积极开发农业多种功能，挖掘乡村生态休闲、旅游观光、文化教育价值。扶持建设一批具有历史、地域、民族特点的特色景观旅游村镇，打造形式多样、特色鲜明的乡村旅游休闲产品。加大对乡村旅游休闲基础设施建设的投入，增强线上线下营销能力，提高管理水平和服务质量。研究制定促进乡村旅游休闲发展的用地、财政、金融等扶持政策，落实税收优惠政策。激活农村要素资源，增加农民财产性收入。

13. 拓宽农村外部增收渠道。增加农民收入，必须促进农民转移就业和创业。实施农民工职业技能提升计划。落实同工同酬政策，依法保障农民工劳动报酬权益，建立农民工工资正常支付的长效机制。保障进城农民工及其随迁家属平等享受城镇基本公共服务，扩大城镇社会保险对农民工的覆盖面，开展好农民工职业病防治和帮扶行动，完善随迁子女在当地接受义务教育和参加中高考相关政策，探索农民工享受城镇保障性住房的具体办法。加快户籍制度改革，建立居住证制度，分类推进农业转移人口在城镇落户并享有与当地居民同等待遇。现阶段，不得将农民进城落户与退出土地承包经营权、宅基地使用权、集体收益分配权相挂钩。引导有技能、资金和管理经验的农民工返乡创业，落实定向减税和普遍性降费政策，降低创业成本和企业负担。优化中西部中小城市、小城镇产业发展环境，为农民就地就近转移就业创造条件。

14. 大力推进农村扶贫开发。增加农民收入，必须加快农村贫困人口脱贫致富步伐。以集中连片特困地区为重点，加大投入和工作力度，加快片区规划实施，打好扶贫开发攻坚战。推进精准扶贫，制定并落实建档立卡的贫困村和贫困户帮扶措施。加强集中连片特困地区基础设施建设、生态保护和基本公共服务，加大用地政策支持力度，实施整村推进、移民搬迁、乡村旅游扶贫等工程。扶贫项目审批权原则上要下放到县，省市切实履行监管责任。建立公告公示制度，全面公开扶贫对象、资金安排、项目建设等情况。健全社会扶贫组织动员机制，搭建社会参与扶贫开发平台。

完善干部驻村帮扶制度。加强贫困监测，建立健全贫困县考核、约束、退出等机制。经济发达地区要不断提高扶贫开发水平。

三、围绕城乡发展一体化，深入推进新农村建设

中国要美，农村必须美。繁荣农村，必须坚持不懈推进社会主义新农村建设。要强化规划引领作用，加快提升农村基础设施水平，推进城乡基本公共服务均等化，让农村成为农民安居乐业的美丽家园。

15. 加大农村基础设施建设力度。确保如期完成"十二五"农村饮水安全工程规划任务，推动农村饮水提质增效，继续执行税收优惠政策。推进城镇供水管网向农村延伸。继续实施农村电网改造升级工程。因地制宜采取电网延伸和光伏、风电、小水电等供电方式，2015年解决无电人口用电问题。加快推进西部地区和集中连片特困地区农村公路建设。强化农村公路养护管理的资金投入和机制创新，切实加强农村客运和农村校车安全管理。完善农村沼气建管机制。加大农村危房改造力度，统筹搞好农房抗震改造。深入推进农村广播电视、通信等村村通工程，加快农村信息基础设施建设和宽带普及，推进信息进村入户。

16. 提升农村公共服务水平。全面改善农村义务教育薄弱学校基本办学条件，提高农村学校教学质量。因地制宜保留并办好村小学和教学点。支持乡村两级公办和普惠性民办幼儿园建设。加快发展高中阶段教育，以未能继续升学的初中、高中毕业生为重点，推进中等职业教育和职业技能培训全覆盖，逐步实现免费中等职业教育。积极发展农业职业教育，大力培养新型职业农民。全面推进基础教育数字教育资源开发与应用，扩大农村地区优质教育资源覆盖面。提高重点高校招收农村学生比例。加强乡村教师队伍建设，落实好集中连片特困地区乡村教师生活补助政策。国家教育经费要向边疆地区、民族地区、革命老区倾斜。建立新型农村合作医疗可持续筹资机制，同步提高人均财政补助和个人缴费标准，进一步提高实际报销水平。全面开展城乡居民大病保险，加强农村基层基本医疗、公共卫生能力和乡村医生队伍建设。推进各级定点医疗机构与省内新型农村合作医疗信息系统的互联互通，积极发展惠及农村的远程会诊系统。拓展重

大文化惠民项目服务"三农"内容。加强农村最低生活保障制度规范管理，全面建立临时救助制度，改进农村社会救助工作。落实统一的城乡居民基本养老保险制度。支持建设多种农村养老服务和文化体育设施。整合利用现有设施场地和资源，构建农村基层综合公共服务平台。

17. 全面推进农村人居环境整治。完善县域村镇体系规划和村庄规划，强化规划的科学性和约束力。改善农民居住条件，搞好农村公共服务设施配套，推进山水林田路综合治理。继续支持农村环境集中连片整治，加快推进农村河塘综合整治，开展农村垃圾专项整治，加大农村污水处理和改厕力度，加快改善村庄卫生状况。加强农村周边工业"三废"排放和城市生活垃圾堆放监管治理。完善村级公益事业一事一议财政奖补机制，扩大农村公共服务运行维护机制试点范围，重点支持村内公益事业建设与管护。完善传统村落名录和开展传统民居调查，落实传统村落和民居保护规划。鼓励各地从实际出发开展美丽乡村创建示范。有序推进村庄整治，切实防止违背农民意愿大规模撤并村庄、大拆大建。

18. 引导和鼓励社会资本投向农村建设。鼓励社会资本投向农村基础设施建设和在农村兴办各类事业。对于政府主导、财政支持的农村公益性工程和项目，可采取购买服务、政府与社会资本合作等方式，引导企业和社会组织参与建设、管护和运营。对于能够商业化运营的农村服务业，向社会资本全面开放。制定鼓励社会资本参与农村建设目录，研究制定财税、金融等支持政策。探索建立乡镇政府职能转移目录，将适合社会兴办的公共服务交由社会组织承担。

19. 加强农村思想道德建设。针对农村特点，围绕培育和践行社会主义核心价值观，深入开展中国特色社会主义和中国梦宣传教育，广泛开展形势政策宣传教育，提高农民综合素质，提升农村社会文明程度，凝聚起建设社会主义新农村的强大精神力量。深入推进农村精神文明创建活动，扎实开展好家风好家训活动，继续开展好媳妇、好儿女、好公婆等评选表彰活动，开展寻找最美乡村教师、医生、村干部等活动，凝聚起向上、崇善、爱美的强大正能量。倡导文艺工作者深入农村，创作富有乡土气息、讴歌农村时代变迁的优秀文艺作品，提供健康有益、喜闻乐见的文化服务。创新乡贤文化，弘扬善行义举，以乡情乡愁为纽带，吸引和凝聚各方人士支持家乡建设，传承乡村文明。

20. 切实加强农村基层党建工作。认真贯彻落实党要管党、从严治党的要求，加强以党组织为核心的农村基层组织建设，充分发挥农村基层党组织的战斗堡垒作用，深入整顿软弱涣散基层党组织，不断夯实党在农村基层执政的组织基础。创新和完善农村基层党组织设置，扩大组织覆盖和工作覆盖。加强乡村两级党组织班子建设，进一步选好管好用好带头人。严肃农村基层党内政治生活，加强党员日常教育管理，发挥党员先锋模范作用。严肃处理违反党规党纪的行为，坚决查处发生在农民身边的不正之风和腐败问题。以农村基层服务型党组织建设为抓手，强化县乡村三级便民服务网络建设，多为群众办实事、办好事，通过服务贴近群众、团结群众、引导群众、赢得群众。严格落实党建工作责任制，全面开展市县乡党委书记抓基层党建工作述职评议考核。

四、围绕增添农村发展活力，全面深化农村改革

全面深化改革，必须把农村改革放在突出位置。要按照中央总体部署，完善顶层设计，抓好试点试验，不断总结深化，加强督查落实，确保改有所进、改有所成，进一步激发农村经济社会发展活力。

21. 加快构建新型农业经营体系。坚持和完善农村基本经营制度，坚持农民家庭经营主体地位，引导土地经营权规范有序流转，创新土地流转和规模经营方式，积极发展多种形式适度规模经营，提高农民组织化程度。鼓励发展规模适度的农户家庭农场，完善对粮食生产规模经营主体的支持服务体系。引导农民专业合作社拓宽服务领域，促进规范发展，实行年度报告公示制度，深入推进示范社创建行动。推进农业产业化示范基地建设和龙头企业转型升级。引导农民以土地经营权入股合作社和龙头企业。鼓励工商资本发展适合企业化经营的现代种养业、农产品加工流通和农业社会化服务。土地经营权流转要尊重农民意愿，不得硬性下指标、强制推动。尽快制定工商资本租赁农地的准入和监管办法，严禁擅自改变农业用途。

22. 推进农村集体产权制度改革。探索农村集体所有制有效实现形式，创新农村集体经济运行机制。出台稳步推进农村集体产权制度改革的意见。对土地等资源性资产，重点是抓紧抓实土地承包经营权确权登记颁证工作，扩大整省推进试点范围，总体上要确地到户，从严掌握确权确股不确地的范围。对非经营性资产，重点是探索有利于提高公共服务能力的集体统一运营管理有效机制。对经营性资产，重点是明晰产权归属，将资产折股量化到本集体经济组织成员，发展多种形式的股份合作。开展赋予农民对集体资产股份权能改革试点，试点过程中要防止侵蚀农民利益，试点各项工作应严格限制在本集体经济组织内部。健全农村集体"三资"管理监督和收益分配制度。充分发挥县乡农村土地承包经营权、林权流转服务平台作用，引导农村产权流转交易市场健康发展。完善有利于推进农村集体产权制度改革的税费政策。

23. 稳步推进农村土地制度改革试点。在确保土地公有制性质不改变、耕地红线不突破、农民利益不受损的前提下，按照中央统一部署，审慎稳妥推进农村土地制度改革。分类实施农村土地征收、集体经营性建设用地入市、宅基地制度改革试点。制定缩小征地范围的办法。建立兼顾国家、集体、个人的土地增值收益分配机制，合理提高个人收益。完善对被征地农民合理、规范、多元保障机制。赋予符合规划和用途管制的农村集体经营性建设用地出让、租赁、入股权能，建立健全市场交易规则和服务监管机制。依法保障农民宅基地权益，改革农民住宅用地取得方式，探索农民住房保障的新机制。加强对试点工作的指导监督，切实做到封闭运行、风险可控、边试点、边总结、边完善，形成可复制、可推广的改革成果。

24. 推进农村金融体制改革。要主动适应农村实际、农业特点、农民需求，不断深化农村金融改革创新。综合运用财政税收、货币信贷、金融监管等政策措施，推动金融资源继续向"三农"倾斜，确保农业信贷总量持续增加、涉农贷款比例不降低。完善涉农贷款统计制度，优化涉农贷款结构。延续并完善支持农村金融发展的有关税收政策。开展信贷资产质押再贷款试点，提供更优惠的支农再贷款利率。鼓励各类商业银行创新"三农"金融服务。农业银行三农金融事业部改革试点覆盖全部县域支行。农业发展银行要在强化政策性功能定位的同时，加大对水利、贫困地区公路等农业农村基础设施建设的贷款力度，审慎发展自营性业务。国家开发银行要创新服务"三农"融资模式，进一步加大对农业农村建设的中长期信贷投放。提高农村信用社资本实力和治理水平，牢牢坚持立足县域、服务"三农"的定位。鼓励邮政储蓄银行拓展农村金融业务。提高村镇银行在农村的覆盖面。积极探索新型农村合作金融发展的有效途径，稳妥开展农民合作社内部资金互助试点，落实地方政府监管责任。做好承包土地的经营权和农民住房财产权抵押担保贷款试点工作。鼓励开展"三农"融资担保业务，大力发展政府支持的"三农"融资担保和再担保机构，完善银担合作机制。支持银行业金融机构发行"三农"专项金融债，鼓励符合条件的涉农企业发行债券。开展大型农机具融资租赁试点。完善对新型农业经营主体的金融服务。强化农村普惠金融。继续加大小额担保财政贴息贷款等对农村妇女的支持力度。

25. 深化水利和林业改革。建立健全水权制度，开展水权确权登记试点，探索多种形式的水权流转方式。推进农业水价综合改革，积极推广水价改革和水权交易的成功经验，建立农业灌溉用水总量控制和定额管理制度，加强农业用水计量，合理调整农业水价，建立精准补贴机制。吸引社会资本参与水利工程建设和运营。鼓励发展农民用水合作组织，扶持其成为小型农田水利工程建设和管护主体。积极发展农村水利工程专业化管理。建立健全最严格的林地、湿地保护制度。深化集体林权制度改革。稳步推进国有林场改革和国有林区改革，明确生态公益功能定位，加强森林资源保护培育。建立国家用材林储备制度。积极发展符合林业特点的多种融资业务，吸引社会资本参与碳汇林业建设。

26. 加快供销合作社和农垦改革发展。全面深化供销合作社综合改革，坚持为农服务方向，着力推进基层社改造，创新联合社治理机制，拓展为农服务领域，把供销合作社打造成全国性为"三农"提供综合服务的骨干力量。抓紧制定供销合作社条例。加快研究出台推进农垦改革发展的政策措施，深化农场企业化、垦区集团化、股权多元化改革，创新行业指导管理体制、企业市场化经营体制、农场经营管理体制。明晰农垦国有资产权属关系，建立符合农垦特点的国有资产监管体制。进一步推进农垦办社会职能改革。发挥农垦独特优势，积极培育规模化农业经营主体，把农垦建成重要农产品生产基地和现代农业的示范带动力量。

27. 创新和完善乡村治理机制。在有实际需要的地方，扩大以村民小组为基本单元的村民自治试点，继续搞好以社区为基本单元的村民自治试点，探索符合各地实际的村民自治有效实现形式。进一步规范村"两委"职责和村务决策管理程序，完善村务监督委员会的制度设计，健全村民对村务实行有效监督的机制，加强对村干部行使权力的监督制约，确保监督务实管用。激发农村社会组织活力，重点培育和优先发展农村专业协会类、公益慈善类、社区服务类等社会组织。构建农村立体化社会治安防控体系，开展突出治安问题专项整治，推进平安乡镇、平安村庄建设。

五、围绕做好"三农"工作，加强农村法治建设

农村是法治建设相对薄弱的领域，必须加快完善农业农村法律体系，同步推进城乡法治建设，善于运用法治思维和法治方式做好"三农"工作。同时要从农村实际出发，善于发挥乡规民约的积极作用，把法治建设和道德建设紧密结合起来。

28. 健全农村产权保护法律制度。完善相关法律法规，加强对农村集体资产所有权、农户土地承包经营权和农民财产权的保护。抓紧修改农村土地承包方面的法律，明确现有土地承包关系保持稳定并长久不变的具体实现形式，界定农村土地集体所有权、农户承包权、土地经营权之间的权利关系，保障好农村妇女的土地承包权益。统筹推进与农村土地有关的法律法规制定和修改工作。抓紧研究起草农村集体经济组织条例。加强农业知识产权法律保护。

29. 健全农业市场规范运行法律制度。健全农产品市场流通法律制度，规范市场秩序，促进公平交易，营造农产品流通法治化环境。完善农产品市场调控制度，适时启动相关立法工作。完善农产品质量和食品安全法律法规，加强产地环境保护，规范农业投入品管理和生产经营行为。逐步完善覆盖农村各类生产经营主体方面的法律法规，适时修改农民专业合作

社法。

30. 健全"三农"支持保护法律制度。研究制定规范各级政府"三农"事权的法律法规，明确规定中央和地方政府促进农业农村发展的支出责任。健全农业资源环境法律法规，依法推进耕地、水资源、森林草原、湿地滩涂等自然资源的开发保护，制定完善生态补偿和土壤、水、大气等污染防治法律法规。积极推动农村金融立法，明确政策性和商业性金融支农责任，促进新型农村合作金融、农业保险健康发展。加快扶贫开发立法。

31. 依法保障农村改革发展。加强农村改革决策与立法的衔接。农村重大改革都要于法有据，立法要主动适应农村改革和发展需要。实践证明行之有效、立法条件成熟的，要及时上升为法律。对不适应改革要求的法律法规，要及时修改和废止。需要明确法律规定具体含义和适用法律依据的，要及时作出法律解释。实践条件还不成熟、需要先行先试的，要按照法定程序作出授权。继续推进农村改革试验区工作。深化行政执法体制改革，强化基层执法队伍，合理配置执法力量，积极探索农林水利等领域内的综合执法。健全涉农行政执法经费财政保障机制。统筹城乡法律服务资源，健全覆盖城乡居民的公共法律服务体系，加强对农民的法律援助和司法救助。

32. 提高农村基层法治水平。深入开展农村法治宣传教育，增强各级领导、涉农部门和农村基层干部法治观念，引导农民增强学法尊法守法用法意识。健全依法维权和化解纠纷机制，引导和支持农民群众通过合法途径维权，理性表达合理诉求。依法加强农民负担监督管理。依靠农民和基层的智慧，通过村民议事会、监事会等，引导发挥村民民主协商在乡村治理中的积极作用。

各级党委和政府要从全面建成小康社会、加快推进社会主义现代化的战略高度出发，进一步加强和改善对"三农"工作的领导，切实防止出现放松农业的倾向，勇于直面挑战，敢于攻坚克难，努力保持农业农村持续向好的局面。各地区各部门要深入研究农业农村发展的阶段性特征和面临的风险挑战，科学谋划、统筹设计"十三五"时期农村改革发展的重大项目、重大工程和重大政策。加强督促检查，确保各项"三农"政策不折不扣落实到位。巩固和拓展党的群众路线教育实践活动成果，坚持不懈改进工作作风，努力提高"三农"工作的能力和水平。

让我们紧密团结在以习近平同志为总书记的党中央周围，开拓创新，扎实工作，加快农村改革发展，为全面建成小康社会作出新的贡献！

中共中央 国务院
关于落实发展新理念加快农业现代化实现全面小康目标的若干意见

(2015年12月31日 中发〔2016〕1号)

党的十八届五中全会通过的《中共中央关于制定国民经济和社会发展第十三个五年规划的建议》，对做好新时期农业农村工作作出了重要部署。各地区各部门要牢固树立和深入贯彻落实创新、协调、绿色、开放、共享的发展理念，大力推进农业现代化，确保亿万农民与全国人民一道迈入全面小康社会。

"十二五"时期，是农业农村发展的又一个黄金期。粮食连年高位增产，实现了农业综合生产能力质的飞跃；农民收入持续较快增长，扭转了城乡居民收入差距扩大的态势；农村基础设施和公共服务明显改善，提高了农民群众的民生保障水平；农村社会和谐稳定，夯实了党在农村的执政基础。实践证明，党的"三农"政策是完全正确的，亿万农民是衷心拥护的。

当前，我国农业农村发展环境发生重大变化，既面临诸多有利条件，又必须加快破解各种难题。一方面，加快补齐农业农村短板成为全党共识，为开创"三农"工作新局面汇聚强大推动力；新型城镇化加快推进，为以工促农、以城带乡带来持续牵引力；城乡居民消费结构加快升级，为拓展农业农村发展空间增添巨大带动力；新一轮科技革命和产业变革正在孕育兴起，为农业转型升级注入强劲驱动力；农村各项改革全面展开，为农业农村现代化提供不竭源动力。另一方面，在经济发展新常态背景下，如何促进农民收入稳定较快增长，加快缩小城乡差距，确保如期实现全面小康，是必须完成的历史任务；在资源环境约束趋紧背景下，如何加快转变农业发展方式,确保粮食等重要农产品有效供给,实现绿色发展和资源永续利用,是必须破解的现实难题;在受国际农产品市场影响加深背景下,如何统筹利用国际国内两个市场、两种资源,提升我国农业竞争力,赢得参与国际市场竞争的主动权,是必须应对的重大挑战。农业是全面建成小康社会、实现现代化的基础。我们一定要切实增强做好"三农"工作的责任感、使命感、紧迫感,任何时候都不能忽视农业、忘记农民、淡漠农村,在认识的高度、重视的程度、投入的力度上保持好势头,始终把解决好"三农"问题作为全党工作重中之重,坚持强农惠农富农政策不减弱,推进农村全面小康建设不松劲,加快发展现代农业,加快促进农民增收,加快建设社会主义新农村,不断巩固和发展农业农村好形势。

"十三五"时期推进农村改革发展,要高举中国特色社会主义伟大旗帜,全面贯彻党的十八大和十八届三中、四中、五中全会精神,以邓小平理论、"三个代表"重要思想、科学发展观为指导,深入贯彻习近平总书记系列重要讲话精神,坚持全面建成小康社会、全面深化改革、全面依法治国、全面从严治党的战略布局,把坚持农民主体地位、增进农民福祉作为农村一切工作的出发点和落脚点,用发展新理念破解"三农"新难题,厚植农业农村发展优势,加大创新驱动力度,推进农业供给侧结构性改革,加快转变农业发展方式,保持农业稳定发展和农民持续增收,走产出高效、产品安全、资源节约、环境友好的农业现代化道路,推动新型城镇化与新农村建设双轮驱动、互促共进,让广大农民平等参与现代化进程、共同分享现代化成果。

到2020年,现代农业建设取得明显进展,粮食产能进一步巩固提升,国家粮食安全和重要农产品供给得到有效保障,农产品供给体系的质量和效率显著提高;农民生活达到全面小康水平,农村居民人均收入比2010年翻一番,城乡居民收入差距继续缩小;我国现行标准下农村贫困人口实现脱贫,贫困县全部摘帽,解决区域性整体贫困;农民素质和农村社会文明程度显著提升,社会主义新农村建设水平进一步提高;农村基本经济制度、农业支持保护制度、农村社会治理制度、城乡发展一体化体制机制进一步完善。

一、持续夯实现代农业基础，提高农业质量效益和竞争力

大力推进农业现代化，必须着力强化物质装备和技术支撑，着力构建现代农业产业体系、生产体系、经营体系，实施藏粮于地、藏粮于技战略，推动粮经饲统筹、农林牧渔结合、种养加一体、一二三产业融合发展，让农业成为充满希望的朝阳产业。

1. 大规模推进高标准农田建设。加大投入力度，整合建设资金，创新投融资机制，加快建设步伐，到2020年确保建成8亿亩、力争建成10亿亩集中连片、旱涝保收、稳产高产、生态友好的高标准农田。整合完善建设规划，统一建设标准、统一监管考核、统一上图入库。提高建设标准，充实建设内容，完善配套设施。优化建设布局，优先在粮食主产区建设确保口粮安全的高标准农田。健全管护监督机制，明确管护责任主体。将高标准农田划为永久基本农田，实行特殊保护。将高标准农田建设情况纳入地方各级政府耕地保护责任目标考核内容。

2. 大规模推进农田水利建设。把农田水利作为农业基础设施建设的重点，到2020年农田有效灌溉面积达到10亿亩以上，农田灌溉水有效利用系数提高到0.55以上。加快重大水利工程建设。积极推进江河湖库水系连通工程建设，优化水资源空间格局，增加水环境容量。加快大中型灌区建设及续建配套与节水改造、大型灌排泵站更新改造。完善小型农田水利设施，加强农村河塘清淤整治、山丘区"五小水利"、田间渠系配套、雨水集蓄利用、牧区节水灌溉饲草料地建设。大力开展区域规模化高效节水灌溉行动，积极推广先进适用节水灌溉技术。继续实施中小河流治理和山洪、地质灾害防治。扩大开发性金融支持水利工程建设的规模和范围。稳步推进农业水价综合改革，实行农业用水总量控制和定额管理，合理确定农业水价，建立节水奖励和精准补贴机制，提高农业用水效率。完善用水权初始分配制度，培育水权交易市场。深化小型农田水利工程产权制度改革，创新运行管护机制。鼓励社会资本参与小型农田水利工程建设与管护。

3. 强化现代农业科技创新推广体系建设。农业科技创新能力总体上达

到发展中国家领先水平,力争在农业重大基础理论、前沿核心技术方面取得一批达到世界先进水平的成果。统筹协调各类农业科技资源,建设现代农业产业科技创新中心,实施农业科技创新重点专项和工程,重点突破生物育种、农机装备、智能农业、生态环保等领域关键技术。强化现代农业产业技术体系建设。加强农业转基因技术研发和监管,在确保安全的基础上慎重推广。加快研发高端农机装备及关键核心零部件,提升主要农作物生产全程机械化水平,推进林业装备现代化。大力推进"互联网+"现代农业,应用物联网、云计算、大数据、移动互联等现代信息技术,推动农业全产业链改造升级。大力发展智慧气象和农业遥感技术应用。深化农业科技体制改革,完善成果转化激励机制,制定促进协同创新的人才流动政策。加强农业知识产权保护,严厉打击侵权行为。深入开展粮食绿色高产高效创建。健全适应现代农业发展要求的农业科技推广体系,对基层农技推广公益性与经营性服务机构提供精准支持,引导高等学校、科研院所开展农技服务。推行科技特派员制度,鼓励支持科技特派员深入一线创新创业。发挥农村专业技术协会的作用。鼓励发展农业高新技术企业。深化国家现代农业示范区、国家农业科技园区建设。

4.加快推进现代种业发展。大力推进育繁推一体化,提升种业自主创新能力,保障国家种业安全。深入推进种业领域科研成果权益分配改革,探索成果权益分享、转移转化和科研人员分类管理机制。实施现代种业建设工程和种业自主创新重大工程。全面推进良种重大科研联合攻关,培育和推广适应机械化生产、优质高产多抗广适新品种,加快主要粮食作物新一轮品种更新换代。加快推进海南、甘肃、四川国家级育种制种基地和区域性良种繁育基地建设。强化企业育种创新主体地位,加快培育具有国际竞争力的现代种业企业。实施畜禽遗传改良计划,加快培育优异畜禽新品种。开展种质资源普查,加大保护利用力度。贯彻落实种子法,全面推进依法治种。加大种子打假护权力度。

5.发挥多种形式农业适度规模经营引领作用。坚持以农户家庭经营为基础,支持新型农业经营主体和新型农业服务主体成为建设现代农业的骨干力量,充分发挥多种形式适度规模经营在农业机械和科技成果应用、绿色发展、市场开拓等方面的引领功能。完善财税、信贷保险、用地用电、项目支持等政策，加快形成培育新型农业经营主体的政策体系，进一步发挥财政资金引导作用，撬动规模化经营主体增加生产性投入。适应新型农业经营主体和服务主体发展需要，允许将集中连片整治后新增加的部分耕地，按规定用于完善农田配套设施。探索开展粮食生产规模经营主体营销贷款改革试点。积极培育家庭农场、专业大户、农民合作社、农业产业化龙头企业等新型农业经营主体。支持多种类型的新型农业服务主体开展代耕代种、联耕联种、土地托管等专业化规模化服务。加强气象为农服务体系建设。实施农业社会化服务支撑工程，扩大政府购买农业公益性服务机制创新试点。加快发展农业生产性服务业。完善工商资本租赁农地准入、监管和风险防范机制。健全县乡农村经营管理体系，加强对土地流转和规模经营的管理服务。

6. 加快培育新型职业农民。将职业农民培育纳入国家教育培训发展规划，基本形成职业农民教育培训体系，把职业农民培养成建设现代农业的主导力量。办好农业职业教育，将全日制农业中等职业教育纳入国家资助政策范围。依托高等教育、中等职业教育资源，鼓励农民通过"半农半读"等方式就地就近接受职业教育。开展新型农业经营主体带头人培育行动，通过5年努力使他们基本得到培训。加强涉农专业全日制学历教育，支持农业院校办好涉农专业，健全农业广播电视学校体系，定向培养职业农民。引导有志投身现代农业建设的农村青年、返乡农民工、农技推广人员、农村大中专毕业生和退役军人等加入职业农民队伍。优化财政支农资金使用，把一部分资金用于培养职业农民。总结各地经验，建立健全职业农民扶持制度，相关政策向符合条件的职业农民倾斜。鼓励有条件的地方探索职业农民养老保险办法。

7. 优化农业生产结构和区域布局。树立大食物观，面向整个国土资源，全方位、多途径开发食物资源，满足日益多元化的食物消费需求。在确保谷物基本自给、口粮绝对安全的前提下，基本形成与市场需求相适应、与资源禀赋相匹配的现代农业生产结构和区域布局，提高农业综合效益。启动实施种植业结构调整规划，稳定水稻和小麦生产，适当调减非优势区玉米种植。支持粮食主产区建设粮食生产核心区。扩大粮改饲试点，加快建设现代饲草料产业体系。合理调整粮食统计口径。制定划定粮食生产功能区和大豆、棉花、油料、糖料蔗等重要农产品生产保护区的指导意见。积极推进马铃薯主食开发。加快现代畜牧业建设，根据环境容量调整区域养殖布局，优化畜禽养殖结构，发展草食畜牧业，形成规模化生产、集约化经营为主导的产业发展格局。启动实施种养结合循环农业示范工程，推动种养结合、农牧循环发展。加强渔政渔港建设。大力发展旱作农业、热作农业、优质特色杂粮、特色经济林、木本油料、竹藤花卉、林下经济。

8. 统筹用好国际国内两个市场、两种资源。完善农业对外开放战略布局，统筹农产品进出口，加快形成农业对外贸易与国内农业发展相互促进的政策体系，实现补充国内市场需求、促进结构调整、保护国内产业和农民利益的有机统一。加大对农产品出口支持力度，巩固农产品出口传统优势，培育新的竞争优势，扩大特色和高附加值农产品出口。确保口粮绝对安全，利用国际资源和市场，优化国内农业结构，缓解资源环境压力。优化重要农产品进口的全球布局，推进进口来源多元化，加快形成互利共赢的稳定经贸关系。健全贸易救济和产业损害补偿机制。强化边境管理，深入开展综合治理，打击农产品走私。统筹制定和实施农业对外合作规划。加强与"一带一路"沿线国家和地区及周边国家和地区的农业投资、贸易、科技、动植物检疫合作。支持我国企业开展多种形式的跨国经营，加强农产品加工、储运、贸易等环节合作，培育具有国际竞争力的粮商和农业企业集团。

二、加强资源保护和生态修复，推动农业绿色发展

推动农业可持续发展，必须确立发展绿色农业就是保护生态的观念，加快形成资源利用高效、生态系统稳定、产地环境良好、产品质量安全的农业发展新格局。

9. 加强农业资源保护和高效利用。基本建立农业资源有效保护、高效利用的政策和技术支撑体系，从根本上改变开发强度过大、利用方式粗放

的状况。坚持最严格的耕地保护制度，坚守耕地红线，全面划定永久基本农田，大力实施农村土地整治，推进耕地数量、质量、生态"三位一体"保护。落实和完善耕地占补平衡制度，坚决防止占多补少、占优补劣、占水田补旱地，严禁毁林开垦。全面推进建设占用耕地耕作层剥离再利用。实行建设用地总量和强度双控行动，严格控制农村集体建设用地规模。完善耕地保护补偿机制。实施耕地质量保护与提升行动，加强耕地质量调查评价与监测，扩大东北黑土地保护利用试点规模。实施渤海粮仓科技示范工程，加大科技支撑力度，加快改造盐碱地。创建农业可持续发展试验示范区。划定农业空间和生态空间保护红线。落实最严格的水资源管理制度，强化水资源管理"三条红线"刚性约束，实行水资源消耗总量和强度双控行动。加强地下水监测，开展超采区综合治理。落实河湖水域岸线用途管制制度。加强自然保护区建设与管理，对重要生态系统和物种资源实行强制性保护。实施濒危野生动植物抢救性保护工程，建设救护繁育中心和基因库。强化野生动植物进出口管理，严厉打击象牙等濒危野生动植物及其制品非法交易。

10. 加快农业环境突出问题治理。基本形成改善农业环境的政策法规制度和技术路径，确保农业生态环境恶化趋势总体得到遏制，治理明显见到成效。实施并完善农业环境突出问题治理总体规划。加大农业面源污染防治力度，实施化肥农药零增长行动，实施种养业废弃物资源化利用、无害化处理区域示范工程。积极推广高效生态循环农业模式。探索实行耕地轮作休耕制度试点，通过轮作、休耕、退耕、替代种植等多种方式，对地下水漏斗区、重金属污染区、生态严重退化地区开展综合治理。实施全国水土保持规划。推进荒漠化、石漠化、水土流失综合治理。

11. 加强农业生态保护和修复。实施山水林田湖生态保护和修复工程，进行整体保护、系统修复、综合治理。到2020年森林覆盖率提高到23%以上，湿地面积不低于8亿亩。扩大新一轮退耕还林还草规模。扩大退牧还草工程实施范围。实施新一轮草原生态保护补助奖励政策，适当提高补奖标准。实施湿地保护与恢复工程，开展退耕还湿。建立沙化土地封禁保护制度。加强历史遗留工矿废弃和自然灾害损毁土地复垦利用。开展大规模国土绿化行动，增加森林面积和蓄积量。加强三北、长江、珠江、沿海防护林体系等林业重点工程建设。继续推进京津风沙源治理。完善天然林保护制度，全面停止天然林商业性采伐。完善海洋渔业资源总量管理制度，严格实行休渔禁渔制度，开展近海捕捞限额管理试点，按规划实行退养还滩。加快推进水生态修复工程建设。建立健全生态保护补偿机制，开展跨地区跨流域生态保护补偿试点。编制实施耕地、草原、河湖休养生息规划。

12. 实施食品安全战略。加快完善食品安全国家标准，到2020年农兽药残留限量指标基本与国际食品法典标准接轨。加强产地环境保护和源头治理，实行严格的农业投入品使用管理制度。推广高效低毒低残留农药，实施兽用抗菌药治理行动。创建优质农产品和食品品牌。继续推进农业标准化示范区、园艺作物标准园、标准化规模养殖场（小区）、水产健康养殖场建设。实施动植物保护能力提升工程。加快健全从农田到餐桌的农产品质量和食品安全监管体系，建立全程可追溯、互联共享的信息平台，加强标准体系建设，健全风险监测评估和检验检测体系。落实生产经营主体责任，严惩各类食品安全违法犯罪。实施食品安全创新工程。加强基层监管机构能力建设，培育职业化检查员，扩大抽检覆盖面，加强日常检查。加快推进病死畜禽无害化处理与养殖业保险联动机制建设。规范畜禽屠宰管理，加强人畜共患传染病防治。强化动植物疫情疫病监测防控和边境、口岸及主要物流通道检验检疫能力建设，严防外来有害物种入侵。深入开展食品安全城市和农产品质量安全县创建，开展农村食品安全治理行动。强化食品安全责任制，把保障农产品质量和食品安全作为衡量党政领导班子政绩的重要考核指标。

三、推进农村产业融合，促进农民收入持续较快增长

大力推进农民奔小康，必须充分发挥农村的独特优势，深度挖掘农业的多种功能，培育壮大农村新产业新业态，推动产业融合发展成为农民增收的重要支撑，让农村成为可以大有作为的广阔天地。

13. 推动农产品加工业转型升级。加强农产品加工技术创新，促进农

产品初加工、精深加工及综合利用加工协调发展，提高农产品加工转化率和附加值，增强对农民增收的带动能力。加强规划和政策引导，促进主产区农产品加工业加快发展，支持粮食主产区发展粮食深加工，形成一批优势产业集群。开发拥有自主知识产权的技术装备，支持农产品加工设备改造提升，建设农产品加工技术集成基地。培育一批农产品精深加工领军企业和国内外知名品牌。强化环保、能耗、质量、安全等标准作用，促进农产品加工企业优胜劣汰。完善农产品产地初加工补助政策。研究制定促进农产品加工业发展的意见。

14. 加强农产品流通设施和市场建设。健全统一开放、布局合理、竞争有序的现代农产品市场体系，在搞活流通中促进农民增收。加快农产品批发市场升级改造，完善流通骨干网络，加强粮食等重要农产品仓储物流设施建设。完善跨区域农产品冷链物流体系，开展冷链标准化示范，实施特色农产品产区预冷工程。推动公益性农产品市场建设。支持农产品营销公共服务平台建设。开展降低农产品物流成本行动。促进农村电子商务加快发展，形成线上线下融合、农产品进城与农资和消费品下乡双向流通格局。加快实现行政村宽带全覆盖，创新电信普遍服务补偿机制，推进农村互联网提速降费。加强商贸流通、供销、邮政等系统物流服务网络和设施建设与衔接，加快完善县乡村物流体系。实施"快递下乡"工程。鼓励大型电商平台企业开展农村电商服务，支持地方和行业健全农村电商服务体系。建立健全适应农村电商发展的农产品质量分级、采后处理、包装配送等标准体系。深入开展电子商务进农村综合示范。加大信息进村入户试点力度。

15. 大力发展休闲农业和乡村旅游。依托农村绿水青山、田园风光、乡土文化等资源，大力发展休闲度假、旅游观光、养生养老、创意农业、农耕体验、乡村手工艺等，使之成为繁荣农村、富裕农民的新兴支柱产业。强化规划引导，采取以奖代补、先建后补、财政贴息、设立产业投资基金等方式扶持休闲农业与乡村旅游业发展，着力改善休闲旅游重点村进村道路、宽带、停车场、厕所、垃圾污水处理等基础服务设施。积极扶持农民发展休闲旅游业合作社。引导和支持社会资本开发农民参与度高、受益面广的休闲旅游项目。加强乡村生态环境和文化遗存保护，发展具有历史记忆、地域特点、民族风情的特色小镇，建设一村一品、一村一景、一村一韵的魅力村庄和宜游宜养的森林景区。依据各地具体条件，有规划地开发休闲农庄、乡村酒店、特色民宿、自驾露营、户外运动等乡村休闲度假产品。实施休闲农业和乡村旅游提升工程、振兴中国传统手工艺计划。开展农业文化遗产普查与保护。支持有条件的地方通过盘活农村闲置房屋、集体建设用地、"四荒地"、可用林场和水面等资产资源发展休闲农业和乡村旅游。将休闲农业和乡村旅游项目建设用地纳入土地利用总体规划和年度计划合理安排。

16. 完善农业产业链与农民的利益联结机制。促进农业产加销紧密衔接、农村一二三产业深度融合，推进农业产业链整合和价值链提升，让农民共享产业融合发展的增值收益，培育农民增收新模式。支持供销合作社创办领办农民合作社，引领农民参与农村产业融合发展、分享产业链收益。创新发展订单农业，支持农业产业化龙头企业建设稳定的原料生产基地、为农户提供贷款担保和资助订单农户参加农业保险。鼓励发展股份合作，引导农户自愿以土地经营权等入股龙头企业和农民合作社，采取"保底收益+按股分红"等方式，让农户分享加工销售环节收益，建立健全风险防范机制。加强农民合作社示范社建设，支持合作社发展农产品加工流通和直供直销。通过政府与社会资本合作、贴息、设立基金等方式，带动社会资本投向农村新产业新业态。实施农村产业融合发展试点示范工程。财政支农资金使用要与建立农民分享产业链利益机制相联系。巩固和完善"合同帮农"机制，为农民和涉农企业提供法律咨询、合同示范文本、纠纷调处等服务。

四、推动城乡协调发展，提高新农村建设水平

加快补齐农业农村短板，必须坚持工业反哺农业、城市支持农村，促进城乡公共资源均衡配置、城乡要素平等交换，稳步提高城乡基本公共服务均等化水平。

17. 加快农村基础设施建设。把国家财政支持的基础设施建设重点放

在农村，建好、管好、护好、运营好农村基础设施，实现城乡差距显著缩小。健全农村基础设施投入长效机制，促进城乡基础设施互联互通、共建共享。强化农村饮用水水源保护。实施农村饮水安全巩固提升工程。推动城镇供水设施向周边农村延伸。加快实施农村电网改造升级工程，开展农村"低电压"综合治理，发展绿色小水电。加快实现所有具备条件的乡镇和建制村通硬化路、通班车，推动一定人口规模的自然村通公路。创造条件推进城乡客运一体化。加快国有林区防火应急道路建设。将农村公路养护资金逐步纳入地方财政预算。发展农村规模化沼气。加大农村危房改造力度，统筹搞好农房抗震改造，通过贷款贴息、集中建设公租房等方式，加快解决农村困难家庭的住房安全问题。加强农村防灾减灾体系建设。研究出台创新农村基础设施投融资体制机制的政策意见。

18. 提高农村公共服务水平。把社会事业发展的重点放在农村和接纳农业转移人口较多的城镇，加快推动城镇公共服务向农村延伸。加快发展农村学前教育，坚持公办民办并举，扩大农村普惠性学前教育资源。建立城乡统一、重在农村的义务教育经费保障机制。全面改善贫困地区义务教育薄弱学校基本办学条件，改善农村学校寄宿条件，办好乡村小规模学校，推进学校标准化建设。加快普及高中阶段教育，逐步分类推进中等职业教育免除学杂费，率先从建档立卡的家庭经济困难学生实施普通高中免除学杂费，实现家庭经济困难学生资助全覆盖。深入实施农村贫困地区定向招生等专项计划，对民族自治县实现全覆盖。加强乡村教师队伍建设，拓展教师补充渠道，推动城镇优秀教师向乡村学校流动。办好农村特殊教育。整合城乡居民基本医疗保险制度，适当提高政府补助标准、个人缴费和受益水平。全面实施城乡居民大病保险制度。健全城乡医疗救助制度。完善城乡居民养老保险参保缴费激励约束机制，引导参保人员选择较高档次缴费。改进农村低保申请家庭经济状况核查机制，实现农村低保制度与扶贫开发政策有效衔接。建立健全农村留守儿童和妇女、老人关爱服务体系。建立健全农村困境儿童福利保障和未成年人社会保护制度。积极发展农村社会工作和志愿服务。切实维护农村妇女在财产分配、婚姻生育、政治参与等方面的合法权益，让女性获得公平的教育机会、就业机会、财产性收入、金融资源。加强农村养老服务体系、残疾人康复和供养托养设施建设。深化农村殡葬改革，依法管理、改进服务。推进农村基层综合公共服务资源优化整合。全面加强农村公共文化服务体系建设，继续实施文化惠民项目。在农村建设基层综合性文化服务中心，整合基层宣传文化、党员教育、科学普及、体育健身等设施，整合文化信息资源共享、农村电影放映、农家书屋等项目，发挥基层文化公共设施整体效应。

19. 开展农村人居环境整治行动和美丽宜居乡村建设。遵循乡村自身发展规律，体现农村特点，注重乡土味道，保留乡村风貌，努力建设农民幸福家园。科学编制县域乡村建设规划和村庄规划，提升民居设计水平，强化乡村建设规划许可管理。继续推进农村环境综合整治，完善以奖促治政策，扩大连片整治范围。实施农村生活垃圾治理5年专项行动。采取城镇管网延伸、集中处理和分散处理等多种方式，加快农村生活污水治理和改厕。全面启动村庄绿化工程，开展生态乡村建设，推广绿色建材，建设节能农房。开展农村宜居水环境建设，实施农村清洁河道行动，建设生态清洁型小流域。发挥好村级公益事业一事一议财政奖补资金作用，支持改善村内公共设施和人居环境。普遍建立村庄保洁制度。坚持城乡环境治理并重，逐步把农村环境整治支出纳入地方财政预算，中央财政给予差异化奖补，政策性金融机构提供长期低息贷款，探索政府购买服务、专业公司一体化建设运营机制。加大传统村落、民居和历史文化名村名镇保护力度。开展生态文明示范村镇建设。鼓励各地因地制宜探索各具特色的美丽宜居乡村建设模式。

20. 推进农村劳动力转移就业创业和农民工市民化。健全农村劳动力转移就业服务体系，大力促进就地就近转移就业创业，稳定并扩大外出农民工规模，支持农民工返乡创业。大力发展特色县域经济和农村服务业，加快培育中小城市和特色小城镇，增强吸纳农业转移人口能力。加大对农村灵活就业、新就业形态的支持。鼓励各地设立农村妇女就业创业基金，加大妇女小额担保贷款实施力度，加强妇女技能培训，支持农村妇女发展家庭手工业。实施新生代农民工职业技能提升计划，开展农村贫困家庭子女、未升学初高中毕业生、农民工、退役军人免费接受职业培训行动。依法维护农民工合法劳动权益，完善城乡劳动者平等就业制度，建立健全农民工工资支付保障长效机制。进一步推进户籍制度改革，落实 1 亿左右农民工和其他常住人口在城镇定居落户的目标，保障进城落户农民工与城镇居民有同等权利和义务，加快提高户籍人口城镇化率。全面实施居住证制度，建立健全与居住年限等条件相挂钩的基本公共服务提供机制，努力实现基本公共服务常住人口全覆盖。落实和完善农民工随迁子女在当地参加中考、高考政策。将符合条件的农民工纳入城镇社会保障和城镇住房保障实施范围。健全财政转移支付同农业转移人口市民化挂钩机制，建立城镇建设用地增加规模同吸纳农业转移人口落户数量挂钩机制。维护进城落户农民土地承包权、宅基地使用权、集体收益分配权，支持引导其依法自愿有偿转让上述权益。

21. 实施脱贫攻坚工程。实施精准扶贫、精准脱贫，因人因地施策，分类扶持贫困家庭，坚决打赢脱贫攻坚战。通过产业扶持、转移就业、易地搬迁等措施解决 5000 万左右贫困人口脱贫；对完全或部分丧失劳动能力的 2000 多万贫困人口，全部纳入低保覆盖范围，实行社保政策兜底脱贫。实行脱贫工作责任制，进一步完善中央统筹、省（自治区、直辖市）负总责、市（地）县抓落实的工作机制。各级党委和政府要把脱贫攻坚作为重大政治任务扛在肩上，各部门要步调一致、协同作战、履职尽责，切实把民生项目、惠民政策最大限度向贫困地区倾斜。广泛动员社会各方面力量积极参与扶贫开发。实行最严格的脱贫攻坚考核督查问责。

五、深入推进农村改革，增强农村发展内生动力

破解"三农"难题，必须坚持不懈推进体制机制创新，着力破除城乡二元结构的体制障碍，激发亿万农民创新创业活力，释放农业农村发展新动能。

22. 改革完善粮食等重要农产品价格形成机制和收储制度。坚持市场化改革取向与保护农民利益并重，采取"分品种施策、渐进式推进"的办法，完善农产品市场调控制度。继续执行并完善稻谷、小麦最低收购价政策。深入推进新疆棉花、东北地区大豆目标价格改革试点。按照市场定

价、价补分离的原则，积极稳妥推进玉米收储制度改革，在使玉米价格反映市场供求关系的同时，综合考虑农民合理收益、财政承受能力、产业链协调发展等因素，建立玉米生产者补贴制度。按照政策性职能和经营性职能分离的原则，改革完善中央储备粮管理体制。深化国有粮食企业改革，发展多元化市场购销主体。科学确定粮食等重要农产品国家储备规模，完善吞吐调节机制。

23. 健全农业农村投入持续增长机制。优先保障财政对农业农村的投入，坚持将农业农村作为国家固定资产投资的重点领域，确保力度不减弱、总量有增加。充分发挥财政政策导向功能和财政资金杠杆作用，鼓励和引导金融资本、工商资本更多投向农业农村。加大专项建设基金对扶贫、水利、农村产业融合、农产品批发市场等"三农"领域重点项目和工程支持力度。发挥规划引领作用，完善资金使用和项目管理办法，多层级深入推进涉农资金整合统筹，实施省级涉农资金管理改革和市县涉农资金整合试点，改进资金使用绩效考核办法。将种粮农民直接补贴、良种补贴、农资综合补贴合并为农业支持保护补贴，重点支持耕地地力保护和粮食产能提升。完善农机购置补贴政策。用3年左右时间建立健全全国农业信贷担保体系，2016年推动省级农业信贷担保机构正式建立并开始运营。加大对农产品主产区和重点生态功能区的转移支付力度。完善主产区利益补偿机制。逐步将农垦系统纳入国家农业支持和民生改善政策覆盖范围。研究出台完善农民收入增长支持政策体系的指导意见。

24. 推动金融资源更多向农村倾斜。加快构建多层次、广覆盖、可持续的农村金融服务体系，发展农村普惠金融，降低融资成本，全面激活农村金融服务链条。进一步改善存取款、支付等基本金融服务。稳定农村信用社县域法人地位，提高治理水平和服务能力。开展农村信用社省联社改革试点，逐步淡出行政管理，强化服务职能。鼓励国有和股份制金融机构拓展"三农"业务。深化中国农业银行三农金融事业部改革，加大"三农"金融产品创新和重点领域信贷投入力度。发挥国家开发银行优势和作用，加强服务"三农"融资模式创新。强化中国农业发展银行政策性职能，加大中长期"三农"信贷投放力度。支持中国邮政储蓄银行建立三农金融事业部,打造专业化为农服务体系。创新村镇银行设立模式,扩大覆盖面。引导互联网金融、移动金融在农村规范发展。扩大在农民合作社内部开展信用合作试点的范围,健全风险防范化解机制,落实地方政府监管责任。开展农村金融综合改革试验,探索创新农村金融组织和服务。发展农村金融租赁业务。在风险可控前提下,稳妥有序推进农村承包土地的经营权和农民住房财产权抵押贷款试点。积极发展林权抵押贷款。创设农产品期货品种,开展农产品期权试点。支持涉农企业依托多层次资本市场融资,加大债券市场服务"三农"力度。全面推进农村信用体系建设。加快建立"三农"融资担保体系。完善中央与地方双层金融监管机制,切实防范农村金融风险。强化农村金融消费者风险教育和保护。完善"三农"贷款统计,突出农户贷款、新型农业经营主体贷款、扶贫贴息贷款等。

25. 完善农业保险制度。把农业保险作为支持农业的重要手段,扩大农业保险覆盖面、增加保险品种、提高风险保障水平。积极开发适应新型农业经营主体需求的保险品种。探索开展重要农产品目标价格保险,以及收入保险、天气指数保险试点。支持地方发展特色优势农产品保险、渔业保险、设施农业保险。完善森林保险制度。探索建立农业补贴、涉农信贷、农产品期货和农业保险联动机制。积极探索农业保险保单质押贷款和农户信用保证保险。稳步扩大"保险+期货"试点。鼓励和支持保险资金开展支农融资业务创新试点。进一步完善农业保险大灾风险分散机制。

26. 深化农村集体产权制度改革。到 2020 年基本完成土地等农村集体资源性资产确权登记颁证、经营性资产折股量化到本集体经济组织成员,健全非经营性资产集体统一运营管理机制。稳定农村土地承包关系,落实集体所有权,稳定农户承包权,放活土地经营权,完善"三权分置"办法,明确农村土地承包关系长久不变的具体规定。继续扩大农村承包地确权登记颁证整省推进试点。依法推进土地经营权有序流转,鼓励和引导农户自愿互换承包地块实现连片耕种。研究制定稳定和完善农村基本经营制度的指导意见。加快推进房地一体的农村集体建设用地和宅基地使用权确权登记颁证,所需工作经费纳入地方财政预算。推进农村土地征收、集体经营性建设用地入市、宅基地制度改革试点。完善宅基地权益保障和取得方式，探索农民住房保障新机制。总结农村集体经营性建设用地入市改革试点经验，适当提高农民集体和个人分享的增值收益，抓紧出台土地增值收益调节金征管办法。完善和拓展城乡建设用地增减挂钩试点，将指标交易收益用于改善农民生产生活条件。探索将通过土地整治增加的耕地作为占补平衡补充耕地的指标，按照谁投入、谁受益的原则返还指标交易收益。研究国家重大工程建设补充耕地由国家统筹的具体办法。加快编制村级土地利用规划。探索将财政资金投入农业农村形成的经营性资产，通过股权量化到户，让集体组织成员长期分享资产收益。制定促进农村集体产权制度改革的税收优惠政策。开展扶持村级集体经济发展试点。深入推进供销合作社综合改革，提升为农服务能力。完善集体林权制度，引导林权规范有序流转，鼓励发展家庭林场、股份合作林场。完善草原承包经营制度。

六、加强和改善党对"三农"工作领导

加快农业现代化和农民奔小康，必须坚持党总揽全局、协调各方的领导核心作用，改进农村工作体制机制和方式方法，不断强化政治和组织保障。

27. 提高党领导农村工作水平。坚持把解决好"三农"问题作为全党工作重中之重不动摇，以更大的决心、下更大的气力加快补齐农业农村这块全面小康的短板。不断健全党委统一领导、党政齐抓共管、党委农村工作综合部门统筹协调、各部门各负其责的农村工作领导体制和工作机制。注重选派熟悉"三农"工作的干部进省市县党委和政府领导班子。各级党委和政府要把握好"三农"战略地位、农业农村发展新特点，顺应农民新期盼，关心群众诉求，解决突出问题，提高做好"三农"工作本领。巩固和拓展党的群众路线教育实践活动和"三严三实"专题教育成果。进一步减少和下放涉农行政审批事项。加强"三农"前瞻性、全局性、储备性政策研究，健全决策咨询机制。扎实推进农村各项改革，鼓励和允许不同地方实行差别化探索。对批准开展的农村改革试点，要不断总结可复制、可推广的经验，推动相关政策出台和法律法规立改废释。深入推进农村改

试验区工作。全面提升农村经济社会发展调查统计水平,扎实做好第三次全国农业普查。加快建立全球农业数据调查分析系统。加强农村法治建设,完善农村产权保护、农业市场规范运行、农业支持保护、农业资源环境等方面的法律法规。

28. 加强农村基层党组织建设。始终坚持农村基层党组织领导核心地位不动摇,充分发挥农村基层党组织的战斗堡垒作用和党员的先锋模范作用,不断夯实党在农村基层执政的组织基础。严格落实各级党委抓农村基层党建工作责任制,发挥县级党委"一线指挥部"作用,实现整乡推进、整县提升。建立市县乡党委书记抓农村基层党建问题清单、任务清单、责任清单,坚持开展市县乡党委书记抓基层党建述职评议考核。选优配强乡镇领导班子尤其是党委书记,切实加强乡镇党委思想、作风、能力建设。选好用好管好农村基层党组织带头人,从严加强农村党员队伍建设,持续整顿软弱涣散村党组织,认真抓好选派"第一书记"工作。创新完善基层党组织设置,确保党的组织和党的工作全面覆盖、有效覆盖。健全以财政投入为主的经费保障制度,落实村级组织运转经费和村干部报酬待遇。进一步加强和改进大学生村干部工作。各级党委特别是县级党委要切实履行农村基层党风廉政建设的主体责任,纪委要履行好监督责任,将全面从严治党的要求落实到农村基层,对责任不落实和不履行监管职责的要严肃问责。着力转变基层干部作风,解决不作为、乱作为问题,加大对农民群众身边腐败问题的监督审查力度,重点查处土地征收、涉农资金、扶贫开发、"三资"管理等领域虚报冒领、截留私分、贪污挪用等侵犯农民群众权益的问题。加强农民负担监管工作。

29. 创新和完善乡村治理机制。加强乡镇服务型政府建设。研究提出深化经济发达镇行政管理体制改革指导意见。依法开展村民自治实践,探索村党组织领导的村民自治有效实现形式。深化农村社区建设试点工作,完善多元共治的农村社区治理结构。在有实际需要的地方开展以村民小组或自然村为基本单元的村民自治试点。建立健全务实管用的村务监督委员会或其他形式的村务监督机构。发挥好村规民约在乡村治理中的积极作用。深入开展涉农信访突出问题专项治理。加强农村法律服务和法律援助。推进县乡村三级综治中心建设，完善农村治安防控体系。开展农村不良风气专项治理，整治农村黄赌毒、非法宗教活动等突出问题。依法打击扰乱农村生产生活秩序、危害农民生命财产安全的犯罪活动。

30. 深化农村精神文明建设。深入开展中国特色社会主义和中国梦宣传教育，加强农村思想道德建设，大力培育和弘扬社会主义核心价值观，增强农民的国家意识、法治意识、社会责任意识，加强诚信教育，倡导契约精神、科学精神，提高农民文明素质和农村社会文明程度。深入开展文明村镇、"星级文明户"、"五好文明家庭"创建，培育文明乡风、优良家风、新乡贤文化。广泛宣传优秀基层干部、道德模范、身边好人等先进事迹。弘扬优秀传统文化，抓好移风易俗，树立健康文明新风尚。

让我们更加紧密地团结在以习近平同志为总书记的党中央周围，艰苦奋斗，真抓实干，攻坚克难，努力开创农业农村工作新局面，为夺取全面建成小康社会决胜阶段的伟大胜利作出更大贡献！

中共中央 国务院
关于深入推进农业供给侧结构性改革加快培育农业农村发展新动能的若干意见

(2016年12月31日 中发〔2017〕1号)

经过多年不懈努力，我国农业农村发展不断迈上新台阶，已进入新的历史阶段。农业的主要矛盾由总量不足转变为结构性矛盾，突出表现为阶段性供过于求和供给不足并存，矛盾的主要方面在供给侧。近几年，我国在农业转方式、调结构、促改革等方面进行积极探索，为进一步推进农业转型升级打下一定基础，但农产品供求结构失衡、要素配置不合理、资源环境压力大、农民收入持续增长乏力等问题仍很突出，增加产量与提升品质、成本攀升与价格低迷、库存高企与销售不畅、小生产与大市场、国内外价格倒挂等矛盾亟待破解。必须顺应新形势新要求，坚持问题导向，调整工作重心，深入推进农业供给侧结构性改革，加快培育农业农村发展新动能，开创农业现代化建设新局面。

推进农业供给侧结构性改革，要在确保国家粮食安全的基础上，紧紧围绕市场需求变化，以增加农民收入、保障有效供给为主要目标，以提高农业供给质量为主攻方向，以体制改革和机制创新为根本途径，优化农业产业体系、生产体系、经营体系，提高土地产出率、资源利用率、劳动生产率，促进农业农村发展由过度依赖资源消耗、主要满足量的需求，向追求绿色生态可持续、更加注重满足质的需求转变。

推进农业供给侧结构性改革是一个长期过程，处理好政府和市场关系、协调好各方面利益，面临许多重大考验。必须直面困难和挑战，坚定不移推进改革，勇于承受改革阵痛，尽力降低改革成本，积极防范改革风险，确保粮食生产能力不降低、农民增收势头不逆转、农村稳定不出问题。

2017年农业农村工作，要全面贯彻党的十八大和十八届三中、四中、五中、六中全会精神，以邓小平理论、"三个代表"重要思想、科学发展观为指导，深入贯彻习近平总书记系列重要讲话精神和治国理政新理念新思想新战略，坚持新发展理念，协调推进农业现代化与新型城镇化，以推进农业供给侧结构性改革为主线，围绕农业增效、农民增收、农村增绿，加强科技创新引领，加快结构调整步伐，加大农村改革力度，提高农业综合效益和竞争力，推动社会主义新农村建设取得新的进展，力争农村全面小康建设迈出更大步伐。

一、优化产品产业结构，着力推进农业提质增效

1. 统筹调整粮经饲种植结构。按照稳粮、优经、扩饲的要求，加快构建粮经饲协调发展的三元种植结构。粮食作物要稳定水稻、小麦生产，确保口粮绝对安全，重点发展优质稻米和强筋弱筋小麦，继续调减非优势区籽粒玉米，增加优质食用大豆、薯类、杂粮杂豆等。经济作物要优化品种品质和区域布局，巩固主产区棉花、油料、糖料生产，促进园艺作物增值增效。饲料作物要扩大种植面积，发展青贮玉米、苜蓿等优质牧草，大力培育现代饲草料产业体系。加快北方农牧交错带结构调整，形成以养带种、牧林农复合、草果菜结合的种植结构。继续开展粮改饲、粮改豆补贴试点。

2. 发展规模高效养殖业。稳定生猪生产，优化南方水网地区生猪养殖区域布局，引导产能向环境容量大的地区和玉米主产区转移。加快品种改良，大力发展牛羊等草食畜牧业。全面振兴奶业，重点支持适度规模的家庭牧场，引导扩大生鲜乳消费，严格执行复原乳标识制度，培育国产优质品牌。合理确定湖泊水库等内陆水域养殖规模，推动水产养殖减量增效。推进稻田综合种养和低洼盐碱地养殖。完善江河湖海限捕、禁捕时限和区域，率先在长江流域水生生物保护区实现全面禁捕。科学有序开发滩涂资源。支持集约化海水健康养殖，发展现代化海洋牧场，加强区域协同保护，合理控制近海捕捞。积极发展远洋渔业。建立海洋渔业资源总量管理

制度，规范各类渔业用海活动，支持渔民减船转产。

3. 做大做强优势特色产业。实施优势特色农业提质增效行动计划，促进杂粮杂豆、蔬菜瓜果、茶叶蚕桑、花卉苗木、食用菌、中药材和特色养殖等产业提档升级，把地方土特产和小品种做成带动农民增收的大产业。大力发展木本粮油等特色经济林、珍贵树种用材林、花卉竹藤、森林食品等绿色产业。实施森林生态标志产品建设工程。开展特色农产品标准化生产示范，建设一批地理标志农产品和原产地保护基地。推进区域农产品公用品牌建设，支持地方以优势企业和行业协会为依托打造区域特色品牌，引入现代要素改造提升传统名优品牌。

4. 进一步优化农业区域布局。以主体功能区规划和优势农产品布局规划为依托，科学合理划定稻谷、小麦、玉米粮食生产功能区和大豆、棉花、油菜籽、糖料蔗、天然橡胶等重要农产品生产保护区。功能区和保护区内地块全部建档立册、上图入库，实现信息化精准化管理。抓紧研究制定功能区和保护区建设标准，完善激励机制和支持政策，层层落实建设管护主体责任。制定特色农产品优势区建设规划，建立评价标准和技术支撑体系，鼓励各地争创园艺产品、畜产品、水产品、林特产品等特色农产品优势区。

5. 全面提升农产品质量和食品安全水平。坚持质量兴农，实施农业标准化战略，突出优质、安全、绿色导向，健全农产品质量和食品安全标准体系。支持新型农业经营主体申请"三品一标"认证，推进农产品商标注册便利化，强化品牌保护。引导企业争取国际有机农产品认证，加快提升国内绿色、有机农产品认证的权威性和影响力。切实加强产地环境保护和源头治理，推行农业良好生产规范，推广生产记录台账制度，严格执行农业投入品生产销售使用有关规定。深入开展农兽药残留超标特别是养殖业滥用抗生素治理，严厉打击违禁超限量使用农兽药、非法添加和超范围超限量使用食品添加剂等行为。健全农产品质量和食品安全监管体制，强化风险分级管理和属地责任，加大抽检监测力度。建立全程可追溯、互联共享的追溯监管综合服务平台。鼓励生产经营主体投保食品安全责任险。抓紧修订农产品质量安全法。

6. 积极发展适度规模经营。大力培育新型农业经营主体和服务主体，通过经营权流转、股份合作、代耕代种、土地托管等多种方式，加快发展土地流转型、服务带动型等多种形式规模经营。积极引导农民在自愿基础上，通过村组内互换并地等方式，实现按户连片耕种。完善家庭农场认定办法，扶持规模适度的家庭农场。加强农民合作社规范化建设，积极发展生产、供销、信用"三位一体"综合合作。总结推广农业生产全程社会化服务试点经验，扶持培育农机作业、农田灌排、统防统治、烘干仓储等经营性服务组织。支持供销、邮政、农机等系统发挥为农服务综合平台作用，促进传统农资流通网点向现代农资综合服务商转型。鼓励地方探索土地流转履约保证保险。研究建立农业适度规模经营评价指标体系，引导规模经营健康发展。

7. 建设现代农业产业园。以规模化种养基地为基础，依托农业产业化龙头企业带动，聚集现代生产要素，建设"生产+加工+科技"的现代农业产业园，发挥技术集成、产业融合、创业平台、核心辐射等功能作用。科学制定产业园规划，统筹布局生产、加工、物流、研发、示范、服务等功能板块。鼓励地方统筹使用高标准农田建设、农业综合开发、现代农业生产发展等相关项目资金，集中建设产业园基础设施和配套服务体系。吸引龙头企业和科研机构建设运营产业园，发展设施农业、精准农业、精深加工、现代营销，带动新型农业经营主体和农户专业化、标准化、集约化生产，推动农业全环节升级、全链条增值。鼓励农户和返乡下乡人员通过订单农业、股份合作、入园创业就业等多种方式，参与建设，分享收益。

8. 创造良好农产品国际贸易环境。统筹利用国际市场，优化国内农产品供给结构，健全公平竞争的农产品进口市场环境。健全农产品贸易反补贴、反倾销和保障措施法律法规，依法对进口农产品开展贸易救济调查。鼓励扩大优势农产品出口，加大海外推介力度。加强农业对外合作，推动农业走出去。以"一带一路"沿线及周边国家和地区为重点，支持农业企业开展跨国经营，建立境外生产基地和加工、仓储物流设施，培育具有国际竞争力的大企业大集团。积极参与国际贸易规则和国际标准的制定修订，推进农产品认证结果互认工作。深入开展农产品反走私综合治理，实施专项打击行动。

二、推行绿色生产方式，增强农业可持续发展能力

9. 推进农业清洁生产。深入推进化肥农药零增长行动，开展有机肥替代化肥试点，促进农业节本增效。建立健全化肥农药行业生产监管及产品追溯系统，严格行业准入管理。大力推行高效生态循环的种养模式，加快畜禽粪便集中处理，推动规模化大型沼气健康发展。以县为单位推进农业废弃物资源化利用试点，探索建立可持续运营管理机制。鼓励各地加大农作物秸秆综合利用支持力度，健全秸秆多元化利用补贴机制。继续开展地膜清洁生产试点示范。推进国家农业可持续发展试验示范区创建。

10. 大规模实施农业节水工程。把农业节水作为方向性、战略性大事来抓，加快完善国家支持农业节水政策体系。加大大中型灌排骨干工程节水改造与建设力度，同步完善田间节水设施，建设现代化灌区。大力实施区域规模化高效节水灌溉行动，集中建成一批高效节水灌溉工程。稳步推进牧区高效节水灌溉饲草料地建设，严格限制生态脆弱地区抽取地下水灌溉人工草场。建立健全农业节水技术产品标准体系。加快开发种类齐全、系列配套、性能可靠的节水灌溉技术和产品，大力普及喷灌、滴灌等节水灌溉技术，加大水肥一体化等农艺节水推广力度。全面推进农业水价综合改革，落实地方政府主体责任，加快建立合理水价形成机制和节水激励机制。全面推行用水定额管理，开展县域节水型社会建设达标考核。实施第三次全国水资源调查评价。

11. 集中治理农业环境突出问题。实施耕地、草原、河湖休养生息规划。开展土壤污染状况详查，深入实施土壤污染防治行动计划，继续开展重金属污染耕地修复及种植结构调整试点。扩大农业面源污染综合治理试点范围。加大东北黑土地保护支持力度。推进耕地轮作休耕制度试点，合理设定补助标准。支持地方重点开展设施农业土壤改良，增加土壤有机质。扩大华北地下水超采区综合治理范围。加快新一轮退耕还林还草工程实施进度。上一轮退耕还林补助政策期满后，将符合条件的退耕还生态林分别纳入中央和地方森林生态效益补偿范围。继续实施退牧还草工程。推

进北方农牧交错带已垦草原治理。实施湿地保护修复工程。

12. 加强重大生态工程建设。推进山水林田湖整体保护、系统修复、综合治理，加快构建国家生态安全屏障。全面推进大规模国土绿化行动。启动长江经济带重大生态修复工程，把共抓大保护、不搞大开发的要求落到实处。继续实施林业重点生态工程，推动森林质量精准提升工程建设。完善全面停止天然林商业性采伐补助政策。加快推进国家公园建设。加强国家储备林基地建设。推进沙化土地封禁与修复治理。加大野生动植物和珍稀种质资源保护力度，推进濒危野生动植物抢救性保护及自然保护区建设。加强重点区域水土流失综合治理和水生态修复治理，继续开展江河湖库水系连通工程建设。

三、壮大新产业新业态，拓展农业产业链价值链

13. 大力发展乡村休闲旅游产业。充分发挥乡村各类物质与非物质资源富集的独特优势，利用"旅游+"、"生态+"等模式，推进农业、林业与旅游、教育、文化、康养等产业深度融合。丰富乡村旅游业态和产品，打造各类主题乡村旅游目的地和精品线路，发展富有乡村特色的民宿和养生养老基地。鼓励农村集体经济组织创办乡村旅游合作社，或与社会资本联办乡村旅游企业。多渠道筹集建设资金，大力改善休闲农业、乡村旅游、森林康养公共服务设施条件，在重点村优先实现宽带全覆盖。完善休闲农业、乡村旅游行业标准，建立健全食品安全、消防安全、环境保护等监管规范。支持传统村落保护，维护少数民族特色村寨整体风貌，有条件的地区实行连片保护和适度开发。

14. 推进农村电商发展。促进新型农业经营主体、加工流通企业与电商企业全面对接融合，推动线上线下互动发展。加快建立健全适应农产品电商发展的标准体系。支持农产品电商平台和乡村电商服务站点建设。推动商贸、供销、邮政、电商互联互通，加强从村到乡镇的物流体系建设，实施快递下乡工程。深入实施电子商务进农村综合示范。鼓励地方规范发展电商产业园，聚集品牌推广、物流集散、人才培养、技术支持、质量安全等功能服务。全面实施信息进村入户工程，开展整省推进示范。完善全

国农产品流通骨干网络,加快构建公益性农产品市场体系,加强农产品产地预冷等冷链物流基础设施网络建设,完善鲜活农产品直供直销体系。推进"互联网+"现代农业行动。

15. 加快发展现代食品产业。引导加工企业向主产区、优势产区、产业园区集中,在优势农产品产地打造食品加工产业集群。加大食品加工业技术改造支持力度,开发拥有自主知识产权的生产加工设备。鼓励食品企业设立研发机构,围绕"原字号"开发市场适销对路的新产品。实施主食加工业提升行动,积极推进传统主食工业化、规模化生产,大力发展方便食品、休闲食品、速冻食品、马铃薯主食产品。加强新食品原料、药食同源食品开发和应用。大力推广"生产基地+中央厨房+餐饮门店"、"生产基地+加工企业+商超销售"等产销模式。加强现代生物和营养强化技术研究,挖掘开发具有保健功能的食品。健全保健食品、特殊医学用途食品、婴幼儿配方乳粉注册备案制度。完善农产品产地初加工补助政策。

16. 培育宜居宜业特色村镇。围绕有基础、有特色、有潜力的产业,建设一批农业文化旅游"三位一体"、生产生活生态同步改善、一产二产三产深度融合的特色村镇。支持各地加强特色村镇产业支撑、基础设施、公共服务、环境风貌等建设。打造"一村一品"升级版,发展各具特色的专业村。支持有条件的乡村建设以农民合作社为主要载体、让农民充分参与和受益,集循环农业、创意农业、农事体验于一体的田园综合体,通过农业综合开发、农村综合改革转移支付等渠道开展试点示范。深入实施农村产业融合发展试点示范工程,支持建设一批农村产业融合发展示范园。

四、强化科技创新驱动,引领现代农业加快发展

17. 加强农业科技研发。适应农业转方式调结构新要求,调整农业科技创新方向和重点。整合科技创新资源,完善国家农业科技创新体系和现代农业产业技术体系,建立一批现代农业产业科技创新中心和农业科技创新联盟,推进资源开放共享与服务平台基地建设。加强农业科技基础前沿研究,提升原始创新能力。建设国家农业高新技术产业开发区。加大实施种业自主创新重大工程和主要农作物良种联合攻关力度,加快适宜机械化

生产、优质高产多抗广适新品种选育。加强中低产田改良、经济作物、草食畜牧业、海洋牧场、智慧农业、农林产品精深加工、仓储物流等科技研发。加快研发适宜丘陵山区、设施农业、畜禽水产养殖的农机装备，提升农机核心零部件自主研发能力。支持地方开展特色优势产业技术研发。

18. 强化农业科技推广。创新公益性农技推广服务方式，引入项目管理机制，推行政府购买服务，支持各类社会力量广泛参与农业科技推广。鼓励地方建立农科教产学研一体化农业技术推广联盟，支持农技推广人员与家庭农场、农民合作社、龙头企业开展技术合作。深入推进绿色高产高效创建，重点推广优质专用品种和节本降耗、循环利用技术模式。实施智慧农业工程，推进农业物联网试验示范和农业装备智能化。发展智慧气象，提高气象灾害监测预报预警水平。深入推行科技特派员制度，打造一批"星创天地"。加强农村科普公共服务建设。

19. 完善农业科技创新激励机制。加快落实科技成果转化收益、科技人员兼职取酬等制度规定。通过"后补助"等方式支持农业科技创新。实施农业科研杰出人才培养计划，深入推进科研成果权益改革试点。发展面向市场的新型农业技术研发、成果转化和产业孵化机构。完善符合农业科技创新规律的基础研究支持方式，建立差别化农业科技评价制度。加强农业知识产权保护和运用。

20. 提升农业科技园区建设水平。科学制定园区规划，突出科技创新、研发应用、试验示范、科技服务与培训等功能，建设农业科技成果转化中心、科技人员创业平台、高新技术产业孵化基地，打造现代农业创新高地。支持园区产学研合作建立各类研发机构、测试检测中心、院士专家工作站、技术交易机构等科研和服务平台。支持园区企业和科研机构结合区域实际，开展特色优势产业关键共性技术研发和推广。完善国家农业科技园区管理办法和监测评价机制。

21. 开发农村人力资源。重点围绕新型职业农民培育、农民工职业技能提升，整合各渠道培训资金资源，建立政府主导、部门协作、统筹安排、产业带动的培训机制。探索政府购买服务等办法，发挥企业培训主体作用，提高农民工技能培训针对性和实效性。优化农业从业者结构，深入推进现代青年农场主、林场主培养计划和新型农业经营主体带头人轮训计划，探索培育农业职业经理人，培养适应现代农业发展需要的新农民。鼓励高等学校、职业院校开设乡村规划建设、乡村住宅设计等相关专业和课程，培养一批专业人才，扶持一批乡村工匠。

五、补齐农业农村短板，夯实农村共享发展基础

22. 持续加强农田基本建设。深入实施藏粮于地、藏粮于技战略，严守耕地红线，保护优化粮食产能。全面落实永久基本农田特殊保护政策措施，实施耕地质量保护和提升行动，持续推进中低产田改造。加快高标准农田建设，提高建设质量。有条件的地区可以将晒场、烘干、机具库棚、有机肥积造等配套设施纳入高标准农田建设范围。引导金融机构对高标准农田建设提供信贷支持。允许通过土地整治增加的耕地作为占补平衡补充耕地的指标在省域内调剂，按规定或合同约定取得指标调剂收益。推进重大水利工程建设，抓紧修复水毁灾损农业设施和水利工程，加强水利薄弱环节和"五小水利"工程建设。因地制宜推进平原地区农村机井油改电。

23. 深入开展农村人居环境治理和美丽宜居乡村建设。推进农村生活垃圾治理专项行动，促进垃圾分类和资源化利用，选择适宜模式开展农村生活污水治理，加大力度支持农村环境集中连片综合治理和改厕。开展城乡垃圾乱排乱放集中排查整治行动。实施农村新能源行动，推进光伏发电，逐步扩大农村电力、燃气和清洁型煤供给。加快修订村庄和集镇规划建设管理条例，大力推进县域乡村建设规划编制工作。推动建筑设计下乡，开展田园建筑示范。深入开展建好、管好、护好、运营好农村公路工作，深化农村公路管养体制改革，积极推进城乡交通运输一体化。实施农村饮水安全巩固提升工程和新一轮农村电网改造升级工程。完善农村危房改造政策，提高补助标准，集中支持建档立卡贫困户、低保户、分散供养特困人员和贫困残疾人家庭等重点对象。开展农村地区枯井、河塘、饮用水、自建房、客运和校车等方面安全隐患排查治理工作。推进光纤到村建设，加快实现 4G 网络农村全覆盖。推进建制村直接通邮。开展农村人居环境和美丽宜居乡村示范创建。加强农村公共文化服务体系建设，统筹实施重点文化惠民项目，完善基层综合性文化服务设施，在农村地区深入开展送地方戏活动。支持重要农业文化遗产保护。

24. 提升农村基本公共服务水平。全面落实城乡统一、重在农村的义务教育经费保障机制，加强乡村教师队伍建设。继续提高城乡居民基本医疗保险筹资水平，加快推进城乡居民医保制度整合，推进基本医保全国联网和异地就医结算。加强农村基层卫生人才培养。完善农村低保对象认定办法，科学合理确定农村低保标准。扎实推进农村低保制度与扶贫开发政策有效衔接，做好农村低保兜底工作。完善城乡居民养老保险筹资和保障机制。健全农村留守儿童和妇女、老人、残疾人关爱服务体系。

25. 扎实推进脱贫攻坚。进一步推进精准扶贫各项政策措施落地生根，确保2017年再脱贫1000万人以上。深入推进重大扶贫工程，强化脱贫攻坚支撑保障体系，统筹安排使用扶贫资源，注重提高脱贫质量，激发贫困人口脱贫致富积极性主动性，建立健全稳定脱贫长效机制。加强扶贫资金监督管理，在所有贫困县开展涉农资金整合。严格执行脱贫攻坚考核监督和督查巡查等制度，全面落实责任。坚决制止扶贫工作中的形式主义做法，不搞层层加码，严禁弄虚作假，务求脱贫攻坚取得实效。

六、加大农村改革力度，激活农业农村内生发展动力

26. 深化粮食等重要农产品价格形成机制和收储制度改革。坚持并完善稻谷、小麦最低收购价政策，合理调整最低收购价水平，形成合理比价关系。坚定推进玉米市场定价、价补分离改革，健全生产者补贴制度，鼓励多元市场主体入市收购，防止出现卖粮难。采取综合措施促进过腹转化、加工转化，多渠道拓展消费需求，加快消化玉米等库存。调整完善新疆棉花目标价格政策，改进补贴方式。调整大豆目标价格政策。科学确定粮食等重要农产品国家储备规模，优化中央储备粮品种结构和区域布局，改革完善中央储备粮管理体制，充分发挥政策性职能作用，严格政策性粮食监督管理，严防跑冒滴漏，确保储存安全。支持家庭农场、农民合作社科学储粮。

27. 完善农业补贴制度。进一步提高农业补贴政策的指向性和精准性，重点补主产区、适度规模经营、农民收入、绿色生态。深入推进农业"三

项补贴"制度改革。完善粮食主产区利益补偿机制，稳定产粮大县奖励政策，调整产粮大省奖励资金使用范围，盘活粮食风险基金。完善农机购置补贴政策，加大对粮棉油糖和饲草料生产全程机械化所需机具的补贴力度。深入实施新一轮草原生态保护补助奖励政策。健全林业补贴政策，扩大湿地生态效益补偿实施范围。

28. 改革财政支农投入机制。坚持把农业农村作为财政支出的优先保障领域，确保农业农村投入适度增加，着力优化投入结构，创新使用方式，提升支农效能。固定资产投资继续向农业农村倾斜。发挥规划统筹引领作用，多层次多形式推进涉农资金整合。推进专项转移支付预算编制环节源头整合改革，探索实行"大专项+任务清单"管理方式。创新财政资金使用方式，推广政府和社会资本合作，实行以奖代补和贴息，支持建立担保机制，鼓励地方建立风险补偿基金，撬动金融和社会资本更多投向农业农村。建立健全全国农业信贷担保体系，推进省级信贷担保机构向市县延伸，支持有条件的市县尽快建立担保机构，实现实质性运营。拓宽农业农村基础设施投融资渠道，支持社会资本以特许经营、参股控股等方式参与农林水利、农垦等项目建设运营。鼓励地方政府和社会资本设立各类农业农村发展投资基金。加大地方政府债券支持农村基础设施建设力度。在符合有关法律和规定的前提下，探索以市场化方式筹集资金，用于农业农村建设。研究制定引导和规范工商资本投资农业农村的具体意见。对各级财政支持的各类小型项目，优先安排农村集体经济组织、农民合作组织等作为建设管护主体，强化农民参与和全程监督。

29. 加快农村金融创新。强化激励约束机制，确保"三农"贷款投放持续增长。支持金融机构增加县域网点，适当下放县域分支机构业务审批权限。对涉农业务较多的金融机构，进一步完善差别化考核办法。落实涉农贷款增量奖励政策。支持农村商业银行、农村合作银行、村镇银行等农村中小金融机构立足县域，加大服务"三农"力度，健全内部控制和风险管理制度。规范发展农村资金互助组织，严格落实监管主体和责任。开展农民合作社内部信用合作试点，鼓励发展农业互助保险。支持国家开发银行创新信贷投放方式。完善农业发展银行风险补偿机制和资本金补充制度，加大对粮食多元市场主体入市收购的信贷支持力度。深化农业银行三农金融事业部改革，对达标县域机构执行优惠的存款准备金率。加快完善邮储银行三农金融事业部运作机制，研究给予相关优惠政策。抓紧研究制定农村信用社省联社改革方案。优化村镇银行设立模式，提高县市覆盖面。鼓励金融机构积极利用互联网技术，为农业经营主体提供小额存贷款、支付结算和保险等金融服务。推进信用户、信用村、信用乡镇创建。支持金融机构开展适合新型农业经营主体的订单融资和应收账款融资业务。深入推进承包土地的经营权和农民住房财产权抵押贷款试点，探索开展大型农机具、农业生产设施抵押贷款业务。加快农村各类资源资产权属认定，推动部门确权信息与银行业金融机构联网共享。持续推进农业保险扩面、增品、提标，开发满足新型农业经营主体需求的保险产品，采取以奖代补方式支持地方开展特色农产品保险。鼓励地方多渠道筹集资金，支持扩大农产品价格指数保险试点。探索建立农产品收入保险制度。支持符合条件的涉农企业上市融资、发行债券、兼并重组。在健全风险阻断机制前提下，完善财政与金融支农协作模式。鼓励金融机构发行"三农"专项金融债。扩大银行与保险公司合作，发展保证保险贷款产品。深入推进农产品期货、期权市场建设，积极引导涉农企业利用期货、期权管理市场风险，稳步扩大"保险+期货"试点。严厉打击农村非法集资和金融诈骗。积极推动农村金融立法。

30. 深化农村集体产权制度改革。落实农村土地集体所有权、农户承包权、土地经营权"三权分置"办法。加快推进农村承包地确权登记颁证，扩大整省试点范围。统筹协调推进农村土地征收、集体经营性建设用地入市、宅基地制度改革试点。全面加快"房地一体"的农村宅基地和集体建设用地确权登记颁证工作。认真总结农村宅基地制度改革试点经验，在充分保障农户宅基地用益物权、防止外部资本侵占控制的前提下，落实宅基地集体所有权，维护农户依法取得的宅基地占有和使用权，探索农村集体组织以出租、合作等方式盘活利用空闲农房及宅基地，增加农民财产性收入。允许地方多渠道筹集资金，按规定用于村集体对进城落户农民自愿退出承包地、宅基地的补偿。抓紧研究制定农村集体经济组织相关法律，赋予农村集体经济组织法人资格。全面开展农村集体资产清产核资。稳妥有序、由点及面推进农村集体经营性资产股份合作制改革，确认成员身份，量化经营性资产，保障农民集体资产权利。从实际出发探索发展集体经济有效途径，鼓励地方开展资源变资产、资金变股金、农民变股东等改革，增强集体经济发展活力和实力。研究制定支持农村集体产权制度改革的税收政策。深化集体林权制度改革。加快水权水市场建设，推进水资源使用权确权和进场交易。加快农村产权交易市场建设。

31. 探索建立农业农村发展用地保障机制。优化城乡建设用地布局，合理安排农业农村各业用地。完善新增建设用地保障机制，将年度新增建设用地计划指标确定一定比例用于支持农村新产业新业态发展。加快编制村级土地利用规划。在控制农村建设用地总量、不占用永久基本农田前提下，加大盘活农村存量建设用地力度。允许通过村庄整治、宅基地整理等节约的建设用地采取入股、联营等方式，重点支持乡村休闲旅游养老等产业和农村三产融合发展，严禁违法违规开发房地产或建私人庄园会所。完善农业用地政策，积极支持农产品冷链、初加工、休闲采摘、仓储等设施建设。改进耕地占补平衡管理办法，严格落实耕地占补平衡责任，探索对资源匮乏省份补充耕地实行国家统筹。

32. 健全农业劳动力转移就业和农村创业创新体制。完善城乡劳动者平等就业制度，健全农业劳动力转移就业服务体系，鼓励多渠道就业，切实保障农民工合法权益，着力解决新生代、身患职业病等农民工群体面临的突出问题。支持进城农民工返乡创业，带动现代农业和农村新产业新业态发展。鼓励高校毕业生、企业主、农业科技人员、留学归国人员等各类人才回乡下乡创业创新，将现代科技、生产方式和经营模式引入农村。整合落实支持农村创业创新的市场准入、财政税收、金融服务、用地用电、创业培训、社会保障等方面优惠政策。鼓励各地建立返乡创业园、创业孵化基地、创客服务平台，开设开放式服务窗口，提供一站式服务。

33. 统筹推进农村各项改革。继续深化供销合作社综合改革，增强为农服务能力。稳步推进国有林区和国有林场改革，加快转型升级。深化农垦改革，培育具有竞争力的现代农业企业集团。深化经济发达镇行政管理体制改革。全面推行河长制，确保2018年年底前全面建立省市县乡四级河长体系。扩大水资源税改革试点。继续加强农村改革试验区和国家现代农业示范区工作。开展农村综合性改革试点试验。尊重农民实践创造，鼓励基层先行先试，完善激励机制和容错机制。加强对农村各类改革试点试验的指导督查，及时总结可复制可推广经验，推动相关政策出台和法律法规修改，为推进农业供给侧结构性改革提供法治保障。扎实做好第三次全国农业普查工作。

各级党委和政府必须始终坚持把解决好"三农"问题作为全党工作重中之重不动摇，重农强农调子不能变、力度不能减，切实把认识和行动统一到中央决策部署上来，把农业农村工作的重心转移到推进农业供给侧结构性改革上来，落实到政策制定、工作部署、财力投放、干部配备等各个方面。要深入贯彻党的十八届六中全会精神，切实增强"四个意识"，将全面从严治党要求落实到农村基层，严格落实农村基层党建工作责任制，坚持整乡推进、整县提升，切实加强农村基层党组织建设，全面规范农村基层党组织生活，持续整顿软弱涣散村党组织，选好管好用好农村基层党组织带头人，实行村党组织书记县级备案管理，强化村级组织运转经费保障，发展壮大村级集体经济。扎实推进抓党建促脱贫攻坚工作，充分发挥村党组织第一书记的重要作用。县乡纪委要把查处侵害群众利益的不正之风和腐败问题作为主要工作任务。加强农民负担监管。完善村党组织领导的村民自治有效实现形式，加强村务监督委员会建设，健全务实管用的村务监督机制，开展以村民小组、自然村为基本单元的村民自治试点工作。深化农村社区建设试点。培育与社会主义核心价值观相契合、与社会主义新农村建设相适应的优良家风、文明乡风和新乡贤文化。提升农民思想道德和科学文化素质，加强农村移风易俗工作，引导群众抵制婚丧嫁娶大操大办、人情债等陈规陋习。强化农村社会治安管理、法律宣传教育服务和信访工作。加大"三农"工作宣传力度，为农村改革发展稳定营造良好氛围。

让我们更加紧密团结在以习近平同志为核心的党中央周围，锐意进取，攻坚克难，扎实地推进农业供给侧结构性改革，以优异成绩迎接党的十九大召开！

中共中央 国务院关于实施乡村振兴战略的意见

(2018年1月2日 中发〔2018〕1号)

实施乡村振兴战略，是党的十九大作出的重大决策部署，是决胜全面建成小康社会、全面建设社会主义现代化国家的重大历史任务，是新时代"三农"工作的总抓手。现就实施乡村振兴战略提出如下意见。

一、新时代实施乡村振兴战略的重大意义

党的十八大以来，在以习近平同志为核心的党中央坚强领导下，我们坚持把解决好"三农"问题作为全党工作重中之重，持续加大强农惠农富农政策力度，扎实推进农业现代化和新农村建设，全面深化农村改革，农业农村发展取得了历史性成就，为党和国家事业全面开创新局面提供了重要支撑。5年来，粮食生产能力跨上新台阶，农业供给侧结构性改革迈出新步伐，农民收入持续增长，农村民生全面改善，脱贫攻坚战取得决定性进展，农村生态文明建设显著加强，农民获得感显著提升，农村社会稳定和谐。农业农村发展取得的重大成就和"三农"工作积累的丰富经验，为实施乡村振兴战略奠定了良好基础。

农业农村农民问题是关系国计民生的根本性问题。没有农业农村的现代化，就没有国家的现代化。当前，我国发展不平衡不充分问题在乡村最为突出，主要表现在：农产品阶段性供过于求和供给不足并存，农业供给质量亟待提高；农民适应生产力发展和市场竞争的能力不足，新型职业农民队伍建设亟需加强；农村基础设施和民生领域欠账较多，农村环境和生态问题比较突出，乡村发展整体水平亟待提升；国家支农体系相对薄弱，农村金融改革任务繁重，城乡之间要素合理流动机制亟待健全；农村基层

党建存在薄弱环节，乡村治理体系和治理能力亟待强化。实施乡村振兴战略，是解决人民日益增长的美好生活需要和不平衡不充分的发展之间矛盾的必然要求，是实现"两个一百年"奋斗目标的必然要求，是实现全体人民共同富裕的必然要求。

在中国特色社会主义新时代，乡村是一个可以大有作为的广阔天地，迎来了难得的发展机遇。我们有党的领导的政治优势，有社会主义的制度优势，有亿万农民的创造精神，有强大的经济实力支撑，有历史悠久的农耕文明，有旺盛的市场需求，完全有条件有能力实施乡村振兴战略。必须立足国情农情，顺势而为，切实增强责任感使命感紧迫感，举全党全国全社会之力，以更大的决心、更明确的目标、更有力的举措，推动农业全面升级、农村全面进步、农民全面发展，谱写新时代乡村全面振兴新篇章。

二、实施乡村振兴战略的总体要求

（一）指导思想

全面贯彻党的十九大精神，以习近平新时代中国特色社会主义思想为指导，加强党对"三农"工作的领导，坚持稳中求进的工作总基调，牢固树立新发展理念，落实高质量发展的要求，紧紧围绕统筹推进"五位一体"总体布局和协调推进"四个全面"战略布局，坚持把解决好"三农"问题作为全党工作重中之重，坚持农业农村优先发展，按照产业兴旺、生态宜居、乡风文明、治理有效、生活富裕的总要求，建立健全城乡融合发展体制机制和政策体系，统筹推进农村经济建设、政治建设、文化建设、社会建设、生态文明建设和党的建设，加快推进乡村治理体系和治理能力现代化，加快推进农业农村现代化，走中国特色社会主义乡村振兴道路，让农业成为有奔头的产业，让农民成为有吸引力的职业，让农村成为安居乐业的美丽家园。

（二）目标任务

按照党的十九大提出的决胜全面建成小康社会、分两个阶段实现第二个百年奋斗目标的战略安排，实施乡村振兴战略的目标任务是：

到2020年，乡村振兴取得重要进展，制度框架和政策体系基本形成。

农业综合生产能力稳步提升,农业供给体系质量明显提高,农村一二三产业融合发展水平进一步提升;农民增收渠道进一步拓宽,城乡居民生活水平差距持续缩小;现行标准下农村贫困人口实现脱贫,贫困县全部摘帽,解决区域性整体贫困;农村基础设施建设深入推进,农村人居环境明显改善,美丽宜居乡村建设扎实推进;城乡基本公共服务均等化水平进一步提高,城乡融合发展体制机制初步建立;农村对人才吸引力逐步增强;农村生态环境明显好转,农业生态服务能力进一步提高;以党组织为核心的农村基层组织建设进一步加强,乡村治理体系进一步完善;党的农村工作领导体制机制进一步健全;各地区各部门推进乡村振兴的思路举措得以确立。

到2035年,乡村振兴取得决定性进展,农业农村现代化基本实现。农业结构得到根本性改善,农民就业质量显著提高,相对贫困进一步缓解,共同富裕迈出坚实步伐;城乡基本公共服务均等化基本实现,城乡融合发展体制机制更加完善;乡风文明达到新高度,乡村治理体系更加完善;农村生态环境根本好转,美丽宜居乡村基本实现。

到2050年,乡村全面振兴,农业强、农村美、农民富全面实现。

(三)基本原则

——坚持党管农村工作。毫不动摇地坚持和加强党对农村工作的领导,健全党管农村工作领导的体制机制和党内法规,确保党在农村工作中始终总揽全局、协调各方,为乡村振兴提供坚强有力的政治保障。

——坚持农业农村优先发展。把实现乡村振兴作为全党的共同意志、共同行动,做到认识统一、步调一致,在干部配备上优先考虑,在要素配置上优先满足,在资金投入上优先保障,在公共服务上优先安排,加快补齐农业农村短板。

——坚持农民主体地位。充分尊重农民意愿,切实发挥农民在乡村振兴中的主体作用,调动亿万农民的积极性、主动性、创造性,把维护农民群众根本利益、促进农民共同富裕作为出发点和落脚点,促进农民持续增收,不断提升农民的获得感、幸福感、安全感。

——坚持乡村全面振兴。准确把握乡村振兴的科学内涵,挖掘乡村多种功能和价值，统筹谋划农村经济建设、政治建设、文化建设、社会建设、生态文明建设和党的建设，注重协同性、关联性，整体部署，协调推进。

——坚持城乡融合发展。坚决破除体制机制弊端，使市场在资源配置中起决定性作用，更好发挥政府作用，推动城乡要素自由流动、平等交换，推动新型工业化、信息化、城镇化、农业现代化同步发展，加快形成工农互促、城乡互补、全面融合、共同繁荣的新型工农城乡关系。

——坚持人与自然和谐共生。牢固树立和践行绿水青山就是金山银山的理念，落实节约优先、保护优先、自然恢复为主的方针，统筹山水林田湖草系统治理，严守生态保护红线，以绿色发展引领乡村振兴。

——坚持因地制宜、循序渐进。科学把握乡村的差异性和发展走势分化特征，做好顶层设计，注重规划先行、突出重点、分类施策、典型引路。既尽力而为，又量力而行，不搞层层加码，不搞一刀切，不搞形式主义，久久为功，扎实推进。

三、提升农业发展质量，培育乡村发展新动能

乡村振兴，产业兴旺是重点。必须坚持质量兴农、绿色兴农，以农业供给侧结构性改革为主线，加快构建现代农业产业体系、生产体系、经营体系，提高农业创新力、竞争力和全要素生产率，加快实现由农业大国向农业强国转变。

（一）夯实农业生产能力基础

深入实施藏粮于地、藏粮于技战略，严守耕地红线，确保国家粮食安全，把中国人的饭碗牢牢端在自己手中。全面落实永久基本农田特殊保护制度，加快划定和建设粮食生产功能区、重要农产品生产保护区，完善支持政策。大规模推进农村土地整治和高标准农田建设，稳步提升耕地质量，强化监督考核和地方政府责任。加强农田水利建设，提高抗旱防洪除涝能力。实施国家农业节水行动，加快灌区续建配套与现代化改造，推进小型农田水利设施达标提质，建设一批重大高效节水灌溉工程。加快建设国家农业科技创新体系，加强面向全行业的科技创新基地建设。深化农业

科技成果转化和推广应用改革。加快发展现代农作物、畜禽、水产、林木种业，提升自主创新能力。高标准建设国家南繁育种基地。推进我国农机装备产业转型升级，加强科研机构、设备制造企业联合攻关，进一步提高大宗农作物机械国产化水平，加快研发经济作物、养殖业、丘陵山区农林机械，发展高端农机装备制造。优化农业从业者结构，加快建设知识型、技能型、创新型农业经营者队伍。大力发展数字农业，实施智慧农业林业水利工程，推进物联网试验示范和遥感技术应用。

（二）实施质量兴农战略

制定和实施国家质量兴农战略规划，建立健全质量兴农评价体系、政策体系、工作体系和考核体系。深入推进农业绿色化、优质化、特色化、品牌化，调整优化农业生产力布局，推动农业由增产导向转向提质导向。推进特色农产品优势区创建，建设现代农业产业园、农业科技园。实施产业兴村强县行动，推行标准化生产，培育农产品品牌，保护地理标志农产品，打造一村一品、一县一业发展新格局。加快发展现代高效林业，实施兴林富民行动，推进森林生态标志产品建设工程。加强植物病虫害、动物疫病防控体系建设。优化养殖业空间布局，大力发展绿色生态健康养殖，做大做强民族奶业。统筹海洋渔业资源开发，科学布局近远海养殖和远洋渔业，建设现代化海洋牧场。建立产学研融合的农业科技创新联盟，加强农业绿色生态、提质增效技术研发应用。切实发挥农垦在质量兴农中的带动引领作用。实施食品安全战略，完善农产品质量和食品安全标准体系，加强农业投入品和农产品质量安全追溯体系建设，健全农产品质量和食品安全监管体制，重点提高基层监管能力。

（三）构建农村一二三产业融合发展体系

大力开发农业多种功能，延长产业链、提升价值链、完善利益链，通过保底分红、股份合作、利润返还等多种形式，让农民合理分享全产业链增值收益。实施农产品加工业提升行动，鼓励企业兼并重组，淘汰落后产能，支持主产区农产品就地加工转化增值。重点解决农产品销售中的突出问题，加强农产品产后分级、包装、营销，建设现代化农产品冷链仓储物流体系，打造农产品销售公共服务平台，支持供销、邮政及各类企业把服务网点延伸到乡村，健全农产品产销稳定衔接机制，大力建设具有广泛性的促进农村电子商务发展的基础设施，鼓励支持各类市场主体创新发展基于互联网的新型农业产业模式，深入实施电子商务进农村综合示范，加快推进农村流通现代化。实施休闲农业和乡村旅游精品工程，建设一批设施完备、功能多样的休闲观光园区、森林人家、康养基地、乡村民宿、特色小镇。对利用闲置农房发展民宿、养老等项目，研究出台消防、特种行业经营等领域便利市场准入、加强事中事后监管的管理办法。发展乡村共享经济、创意农业、特色文化产业。

（四）构建农业对外开放新格局

优化资源配置，着力节本增效，提高我国农产品国际竞争力。实施特色优势农产品出口提升行动，扩大高附加值农产品出口。建立健全我国农业贸易政策体系。深化与"一带一路"沿线国家和地区农产品贸易关系。积极支持农业走出去，培育具有国际竞争力的大粮商和农业企业集团。积极参与全球粮食安全治理和农业贸易规则制定，促进形成更加公平合理的农业国际贸易秩序。进一步加大农产品反走私综合治理力度。

（五）促进小农户和现代农业发展有机衔接

统筹兼顾培育新型农业经营主体和扶持小农户，采取有针对性的措施，把小农生产引入现代农业发展轨道。培育各类专业化市场化服务组织，推进农业生产全程社会化服务，帮助小农户节本增效。发展多样化的联合与合作，提升小农户组织化程度。注重发挥新型农业经营主体带动作用，打造区域公用品牌，开展农超对接、农社对接，帮助小农户对接市场。扶持小农户发展生态农业、设施农业、体验农业、定制农业，提高产品档次和附加值，拓展增收空间。改善小农户生产设施条件，提升小农户抗风险能力。研究制定扶持小农生产的政策意见。

四、推进乡村绿色发展，打造人与自然和谐共生发展新格局

乡村振兴，生态宜居是关键。良好生态环境是农村最大优势和宝贵财富。必须尊重自然、顺应自然、保护自然，推动乡村自然资本加快增值，实现百姓富、生态美的统一。

（一）统筹山水林田湖草系统治理

把山水林田湖草作为一个生命共同体，进行统一保护、统一修复。实施重要生态系统保护和修复工程。健全耕地草原森林河流湖泊休养生息制度，分类有序退出超载的边际产能。扩大耕地轮作休耕制度试点。科学划定江河湖海限捕、禁捕区域，健全水生生态保护修复制度。实行水资源消耗总量和强度双控行动。开展河湖水系连通和农村河塘清淤整治，全面推行河长制、湖长制。加大农业水价综合改革工作力度。开展国土绿化行动，推进荒漠化、石漠化、水土流失综合治理。强化湿地保护和恢复，继续开展退耕还湿。完善天然林保护制度，把所有天然林都纳入保护范围。扩大退耕还林还草、退牧还草，建立成果巩固长效机制。继续实施三北防护林体系建设等林业重点工程，实施森林质量精准提升工程。继续实施草原生态保护补助奖励政策。实施生物多样性保护重大工程，有效防范外来生物入侵。

（二）加强农村突出环境问题综合治理

加强农业面源污染防治，开展农业绿色发展行动，实现投入品减量化、生产清洁化、废弃物资源化、产业模式生态化。推进有机肥替代化肥、畜禽粪污处理、农作物秸秆综合利用、废弃农膜回收、病虫害绿色防控。加强农村水环境治理和农村饮用水水源保护，实施农村生态清洁小流域建设。扩大华北地下水超采区综合治理范围。推进重金属污染耕地防控和修复，开展土壤污染治理与修复技术应用试点，加大东北黑土地保护力度。实施流域环境和近岸海域综合治理。严禁工业和城镇污染向农业农村转移。加强农村环境监管能力建设，落实县乡两级农村环境保护主体责任。

（三）建立市场化多元化生态补偿机制

落实农业功能区制度，加大重点生态功能区转移支付力度，完善生态保护成效与资金分配挂钩的激励约束机制。鼓励地方在重点生态区位推行商品林赎买制度。健全地区间、流域上下游之间横向生态保护补偿机制，探索建立生态产品购买、森林碳汇等市场化补偿制度。建立长江流域重点水域禁捕补偿制度。推行生态建设和保护以工代赈做法，提供更多生态公益岗位。

(四) 增加农业生态产品和服务供给

正确处理开发与保护的关系，运用现代科技和管理手段，将乡村生态优势转化为发展生态经济的优势，提供更多更好的绿色生态产品和服务，促进生态和经济良性循环。加快发展森林草原旅游、河湖湿地观光、冰雪海上运动、野生动物驯养观赏等产业，积极开发观光农业、游憩休闲、健康养生、生态教育等服务。创建一批特色生态旅游示范村镇和精品线路，打造绿色生态环保的乡村生态旅游产业链。

五、繁荣兴盛农村文化，焕发乡风文明新气象

乡村振兴，乡风文明是保障。必须坚持物质文明和精神文明一起抓，提升农民精神风貌，培育文明乡风、良好家风、淳朴民风，不断提高乡村社会文明程度。

(一) 加强农村思想道德建设

以社会主义核心价值观为引领，坚持教育引导、实践养成、制度保障三管齐下，采取符合农村特点的有效方式，深化中国特色社会主义和中国梦宣传教育，大力弘扬民族精神和时代精神。加强爱国主义、集体主义、社会主义教育，深化民族团结进步教育，加强农村思想文化阵地建设。深入实施公民道德建设工程，挖掘农村传统道德教育资源，推进社会公德、职业道德、家庭美德、个人品德建设。推进诚信建设，强化农民的社会责任意识、规则意识、集体意识、主人翁意识。

(二) 传承发展提升农村优秀传统文化

立足乡村文明，吸取城市文明及外来文化优秀成果，在保护传承的基础上，创造性转化、创新性发展，不断赋予时代内涵、丰富表现形式。切实保护好优秀农耕文化遗产，推动优秀农耕文化遗产合理适度利用。深入挖掘农耕文化蕴含的优秀思想观念、人文精神、道德规范，充分发挥其在凝聚人心、教化群众、淳化民风中的重要作用。划定乡村建设的历史文化保护线，保护好文物古迹、传统村落、民族村寨、传统建筑、农业遗迹、灌溉工程遗产。支持农村地区优秀戏曲曲艺、少数民族文化、民间文化等传承发展。

（三）加强农村公共文化建设

按照有标准、有网络、有内容、有人才的要求，健全乡村公共文化服务体系。发挥县级公共文化机构辐射作用，推进基层综合性文化服务中心建设，实现乡村两级公共文化服务全覆盖，提升服务效能。深入推进文化惠民，公共文化资源要重点向乡村倾斜，提供更多更好的农村公共文化产品和服务。支持"三农"题材文艺创作生产，鼓励文艺工作者不断推出反映农民生产生活尤其是乡村振兴实践的优秀文艺作品，充分展示新时代农村农民的精神面貌。培育挖掘乡土文化本土人才，开展文化结对帮扶，引导社会各界人士投身乡村文化建设。活跃繁荣农村文化市场，丰富农村文化业态，加强农村文化市场监管。

（四）开展移风易俗行动

广泛开展文明村镇、星级文明户、文明家庭等群众性精神文明创建活动。遏制大操大办、厚葬薄养、人情攀比等陈规陋习。加强无神论宣传教育，丰富农民群众精神文化生活，抵制封建迷信活动。深化农村殡葬改革。加强农村科普工作，提高农民科学文化素养。

六、加强农村基层基础工作，构建乡村治理新体系

乡村振兴，治理有效是基础。必须把夯实基层基础作为固本之策，建立健全党委领导、政府负责、社会协同、公众参与、法治保障的现代乡村社会治理体制，坚持自治、法治、德治相结合，确保乡村社会充满活力、和谐有序。

（一）加强农村基层党组织建设

扎实推进抓党建促乡村振兴，突出政治功能，提升组织力，抓乡促村，把农村基层党组织建成坚强战斗堡垒。强化农村基层党组织领导核心地位，创新组织设置和活动方式，持续整顿软弱涣散村党组织，稳妥有序开展不合格党员处置工作，着力引导农村党员发挥先锋模范作用。建立选派第一书记工作长效机制，全面向贫困村、软弱涣散村和集体经济薄弱村党组织派出第一书记。实施农村带头人队伍整体优化提升行动，注重吸引高校毕业生、农民工、机关企事业单位优秀党员干部到村任职，选优配强

村党组织书记。健全从优秀村党组织书记中选拔乡镇领导干部、考录乡镇机关公务员、招聘乡镇事业编制人员制度。加大在优秀青年农民中发展党员力度。建立农村党员定期培训制度。全面落实村级组织运转经费保障政策。推行村级小微权力清单制度，加大基层小微权力腐败惩处力度。严厉整治惠农补贴、集体资产管理、土地征收等领域侵害农民利益的不正之风和腐败问题。

（二）深化村民自治实践

坚持自治为基，加强农村群众性自治组织建设，健全和创新村党组织领导的充满活力的村民自治机制。推动村党组织书记通过选举担任村委会主任。发挥自治章程、村规民约的积极作用。全面建立健全村务监督委员会，推行村级事务阳光工程。依托村民会议、村民代表会议、村民议事会、村民理事会、村民监事会等，形成民事民议、民事民办、民事民管的多层次基层协商格局。积极发挥新乡贤作用。推动乡村治理重心下移，尽可能把资源、服务、管理下放到基层。继续开展以村民小组或自然村为基本单元的村民自治试点工作。加强农村社区治理创新。创新基层管理体制机制，整合优化公共服务和行政审批职责，打造"一门式办理""一站式服务"的综合服务平台。在村庄普遍建立网上服务站点，逐步形成完善的乡村便民服务体系。大力培育服务性、公益性、互助性农村社会组织，积极发展农村社会工作和志愿服务。集中清理上级对村级组织考核评比多、创建达标多、检查督查多等突出问题。维护村民委员会、农村集体经济组织、农村合作经济组织的特别法人地位和权利。

（三）建设法治乡村

坚持法治为本，树立依法治理理念，强化法律在维护农民权益、规范市场运行、农业支持保护、生态环境治理、化解农村社会矛盾等方面的权威地位。增强基层干部法治观念、法治为民意识，将政府涉农各项工作纳入法治化轨道。深入推进综合行政执法改革向基层延伸，创新监管方式，推动执法队伍整合、执法力量下沉，提高执法能力和水平。建立健全乡村调解、县市仲裁、司法保障的农村土地承包经营纠纷调处机制。加大农村普法力度，提高农民法治素养，引导广大农民增强尊法学法守法用法意识。健全农村公共法律服务体系，加强对农民的法律援助和司法救助。

（四）提升乡村德治水平

深入挖掘乡村熟人社会蕴含的道德规范，结合时代要求进行创新，强化道德教化作用，引导农民向上向善、孝老爱亲、重义守信、勤俭持家。建立道德激励约束机制，引导农民自我管理、自我教育、自我服务、自我提高，实现家庭和睦、邻里和谐、干群融洽。广泛开展好媳妇、好儿女、好公婆等评选表彰活动，开展寻找最美乡村教师、医生、村干部、家庭等活动。深入宣传道德模范、身边好人的典型事迹，弘扬真善美，传播正能量。

（五）建设平安乡村

健全落实社会治安综合治理领导责任制，大力推进农村社会治安防控体系建设，推动社会治安防控力量下沉。深入开展扫黑除恶专项斗争，严厉打击农村黑恶势力、宗族恶势力，严厉打击黄赌毒盗拐骗等违法犯罪。依法加大对农村非法宗教活动和境外渗透活动打击力度，依法制止利用宗教干预农村公共事务，继续整治农村乱建庙宇、滥塑宗教造像。完善县乡村三级综治中心功能和运行机制。健全农村公共安全体系，持续开展农村安全隐患治理。加强农村警务、消防、安全生产工作，坚决遏制重特大安全事故。探索以网格化管理为抓手、以现代信息技术为支撑，实现基层服务和管理精细化精准化。推进农村"雪亮工程"建设。

七、提高农村民生保障水平，塑造美丽乡村新风貌

乡村振兴，生活富裕是根本。要坚持人人尽责、人人享有，按照抓重点、补短板、强弱项的要求，围绕农民群众最关心最直接最现实的利益问题，一件事情接着一件事情办，一年接着一年干，把乡村建设成为幸福美丽新家园。

（一）优先发展农村教育事业

高度重视发展农村义务教育，推动建立以城带乡、整体推进、城乡一体、均衡发展的义务教育发展机制。全面改善薄弱学校基本办学条件，加强寄宿制学校建设。实施农村义务教育学生营养改善计划。发展农村学前

教育。推进农村普及高中阶段教育，支持教育基础薄弱县普通高中建设，加强职业教育，逐步分类推进中等职业教育免除学杂费。健全学生资助制度，使绝大多数农村新增劳动力接受高中阶段教育、更多接受高等教育。把农村需要的人群纳入特殊教育体系。以市县为单位，推动优质学校辐射农村薄弱学校常态化。统筹配置城乡师资，并向乡村倾斜，建好建强乡村教师队伍。

（二）促进农村劳动力转移就业和农民增收

健全覆盖城乡的公共就业服务体系，大规模开展职业技能培训，促进农民工多渠道转移就业，提高就业质量。深化户籍制度改革，促进有条件、有意愿、在城镇有稳定就业和住所的农业转移人口在城镇有序落户，依法平等享受城镇公共服务。加强扶持引导服务，实施乡村就业创业促进行动，大力发展文化、科技、旅游、生态等乡村特色产业，振兴传统工艺。培育一批家庭工场、手工作坊、乡村车间，鼓励在乡村地区兴办环境友好型企业，实现乡村经济多元化，提供更多就业岗位。拓宽农民增收渠道，鼓励农民勤劳守法致富，增加农村低收入者收入，扩大农村中等收入群体，保持农村居民收入增速快于城镇居民。

（三）推动农村基础设施提档升级

继续把基础设施建设重点放在农村，加快农村公路、供水、供气、环保、电网、物流、信息、广播电视等基础设施建设，推动城乡基础设施互联互通。以示范县为载体，全面推进"四好农村路"建设，加快实施通村组硬化路建设。加大成品油消费税转移支付资金用于农村公路养护力度。推进节水供水重大水利工程，实施农村饮水安全巩固提升工程。加快新一轮农村电网改造升级，制定农村通动力电规划，推进农村可再生能源开发利用。实施数字乡村战略，做好整体规划设计，加快农村地区宽带网络和第四代移动通信网络覆盖步伐，开发适应"三农"特点的信息技术、产品、应用和服务，推动远程医疗、远程教育等应用普及，弥合城乡数字鸿沟。提升气象为农服务能力。加强农村防灾减灾救灾能力建设。抓紧研究提出深化农村公共基础设施管护体制改革指导意见。

(四) 加强农村社会保障体系建设

完善统一的城乡居民基本医疗保险制度和大病保险制度,做好农民重特大疾病救助工作。巩固城乡居民医保全国异地就医联网直接结算。完善城乡居民基本养老保险制度,建立城乡居民基本养老保险待遇确定和基础养老金标准正常调整机制。统筹城乡社会救助体系,完善最低生活保障制度,做好农村社会救助兜底工作。将进城落户农业转移人口全部纳入城镇住房保障体系。构建多层次农村养老保障体系,创新多元化照料服务模式。健全农村留守儿童和妇女、老年人以及困境儿童关爱服务体系。加强和改善农村残疾人服务。

(五) 推进健康乡村建设

强化农村公共卫生服务,加强慢性病综合防控,大力推进农村地区精神卫生、职业病和重大传染病防治。完善基本公共卫生服务项目补助政策,加强基层医疗卫生服务体系建设,支持乡镇卫生院和村卫生室改善条件。加强乡村中医药服务。开展和规范家庭医生签约服务,加强妇幼、老人、残疾人等重点人群健康服务。倡导优生优育。深入开展乡村爱国卫生运动。

(六) 持续改善农村人居环境

实施农村人居环境整治三年行动计划,以农村垃圾、污水治理和村容村貌提升为主攻方向,整合各种资源,强化各种举措,稳步有序推进农村人居环境突出问题治理。坚持不懈推进农村"厕所革命",大力开展农村户用卫生厕所建设和改造,同步实施粪污治理,加快实现农村无害化卫生厕所全覆盖,努力补齐影响农民群众生活品质的短板。总结推广适用不同地区的农村污水治理模式,加强技术支撑和指导。深入推进农村环境综合整治。推进北方地区农村散煤替代,有条件的地方有序推进煤改气、煤改电和新能源利用。逐步建立农村低收入群体安全住房保障机制。强化新建农房规划管控,加强"空心村"服务管理和改造。保护保留乡村风貌,开展田园建筑示范,培养乡村传统建筑名匠。实施乡村绿化行动,全面保护古树名木。持续推进宜居宜业的美丽乡村建设。

八、打好精准脱贫攻坚战,增强贫困群众获得感

乡村振兴,摆脱贫困是前提。必须坚持精准扶贫、精准脱贫,把提高脱贫质量放在首位,既不降低扶贫标准,也不吊高胃口,采取更加有力的举措、更加集中的支持、更加精细的工作,坚决打好精准脱贫这场对全面建成小康社会具有决定性意义的攻坚战。

(一)瞄准贫困人口精准帮扶

对有劳动能力的贫困人口,强化产业和就业扶持,着力做好产销衔接、劳务对接,实现稳定脱贫。有序推进易地扶贫搬迁,让搬迁群众搬得出、稳得住、能致富。对完全或部分丧失劳动能力的特殊贫困人口,综合实施保障性扶贫政策,确保病有所医、残有所助、生活有兜底。做好农村最低生活保障工作的动态化精细化管理,把符合条件的贫困人口全部纳入保障范围。

(二)聚焦深度贫困地区集中发力

全面改善贫困地区生产生活条件,确保实现贫困地区基本公共服务主要指标接近全国平均水平。以解决突出制约问题为重点,以重大扶贫工程和到村到户帮扶为抓手,加大政策倾斜和扶贫资金整合力度,着力改善深度贫困地区发展条件,增强贫困农户发展能力,重点攻克深度贫困地区脱贫任务。新增脱贫攻坚资金项目主要投向深度贫困地区,增加金融投入对深度贫困地区的支持,新增建设用地指标优先保障深度贫困地区发展用地需要。

(三)激发贫困人口内生动力

把扶贫同扶志、扶智结合起来,把救急纾困和内生脱贫结合起来,提升贫困群众发展生产和务工经商的基本技能,实现可持续稳固脱贫。引导贫困群众克服等靠要思想,逐步消除精神贫困。要打破贫困均衡,促进形成自强自立、争先脱贫的精神风貌。改进帮扶方式方法,更多采用生产奖补、劳务补助、以工代赈等机制,推动贫困群众通过自己的辛勤劳动脱贫致富。

（四）强化脱贫攻坚责任和监督

坚持中央统筹省负总责市县抓落实的工作机制，强化党政一把手负总责的责任制。强化县级党委作为全县脱贫攻坚总指挥部的关键作用，脱贫攻坚期内贫困县县级党政正职要保持稳定。开展扶贫领域腐败和作风问题专项治理，切实加强扶贫资金管理，对挪用和贪污扶贫款项的行为严惩不贷。将2018年作为脱贫攻坚作风建设年，集中力量解决突出作风问题。科学确定脱贫摘帽时间，对弄虚作假、搞数字脱贫的严肃查处。完善扶贫督查巡查、考核评估办法，除党中央、国务院统一部署外，各部门一律不准再组织其他检查考评。严格控制各地开展增加一线扶贫干部负担的各类检查考评，切实给基层减轻工作负担。关心爱护战斗在扶贫第一线的基层干部，制定激励政策，为他们工作生活排忧解难，保护和调动他们的工作积极性。做好实施乡村振兴战略与打好精准脱贫攻坚战的有机衔接。制定坚决打好精准脱贫攻坚战三年行动指导意见。研究提出持续减贫的意见。

九、推进体制机制创新，强化乡村振兴制度性供给

实施乡村振兴战略，必须把制度建设贯穿其中。要以完善产权制度和要素市场化配置为重点，激活主体、激活要素、激活市场，着力增强改革的系统性、整体性、协同性。

（一）巩固和完善农村基本经营制度

落实农村土地承包关系稳定并长久不变政策，衔接落实好第二轮土地承包到期后再延长30年的政策，让农民吃上长效"定心丸"。全面完成土地承包经营权确权登记颁证工作，实现承包土地信息联通共享。完善农村承包地"三权分置"制度，在依法保护集体土地所有权和农户承包权前提下，平等保护土地经营权。农村承包土地经营权可以依法向金融机构融资担保、入股从事农业产业化经营。实施新型农业经营主体培育工程，培育发展家庭农场、合作社、龙头企业、社会化服务组织和农业产业化联合体，发展多种形式适度规模经营。

（二）深化农村土地制度改革

系统总结农村土地征收、集体经营性建设用地入市、宅基地制度改革

试点经验，逐步扩大试点，加快土地管理法修改，完善农村土地利用管理政策体系。扎实推进房地一体的农村集体建设用地和宅基地使用权确权登记颁证。完善农民闲置宅基地和闲置农房政策，探索宅基地所有权、资格权、使用权"三权分置"，落实宅基地集体所有权，保障宅基地农户资格权和农民房屋财产权，适度放活宅基地和农民房屋使用权，不得违规违法买卖宅基地，严格实行土地用途管制，严格禁止下乡利用农村宅基地建设别墅大院和私人会馆。在符合土地利用总体规划前提下，允许县级政府通过村土地利用规划，调整优化村庄用地布局，有效利用农村零星分散的存量建设用地；预留部分规划建设用地指标用于单独选址的农业设施和休闲旅游设施等建设。对利用收储农村闲置建设用地发展农村新产业新业态的，给予新增建设用地指标奖励。进一步完善设施农用地政策。

（三）深入推进农村集体产权制度改革

全面开展农村集体资产清产核资、集体成员身份确认，加快推进集体经营性资产股份合作制改革。推动资源变资产、资金变股金、农民变股东，探索农村集体经济新的实现形式和运行机制。坚持农村集体产权制度改革正确方向，发挥村党组织对集体经济组织的领导核心作用，防止内部少数人控制和外部资本侵占集体资产。维护进城落户农民土地承包权、宅基地使用权、集体收益分配权，引导进城落户农民依法自愿有偿转让上述权益。研究制定农村集体经济组织法，充实农村集体产权权能。全面深化供销合作社综合改革，深入推进集体林权、水利设施产权等领域改革，做好农村综合改革、农村改革试验区等工作。

（四）完善农业支持保护制度

以提升农业质量效益和竞争力为目标，强化绿色生态导向，创新完善政策工具和手段，扩大"绿箱"政策的实施范围和规模，加快建立新型农业支持保护政策体系。深化农产品收储制度和价格形成机制改革，加快培育多元市场购销主体，改革完善中央储备粮管理体制。通过完善拍卖机制、定向销售、包干销售等，加快消化政策性粮食库存。落实和完善对农民直接补贴制度，提高补贴效能。健全粮食主产区利益补偿机制。探索开展稻谷、小麦、玉米三大粮食作物完全成本保险和收入保险试点，加快建立多层次农业保险体系。

十、汇聚全社会力量，强化乡村振兴人才支撑

实施乡村振兴战略，必须破解人才瓶颈制约。要把人力资本开发放在首要位置，畅通智力、技术、管理下乡通道，造就更多乡土人才，聚天下人才而用之。

（一）大力培育新型职业农民

全面建立职业农民制度，完善配套政策体系。实施新型职业农民培育工程。支持新型职业农民通过弹性学制参加中高等农业职业教育。创新培训机制，支持农民专业合作社、专业技术协会、龙头企业等主体承担培训。引导符合条件的新型职业农民参加城镇职工养老、医疗等社会保障制度。鼓励各地开展职业农民职称评定试点。

（二）加强农村专业人才队伍建设

建立县域专业人才统筹使用制度，提高农村专业人才服务保障能力。推动人才管理职能部门简政放权，保障和落实基层用人主体自主权。推行乡村教师"县管校聘"。实施好边远贫困地区、边疆民族地区和革命老区人才支持计划，继续实施"三支一扶"、特岗教师计划等，组织实施高校毕业生基层成长计划。支持地方高等学校、职业院校综合利用教育培训资源，灵活设置专业（方向），创新人才培养模式，为乡村振兴培养专业化人才。扶持培养一批农业职业经理人、经纪人、乡村工匠、文化能人、非遗传承人等。

（三）发挥科技人才支撑作用

全面建立高等院校、科研院所等事业单位专业技术人员到乡村和企业挂职、兼职和离岗创新创业制度，保障其在职称评定、工资福利、社会保障等方面的权益。深入实施农业科研杰出人才计划和杰出青年农业科学家项目。健全种业等领域科研人员以知识产权明晰为基础、以知识价值为导向的分配政策。探索公益性和经营性农技推广融合发展机制，允许农技人员通过提供增值服务合理取酬。全面实施农技推广服务特聘计划。

(四) 鼓励社会各界投身乡村建设

建立有效激励机制，以乡情乡愁为纽带，吸引支持企业家、党政干部、专家学者、医生教师、规划师、建筑师、律师、技能人才等，通过下乡担任志愿者、投资兴业、包村包项目、行医办学、捐资捐物、法律服务等方式服务乡村振兴事业。研究制定管理办法，允许符合要求的公职人员回乡任职。吸引更多人才投身现代农业，培养造就新农民。加快制定鼓励引导工商资本参与乡村振兴的指导意见，落实和完善融资贷款、配套设施建设补助、税费减免、用地等扶持政策，明确政策边界，保护好农民利益。发挥工会、共青团、妇联、科协、残联等群团组织的优势和力量，发挥各民主党派、工商联、无党派人士等积极作用，支持农村产业发展、生态环境保护、乡风文明建设、农村弱势群体关爱等。实施乡村振兴"巾帼行动"。加强对下乡组织和人员的管理服务，使之成为乡村振兴的建设性力量。

(五) 创新乡村人才培育引进使用机制

建立自主培养与人才引进相结合，学历教育、技能培训、实践锻炼等多种方式并举的人力资源开发机制。建立城乡、区域、校地之间人才培养合作与交流机制。全面建立城市医生教师、科技文化人员等定期服务乡村机制。研究制定鼓励城市专业人才参与乡村振兴的政策。

十一、开拓投融资渠道，强化乡村振兴投入保障

实施乡村振兴战略，必须解决钱从哪里来的问题。要健全投入保障制度，创新投融资机制，加快形成财政优先保障、金融重点倾斜、社会积极参与的多元投入格局，确保投入力度不断增强、总量持续增加。

(一) 确保财政投入持续增长

建立健全实施乡村振兴战略财政投入保障制度，公共财政更大力度向"三农"倾斜，确保财政投入与乡村振兴目标任务相适应。优化财政供给结构，推进行业内资金整合与行业间资金统筹相互衔接配合，增加地方自主统筹空间，加快建立涉农资金统筹整合长效机制。充分发挥财政资金的引导作用，撬动金融和社会资本更多投向乡村振兴。切实发挥全国农业信贷担保体系作用，通过财政担保费率补助和以奖代补等，加大对新型农业

经营主体支持力度。加快设立国家融资担保基金，强化担保融资增信功能，引导更多金融资源支持乡村振兴。支持地方政府发行一般债券用于支持乡村振兴、脱贫攻坚领域的公益性项目。稳步推进地方政府专项债券管理改革，鼓励地方政府试点发行项目融资和收益自平衡的专项债券，支持符合条件、有一定收益的乡村公益性项目建设。规范地方政府举债融资行为，不得借乡村振兴之名违法违规变相举债。

（二）拓宽资金筹集渠道

调整完善土地出让收入使用范围，进一步提高农业农村投入比例。严格控制未利用地开垦，集中力量推进高标准农田建设。改进耕地占补平衡管理办法，建立高标准农田建设等新增耕地指标和城乡建设用地增减挂钩节余指标跨省域调剂机制，将所得收益通过支出预算全部用于巩固脱贫攻坚成果和支持实施乡村振兴战略。推广一事一议、以奖代补等方式，鼓励农民对直接受益的乡村基础设施建设投工投劳，让农民更多参与建设管护。

（三）提高金融服务水平

坚持农村金融改革发展的正确方向，健全适合农业农村特点的农村金融体系，推动农村金融机构回归本源，把更多金融资源配置到农村经济社会发展的重点领域和薄弱环节，更好满足乡村振兴多样化金融需求。要强化金融服务方式创新，防止脱实向虚倾向，严格管控风险，提高金融服务乡村振兴能力和水平。抓紧出台金融服务乡村振兴的指导意见。加大中国农业银行、中国邮政储蓄银行"三农"金融事业部对乡村振兴支持力度。明确国家开发银行、中国农业发展银行在乡村振兴中的职责定位，强化金融服务方式创新，加大对乡村振兴中长期信贷支持。推动农村信用社省联社改革，保持农村信用社县域法人地位和数量总体稳定，完善村镇银行准入条件，地方法人金融机构要服务好乡村振兴。普惠金融重点要放在乡村。推动出台非存款类放贷组织条例。制定金融机构服务乡村振兴考核评估办法。支持符合条件的涉农企业发行上市、新三板挂牌和融资、并购重组，深入推进农产品期货期权市场建设，稳步扩大"保险+期货"试点，探索"订单农业+保险+期货（权）"试点。改进农村金融差异化监管体系，强化地方政府金融风险防范处置责任。

十二、坚持和完善党对"三农"工作的领导

实施乡村振兴战略是党和国家的重大决策部署，各级党委和政府要提高对实施乡村振兴战略重大意义的认识，真正把实施乡村振兴战略摆在优先位置，把党管农村工作的要求落到实处。

（一）完善党的农村工作领导体制机制

各级党委和政府要坚持工业农业一起抓、城市农村一起抓，把农业农村优先发展原则体现到各个方面。健全党委统一领导、政府负责、党委农村工作部门统筹协调的农村工作领导体制。建立实施乡村振兴战略领导责任制，实行中央统筹省负总责市县抓落实的工作机制。党政一把手是第一责任人，五级书记抓乡村振兴。县委书记要下大气力抓好"三农"工作，当好乡村振兴"一线总指挥"。各部门要按照职责，加强工作指导，强化资源要素支持和制度供给，做好协同配合，形成乡村振兴工作合力。切实加强各级党委农村工作部门建设，按照《中国共产党工作机关条例（试行）》有关规定，做好党的农村工作机构设置和人员配置工作，充分发挥决策参谋、统筹协调、政策指导、推动落实、督导检查等职能。各省（自治区、直辖市）党委和政府每年要向党中央、国务院报告推进实施乡村振兴战略进展情况。建立市县党政领导班子和领导干部推进乡村振兴战略的实绩考核制度，将考核结果作为选拔任用领导干部的重要依据。

（二）研究制定中国共产党农村工作条例

根据坚持党对一切工作的领导的要求和新时代"三农"工作新形势新任务新要求，研究制定中国共产党农村工作条例，把党领导农村工作的传统、要求、政策等以党内的法规形式确定下来，明确加强对农村工作领导的指导思想、原则要求、工作范围和对象、主要任务、机构职责、队伍建设等，完善领导体制和工作机制，确保乡村振兴战略有效实施。

（三）加强"三农"工作队伍建设

把懂农业、爱农村、爱农民作为基本要求，加强"三农"工作干部队伍培养、配备、管理、使用。各级党委和政府主要领导干部要懂"三农"工作、会抓"三农"工作，分管领导要真正成为"三农"工作行家里手。

制定并实施培训计划，全面提升"三农"干部队伍能力和水平。拓宽县级"三农"工作部门和乡镇干部来源渠道。把到农村一线工作锻炼作为培养干部的重要途径，注重提拔使用实绩优秀的干部，形成人才向农村基层一线流动的用人导向。

（四）强化乡村振兴规划引领

制定国家乡村振兴战略规划（2018—2022年），分别明确至2020年全面建成小康社会和2022年召开党的二十大时的目标任务，细化实化工作重点和政策措施，部署若干重大工程、重大计划、重大行动。各地区各部门要编制乡村振兴地方规划和专项规划或方案。加强各类规划的统筹管理和系统衔接，形成城乡融合、区域一体、多规合一的规划体系。根据发展现状和需要分类有序推进乡村振兴，对具备条件的村庄，要加快推进城镇基础设施和公共服务向农村延伸；对自然历史文化资源丰富的村庄，要统筹兼顾保护与发展；对生存条件恶劣、生态环境脆弱的村庄，要加大力度实施生态移民搬迁。

（五）强化乡村振兴法治保障

抓紧研究制定乡村振兴法的有关工作，把行之有效的乡村振兴政策法定化，充分发挥立法在乡村振兴中的保障和推动作用。及时修改和废止不适应的法律法规。推进粮食安全保障立法。各地可以从本地乡村发展实际需要出发，制定促进乡村振兴的地方性法规、地方政府规章。加强乡村统计工作和数据开发应用。

（六）营造乡村振兴良好氛围

凝聚全党全国全社会振兴乡村强大合力，宣传党的乡村振兴方针政策和各地丰富实践，振奋基层干部群众精神。建立乡村振兴专家决策咨询制度，组织智库加强理论研究。促进乡村振兴国际交流合作，讲好乡村振兴中国故事，为世界贡献中国智慧和中国方案。

让我们更加紧密地团结在以习近平同志为核心的党中央周围，高举中国特色社会主义伟大旗帜，以习近平新时代中国特色社会主义思想为指导，迎难而上、埋头苦干、开拓进取，为决胜全面建成小康社会、夺取新时代中国特色社会主义伟大胜利作出新的贡献！

国务院办公厅关于印发农村公路管理养护体制改革方案的通知

(2005年9月29日 国办发〔2005〕49号)

各省、自治区、直辖市人民政府，国务院各部委、各直属机构：

《农村公路管理养护体制改革方案》已经国务院同意，现印发给你们，请认真贯彻执行。

农村公路管理养护体制改革方案

农村公路（包括县道、乡道和村道，下同）是全国公路网的有机组成部分，是农村重要的公益性基础设施。改革开放以来，我国农村公路快速发展，但管理、养护滞后的问题十分突出：管理养护主体不明确、责任不落实，养护资金缺少稳定渠道、投入严重不足，养护机制缺乏活力、养护质量不高等，直接影响农村公路正常使用、行车安全和长远发展。为加强农村公路的管理和养护，确保公路完好畅通，更好地为农村经济社会发展服务，现就改革农村公路管理养护体制提出以下方案：

一、改革的指导思想和目标

农村公路管理养护体制改革的指导思想是：以"三个代表"重要思想为指导，全面贯彻落实科学发展观，按照加强政府公共服务职能的要求，坚持农村公路建设、管理、养护并重的原则，明确各级政府对农村公路管理养护的责任，强化各级交通主管部门的管理养护职能，建立健全以政府投入为主的稳定的养护资金渠道，加快公路养护市场化进程，促进农村公路持续健康发展。

农村公路管理养护体制改革的目标是：力争用三年左右的时间，基本建立符合我国农村实际和社会主义市场经济要求的农村公路管理养护体制和运行机制，保障农村公路的日常养护和正常使用，实现农村公路管理养护的正常化和规范化。

二、明确职责，建立健全以县为主的农村公路管理养护体制

农村公路原则上以县级人民政府为主，负责管理养护工作，省级人民政府主要负责组织筹集农村公路养护资金，监督农村公路管理养护工作。各省、自治区、直辖市人民政府可结合当地实际，对有关地方政府及其交通主管部门管理养护农村公路的具体职责作出规定。

（一）省级人民政府交通主管部门负责制订本地区农村公路建设规划，编制下达农村公路养护计划，监督检查养护计划执行情况和养护质量，统筹安排和监管农村公路养护资金，指导、监督农村公路管理工作。

（二）县级人民政府是本地区农村公路管理养护的责任主体，其交通主管部门具体负责管理养护工作。主要职责是：负责组织实施农村公路建设规划，编制农村公路养护建议性计划，筹集和管理农村公路养护资金，监督公路管理机构的管理养护工作，检查养护质量，组织协调乡镇人民政府做好农村公路及其设施的保护工作。

（三）县级人民政府交通主管部门所属的公路管理机构具体承担农村公路的日常管理和养护工作，拟订公路养护建议计划并按照批准的计划组织实施，组织养护工程的招投标和发包工作，对养护质量进行检查验收，负责公路路政管理和路权路产保护。县级人民政府交通主管部门没有设立专门的公路管理机构的，可委托省级或市级公路管理机构的派出（直属）机构承担具体管理工作，不宜另设机构。

（四）乡镇人民政府有关农村公路管理、养护、保护以及养护资金筹措等方面的具体职责，由县级人民政府结合当地实际确定。经济条件比较好的乡镇要积极投入力量，共同做好农村公路管理养护工作。

三、建立稳定的农村公路养护资金渠道，加强资金使用管理

（一）公路养路费（包括汽车养路费、拖拉机养路费和摩托车养路费）应主要用于公路养护，首先保证公路达到规定的养护质量标准，并确

保一定比例用于农村公路养护,如有节余,再安排公路建设。具体按以下原则掌握:

一是公路养路费总收入(扣除合理的征收成本及交警费用)用于公路养护(含大中修、小修保养及其他管理养护)的资金比例不得低于80%。要采取有效措施降低人员经费支出,缓解公路养护资金紧张状况。

二是省级人民政府交通主管部门每年在统筹安排汽车养路费时,用于农村公路养护工程的资金水平不得低于以下标准:县道每年每公里7000元,乡道每年每公里3500元,村道每年每公里1000元。目前实际高于上述标准的,要维持现标准,不得降低。市、县交通主管部门征收的拖拉机养路费、摩托车养路费实行收支两条线管理,原则上全部用于农村公路养护,由省级人民政府交通主管部门核定用于农村公路养护的基数。

(二)地方各级人民政府应根据农村公路养护的实际需要,统筹本级财政预算,安排必要的财政资金,保证农村公路正常养护。对一些特殊困难地区,中央财政要加大转移支付力度,增强这些地区的财政保障能力。随着农村公路里程的增加和地方财力的增长,用于农村公路养护的财政资金要逐步增加。

(三)加强农村公路养护资金的管理和监督。农村公路养护资金统一由省级人民政府交通主管部门根据农村公路养护计划,综合平衡,统筹安排,专款专用。除市、县两级财政资金和拖拉机养路费、摩托车养路费外,其余资金全部由省级人民政府交通主管部门根据农村公路养护计划拨付县级人民政府交通主管部门;市、县两级财政资金由相应的财政部门拨付县级人民政府交通主管部门;农村公路养护资金纳入国库集中支付改革范围的,按照国库集中支付的有关规定办理。县级农村公路养护专项资金由县级人民政府交通主管部门按养护计划用于辖区内农村公路的养护,接受财政部门的监管。审计部门要定期对农村公路养护资金使用情况进行审计。

四、实行管养分离,推进公路养护市场化

(一)在对公路管理机构科学定岗和核定管理人员的基础上,逐步剥

离各级交通主管部门及其公路管理机构中的养护工程单位，将直接从事大中修等养护工程的人员和相关资产进行重组，成立公路养护公司，通过招投标方式获得公路养护权。公路养护公司实行自负盈亏，与职工依法签订劳动合同，按企业用工制度进行管理。

（二）所有等级公路的大中修等养护工程向社会开放，逐步采取向社会公开招投标的方式，择优选定养护作业单位，鼓励具备资质条件的公路养护公司跨地区参与公路养护工程竞争。逐步取消养护包干费，全面实行养护工程费制度，养护工程费由公路管理机构按照养护定额和养护工程量核定，依照养护合同拨付，充分发挥资金使用效益。对等级较低、自然条件特殊等难以通过市场化运作进行养护作业的农村公路，可实行干线支线搭配，建设、改造和养护一体化招标，也可以采取个人（农户）分段承包等方式进行养护。

五、完善配套措施，确保改革平稳进行

（一）抓紧制订和完善农村公路养护技术政策、技术规范和养护管理办法。交通部要针对农村公路管理养护的特点和规律，研究制订指导性意见。省级人民政府交通主管部门要对本地区农村公路养护成本进行测算，建立公路养护数据库，制订符合本地实际的农村公路管理养护制度、技术规范、养护定额、质量评定标准和验收标准。市、县交通主管部门也要建立相应的数据库，制订具体的管理制度和办法。

（二）加强组织领导和政策指导。各省、自治区、直辖市人民政府要加强对本地区农村公路管理养护体制改革工作的领导，按照改革的总体要求和基本原则，紧密结合当地实际，制订具体的实施方案，并报交通部、发展改革委备案。交通部、发展改革委要加强对各地改革工作的指导，地方各级交通主管部门和公路管理机构要认真组织落实改革方案，并做好职工的思想政治工作，确保改革的顺利进行。

国务院办公厅关于创新农村基础设施投融资体制机制的指导意见

(2017年2月6日　国办发〔2017〕17号)

各省、自治区、直辖市人民政府，国务院各部委、各直属机构：

农村基础设施是社会主义新农村建设的重要内容，是农村经济社会发展的重要支撑。近年来，我国农村道路、供水、污水垃圾处理、供电、电信等基础设施建设步伐不断加快，生产生活条件逐步改善，但由于历史欠账较多、资金投入不足、融资渠道不畅等原因，农村基础设施总体上仍比较薄弱，与全面建成小康社会的要求还有较大差距。为创新农村基础设施投融资体制机制，加快农村基础设施建设步伐，经国务院同意，现提出以下意见。

一、总体要求

(一) 指导思想

全面贯彻党的十八大和十八届三中、四中、五中、六中全会精神，深入贯彻习近平总书记系列重要讲话精神和治国理政新理念新思想新战略，认真落实党中央、国务院决策部署，统筹推进"五位一体"总体布局和协调推进"四个全面"战略布局，牢固树立和贯彻落实创新、协调、绿色、开放、共享的发展理念，以加快补齐农村基础设施短板、推进城乡发展一体化为目标，以创新投融资体制机制为突破口，明确各级政府事权和投入责任，拓宽投融资渠道，优化投融资模式，加大建设投入，完善管护机制，全面提高农村基础设施建设和管理水平。

(二) 基本原则

政府主导、社会参与。明确农村基础设施的公共产品定位，强化政府投入和主导责任，加强城乡基础设施统筹规划，加大政策支持力度。破除体制机制障碍，引导和鼓励社会资本投向农村基础设施领域，提高建设和管护市场化、专业化程度。

农民受益、民主决策。发挥农民作为农村基础设施直接受益主体的作用，引导农民和农村集体经济组织积极参与项目建设和管理，推动决策民主化，保障农民知情权、参与权和监督权。

因地制宜、分类施策。充分发挥地方政府和投资主体的积极性，探索适合不同地区、不同基础设施特点的投融资机制。兼顾公平与效率，实施差别化投融资政策，加大对贫困地区的支持力度。

建管并重、统筹推进。坚持先建机制、后建工程，合理确定农村基础设施投融资模式和运行方式。推进投融资体制机制创新与建设管护机制创新、农村集体产权制度改革等有机结合，实现可持续发展。

（三）主要目标

到2020年，主体多元、充满活力的投融资体制基本形成，市场运作、专业高效的建管机制逐步建立，城乡基础设施建设管理一体化水平明显提高，农村基础设施条件明显改善，美丽宜居乡村建设取得明显进展，广大农民共享改革发展成果的获得感进一步增强。

二、构建多元化投融资新格局，健全投入长效机制

（四）健全分级分类投入体制

明确各级政府事权和投入责任，构建事权清晰、权责一致、中央支持、省级统筹、县级负责的农村基础设施投入体系。对农村道路等没有收益的基础设施，建设投入以政府为主，鼓励社会资本和农民参与。对农村供水、污水垃圾处理等有一定收益的基础设施，建设投入以政府和社会资本为主，积极引导农民投入。对农村供电、电信等以经营性为主的基础设施，建设投入以企业为主，政府对贫困地区和重点区域给予补助（国家发展改革委、财政部牵头负责）。

（五）完善财政投入稳定增长机制

优先保障财政对农业农村的投入，相应支出列入各级财政预算，坚持

把农业农村作为国家固定资产投资的重点领域，确保力度不减弱、总量有增加。统筹政府土地出让收益等各类资金，支持农村基础设施建设。支持地方政府以规划为依据，整合不同渠道下达但建设内容相近的资金，形成合力（财政部、国家发展改革委牵头负责）。

（六）创新政府投资支持方式

发挥政府投资的引导和撬动作用，采取直接投资、投资补助、资本金注入、财政贴息、以奖代补、先建后补、无偿提供建筑材料等多种方式支持农村基础设施建设。鼓励地方政府和社会资本设立农村基础设施建设投资基金。建立规范的地方政府举债融资机制，推动地方融资平台转型改制和市场化融资，重点向农村基础设施建设倾斜。允许地方政府发行一般债券支持农村道路建设，发行专项债券支持农村供水、污水垃圾处理设施建设，探索发行县级农村基础设施建设项目集合债。支持符合条件的企业发行企业债券，用于农村供电、电信设施建设。鼓励地方政府通过财政拨款、特许或委托经营等渠道筹措资金，设立不向社会征收的政府性农村基础设施维修养护基金。鼓励有条件的地区将农村基础设施与产业、园区、乡村旅游等进行捆绑，实行一体化开发和建设，实现相互促进、互利共赢（国家发展改革委、财政部、人民银行、银监会、证监会等负责）。

（七）建立政府和社会资本合作机制

支持各地通过政府和社会资本合作模式，引导社会资本投向农村基础设施领域。鼓励按照"公益性项目、市场化运作"理念，大力推进政府购买服务，创新农村基础设施建设和运营模式。支持地方政府将农村基础设施项目整体打包，提高收益能力，并建立运营补偿机制，保障社会资本获得合理投资回报。对农村基础设施项目在用电、用地等方面优先保障（国家发展改革委、财政部、工业和信息化部、国土资源部、住房城乡建设部、水利部、农业部、国家林业局、国家能源局等负责）。

（八）充分调动农民参与积极性

尊重农民主体地位，加强宣传教育，发挥其在农村基础设施决策、投入、建设、管护等方面作用。完善村民一事一议制度，合理确定筹资筹劳限额，加大财政奖补力度。鼓励农民和农村集体经济组织自主筹资筹劳开展村内基础设施建设。推行农村基础设施建设项目公示制度，发挥村民理事会、新型农业经营主体等监督作用（农业部、水利部、国家林业局、民政部、住房城乡建设部等负责）。

（九）加大金融支持力度

政策性银行和开发性金融机构要结合各自职能定位和业务范围，强化对农村基础设施建设的支持。鼓励商业银行加大农村基础设施信贷投放力度，改善农村金融服务。发挥农业银行面向三农、商业运作的优势，加大对农村基础设施的支持力度。支持银行业金融机构开展收费权、特许经营权等担保创新类贷款业务。完善涉农贷款财政奖励补助政策，支持收益较好、能够市场化运作的农村基础设施重点项目开展股权和债权融资。建立并规范发展融资担保、保险等多种形式的增信机制，提高各类投资建设主体的融资能力。加快推进农村信用体系建设。鼓励利用国际金融组织和外国政府贷款建设农村基础设施（人民银行、银监会、证监会、保监会、国家发展改革委、财政部、农业发展银行、开发银行、农业银行等负责）。

（十）强化国有企业社会责任

切实发挥输配电企业、基础电信运营企业的主体作用，加大对农村电网改造升级、电信设施建设的投入力度。鼓励其他领域的国有企业拓展农村基础设施建设业务，支持中央企业和地方国有企业通过帮扶援建等方式参与农村基础设施建设（国务院国资委、国家发展改革委、财政部、工业和信息化部、国家能源局等负责）。

（十一）引导社会各界积极援建

鼓励企业、社会组织、个人通过捐资捐物、结对帮扶、包村包项目等形式，支持农村基础设施建设和运行管护。引导国内外机构、基金会、社会团体和各界人士依托公益捐助平台，为农村基础设施建设筹资筹物。落实企业和个人公益性捐赠所得税税前扣除政策。进一步推进东西部扶贫协作，支持贫困地区农村基础设施建设（民政部、财政部、税务总局、国家发展改革委、国务院扶贫办等负责）。

三、完善建设管护机制，保障工程长期发挥效益

（十二）完善农村公路建设养护机制

将农村公路建设、养护、管理机构运行经费及人员基本支出纳入一般公共财政预算。推广"建养一体化"模式，通过政府购买服务等方式，引入专业企业、社会资本建设和养护农村公路。鼓励采取出让公路冠名权、广告权、相关资源开发权等方式，筹资建设和养护农村公路。结合物价上涨、里程增加、等级提升等因素，合理确定农村公路养护资金补助标准（交通运输部、财政部、国家发展改革委等负责）。

（十三）加快农村供水设施产权制度改革

以政府投入为主兴建、规模较大的农村集中供水基础设施，由县级人民政府或其授权部门根据国家有关规定确定产权归属；以政府投入为主兴建、规模较小的农村供水基础设施，资产交由农村集体经济组织或农民用水合作组织所有；单户或联户农村供水基础设施，国家补助资金所形成的资产归受益农户所有；社会资本投资兴建的农村供水基础设施，所形成的资产归投资者所有，或依据投资者意愿确定产权归属。由产权所有者建立管护制度，落实管护责任。鼓励开展农村供水设施产权交易，通过拍卖、租赁、承包、股份合作、委托经营等方式将一定期限内的管护权、收益权划归社会投资者。推进国有供水企业股份制改造，引入第三方参与运行管理（水利部、住房城乡建设部、国家发展改革委、财政部等负责）。

（十四）理顺农村污水垃圾处理管理体制

探索建立农村污水垃圾处理统一管理体制，切实解决多头管理问题。鼓励实施城乡生活污水"统一规划、统一建设、统一运行、统一管理"集中处理与农村污水"分户、联户、村组"分散处理相结合的模式，推动农村垃圾分类和资源化利用，完善农村垃圾"户分类、村组收集、乡镇转运、市县处理"集中处置与"户分类、村组收集、乡镇（或村）就地处理"分散处置相结合的模式，推广建立村庄保洁制度。推进建立统一的农村人居环境建设管理信息化平台，促进相关资源统筹利用（住房城乡建设部、环境保护部牵头负责）。

（十五）积极推进农村电力管理体制改革

加快建立规范的现代电力企业制度，鼓励有条件的地区开展县级电网企业股份制改革试点。逐步向符合条件的市场主体放开增量配电网投资业务，赋予投资主体新增配电网的所有权和经营权。鼓励以混合所有制方式发展配电业务，通过公私合营模式引入社会资本参与农村电网改造升级及运营。支持社会资本投资建设清洁能源项目和分布式电源并网工程（国家能源局、国家发展改革委牵头负责）。

（十六）鼓励农村电信设施建设向民间资本开放

创新农村电信基础设施建设项目融资模式，支持民间资本以资本入股、业务代理、网络代维等多种形式与基础电信企业开展合作，参与农村电信基础设施建设。加快推进东中部发达地区农村宽带接入市场向民间资本开放试点工作，逐步深化试点，鼓励和引导民间资本开展农村宽带接入网络建设和业务运营（工业和信息化部牵头负责）。

（十七）改进项目管理和绩效评价方式

建立涵盖需求决策、投资管理、建设运营等全过程、多层次的农村基础设施建设项目综合评价体系。对具备条件的项目，通过公开招标、邀请招标、定向委托、竞争性谈判等多种方式选择专业化的第三方机构，参与项目前期论证、招投标、建设监理、效益评价等，建立绩效考核、监督激励和定期评价机制（国家发展改革委、财政部牵头负责）。

四、健全定价机制，激发投资动力和活力

（十八）合理确定农村供水价格

在建立使用者付费制度、促进节约用水的基础上，完善农村供水水价形成机制。对城市周边已纳入城镇自来水供应范围的农户，实行统一的居民阶梯水价政策。对实行农村集中式供水的，按照补偿成本、合理盈利的原则确定水价，实行有偿服务、计量收费。地方政府和具备条件的农村集体经济组织可根据实际情况对运营单位进行合理补偿。通过加强水费征收和运行维护费用补偿等措施，保障工程正常运行及日常维护（国家发展改革委、水利部牵头负责）。

（十九）探索建立污水垃圾处理农户缴费制度

鼓励先行先试，在有条件的地区实行污水垃圾处理农户缴费制度，保障运营单位获得合理收益，综合考虑污染防治形势、经济社会承受能力、农村居民意愿等因素，合理确定缴费水平和标准，建立财政补贴与农户缴费合理分摊机制。完善农村污水垃圾处理费用调整机制，建立上下游价格调整联动机制，价格调整不到位时，地方政府和具备条件的村集体可根据实际情况对运营单位给予合理补偿（住房城乡建设部、国家发展改革委、财政部等负责）。

（二十）完善输配电价机制

按照"管住中间、放开两头"的原则，推进输配电价改革，严格成本审核和监管，完善分类定价、阶梯电价政策，落实好"两分钱"农网还贷资金政策，研究建立电力普遍服务补偿机制，支持农村地区发展（国家发展改革委、国家能源局牵头负责）。

（二十一）推进农村地区宽带网络提速降费

加快农村宽带网络建设，引导基础电信企业公平竞争。指导和推动基础电信企业简化资费结构，切实提高农村宽带上网等业务的性价比，为农村贫困户提供更加优惠的资费方案，为发展"互联网+"提供有力支撑（工业和信息化部牵头负责）。

五、保障措施

（二十二）强化规划引导作用

按照城乡一体化发展的要求，衔接协调各类规划，推进县域乡村建设规划编制，统筹农村道路、供水、污水垃圾处理、供电、电信等基础设施建设布局。推动城镇基础设施向农村延伸，鼓励将城市周边农村、规模较大的中心镇纳入城镇基础设施建设规划，实行统一规划、统一建设、统一管护（住房城乡建设部牵头负责）。

（二十三）完善相关法律法规

完善农村基础设施投融资相关法律法规，依法保护投资者合法权益，维护公平有序的市场投资环境。推动公路法、村庄和集镇规划建设管理条例等相关法律法规修订工作,为创新农村基础设施投融资体制机制创造条件。加快修订相关规定,适当放宽对农村小型基础设施投资项目管理"四制"要求(交通运输部、住房城乡建设部、国家发展改革委、农业部、国务院法制办等负责)。

(二十四)落实地方政府责任

地方各级人民政府要把农村基础设施建设管护摆上重要议事日程,统筹本辖区内国有林区、林场、垦区等基础设施建设,积极创新投融资体制机制。县级人民政府是农村基础设施建设管护的责任主体,要结合本地实际,制定实施意见,确保各项措施落到实处(各省级人民政府负责)。

(二十五)加强部门协作

国务院各有关部门要根据本意见,按照职责分工,密切协作配合,抓紧制定相关配套措施。国家发展改革委要会同有关部门对意见落实情况进行跟踪分析和定期评估,并向国务院报告(国家发展改革委牵头负责)。

关于印发《关于进一步发挥交通扶贫脱贫攻坚基础支撑作用的实施意见》的通知

（2016年4月29日　国家发展改革委　交通运输部　国务院扶贫办　发改基础〔2016〕926号）

各省、自治区、直辖市人民政府，国家民委、财政部、国土资源部、环境保护部、住房城乡建设部、农业部、商务部、税务总局、旅游局、铁路局、民航局、邮政局、铁路总公司、国家开发银行、农业发展银行：

"十三五"时期是全面建成小康社会决胜阶段，也是打赢脱贫攻坚战的决战决胜阶段。为深入贯彻落实《中共中央国务院关于打赢脱贫攻坚战的决定》，加快贫困地区交通发展，提高交通扶贫精准性和有效性，为实现贫困地区与全国同步建成小康社会提供有力保障，经国务院同意，现将《关于进一步发挥交通扶贫脱贫攻坚基础支撑作用的实施意见》（以下简称《实施意见》）印发你们，请结合实际认真贯彻落实。

一、要充分认识交通基础设施建设对扶贫脱贫的重要意义，牢固树立和贯彻落实新发展理念，加快贫困地区交通基础设施建设，增强普遍服务能力，改善交通出行条件，拉动有效投资，扩大就业，更好发挥先导作用。

二、各级地方政府、各部门要认真组织落实《实施意见》，加快实施交通扶贫"双百"工程。要按照职责分工，抓紧制定具体实施方案，细化实化时间表、路线图，进一步完善政策措施和工作机制，确保完成交通扶贫脱贫各项任务。

三、加大对贫困地区交通基础设施建设的资金支持力度，深入推进交通供给侧结构性改革。鼓励引导中央企业及各类社会资本加大投入，积极推广政府和社会资本合作模式，拓宽融资渠道，激发市场活力，支持贫困地区交通建设。

四、发展改革委、交通运输部、国务院扶贫办将统筹组织实施工作，加强协调指导，加大监督检查力度，及时跟踪调度年度工作进展。请有关部门在规划、土地、环评等方面给予积极支持，请地方及时反馈项目实施和建设进展情况。

附件

关于进一步发挥交通扶贫脱贫攻坚基础支撑作用的实施意见

"十三五"时期是全面建成小康社会决胜阶段，我国扶贫开发进入啃硬骨头、攻坚拔寨冲刺期。打赢脱贫攻坚战是促进全体人民共享改革发展成果、实现共同富裕的重大举措，也是经济发展新常态下扩大国内需求、促进经济增长的重要途径。为深入贯彻落实《中共中央国务院关于打赢脱贫攻坚战的决定》，充分发挥交通扶贫对脱贫攻坚的基础支撑作用，提高交通扶贫精准性和有效性，经国务院同意，现提出以下意见。

一、深刻认识交通扶贫重大意义

改革开放以来，我国交通基础设施建设取得巨大成就，贫困地区交通出行条件得到显著改善，为推动贫困地区脱贫致富奔小康创造了条件。但我国贫困地区交通发展仍然相对滞后，对外交通不便，城乡衔接不畅，运输通道少、标准低，服务质量水平落后。农村地区特别是一些自然条件较为恶劣的贫困山区基础交通网络覆盖不足。此外，农村公路技术标准普遍偏低、抗灾能力较弱，缺桥少涵、安全设施不到位等问题依然突出，很多道路出现"油返砂""砂返土"现象；农村客运均等化水平不高、路通车不通，客运线路开得通、留不住现象突出，货运服务水平较低。

改善贫困地区发展环境，强化自我造血功能，提升民生保障水平，培育农村新兴消费，需要着力改善贫困地区交通出行条件，提高交通安全技术水平，增强交通普遍服务能力。加快实施交通扶贫，是实现精准扶贫、精准脱贫的先手棋，是破解贫困地区经济社会发展瓶颈的关键举措，也是扩大内需、促进交通运输自身发展的重要内容，对于全面建成小康社会具有积极意义。

二、总体要求

（一）总体思路

认真贯彻落实党的十八大和十八届三中、四中、五中全会精神，按照"五位一体"总体布局和"四个全面"战略布局，牢固树立和贯彻落实创新、协调、绿色、开放、共享的新发展理念，结合推进新型城镇化，转变交通扶贫工作思路，由被动帮扶向主动作为转变，由偏重"输血"向注重"造血"转变，由单兵突进向多措并举转变，以革命老区、民族地区、边疆地区、贫困地区为重点，加快实施交通扶贫"双百"工程，着力消除贫困地区交通瓶颈，强化交通引导联动开发能力，提升交通扶贫政策效果，为实现贫困地区与全国同步建成全面小康社会提供有力支撑。

（二）基本原则

因地制宜，精准施策。准确把握不同地区的交通需求，重点针对贫困人口绝对数量多、贫困发生率高的地区，在交通扶贫目标设置、进度安排、项目落地、资金使用等方面提高精准性。

点面结合，重点突破。针对事关脱贫攻坚全局的交通发展短板，在重点地区和关键领域率先突破，总结经验，复制推广，形成以点带线、以线串面、互动联动的交通扶贫新格局。

政府主导，强力推进。强化政府责任，加大对重点困难地区的支持力度，充分发挥地方政府的脱贫攻坚主体作用，做好交通扶贫与产业扶贫、易地扶贫搬迁等对接，共同开创交通扶贫新局面。

创新机制，激发活力。建立健全上下一体、部门协同、内外联动的交通扶贫新机制，广泛动员和吸引各方面力量参与交通建设，以交通发展引导扶贫开发，以引进项目促进投资就业，增强贫困地区自身发展的内生动力和发展活力。

保护生态，绿色发展。在交通建设和运输服务中，将节约集约利用资源和保护生态环境理念贯穿始终。推动贫困地区交通运输绿色发展，建设宜居、宜行、宜游的美丽乡村和美好家园。

（三）发展目标

到 2020 年，在贫困地区建设广覆盖、深通达、提品质的交通运输网络，总体实现进得来、出得去、行得通、走得畅。乡村交通基础网络明显改善，实现乡镇通硬化路，建制村通硬化路、通客车、通邮政，自然村道路条件得到改善。区域交通骨干通道建设显著加强，铁路、高速公路基本覆盖贫困地区市（地、州）行政中心，有条件的市（地、州）级城市和重点旅游景区布局建设支线机场。二级及以上高等级公路基本覆盖所有县城，有条件的县城实现通铁路、高速公路。普遍运输服务保障能力显著增强，多样化、个性化运输需求得到满足，基本消除贫困地区发展的交通瓶颈，有效支撑脱贫攻坚任务，为实现贫困人口脱贫致富提供更好保障。

三、完善精准扶贫乡村交通基础网络

（一）加快通乡连村公路建设

加强贫困地区县乡道建设，推进相邻县、相邻乡镇之间公路建设。加快推动既有县乡公路提级改造，增强县乡中心区域的辐射带动能力。提高贫困地区公路通达通畅深度，实现贫困地区所有具备条件的乡镇、建制村、撤并村及一定人口规模的自然村通硬化路。加快易地扶贫搬迁安置点公路建设。加大农村公路养护力度，着力改造"油返砂"公路，改造现有农村公路危桥，实施渡口改造工程，逐步消除贫困地区客车通行安全隐患。

（二）加强对旅游等产业的交通支撑

推动"交通+特色产业"扶贫，改善产业园区、特色农业基地等交通条件，支持贫困地区资源有序开发。加快旅游交通基础设施网络建设，加强贫困地区重点景区、乡村旅游点道路衔接，推动"交通+旅游休闲"扶贫。着力改善贫困地区自然人文、少数民族特色村寨和风情小镇等旅游景点景区交通运输条件，加快重点区域支线机场、普通铁路建设，开拓直通旅游航线和铁路旅游专线，形成铁路、公路旅游景观带和旅游品牌效应，扩大精品旅游线路影响力。加大多层次的旅游运输服务供给，满足深度游、观光游、农家游等多样化需求。强化交通与文娱、休闲等服务的融合创新，带动汽车营地、自行自驾等新兴旅游方式发展。

按照上述任务要求，重点实施百万公里农村公路建设工程，包括剩余乡镇通硬化路 1 万公里、建制村通硬化路 23 万公里、易地扶贫搬迁安置点通硬化路 5 万公里、乡村旅游公路和产业园区公路 5 万公里、一定人口规模的自然村公路 25 万公里、改建不达标路段 23 万公里、改造"油返砂"公路 20 万公里和农村公路危桥 1.5 万座。

四、建设外通内联区域交通骨干通道

（一）畅通区域对外骨干通道

加强革命老区、民族地区、边疆地区、贫困地区对外运输通道建设，促进资源要素便捷顺畅流动。加快贫困地区对外开发性高等级公路建设，加强铁路支撑引导，完善支线机场建设布局。对国家公路网、中长期铁路网、中长期民用机场布局规划中的重大项目，建设时机与脱贫目标要求充分衔接，建设方案充分考虑贫困地区脱贫需求。

（二）强化片区内部通道连接

加强贫困地区市（地、州）之间、市（地、州）与县（区、旗）之间运输通道建设，提升贫困地区内部交通连接能力，实施具有对外连接功能的重要干线公路提质升级工程。加快资源丰富和人口相对密集贫困地区开发性铁路建设。在具备水资源开发条件的贫困地区，统筹内河航电枢纽建设和航运发展，提高通航能力。在自然条件复杂、灾害多发且人口相对聚集的贫困地区，合理布局复合多向、灵活机动的保障性运输通道。

（三）改善沿边贫困地区通道条件

依托我国与周边国家互联互通重要通道，推动沿边贫困地区交通基础设施建设，加强与边境口岸的交通联系，以开放促进边疆贫困地区脱贫致富。提升口岸的交通枢纽功能，发挥口岸辐射带动作用。加强沿边贫困地区与干线铁路、公路的衔接。加快推进沿边公路建设，重点建设沿边贫困地区空白路段，加强既有路段升级改造，有效串联沿边贫困地区重要城镇、口岸、厂区和人口聚集点。适时推进沿边铁路建设。

按照上述任务要求，重点实施百项交通扶贫骨干通道工程，包括高速公路项目32项、普通国道项目165项、铁路项目16项、机场项目14项。

五、提升贫困地区运输服务水平

（一）提供普惠可靠的客运服务

加快推进农村客运站和停靠点建设，实施建制村通客车攻坚工程，着力提升贫困地区基本公共客运服务覆盖水平，客流密度相对较大的贫困地区逐步实现农村客运公交化。积极推广农村班车进城、城市公交下乡，紧密衔接周边重要换乘节点，实现贫困地区客车开得通、留得住。根据贫困地区客流特征，提供不同车型结构、班次频率、组织模式的客运服务，更好地满足安全可靠、多样便捷的出行需求。创新贫困地区客运服务经营模式，采取政府资助、社会捐助、社会化运作等方式，促进城乡客运资源整合、服务一体衔接。

（二）发展实惠便捷的货运物流

建设县、乡、村三级农村物流服务网络，探索构建多样化、专业化货运网络，促进贫困地区特色种养、特色加工、能矿开发、绿色生态等产业落地、发展。结合贫困地区生产流通特点，支持流通企业将业务延伸至农村地区，建立城乡一体的物流配送体系，畅通农产品进城和工业品下乡的物流配送体系。推动土特产分散收货、大宗货物集约高效运输，降低物流成本，支撑和引导农、林、牧、矿等产业发展。

（三）培育现代高效的电商快递

促进交通运输与电子商务信息产业融合，推动"交通+电商快递"扶贫。依托农村地区信息进村入户工程，利用互联网电商平台，促进农资农产品"线上线下"产运销联动发展，带动农村消费升级换代。充分发挥贫困地区农产品"名、优、特"优势，建立农产品网上销售、流通追溯和运输配送体系。加快推进"快递下乡"工程，完善农村快递揽收配送网点建设，利用村委会、万村千乡农家店、新农村电子商务服务站点、益农信息社、供销超市、村邮站等公共服务平台开展农村快递服务。

六、强化政策支持保障

（一）拓展交通扶贫投融资渠道

健全贫困地区交通基础设施投资长效机制。增加政府投入，优化中央预算内投资、车购税等资金支出结构，统筹加大各级各类资金倾斜力度，重点支持交通扶贫"双百"工程建设。按照现有铁路、公路、机场建设投资模式和资金筹措来源，加快百项骨干通道工程前期工作，优先予以推进实施。按照中央和地方共同承担的原则，研究确定百万公里农村公路建设资金落实方案。加大中央和省级财政支持农村公路建设力度，地方政府应在有关资金项目管理规定和实施方案的框架内，统筹目标相近、方向类似的相关转移支付资金用于农村公路建设。创新交通投融资机制，鼓励和引导采用政府和社会资本合作等模式进行项目建设。发挥开发性、政策性金融导向作用，加大国家开发银行、农业发展银行等信贷资金支持力度。完善国家扶贫项目贷款贴息政策。更好发挥"以奖代补""以工代赈""一事一议"等机制作用。

（二）实施税费优惠政策

落实交通基础设施建设税费优惠政策，切实减轻贫困地区交通基础设施建设负担。落实公共基础设施项目企业所得税"三免三减半"优惠政策，对贫困地区符合条件的交通基础设施建设落实城镇土地使用税、耕地占用税等优惠政策。鼓励各地研究实施对涉及交通扶贫项目建设的相关费用予以减免的优惠政策，完善鲜活农产品运输"绿色通道"相关政策，支持农村客运、农村物流、邮政快递发展。

（三）创新土地利用模式

在安排新增建设用地计划指标时，向集中连片特困地区等脱贫攻坚重点区域倾斜，优先保障交通扶贫项目建设用地需求。科学安排交通扶贫项目线路、场站建设，提高土地集约利用效率。

（四）完善技术标准体系

结合贫困地区发展实际，进一步完善和规范农村公路建设和养护标准。根据不同贫困地区特点，研究构建分类适用的支线机场、通用机场以及客货运输站场等建设标准体系。加强交通设施、载运工具和运营管理安全技术标准体系建设。建立健全农村地区鲜活农副产品等冷链物流标准体系。

（五）加强养护管理和职业教育

建养并重，加强贫困地区公路养护管理，将农村公路养护资金逐步纳入地方财政预算，健全公路养护长效机制，完善应急管理体系，增强安全保障和服务能力。加大职业教育力度，多渠道提高劳动力素质，扩大贫困地区就业。

七、切实加强组织实施

（一）加强组织领导

各级地方政府、各部门要强化交通扶贫责任意识、攻坚意识，加强组织领导，完善务实高效的工作推进机制。建立健全交通扶贫重大项目协调推进机制，协商解决实施过程中跨部门、跨区域的重大问题，确保交通扶贫各项任务落实落地。

（二）明确责任分工

各级地方政府要认真抓好本意见的贯彻落实，明确工作任务和责任分工，落实建设资金，加大政策项目实施力度，结合本地区实际细化交通扶贫实施方案。发展改革委要牵头协调解决重大事项，交通运输部、铁路局、民航局、邮政局、中国铁路总公司等有关部门和企业要加大对贫困地区交通发展的支持力度，各有关部门要按照职责分工，统筹中央预算内投资、车购税、铁路建设基金、民航发展基金等资金的落实，加强联系、协同推进、形成合力。

（三）强化考核监督

加强对本意见的监督检查，落实督办责任制和评估机制，发挥社会舆论和第三方评估机制作用，对"双百"工程等重点任务和年度目标分行业、分区域及时跟踪检查督办，确保政策落地、资金到位、项目实施。

农村公路建设管理办法

(2018年4月8日
中华人民共和国交通运输部令2018年第4号)

第一章 总　　则

第一条　为了规范农村公路建设管理，促进农村公路可持续健康发展，根据《公路法》《公路安全保护条例》《建设工程质量管理条例》《建设工程安全生产管理条例》等法律、行政法规和国务院相关规定，制定本办法。

第二条　农村公路新建、改建、扩建的管理，适用本办法。

本办法所称农村公路是指纳入农村公路规划，并按照公路工程技术标准修建的县道、乡道、村道及其所属设施，包括经省级交通运输主管部门认定并纳入统计年报里程的农村公路。公路包括公路桥梁、隧道和渡口。

县道是指除国道、省道以外的县际间公路以及连接县级人民政府所在地与乡级人民政府所在地和主要商品生产、集散地的公路。

乡道是指除县道及县道以上等级公路以外的乡际间公路以及连接乡级人民政府所在地与建制村的公路。

村道是指除乡道及乡道以上等级公路以外的连接建制村与建制村、建制村与自然村、建制村与外部的公路，但不包括村内街巷和农田间的机耕道。

第三条　农村公路建设应当遵循政府主导、分级负责、安全至上、确保质量、生态环保、因地制宜的原则。

第四条　交通运输部负责全国公路建设的行业管理工作。

县级以上地方交通运输主管部门依据职责主管本行政区域内农村公路的建设管理工作，县级交通运输主管部门具体负责指导、监督乡道、村道建设管理工作。

第五条　县级人民政府应当按照国务院有关规定落实本行政区域内农

村公路建设的主体责任，对农村公路建设质量、安全负责，落实财政保障机制，加强和规范农村公路建设管理，严格生态环境保护，扶持和促进农村公路绿色可持续发展。

乡级人民政府负责本行政区域内乡道、村道建设管理工作。

村民委员会在乡级人民政府的指导下，可以按照村民自愿、民主决策的原则和一事一议制度组织村道建设。

第六条 农村公路建设项目实行项目业主责任制。项目业主应当具备建设项目相应的管理和技术能力。

鼓励选择专业化机构履行项目业主职责。

第七条 农村公路建设项目按照规模、功能、技术复杂程度等因素，分为重要农村公路建设项目和一般农村公路建设项目。

省级交通运输主管部门可以会同同级有关部门确定重要农村公路建设项目和一般农村公路建设项目的具体划分标准，并可以根据相关法规和本办法，结合本地区实际情况简化一般农村公路建设项目的建设程序。

第八条 鼓励在农村公路建设中应用新技术、新材料、新工艺、新设备，提高建设质量。

在保证农村公路建设质量的前提下，鼓励整合旧路资源、加工适于筑路的废旧材料等用于农村公路建设，推动资源循环利用。

鼓励采用设计、施工和验收后一定时期养护工作合并实施的"建养一体化"模式。

第九条 市级以上地方交通运输主管部门应当采用随机抽取建设项目，随机选派检查人员，检查情况向社会公开的方式，对农村公路建设项目进行监督检查。检查比例由省级交通运输主管部门确定。

县级交通运输主管部门应当实现农村公路建设项目监督检查全覆盖。

鼓励委托具有公路设计、施工、监理资质的单位进行监督检查。

第十条 农村公路建设项目年度计划、补助政策、招标投标、施工管理、质量监管、资金使用、工程验收等信息应当按照交通运输部有关规定向社会公开，接受社会监督。

第二章 规 划 管 理

第十一条 农村公路建设规划应当符合国民经济和社会发展规划、土地利用总体规划，与城乡规划、国道、省道以及其他交通运输方式的发展规划相协调。

第十二条 县道建设规划由县级交通运输主管部门会同同级有关部门编制，经县级人民政府审定后，报上一级人民政府批准。

乡道、村道建设规划由县级交通运输主管部门协助乡级人民政府编制，报县级人民政府批准。

经批准的农村公路建设规划，应当报批准机关的上一级交通运输主管部门备案。

第十三条 农村公路建设规划编制单位应当在编制建设规划时同步建立农村公路建设规划项目库，同建设规划一并履行报批和备案手续。

农村公路建设规划项目库实行动态管理，根据需要定期调整。项目库调整应当报原批准机关批准，并报批准机关的上一级交通运输主管部门备案。

第十四条 县级以上地方交通运输主管部门应当根据农村公路建设规划项目库，统筹考虑财政投入、年度建设重点、养护能力等因素，会同同级有关部门编制农村公路建设项目年度计划。

未纳入农村公路建设规划项目库的建设项目，不得列入年度计划。

农村公路建设项目年度计划编制及审批程序由省级交通运输主管部门制定。

第三章 建设资金

第十五条 农村公路建设资金应当按照国家相关规定，列入地方各级政府财政预算。

农村公路建设应当逐步建立健全以财政投入为主、多渠道筹措为辅的资金筹措机制。

鼓励采取农村公路资源开发、金融支持、捐助、捐款等方式筹集农村公路建设资金。

第十六条 县级以上地方交通运输主管部门应当依据职责，建立健全农村公路建设资金管理制度，加强对资金使用情况的监管。

第十七条 由中央政府给予投资支持的农村公路建设项目，应当按照有关规定及时将项目以及资金使用情况报相关部门备案。

第十八条 农村公路建设资金应当按照有关规定及时支付。已列入建设计划的项目可以采用"先建后补"等方式组织建设。

车辆购置税补助资金应当全部用于建设项目建筑安装工程费支出，不得从中提取咨询、审查、管理等其他费用，但中央政府全额投资的建设项目除外。

第十九条　农村公路建设资金使用情况应当按照规定接受有关部门监督检查。

任何单位、组织和个人不得截留、挤占、挪用农村公路建设资金。

第二十条　农村公路建设不得增加农民负担，不得损害农民利益，不得采用强制手段向单位和个人集资，不得强行让农民出工、备料。

第二十一条　农村公路建设不得拖欠工程款和农民工工资，不得拖欠征地拆迁款。

第四章　建设标准和设计

第二十二条　农村公路建设应当根据本地区实际情况，合理确定公路技术等级，并符合有关标准规范和省级以上交通运输主管部门相关要求。

第二十三条　农村公路设计应当做好耕地特别是永久基本农田、水利设施、生态环境和文物古迹的保护。

有条件的地方在农村公路设计时可以结合旅游等需求设置休息区、观景台。

第二十四条　农村公路设计应当由具有相应资质的设计单位承担。

重要农村公路建设项目应当进行初步设计和施工图设计。一般农村公路建设项目可以直接进行施工图设计，并可以多个项目一并进行。

第二十五条　农村公路建设项目设计文件由县级以上地方交通运输主管部门依据法律、行政法规的相关规定进行审批，具体审批权限由省级交通运输主管部门确定。

农村公路建设项目重大或者较大设计变更应当报原设计审批部门批准。

第五章　建　设　施　工

第二十六条　农村公路建设用地应当符合土地使用标准，并按照国家有关规定执行。

第二十七条 农村公路建设项目需要征地拆迁的,应当按照当地人民政府确定的补偿标准给予补偿。

第二十八条 农村公路建设项目的勘察、设计、施工、监理等符合法定招标条件的,应当依法进行招标。

省级交通运输主管部门可以编制农村公路建设招标文件范本。

第二十九条 县级以上地方交通运输主管部门应当会同同级有关部门加强对农村公路建设项目招标投标工作的指导和监督。

第三十条 重要农村公路建设项目应当单独招标,一般农村公路建设项目可以多个项目一并招标。

第三十一条 农村公路建设项目的招标由项目业主负责组织。

第三十二条 农村公路建设项目应当选择具有相应资质的单位施工。在保证工程质量的条件下,可以在专业技术人员的指导下组织当地群众参与实施一般农村公路建设项目中技术难度低的路基和附属设施。

第三十三条 农村公路建设项目由项目业主依照相关法规自主决定工程监理形式。

第六章 质 量 安 全

第三十四条 农村公路建设项目应当遵守工程质量和安全监督管理相关法规规定。

第三十五条 农村公路建设项目应当设定保修期限和质量保证金。重要农村公路建设项目保修期限在2至3年,一般农村公路建设项目保修期限在1至2年,具体期限由项目业主和施工单位在合同中约定,自项目交工验收之日起计算。质量保证金可以从建设项目资金中预留或者以银行保函方式缴纳,预留或者缴纳比例应当符合国家相关规定。

在保修期限内发生的质量缺陷,由施工单位负责修复。施工单位不能进行修复的,由项目业主负责组织修复,修复所产生的相关费用从质量保证金中扣除,不足部分由施工单位承担。

保修期限届满且质量缺陷得到有效处置的,预留的质量保证金应当及时返还施工单位。

第三十六条 省级交通运输主管部门应当建立农村公路建设信用评价

体系，由县级交通运输主管部门对农村公路建设项目有关单位进行评价，并实施相应守信联合激励和失信联合惩戒。

第三十七条 农村公路建设项目应当按照有关标准设置交通安全、防护、排水等附属设施，并与主体工程同时设计、同时施工、同时投入使用。

第三十八条 鼓励聘请技术专家或者动员当地群众代表参与农村公路建设项目质量和安全监督工作。

第三十九条 鼓励推行标准化施工，对混凝土拌和、构件预制、钢筋加工等推行工厂化管理，提高建设质量。

第七章 工程验收

第四十条 农村公路建设项目完工后，应当按照国家有关规定组织交工、竣工验收。未经验收或者验收不合格的，不得交付使用。

一般农村公路建设项目的交工、竣工验收可以合并进行，并可以多个项目一并验收。

第四十一条 农村公路建设项目由项目业主组织交工验收，由县级以上地方交通运输主管部门按照项目管理权限组织竣工验收。交工、竣工验收合并的项目，由县级以上地方交通运输主管部门按照项目管理权限组织验收。

由县级以上地方交通运输主管部门组织验收的农村公路建设项目，应当邀请同级公安、安全生产监督管理等相关部门参加，验收结果报上一级交通运输主管部门备案。

市级以上地方交通运输主管部门应当将项目验收作为监督检查的重要内容。

第四十二条 农村公路建设项目验收时，验收单位应当按照设计文件和项目承包合同，组织质量鉴定检测，核定工程量。

第四十三条 农村公路建设项目在交工验收时发现存在质量缺陷等问题，由施工单位限期完成整改。

第四十四条 农村公路新建项目交工验收合格后，方可开放交通，并移交管理养护单位。

县级以上交通运输主管部门应当及时组织做好基础数据统计、更新和施工资料归档工作。

第四十五条 省级交通运输主管部门可以根据《公路工程竣（交）工验收办法》和《公路工程质量检验评定标准》，结合本地区实际情况，规定具体的农村公路建设项目验收程序。

第八章 法律责任

第四十六条 违反本办法规定，有下列情形之一的，由有关交通运输主管部门或者由其向地方人民政府建议对责任单位进行通报批评，限期整改；情节严重的，对责任人依法给予行政处分：

（一）在筹集农村公路建设资金过程中，强制单位和个人集资，强迫农民出工、备料的；

（二）擅自降低征地补偿标准，或者拖欠工程款、征地拆迁款和农民工工资的。

第四十七条 违反本办法规定，农村公路建设资金不按时支付，或者截留、挤占、挪用建设资金的，由有关交通运输主管部门或者由其向地方人民政府建议对责任单位进行通报批评，限期整改；情节严重的，对责任人依法给予行政处分。

第四十八条 违反本办法规定，农村公路新建项目未经交工验收合格即开放交通的，由有关交通运输主管部门责令停止使用，限期改正。

第四十九条 农村公路建设项目发生招标投标违法行为的，依据《招标投标法》《招标投标法实施条例》等有关规定，对相关责任单位和责任人给予处罚。

第五十条 农村公路建设项目发生转包、违法分包等质量安全违法行为的，依据《建设工程质量管理条例》《建设工程安全生产管理条例》等有关规定，对相关责任单位和责任人给予处罚。

第九章 附 则

第五十一条 本办法自2018年6月1日起施行。2006年1月27日以交通部令2006年第3号发布的《农村公路建设管理办法》同时废止。

农村公路养护管理办法

(2015年11月11日
中华人民共和国交通运输部令2015年第22号)

第一章 总 则

第一条 为规范农村公路养护管理，促进农村公路可持续健康发展，根据《公路法》《公路安全保护条例》和国务院相关规定，制定本办法。

第二条 农村公路的养护管理，适用本办法。

本办法所称农村公路是指纳入农村公路规划，并按照公路工程技术标准修建的县道、乡道、村道及其所属设施，包括经省级交通运输主管部门认定并纳入统计年报里程的农村公路。公路包括公路桥梁、隧道和渡口。

县道是指除国道、省道以外的县际间公路以及连接县级人民政府所在地与乡级人民政府所在地和主要商品生产、集散地的公路。

乡道是指除县道及县道以上等级公路以外的乡际间公路以及连接乡级人民政府所在地与建制村的公路。

村道是指除乡道及乡道以上等级公路以外的连接建制村与建制村、建制村与自然村、建制村与外部的公路，但不包括村内街巷和农田间的机耕道。

县道、乡道和村道由县级以上人民政府按照农村公路规划的审批权限在规划中予以确定，其命名和编号由省级交通运输主管部门根据国家有关规定确定。

第三条 农村公路养护管理应当遵循以县为主、分级负责、群众参与、保障畅通的原则，按照相关技术规范和操作规程进行，保持路基、边坡稳定，路面、构造物完好，保证农村公路处于良好的技术状态。

第四条　县级人民政府应当按照国务院的规定履行农村公路养护管理的主体责任，建立符合本地实际的农村公路管理体制，落实县、乡（镇）、建制村农村公路养护工作机构和人员，完善养护管理资金财政预算保障机制。

县级交通运输主管部门及其公路管理机构应当建立健全农村公路养护工作机制，执行和落实各项养护管理任务，指导乡道、村道的养护管理工作。

县级以上地方交通运输主管部门及其公路管理机构应当加强农村公路养护管理的监督管理和技术指导，完善对下级交通运输主管部门的目标考核机制。

第五条　鼓励农村公路养护管理应用新技术、新材料、新工艺、新设备，提高农村公路养护管理水平。

第二章　养护资金

第六条　农村公路养护管理资金的筹集和使用应当坚持"政府主导、多元筹资、统筹安排、专款专用、强化监管、绩效考核"的原则。

第七条　农村公路养护管理资金主要来源包括：

（一）各级地方人民政府安排的财政预算资金。包括：公共财政预算资金；省级安排的成品油消费税改革新增收入补助资金；地市、县安排的成品油消费税改革新增收入资金（替代摩托车、拖拉机养路费的基数和增量部分）。

（二）中央补助的专项资金。

（三）村民委员会通过"一事一议"等方式筹集的用于村道养护的资金。

（四）企业、个人等社会捐助，或者通过其他方式筹集的资金。

第八条　各级地方人民政府应当按照国家规定，根据农村公路养护和管理的实际需要，安排必要的公共财政预算，保证农村公路养护管理需要，并随农村公路里程和地方财力增长逐步增加。鼓励有条件的地方人民政府通过提高补助标准等方式筹集农村公路养护管理资金。

第九条 省级人民政府安排的成品油消费税改革新增收入补助资金应当按照国务院规定专项用于农村公路养护工程,不得用于日常保养和人员开支,且补助标准每年每公里不得低于国务院规定的县道 7000 元、乡道 3500 元、村道 1000 元。

经省级交通运输主管部门认定并纳入统计年报里程的农村公路均应当作为补助基数。

第十条 省级交通运输主管部门应当协调建立成品油消费税改革新增收入替代摩托车、拖拉机养路费转移支付资金增长机制,增幅不低于成品油税费改革新增收入的增量资金增长比例。

第十一条 省级交通运输主管部门应当协调建立省级补助资金"以奖代补"或者其他形式的激励机制,充分调动地市、县人民政府加大养护管理资金投入的积极性。

第十二条 县级交通运输主管部门应当统筹使用好上级补助资金和其他各类资金,努力提高资金使用效益,不断完善资金监管和激励制度。

第十三条 企业和个人捐助的资金,应当在尊重捐助企业和个人意愿的前提下,由接受捐赠单位统筹安排用于农村公路养护。

村民委员会通过"一事一议"筹集养护资金,由村民委员会统筹安排专项用于村道养护。

第十四条 农村公路养护资金应当实行独立核算,专款专用,禁止截留、挤占或者挪用,使用情况接受审计、财政等部门的审计和监督检查。

第三章 养护管理

第十五条 县级交通运输主管部门和公路管理机构应当建立健全农村公路养护质量检查、考核和评定制度,建立健全质量安全保证体系和信用评价体系,加强检查监督,确保工程质量和安全。

第十六条 农村公路养护按其工程性质、技术复杂程度和规模大小,分为小修保养、中修、大修、改建。

养护计划应当结合通行安全和社会需求等因素,按照轻重缓急,统筹安排。

大中修和改建工程应按有关规范和标准进行设计，履行相关管理程序，并按照有关规定进行验收。

第十七条 农村公路养护应当逐步向规范化、专业化、机械化、市场化方向发展。

第十八条 县级交通运输主管部门和公路管理机构要优化现有农村公路养护道班和工区布局，扩大作业覆盖面，提升专业技能，充分发挥其在公共服务、应急抢险和日常养护与管理中的作用。

鼓励将日常保养交由公路沿线村民负责，采取个人、家庭分段承包等方式实施，并按照优胜劣汰的原则，逐步建立相对稳定的群众性养护队伍。

第十九条 农村公路养护应逐步推行市场化，实行合同管理，计量支付，并充分发挥信用评价的作用，择优选定养护作业单位。

鼓励从事公路养护的事业单位和社会力量组建养护企业，参与养护市场竞争。

第二十条 各级地方交通运输主管部门和公路管理机构要完善农村公路养护管理信息系统和公路技术状况统计更新制度，加快决策科学化和管理信息化进程。

第二十一条 县级交通运输主管部门和公路管理机构应当定期组织开展农村公路技术状况评定，县道和重要乡道评定频率每年不少于一次，其他公路在五年规划期内不少于两次。

路面技术状况评定宜采用自动化快速检测设备。有条件的地区在五年规划期内，县道评定频率应当不低于两次，乡道、村道应当不低于一次。

第二十二条 省级交通运输主管部门要以《公路技术状况评定标准》为基础，制定符合本辖区实际的农村公路技术状况评定标准，省、地市级交通运输主管部门应当定期组织对评定结果进行抽查。

第二十三条 地方各级交通运输主管部门和公路管理机构应当将公路技术状况评定结果作为养护质量考核的重要指标，并建立相应的奖惩机制。

第二十四条 农村公路养护作业单位和人员应当按照《公路安全保护

条例》规定和相关技术规范要求开展养护作业，采取有效措施，确保施工安全、交通安全和工程质量。

农村公路养护作业单位应当完善养护质量和安全制度，加强作业人员教育和培训。

第二十五条　负责农村公路日常养护的单位或者个人应当按合同规定定期进行路况巡查，发现突发损坏、交通中断或者路产路权案件等影响公路运行的情况时，及时按有关规定处理和上报。

农村公路发生严重损坏或中断时，县级交通运输主管部门和公路管理机构应当在当地政府的统一领导下，组织及时修复和抢通。难以及时恢复交通的，应当设立醒目的警示标志，并告知绕行路线。

第二十六条　大型建设项目在施工期间需要使用农村公路的，应当按照指定线路行驶，符合荷载标准。对公路造成损坏的应当进行修复或者依法赔偿。

第二十七条　县、乡级人民政府应当依据有关规定对农村公路养护需要的挖砂、采石、取土以及取水给予支持和协助。

第二十八条　县级人民政府应当按照《公路法》《公路安全保护条例》的有关规定组织划定农村公路用地和建筑控制区。

第二十九条　县级交通运输主管部门和公路管理机构应在当地人民政府统一领导下，大力整治农村公路路域环境，加强绿化美化，逐步实现田路分家、路宅分家，努力做到路面整洁无杂物，排水畅通无淤积，打造畅安舒美的农村公路通行环境。

第四章　法律责任

第三十条　违反本办法规定，在筹集或者使用农村公路养护资金过程中，强制向单位和个人集资或者截留、挤占、挪用资金等违规行为的，由有关交通运输主管部门或者由其向地方人民政府建议对责任单位进行通报批评，限期整改；情节严重的，对责任人依法给予行政处分。

第三十一条　违反本办法规定，不按规定对农村公路进行养护的，由有关交通运输主管部门或者由其向地方人民政府建议对责任单位进行通报批评，限期整改；情节严重的，停止补助资金拨付，依法对责任人给予行政处分。

第三十二条 违反本办法其他规定，由县级交通运输主管部门或者公路管理机构按照《公路法》《公路安全保护条例》相关规定进行处罚。

第五章 附 则

第三十三条 本办法自 2016 年 1 月 1 日起施行。交通运输部于 2008 年 4 月发布的《农村公路管理养护暂行办法》（交公路发〔2008〕43 号）同时废止。

交通运输部关于推行农村公路建设"七公开"制度的意见

(2014年5月4日 交公路发〔2014〕100号)

为贯彻落实中央领导同志对农村公路的重要批示精神，进一步做好新时期农村公路建设工作，提高建设管理水平和发展质量，现就推行农村公路建设"七公开"制度提出以下意见。

一、重要意义

农村公路是直接服务"三农"的先导性、基础性设施，对改善农民群众生产生活条件，推动区域经济社会发展具有重要作用。一直以来，农村公路建设总量规模大、单体工程小、项目分散的特点，导致了农村公路建设管理难、质量监控难、资金监管难等问题。为此，河北省经过实践探索，形成了农村公路建设"七公开"制度，规范了建设行为，推动了农村公路建设健康发展，赢得社会的一致好评。部分省份结合实际推行"七公开"制度，也取得了良好效果。

当前，农村公路建设正处于集中攻坚的关键时期，推行"七公开"制度，主动接受社会监督，可以有效规范农村公路建设管理，加强工程质量与施工安全控制，预防腐败现象和各类违规违纪问题发生，使农民群众更好地理解和支持农村公路建设，对提高农村公路发展质量和效益，切实维护群众利益具有重要的推动作用。

二、总体要求

(一)指导思想

坚持政务公开、公正便民的原则，以贴近基层、服务群众为出发点，以规范建设行为、提升工程质量与安全管理水平为目的，以公开为手段，推进农村公路建设决策公开、管理公开、服务公开、结果公开，及时、准确地公开信息，广泛、全面地接受监督，以公开促转型、促发展，更好地为农村经济社会发展和农民群众出行服务。

（二）工作原则

——公开透明、全面真实。认真梳理确定公开内容，凡涉及农村公路建设的应公开尽公开，内容要全面、真实、准确，便于群众获知、理解，形成长效机制。

——规范运行、公正便民。建立程序严密、运行合理、监督有力、制约有效的公开制度，科学确定公开程序，合理介定公开范围，严格规范公开行为。

——注重实效、利于监督。结合当地社情、农情、民情，因地制宜、灵活多样、简便及时地组织实施，方便群众了解情况，有利于实施社会监督，保障群众的知情权、参与权、监督权。

——分业推进、分级负责。按照农村公路建设、养护管理和农村客运等领域的不同特点，分步推进公开工作。地方各级交通运输主管部门和乡镇政府、村委会各负其责，合力推进。

（三）公开内容

1. 建设计划。省（区、市）、市（地、州、盟）、县（市、区）、乡（镇）、村农村公路建设计划按层级公开。

2. 补助政策。公开农村公路建设资金补助政策，包括县、乡、村道及危桥改造、安保工程等的补助标准和资金。

3. 招投标。符合招标条件的农村公路建设项目，应公开建设规模、技术标准、招标方式、标段划分、评标方法、中标结果、监督机构等。

4. 施工管理。公开工程概况、施工许可（以年度计划替代施工许可的小型项目除外）、参建单位（建设单位、设计、施工、监理等）、岗位职责、质量安全控制、进度计划、主要原材料等信息。

5. 质量监管。公开质量管理单位或监督机构、主要职责、质监负责人、联系方式、检查内容及方法、检查结果等。聘请村民监督员的，相关信息也同时公开。

6. 资金使用。公开建设资金筹措、资金来源、资金到位、拨付情况等。

7. 工程验收。公开工程验收方式、评定结果、竣（交）工验收鉴定书等。

（四）目标任务

从 2014 年开始，使用公共财政资金的农村公路建设项目应逐步实行"七公开"，并着手制订具体落实措施，明确工作推进时间、公开的主体和平台。从 2015 年起，所有使用公共财政资金的农村公路建设项目必须实行"七公开"，并建成内容科学、系统配套、管理有效的公开制度体系和管理办法，形成公开工作长效机制。

鼓励有条件的地区拓展"七公开"内容，扩大成果运用，把公开工作向农村公路养护管理和农村客运工作延伸。

三、工作重点

（一）完善制度

加强制度设计，建立健全规范运行的制度体系，逐步拓宽"七公开"内容，把经验做法固化为制度，提高制度的科学性、针对性、可操作性。要加强"七公开"工作配套制度的建设，建立完善责任落实、监督检查、工作评价和量化考核等制度体系，注重新情况、新问题的研究，把"七公开"工作规范化、长效化。

（二）突出重点

要突出建设计划公开，严肃计划管理，防止随意变更；突出招投标公开，确保公平、公正，择优选择队伍；突出质量管理公开，鼓励群众参与质量监督，保证工程质量和耐久性；突出资金管理公开，确保资金使用安全，使有限资金发挥最大的效应；突出工程验收公开，全面检验和评价建设工程，让群众放心，让人民满意。

（三）畅通渠道

按照"便捷高效、利于监督"的要求搭建公开载体和平台，拓展信息公开渠道，明确工作主体责任，实现公开内容的适时查询。县级以上地方交通运输主管部门和农村公路管理机构要充分利用政府门户网站、报刊杂志、广播电视等媒介发布信息，乡镇政府（农村公路管理站所）、村委会要利用宣传橱窗、公开栏等传播平台公布信息，从业单位要在施工现场以公示牌的形式公开项目信息。

（四）增强时效

建立农村公路建设信息公开内容与时间相适应的机制，做到定期、定时公开与及时、即时公开相结合，长期公开与阶段性公开、动态公开相结合，切实发挥公开实效。对于农村公路建设政策、规章制度等相对固定的内容要长期公开，年度建设计划、资金使用情况等常规性工作要定期公开，招投标、施工管理、质量控制、验收结果等阶段性信息要及时公开。对于应公开的内容，不得避重就轻选择性公开，不得无故撤消、删减，不得推迟、拖延。

四、保障措施

（一）加强组织领导

要加强对"七公开"工作的组织领导，省级交通运输主管部门要迅速制定具体细则和实施方案，细化公开内容，落实公开流程，精心组织实施，做到思想统一、领导有力、措施有效、落实到位。要完善各层级的协作机制，形成"统筹协调、分级负责、层层落实、协同推进"的工作格局。

（二）强化业务指导

加强业务工作指导，明确责任分工，逐级分解目标。省级交通运输主管部门负责制定相关制度、掌握工作动态和组织监督检查；地（市、州）级交通运输主管部门负责组织实施和监督检查；县级交通运输主管部门是推进"七公开"工作的责任主体，要加强对乡镇、村委会"七公开"工作的业务指导和相关从业单位的督促要求。

（三）注重宣传引导

要充分利用新闻媒体、政府网站、宣传标语、村务公告等传播媒介宣传"七公开"工作，在加强日常宣传的同时抓好重大事件、重要时段的宣传，整合宣传资源，扩大宣传效果，丰富宣传手段，让基层政府、社会各界和农民群众了解农村公路发展政策措施，了解农村公路建设进展情况，树立交通运输部门良好的行业形象，营造农村公路发展氛围。

(四) 实化检查督导

要加强督促检查，建立考核机制，加强信息沟通和协调，采取行业巡查、专项检查和日常检查相结合的方式，重点检查公开形式是否规范、公开内容是否全面真实、公开时限是否及时、投诉举报的问题是否整改到位，加大督导推进力度。交通运输部将结合农村公路专项督导对"七公开"落实情况进行检查，检查结果在全国通报，对经验做法予以表彰和推广。

推行"七公开"制度是新时期农村公路建设的一项重要工作。各级交通运输主管部门要把推行"七公开"作为践行党的群众路线、改进工作作风、提高服务水平的重要抓手，采取有力、有效的措施，把工作抓实、抓好，全面完成建设任务和目标，为农村地区经济社会发展和同步进入小康提供坚实的交通运输保障。

交通运输部关于推进"四好农村路"建设的意见

(2015年5月11日　交公路发〔2015〕73号)

为深入贯彻落实党中央、国务院对"三农"工作部署和习近平总书记对农村公路的重要指示精神,加快推进农村公路建管养运协调可持续发展,到2020年实现"建好、管好、护好、运营好"农村公路(以下简称"四好农村路")的总目标,现提出如下意见。

一、充分认识推进"四好农村路"建设的重大意义

农村公路是保障农民群众生产生活的基本条件,是农业和农村发展的先导性、基础性设施,是社会主义新农村建设的重要支撑。2003年,部根据中央"三农"工作的部署要求,提出了"修好农村路,服务城镇化,让农民走上油路和水泥路"的建设目标。2013年,按照党的十八大全面建成小康社会的战略部署,部进一步提出了"小康路上,绝不让任何一个地方因农村交通而掉队"的新目标。11年来,全国新改建农村公路333万公里,新增通车里程117万公里,通车总里程达到388.2万公里,乡镇和建制村通公路率分别达到99.98%和99.82%,通硬化路率分别达到98.08%和91.76%,通客车率分别达到98.95%和93.32%。农村公路的快速发展和路网状况的显著改善,为农村经济发展和社会进步提供了基础保障,为社会主义新农村建设和全面建成小康社会发挥了重要作用。当前,农村公路发展依然存在着基础不牢固、区域发展不平衡、养护任务重且资金不足、危桥险段多、安全设施少、运输服务水平不高等突出问题,与全面建成小康社会的要求还存在较大差距。

党的十八大以来,习近平总书记多次就农村公路发展作出重要指示,

在充分肯定农村公路建设成绩的同时，要求农村公路建设要因地制宜、以人为本，与优化村镇布局、农村经济发展和广大农民安全便捷出行相适应，要进一步把农村公路建好、管好、护好、运营好，逐步消除制约农村发展的交通瓶颈，为广大农民脱贫致富奔小康提供更好的保障。

总书记的重要批示，充分体现了党中央对农村公路工作的高度重视，蕴含了对农村公路发展的最新要求和殷切希望。今年至整个"十三五"期，是全面建成小康社会的攻坚期和决战期，全国交通运输系统要全面落实好总书记重要批示，充分认识"四好农村路"建设的重大意义，加快推进农村公路提质增效、科学发展，为全面建成小康社会当好先行官。

二、工作目标与任务

推进"四好农村路"建设，要着力从"会战式"建设向集中攻坚转变，从注重连通向提升质量安全水平转变，从以建设为主向建管养运协调发展转变，从适应发展向引领发展转变。通过转变发展思路和发展方式，实现农村公路路网结构明显优化，质量明显提升，养护全面加强，真正做到有路必养；路产路权得到有效保护，路域环境优美整洁，农村客运和物流服务体系健全完善，城乡交通一体化格局基本形成，适应全面建成小康社会和新型城镇化要求。

（一）全面建设好农村公路，切实发挥先行官作用

坚持因地制宜、以人为本，使农村公路建设与优化城镇布局、农村经济社会发展和广大农民安全便捷出行相适应。加快完成中西部地区和集中连片特困地区建制村通硬化路任务，加快溜索改桥和渡口改造进度，加大农村公路安保工程和危桥改造力度。到2020年，乡镇和建制村通硬化路率达到100%。同时，有序推进农村公路改造、延伸和联网工程建设。充分发挥先行官作用，促进新型城镇化和农业现代化进程。

新改建农村公路应满足等级公路技术标准。四级公路宜采用双车道标准，交通量小或困难路段可采用单车道，但应按规定设置错车道。受地形、地质等自然条件限制的村道局部路段，经技术安全论证，可适当降低技术指标，但要完善相关设施，确保安全。按照保障畅通的要求，同步建

设交通安全、排水和生命安全防护设施，改造危桥，确保"建成一条、达标一条"。到2020年，县乡道安全隐患治理率基本达到100%，农村公路危桥总数逐年下降。

加强农村公路建设管理。各级交通运输主管部门要强化建设市场监管和质量、安全督导，保障质量监督检测能力和条件。切实落实农村公路建设"七公开"制度，加强行业监管，接受社会监督。建设管理单位要落实建设资金和专业技术管理人员，明确质量和安全责任人，切实落实质量安全责任，确保工程质量和使用寿命，特别要加强对桥隧和高边坡施工的质量安全管理。采取"以奖代补"形式的项目，应纳入行业监管范围，执行基本建设程序。到2020年，新改建农村公路一次交工验收合格率达到98%以上，重大及以上安全责任事故得到有效遏制，较大和一般事故明显下降。

（二）全面管理好农村公路，切实做到权责一致，规范运行

按照建立事权与支出责任相适应的财税体制改革要求，构建符合农村公路特点的管理体制与机制。完善县级农村公路管理机构、乡镇农村公路管理站和建制村村道管理议事机制。乡镇政府、村委会要落实必要的管养人员和经费。到2020年，县级人民政府主体责任得到全面落实，以公共财政投入为主的资金保障机制全面建立；县、乡级农村公路管理机构设置率达到100%；农村公路管理机构经费纳入财政预算的比例达到100%。

按照依法治路的总要求，加强农村公路法制和执法机构能力建设，规范执法行为，不断提高执法水平。大力推广县统一执法、乡村协助执法的工作方式。完善农村公路保护设施，努力防止、及时制止和查处违法超限运输及其他各类破坏、损坏农村公路设施等行为。到2020年，农村公路管理法规基本健全，爱路护路的乡规民约、村规民约制定率达到100%，基本建立县有路政员、乡有监管员、村有护路员的路产路权保护队伍。

在当地人民政府统一领导下，大力整治农村公路路域环境，加强绿化美化，全面清理路域范围内的草堆、粪堆、垃圾堆和非公路标志。路面常年保持整洁、无杂物，边沟排水通畅，无淤积、堵塞。到2020年，具备条件的农村公路全部实现路田分家、路宅分家，打造畅安舒美的通行环境。

（三）全面养护好农村公路，切实做到专群结合，有路必养

建立健全"县为主体、行业指导、部门协作、社会参与"的养护工作机制，全面落实县级人民政府的主体责任，充分发挥乡镇人民政府、村委会和村民的作用。将日常养护经费和人员作为"有路必养"的重要考核指标，真正实现有路必养。到 2020 年，养护经费全部纳入财政预算，并建立稳定的增长机制，基本满足养护需求。农村公路列养率达到 100%，优、良、中等路的比例不低于 75%，路面技术状况指数（PQI）逐年上升。

平稳有序推进农村公路养护市场化改革，加快推进养护专业化进程。以养护质量为重点，建立养护质量与计量支付相挂钩的工作机制。对于日常保洁、绿化等非专业项目，鼓励通过分段承包、定额包干等办法，吸收沿线群众参与。农村公路大中修等专业性工程，逐步通过政府购买服务的方式交由专业化养护队伍承担。有序推进基层养护作业单位向独立核算、自主经营的企业化方向发展，参与养护市场竞争。

以因地制宜、经济实用、绿色环保、安全耐久为原则，建立健全适应本地特点的农村公路养护技术规范体系。加大预防性养护和大中修工程实施力度。积极推广废旧路面材料、轮胎、建筑垃圾等废物循环利用技术。加快农村公路养护管理信息化步伐，加强路况检测和人员培训，科学确定和实施养护计划，努力提升养护质量和资金使用效益。

（四）全面运营好农村公路，切实服务城乡经济社会发展

坚持"城乡统筹、以城带乡、城乡一体、客货并举、运邮结合"总体思路，加快完善农村公路运输服务网络。建立农村客运班线通行条件联合审核机制。加快淘汰老旧农村客运车辆，全面提升客车性能。强化司乘人员的安全培训和教育，提高从业人员素质。在城镇化水平较高地区推进农村客运公交化，鼓励有条件的地区在镇域内发展镇村公交。通客车的建制村 2 公里范围内要建设农村客运站点（招呼站），选址要因地制宜，充分听取群众意见。农村客运站点（招呼站）应与新改建农村公路项目同步设计、同步建设、同步交付使用。到 2020 年，具备条件的建制村通客车比例达到 100%，城乡道路客运一体化发展水平 AAA 级以上（含）的县超过60%。

推进县、乡、村三级物流站场设施和信息系统建设，按照"多站合一、资源共享"的模式，推广货运班线、客运班车代运邮件等农村物流组织模式，大力发展适用于农村物流的厢式、冷藏等专业化车型。到2020年，基本建成覆盖县、乡、村三级的农村物流网络。

各省、区、市可结合本地实际，按照本意见，补充完善本辖区工作目标和任务，可适当提高或增加相关指标，一并纳入"四好农村路"建设工作中。

三、措施与要求

推进"四好农村路"建设是今年至"十三五"全国农村公路工作的核心任务。各级交通运输主管部门要高度重视，采取有效措施，精心组织，切实将各项任务和目标落到实处。

一是加强组织领导。部农村公路工作领导小组负责统筹协调和组织指导"四好农村路"建设工作。各省、地市级交通运输主管部门应当成立相应的组织机构，制订工作方案，抓好组织落实。各县级人民政府要成立以政府负责人为组长的领导小组，制定切实可行、符合本地区实际的实施方案，做到任务清晰、责任明确、落实有力。9月底前，各省级交通运输主管部门要将工作方案和工作开展情况报部。同时，各地要高度重视新闻宣传和舆论引导，大力宣传"四好农村路"建设的好经验、好做法以及涌现出的先进集体和先进个人。注重解决好农民群众反映的突出问题，维护好农民群众的合法权益，为农村公路发展创造良好环境。

二是夯实工作责任。各级交通运输主管部门要积极争取以政府名义出台推进农村公路建管养运协调发展的政策措施，争取将"四好农村路"建设工作纳入政府年度考核范围，为工作开展创造良好的政策环境。同时，要落实工作责任，分解工作任务，细化建设目标，充实工作力量，落实资金、机构、人员和保障措施，确保顺利实现"四好农村路"建设各项目标，让百姓看到实效，得到实惠。

三是开展示范县创建活动。各省级交通运输主管部门要高度重视示范引领作用,通过开展"四好农村路"示范县创建活动,充分调动县级人民政府的积极性,落实主体责任,以点带面,全面推进。要制定"四好农村路"示范县标准、申报程序和激励政策。要按照"好中选好、优中选优"和"经验突出、可推广、可复制"的原则,在2016年年底前推出首批"四好农村路"示范县,之后每年推出一批示范县,全面营造比学赶超氛围。示范县由省级交通运输主管部门组织评审,建议以省级人民政府名义授予"四好农村路示范县"荣誉称号。部将及时总结推广各地经验,通报表扬先进集体和先进个人,择时召开"四好农村路"建设现场会,通报各地工作开展情况。

四是加强监督考核。各级交通运输主管部门要加强监督考核工作,重点对责任落实、建设质量、工作进度、资金到位等情况进行检查指导,及时发现和解决存在的问题。要按照"四好农村路"建设的各项工作目标和任务,强化上级交通运输主管部门对下级交通运输主管部门的考核,建立健全考核结果与投资挂钩的奖惩机制。县级交通运输主管部门要加强对乡政府、村委会的督导,充分发挥基层政府和组织在农村公路发展中的作用。

五是加强资金保障。要加快建立以公共财政分级投入为主,多渠道筹措为辅的农村公路建设资金筹措机制。推动各级政府建立根据物价增长、里程和财力增加等因素的养护管理资金投入增长机制。努力争取政府债券、各种扶贫和涉农资金用于农村公路发展。完善"以奖代补"政策,发挥好"一事一议"在农村公路发展中的作用。建立省级补助资金与绩效考核、地方配套等挂钩制度,充分发挥上级补助资金的引导和激励作用。加强资金使用情况监督检查,提高资金使用效益。继续鼓励企业和个人捐款,以及利用道路冠名权、路边资源开发权、绿化权等多种方式筹集社会资金用于农村公路发展。

关于稳步推进城乡交通运输一体化提升公共服务水平的指导意见

(2016年10月25日 交通运输部 国家发展改革委 公安部 财政部 国土资源部 住房城乡建设部 农业部 商务部 供销合作总社 国家邮政局 国务院扶贫办 交运发〔2016〕184号)

各省、自治区、直辖市、新疆生产建设兵团交通运输厅（局、委），发展改革委，公安厅（局），财政厅（局），国土资源厅（局），住房城乡建设厅（委），农业（农牧、农村经济）厅（局、委、办），商务厅（局），供销合作社，邮政管理局，扶贫办（局）：

推进城乡交通运输一体化，提升公共服务水平是加快城乡统筹协调、缩小区域发展差距、实现精准扶贫脱贫的迫切要求，是推进新型城镇化建设和实现全面建成小康社会的重要内容。为贯彻落实《国民经济和社会发展第十三个五年规划纲要》关于推动城乡协调发展的部署要求，加快推进城乡交通运输一体化，提升公共服务水平，更好地满足人民群众出行和城乡经济社会发展需要，现提出以下意见。

一、总体要求

（一）指导思想

全面贯彻党的十八大和十八届三中、四中、五中全会精神，落实中央扶贫开发工作会议、中央城市工作会议以及中央农村工作会议相关部署，牢固树立和贯彻落实创新、协调、绿色、开放、共享的发展理念，以完善城乡交通基础设施，推进城乡交通运输协调发展，实现基本公共服务均等化为目标，坚持"城乡统筹、资源共享、路运并举、客货兼顾、运邮结合"，补齐城乡交通运输发展短板，加快交通基础设施建设，推进供给侧结构性改革，完善管理体制机制和政策保障体系，提升服务质量和水平，引领和支撑城乡经济协调发展，让人民群众共享交通运输改革发展成果。

（二）基本原则

政府引导、市场运作。城乡交通运输具有很强的社会公益属性，要发挥政府引导作用，充分调动各方积极性，鼓励社会参与，激发市场活力。对于农村客运（含渡运）、农村通邮、城市公交（含城市轮渡）等公共服务领域，要加强政府主导，加大财政投入和政策支持力度。

以人为本、优化供给。立足保基本、补短板、兜底线，方便出行、安全第一、服务优质，逐步缩小城乡差距和地区差异，全面满足城乡交通运输公共服务需求，让人民群众有更多获得感。

统筹协调、资源整合。统筹城乡、区域之间交通运输协调发展，加快推进城乡交通基础设施的衔接和城乡交通运输服务的一体化建设。推动城乡交通运输与供销、旅游、电商等资源共享，实现优势互补和融合发展。

因地制宜、分类指导。综合考虑经济社会发展水平、不同特点分类指导，鼓励各地先行先试，探索形成不同类型、可复制可推广的城乡交通运输一体化发展模式及实施途径。

（三）发展目标

到 2020 年，城乡交通运输服务体系基本建立，城乡交通基础设施网络结构优化并有效衔接，公共服务水平显著提升，城乡交通运输一体化格局基本形成，社会公众认可度和满意度显著增强，更好地满足城乡经济社会发展需要。主要目标是实现"八个 100%"：具备条件的乡镇和建制村通硬化路率达到 100%；具备条件的乡镇和建制村通客车比例达到 100%；城市建成区路网密度和道路面积率符合要求比例达到 100%；中心城市公交站点 500 米覆盖率达到 100%；500 人以上岛屿通航比例达到 100%；建制村直接通邮比例达到 100%；具备条件的乡镇快递服务网点覆盖率达到 100%，具备条件的建制村通快递比例达到 100%。

二、加快推进城乡交通运输基础设施一体化建设

（四）加强城乡交通运输规划衔接

立足城乡统筹发展，统筹规划城乡交通基础设施、客运、货运物流、邮政快递等内容，加强城乡交通基础设施衔接，整合城乡综合交通运输资源，完善优化运输网络，提升城乡交通运输公共服务水平。建立规划衔接协调机制，实现与经济社会发展规划、城乡规划、土地利用规划统筹衔接。强化规划调控力度，确保规划执行到位。

（五）加快城市交通基础设施建设

建设快速路、主次干路和支路级配合理的城市道路网系统，城市建成区平均路网密度和道路面积率符合国家有关标准；打通阻碍城乡一体化衔接的"断头路"，提高道路通达性。加强自行车道和步行道系统建设，改善步行和自行车交通出行条件。符合条件的城市要加快轨道交通建设，发挥地铁等作为公共交通的骨干作用。

（六）加快城乡交通基础路网建设

建设外通内联的城乡交通骨干通道，加强城市道路、干线公路、农村公路、渡口码头之间的衔接，强化市县乡村之间的交通联系。大力推进"四好农村路"建设，促进农村公路建管养运一体化发展。实施百万公里农村公路工程，加快实现所有具备条件的乡镇和建制村通硬化路。加快推进公路安全生命防护工程实施，进一步加强农村公路危桥改造，建设适宜的农村渡河桥。对不满足安全通行要求的窄路基路面公路要实施加宽改造。完善交通标志标线，建立配套管理机制。加强城乡道路建设与市政工程设施的协调。综合考虑群众实际需求、建设条件、安全运营等因素，分类推进撤渡建桥、撤渡修路、撤渡并渡。加强公路路域环境综合治理，推进城市道路、干线公路临近城区路段改造，缓解进出城市交通拥堵。

（七）加快城乡水运设施建设

加快建设有市场需求的内河客运码头、乡镇渡口和城乡便民停靠点。加快推进渡口标准化建设和改造，完善渡口设施设备和标志标识，促进渡口建管养一体化。改善海岛交通基础设施，加快陆岛交通码头建设。

（八）加快完善城乡运输站场体系建设

科学规划和建设标准适宜、经济实用的农村客货运站点，并保障建设用地。农村客运站点应与农村公路同步规划、同步设计、同步建设和同步交付使用。加强既有客运站点的升级改造和功能完善。鼓励客运站与城市公交站点有序衔接和融合建设，推进公交停靠站向道路客运班线车辆开放共享，方便客车乘员下车换乘。完善相关配套政策，鼓励和支持农村客货运站场用地依法立体开发使用。

三、加快推进城乡客运服务一体化建设

（九）完善城乡客运服务网络

加快建立完善综合运输网络体系，实现城乡道路客运与铁路客运、机场、码头的一体化换乘和衔接。统筹协调城市公共交通、城际客运和农村客运发展，采取不同模式提高建制村通客车率，提高城乡客运网络的覆盖广度、深度和服务水平，确保人民群众"行有所乘"。贯彻落实公交优先发展战略，稳步拓展城市公共交通服务网络。对于重点乡镇及道路通行条件良好的农村地区，鼓励通过城市公交线网延伸或客运班线公交化改造，提升标准化、规范化服务能力。采用公交化运营的客运班线，经当地政府组织评估后，符合要求的可使用未设置乘客站立区的公共汽车。对于出行需求较小且相对分散的偏远地区，鼓励开展预约、定制式等个性化客运服务。

（十）推进城乡客运结构调整

加快整合城乡客运资源，鼓励开展区域经营，积极培育骨干龙头客运企业，鼓励整合分散的农村客运经营主体。引导农村客运班线采取区域经营、循环运行、设置临时发车点等灵活方式运营。规范城乡客运经营服务行为，强化服务质量监管和社会监督，提升运营服务品质，打造城乡客运服务品牌。

（十一）完善城乡客运价格形成机制

综合考虑社会承受能力、财政保障水平、企业运营成本、运输产品服务质量差异、交通供求和竞争状况等因素，完善城乡客运价格形成机制，

合理确定票制票价，建立多层次、差异化的价格体系，更好满足城乡居民出行需求。

（十二）提升乡村旅游交通保障能力

加大交通运输支持乡村旅游发展力度，积极拓展"运游一体"服务。加快改善农村特色产业、休闲农业和乡村旅游等的交通条件，进一步提升交通服务旅游的保障能力。积极支持传统村落、休闲农业聚集村、休闲农园、特色景观旅游名村、"农家乐"等乡村特色旅游区域开通乡村旅游客运线路。加快农村旅游景区、人口密集区域的停车场、充电桩等基础设施建设。

（十三）保障城乡交通运输安全

发挥县乡人民政府的组织领导作用，健全农村交通安全防控网络，大力推进乡镇交管站（办）、农村交通安全劝导站和乡镇交通安全员、农村交通安全劝导员建设、培训，切实履行好安全监管、监督责任。强化部门联动，密切分工协作，督促企业严格落实安全生产主体责任，加大安全投入，加强从业人员培训教育，切实提高安全服务水平。积极推广应用乡村营运客车标准化车型。加强渡口渡船安全管理。建立完善道路通行条件和农村客运线路联合审查机制。加强农村公路设施巡查，及早发现农村公路设施隐患，妥善处治。

四、加快推进城乡货运物流服务一体化建设

（十四）构建覆盖县乡村三级农村物流网络

按照农村物流网络节点建设指南的技术要求，加快推进农村物流网络节点建设，实现建设标准化、管理规范化、服务多元化，全面提升农村物流站点服务能力和水平。做好网络节点体系系统规划，优化站点布局，按照层次清晰、规模适度、功能完善的要求，拓展站场的仓储服务、电商快递服务、信息交易等物流服务功能，实现资源的衔接整合。统一物流站场运营服务标准，规范物流经营服务行为。加快农村物流站点的信息化建设，促进物流信息的集约共享和高效联动。

（十五）增强邮政普遍服务能力

重点推进西部地区和农村地区邮政基础设施建设，建立乡镇及农村邮政营业场所可持续运营的长效机制，支持邮政企业做强寄递主业，促进投递深度向下延伸，农村地区总体实现建制村直投到村。提升处理运输基础能力，引导邮政企业利用农村客货运站场等交通运输基础设施，建立仓储场地和小型邮件分拨中心，进一步强化县域邮件处理能力。

（十六）推进快递服务能力提升

继续推进快递"向西向下"服务拓展工程，加强中西部和农村地区快递网络建设，引导快递企业合理规划快递节点布局，落实网点建设标准，在特色经济乡镇、交通枢纽乡镇等地区建设高标准服务网络，提高网点均衡度和稳定性，实现县乡全面覆盖。健全农村快递末端网络，提高快递服务乡镇覆盖率。

（十七）加强农村交通运输资源整合

推进城乡交通运输"路、站、运、邮"协调发展。按照"多点合一、资源共享"模式，加快集客运、货运、邮政于一体的乡镇综合客运服务站点建设。引导交通运输、邮政、商贸、供销等物流资源的整合，促进农产品进城和农资、消费品下乡双向流通。推广适合农村公路条件的厢式、冷藏等专业化车型。支持农产品冷链物流体系建设，鼓励规模运输企业开展冷链运输。促进农村物流、邮政快递和电子商务融合发展。引导市场主体对接农村电商平台，积极参与农产品网上销售、流通追溯和运输配送体系建设。

五、努力营造城乡交通运输一体化发展环境

（十八）强化组织保障

进一步提高思想认识，积极争取地方党委、政府支持，将城乡交通运输一体化工作列入重要议事日程，并将城乡交通运输一体化水平纳入当地全面建成小康社会目标或年度工作目标。加强组织领导，交通运输、发展改革、财政、公安、国土、住房城乡建设、农业、商务、扶贫、邮政、供销等部门之间应加强沟通协调，明确责任分工，形成工作合力。

（十九）拓宽城乡交通运输发展资金渠道

积极推动建立政府购买城乡交通运输公共服务制度。充分利用现有农村公路建设、农村客运站建设、老旧车船更新等资金，提高资金使用效率，落实各项税收优惠政策和农村客运成品油价格补助政策。发挥好中央资金、地方一般公共预算收入的引导和杠杆作用，带动社会资本投入。鼓励和引导金融机构开发专项金融服务和产品，为城乡交通运输一体化发展提供优质、低成本的融资服务。对于中西部地区、革命老区、民族地区、边疆地区以及集中连片特困地区，按照《中共中央国务院关于打赢脱贫攻坚战的决定》予以支持。

（二十）强化事中事后监管

加强交通运输行业信用体系建设，建立健全相关市场主体信用记录，纳入全国信用信息共享平台。建立完善城乡交通运输服务水平评价制度，加强评价结果的公布与应用。落实"双随机、一公开"监管制度，充分利用"12328"服务热线及邮政业消费者申诉受理渠道等，发挥社会公众监督作用。积极推动移动互联网等新技术在城乡客运生产管理、运营调度和安全应急等方面的应用。对于经营行为不规范、不履行普遍服务责任、存在重大安全隐患和突出交通违法行为的经营主体及其车辆，要依法严格处理。

（二十一）强化法规政策保障

加快推进城乡交通运输一体化服务的法治化、标准化进程。积极推进修订《道路运输条例》和制定《城市公共交通条例》等相关法规，完善配套规章制度。研究制定城乡交通运输一体化配套标准和相关技术政策。交通运输部会同有关部门开展城乡交通运输一体化考核评价和监督指导，加强监督检查，确保政策实效。组织开展城乡交通运输一体化建设工程，总结经验并适时加以推广。

交通运输部关于印发
《"十三五"交通扶贫规划》的通知

(2016年7月30日 交规划发〔2016〕139号)

河北、山西、内蒙古、辽宁、吉林、黑龙江、安徽、福建、江西、河南、湖北、湖南、广东、广西、海南、重庆、四川、贵州、云南、西藏、陕西、甘肃、青海、宁夏、新疆、新疆生产建设兵团交通运输厅（局、委），部属各单位，部内各司局：

"十三五"期是全面建成小康社会的决胜期和脱贫攻坚的冲刺期，为深入贯彻落实中央扶贫开发工作会议精神和《中共中央国务院关于打赢脱贫攻坚战的决定》要求，确保到2020年打赢交通扶贫脱贫攻坚战，我部编制完成了《"十三五"交通扶贫规划》。现印发给你们，请结合本地区本部门实际，认真贯彻落实，加快推动革命老区、民族地区、边疆地区、贫困地区交通运输发展，为其脱贫攻坚提供强有力的交通运输保障。

"十三五"交通扶贫规划

前　言

消除贫困、改善民生、逐步实现共同富裕，是社会主义的本质要求，是我们党的重要使命。"十三五"期是全面建成小康社会决胜阶段，最艰巨最繁重的任务在农村，特别是在贫困地区。习近平总书记强调，必须以更大的决心、更明确的思路、更精准的举措、超常规的力度，深入实施精准扶贫、精准脱贫，众志成城实现脱贫攻坚目标，决不能落下一个贫困地区、一个贫困群众。

交通运输是扶贫开发的基础性和先导性条件。"十二五"期，按照中央扶贫开发工作部署，交通运输部编制印发了《集中连片特困地区交通建设扶贫规划纲要（2011-2020年）》，以集中连片特困地区为主战场，打响了全方位交通扶贫攻坚战，取得了积极的阶段成果。为深入贯彻落实党的十八届五中全会和中央扶贫开发工作会议精神，进一步做好精准扶贫、精准脱贫，交通运输部组织编制《"十三五"交通扶贫规划》，进一步明确"十三五"交通扶贫目标、重点任务和政策措施，加快推进贫困地区交通运输发展，全面提升交通运输基本公共服务水平，为贫困地区与全国同步全面建成小康社会提供强有力的交通运输保障。

规划范围包括集中连片特困地区①、国家扶贫开发工作重点县②（以下简称"国贫县"），以及上述范围之外的一批革命老区县③、少数民族县④和边境县⑤（简称其他"老少边"县，共计318个县区），合计1157个县（市、区）。

规划期限为2016-2020年。

一、"十二五"交通扶贫总结（略）

二、"十三五"形势要求和主要特征（略）

三、指导思想、原则和目标

（一）指导思想

以党的十八届五中全会精神为指导，深入贯彻落实中央扶贫开发工作

---

①集中连片特困地区指《中国农村扶贫开发纲要（2011-2020年）》确定的六盘山区、秦巴山区、武陵山区、乌蒙山区、滇桂黔石漠化区、滇西边境山区、大兴安岭南麓山区、燕山—太行山区、吕梁山区、大别山区、罗霄山区等11个连片特困地区，以及国务院已明确实施特殊政策的西藏、四省藏区、新疆南疆四地州（以下简称"14个片区"），共计689个县。

②国贫县指2006年经国务院扶贫开发领导小组认定的592个国家扶贫开发工作重点县，其中442个县被纳入了集中连片特困地区。

③老区县指国家发展改革委印发的赣闽粤原中央苏区、陕甘宁、左右江、大别山、川陕等五大老区振兴发展规划中确定的革命老区、苏区县。

④少数民族县指根据《中华人民共和国民族区域自治法》认定的少数民族自治县（旗）。

⑤边境县指经国务院认定的中国陆地边境县（市、旗）。

会议精神和习近平总书记关于扶贫开发和农村公路发展的系列重要指示精神，围绕全面建成小康社会的总体目标，按照深入实施精准扶贫、精准脱贫的总体要求，坚持"五个发展"理念，进一步加强贫困地区交通基础设施建设，大力提升运输服务能力和水平，着力强化安全保障能力和管理养护效能，坚决打赢交通扶贫攻坚战，为贫困地区与全国同步全面建成小康社会提供强有力的交通运输保障。

（二）基本原则

1. 统筹规划，协调发展。紧紧围绕国家扶贫开发总目标和扶贫工作总要求，坚持问题导向和需求导向，将贫困地区交通运输发展与经济社会、产业发展、新型城镇化和新农村建设以及产业优化升级相结合；把交通扶贫放在全国综合运输体系的大框架中，统筹"点"与"面"、"内"与"外"、"城"与"乡"交通运输协调发展，推进统筹贫困地区与非贫困地区共同发展；把推动贫困地区交通运输提质增效升级作为着力点，统筹建、管、养、运协调发展。

2. 兜住底线，共享发展。坚守底线，推动交通运输基本公共服务向革命老区、民族地区、边疆地区、贫困地区延伸，向贫困人口全覆盖，改善贫困地区群众基本出行条件。突出重点，把交通基础设施建设作为工作重点，集中力量解决最突出的矛盾、最迫切的问题，加快构建和完善"外通内联、通村畅乡"的交通运输网络，努力提高运输服务水平和基础设施管养效能，全面提高贫困地区交通运输基本公共服务的共享水平，小康路上决不让任何一个地方因交通而掉队。

3. 精准施策，创新发展。针对贫困地区的发展实际，尽力而为、量力而行，合理确定不同地区交通扶贫的目标和重点。制定更加细化、精准的投入支持政策和保障措施，确保交通扶贫目标落到实处。创新交通扶贫供给方式，推动"交通+"扶贫新模式。适应地区特点，完善标准体系，不搞全国一刀切，不刻意追求高标准。

4. 因地制宜，绿色发展。充分考虑贫困地区生态环境特点和交通需求特点，在交通规划、设计、建设过程中，因地制宜，合理确定建设方案和技术标准；树立"不破坏是最大保护"的理念，集约节约利用土地，减少大填大挖，注重生态和环境保护，尊重民俗和文化传统，实现交通发展与自然环境和谐统一。

5. 政府主导，合力攻坚。 坚持政府主导、各方推动，紧紧围绕交通扶贫规划目标和建设任务，进一步加大中央和省、市政府的投入支持力度，着力推进交通扶贫攻坚各项工作；充分发挥中央、地方及社会的积极性，按照"中央统筹、省负总责、市（地）县抓落实"的要求，明确地方政府的责任主体地位，各司其职、各负其责，形成交通扶贫攻坚的强大合力，狠抓落实、务求实效，共同推进"十三五"交通扶贫目标如期实现。

（三）规划目标

到2020年，贫困地区全面建成"外通内联、通村畅乡、班车到村、安全便捷"的交通运输网络。国家高速公路主线基本贯通，具备条件的县城通二级及以上公路，乡镇和建制村通硬化路、通客车，撤并建制村通达通畅条件和水网地区水运条件明显改善，形成对外衔接畅通、广泛覆盖乡镇和村庄的干线公路网、农村公路网、客运服务网络和农村物流网络，城乡客货运输服务水平明显提升，交通安全和应急有保障，公路管养到位有效能，并力争兜底性建设任务提前一年完成，切实做好交通先行，适应经济社会发展和全面建成小康社会的总体要求。

——干线公路框架全面形成。贫困地区国家高速公路主线基本贯通，具备条件的县城通二级及以上公路。

——农村公路通畅水平全面提升。提前一年实现乡镇、建制村通硬化路（西藏实现80%的乡镇和30%的建制村通硬化路），稳步推进较大人口规模的撤并建制村通硬化路，群众交通出行条件得到根本性改善。

——客货运输服务水平显著提高。乡镇和具备条件的建制村通客车，县城建有二级及以上公路客运站或能力适应的三级公路客运站，主要乡镇建有客运综合服务站，建制村根据需求建设招呼站。

——公路安全水平和应急保障能力显著提高。完成县乡道和通村村道安全生命防护工程建设，实施县乡道上亟待改造的危桥和通村村道上的现有危桥改造，保障建制村至少拥有一条安全可靠、顺畅通行农村客车的硬化路；国省干线公路安全监管和应急保障能力显著增强。

"十三五"期贫困地区公路交通主要发展指标

指　　　标	2015 年	2020 年
县城通二级及以上公路比例（%）	92	95
乡镇通硬化路比例（%）	98	100
建制村通硬化路比例（%）	88	100
乡镇通客车率（%）	97	100
建制村通客车率（%）	83	100
县城建有二级及以上客运站比例（%）	60	80
具有农村客运始发班线的乡镇建有客运站比例（%）	85	100

注：100%是针对具备条件的县城、乡镇和建制村。

四、主要任务

"十三五"期着力实施交通扶贫攻坚工程，主要包括"八大任务"：

1. 骨干通道外通内联

畅通贫困地区对外运输通道，强化连片贫困地区内部通道连接，促进贫困地区内外互联互通，构建区域发展和脱贫致富的"康庄大道"。建设重点包括：有序推进国家高速公路建设，实现贫困地区国家高速公路主线基本贯通；以通县普通国道建设为重点，加快低等级普通国道提级改造，提高干线公路的服务能力和保障水平，实现贫困地区具备条件的县城通二级及以上公路；推进资源丰富和人口相对密集地区开发性铁路建设，完善支线机场和通勤机场建设，并强化铁路、民航枢纽公路集疏运体系建设。"十三五"期，支持贫困地区建设 1.67 万公里国家高速公路和 4.75 万公里普通国道。

2. 农村公路通村畅乡

一是力争提前一年完成全面建成小康社会交通运输托底性目标。按照"保基本、惠民生"的要求，大力推进贫困地区剩余乡镇和建制村通硬化路建设，实现具备条件的乡镇和建制村通硬化路。"十三五"期，解决西藏、新疆、四川 3 省区 246 个乡镇通硬化路，建设里程约 8630 公里；解决贫困地区 2.45 万个建制村通硬化路、建设里程约 18.6 万公里，实现"村村通硬化路"。其中，集中连片特困地区解决 1.6 万个、建设里程 13.1 万公里，片区外国贫县解决 3474 个、建设里程 2.2 万公里，其他"老少边"县解决 4757 个、建设里程 3.3 万公里。

二是有序推进较大人口规模的撤并建制村通硬化路建设。"十三五"期解决贫困地区 2.1 万个撤并建制村通硬化路，建设里程约 8.3 万公里，到 2020 年实现较大人口规模的撤并建制村通硬化路。其中，集中连片特困地区解决 1.4 万个、建设里程 5.9 万公里，片区外国贫县解决 3307 个、建设里程 1.2 万公里，其他"老少边"县解决 3120 个、建设里程 1.3 万公里。

3. 农村公路安全能力提升

一是加强县、乡道以及建制村优选通达村道上的安全生命防护工程建设，对急弯陡坡、临水临崖等安全隐患重点路段，有条件设置护栏的以设置钢筋混凝土护栏、波形梁钢护栏、缆索护栏为主，并辅以水泥墩、水泥柱、标志标线等综合完善安全防护设施；改造县、乡道上亟待改造的危桥以及建制村优选通达村道上的现有危桥，为建制村通客车提供安全保障。"十三五"期建设农村公路安保设施 33.7 万公里，其中县乡道建设安保设施 22.8 万公里，村道建设安保设施 10.9 万公里；改造农村公路危桥 1.5 万座、42.7 万延米，其中县、乡道改造危桥 6590 座、20.3 万延米，村道改造危桥 8649 万座、22.4 万延米。

二是因地制宜、分类推进建制村优选通达线路中不能满足安全通客车要求的窄路基路面公路拓宽改造，为建制村安全通客车提供保障。"十三五"期支持贫困地区对 13.8 万公里窄路基路面农村公路加宽改造，其中集中连片特困地区加宽改造 9.0 万公里，片区外国贫县加宽改造 2.0 万公里，其他"老少边"县加宽改造 2.8 万公里。

4. "交通+特色产业"扶贫

按照"强服务，促发展"的要求，继续支持贫困地区实施一批具有资源路、旅游路、产业开发路性质的公路改造建设，促进贫困地区旅游、特色加工、能矿开发、绿色生态等产业落地、发展、壮大，增强贫困地区内生发展能力，加快贫困地区开发式脱贫致富。"十三五"期支持贫困地区约 3.1 万公里资源路、旅游路、产业路改造建设。

5. 运输站场改造完善

加强贫困地区县级公路客运站改造建设，改善县级公路客运站的服务条件和服务能力，到 2020 年实现所有县城建有二级及以上公路客运站或能力适应的三级公路客运站。继续推进人口密集且具有农村客运（或城乡公交）始发班线的乡镇客运站（或城乡公交首末站）和村级招呼站建设，改善农村地区的候车条件。支持主要乡镇建设集客运、物流、商贸、邮政、快递、供销等多种服务功能于一体的综合服务站。"十三五"期支持贫困地区改造建设 170 个县级客运站和 1320 个乡镇客运综合服务站。

6. 水运基础条件改善

继续加强具备条件区域的对外水运通道建设，进一步改善贫困地区重要航道和库湖区水运基础设施条件，继续实施渡口改造、渡改桥工程，推进内河港口集约化、规模化发展，更好适应区域经济社会发展需要。"十三五"期贫困地区规划新增及改善航道里程 2600 公里，新增 80 个码头泊位。

7. 公路管养效能提高

进一步完善权责一致的公路管养责任体系，建立健全管养工作制度，保障管养资金供给，提高管养效能。一是强化干线公路养护。重视和加强日常养护，保持良好的通行环境和技术状态；继续强化大中修工程养护，及时恢复提升设施使用性能。二是按照全寿命周期养护成本最小化理念，全面开展预防性养护，实现公路养护由被动防治向主动预防转变。三是切实加强农村公路养护。完善"县为主体、行业指导、部门协作、社会参与"的农村公路养护工作机制，全面落实县级人民政府的主体责任，切实做到农村公路管养机构、人员、资金三落实，充分发挥乡镇人民政府、村委会和村民参与作用。发挥好中央和省级资金的引导与激励作用，推动将农村公路养护纳入各级地方政府经济社会发展考核指标体系，加快建立以政府公共财政投入为主，多渠道筹措为辅的农村公路养护资金保障制度。建立适应区域特点的农村公路养护技术规范体系，加大预防性养护和大中修工程实施力度，大力整治农村公路路域环境，切实做到"有路必养、养必有效"。

8. 运输服务保障提升

着力提高贫困地区基本客货运输服务的能力和水平，更好地服务贫困地区经济社会发展和人民群众安全便捷出行。一是按照"因地制宜、分类指导"的原则，创新农村客运发展模式，尝试片区经营、冷线热线搭配、预约班车、按需灵活发班等模式，继续推进乡镇和建制村通客车，进一步扩大农村客运覆盖范围，提高贫困地区农村客运通达率。二是引导地方政府建立农村客运补贴机制，完善政府扶持政策，促进农村客运"开得通、留得住"。三是统筹城乡客运资源，有序推进城乡客运一体化发展。四是优化运力结构，研究适合发展农村客运和货运的车型标准。五是推进"交通+电商快递"扶贫工程，整合交通、供销、商贸、电商、邮政、快递等资源，构建县、乡、村三级农村物流配送网络，完善农村生产生活资料和农副产品物流服务体系，提高农村物流服务能力和水平。六是加强贫困地区农村客货运输从业人员培训，提高贫困地区客货运输服务的供给能力和水平。七是实施"互联网+交通"扶贫工程，包括构建与全国联网统一运行的综合交通运行监测与应急处置平台，公众出行信息服务平台，以及运输市场信用信息管理与服务系统，并加强与有内在需求的城市群间公共交通一卡通系统的互联互通。

五、投资政策

由于自然地理、历史发展等原因，连片特困地区之间、连片特困地区内部各县之间及连片特困县与国贫县及其他"老少边"县之间经济发展水平参差不齐，发展基础差异较大，"十三五"期交通扶贫投资政策应因地制宜、精准施策。

（一）国省干线公路（略）

（二）农村公路

1. 建制村通硬化路，属于"托底性"建设任务，"十三五"期采取"普惠政策"与"特惠政策"相结合的交通补助政策，以实现精准扶贫。具体政策如下：

（1）考虑同步实施公路安全生命防护工程和路基路面加宽、成本上升等因素，在"十二五"期交通扶贫补助标准 50 万元/公里的基础上增加到 60 万元/公里作为中央投资补助基数。318 个其他"老少边"县按基数给予投资补助。

（2）采用"贫困深度系数"法，根据贫困深度不同，对集中连片特困县和国贫县实施差异化投资政策。西藏和南疆四地州继续实行全额投资；其他 732 个集中连片特困县和国贫县，根据贫困深度系数由高到低排序划分为三档，按 732 个贫困县总数的 30%、30%、40%分别列入第一档、第二档和第三档，最贫困的县为第一档，考虑到四省藏区地广人稀、建设里程长、难度大的特殊情况，将四省藏区的 77 个县直接列入第一档。第三档按基数补助，第二档、第一档在补助基数的基础上分别上浮 5 万元和 10 万元。

2. 乡镇通硬化路建设、窄路基路面公路拓宽改造、农村公路安全生命防护工程建设与危桥改造、撤并建制村通硬化路建设以及农村旅游路、资源路、产业路建设，继续采取"普惠政策"，总体采取定额补助，按照同类建设项目平均工程造价的 65%-70%制定补助标准。

3. 实际执行过程中，可以做以下调整：

（1）在保证各建设类别里程规模且建设标准符合《公路工程技术标准》相关技术要求的前提下，地方交通运输主管部门可结合具体项目的地形条件、建设成本、难易程度，对补助标准进行适当调整（各省可根据本省实际情况明确具有调整权限的部门），调整幅度不超过 15%，调剂资金仍然用于贫困地区农村公路建设。

（2）对于未通达、未通畅建制村实行整体搬迁的，允许各省（市、区）交通运输厅（局、委）将原计划安排实施的资金，统筹用于移民安置点对外连接公路建设或本规划范围内的其他类别农村公路建设。

（3）对于资源路、旅游路、产业路建设，每个县的最终建设规模和具体建设项目由省级交通运输主管部门在本规划范围内统筹确定，交通运输部实行总量控制、切块管理。

（三）农村客运站点

"十三五"期继续投入支持贫困地区县级公路客运站和乡镇客运站建设。补助标准为：县级客运站二级公路客运站每个补助 1000 万元、三级公路客运站每个补助 600 万元，主要用于候车室、安全监控、票务用房、邮政快递等建设；乡镇综合服务站每个补助 60 万元，主要用于候车室、邮政快递、物流仓储设施等建设。

（四）内河水运（略）

六、保障措施

（一）强化规划组织实施

1. 加强组织协调。按照习近平总书记提出的"四个切实"要求，切实落实领导责任，把"中央统筹、省负总责、市（地）县抓落实"的管理体制落到实处。交通运输部负责抓好政策制定、项目规划、中央资金补助、考核评价等工作；各省（区、市）交通主管部门要高度重视，加强组织领导，优先安排交通扶贫项目，同时建立分工协作机制，加强与发改、财政、国土、环保、金融机构等相关部门的协调，优化审批流程，减少审批前置条件，缩短审批周期，保障资金、土地等要素供给。

2. 做好前期工作。国家高速公路和普通国道建设方面，加强跨省（区、市）路线省际路段的线位、建设标准和建设时序衔接，协同推进项目建设；按照"完成一批、开工一批、研究一批、储备一批"思路，加快推进项目前期工作、做好项目储备；切实保障重大建设项目前期工作经费投入，加强技术方案比选和经济可行性论证，合理确定建设方案。农村公路建设项目，鼓励集中打捆审批，提高项目前期工作及审批效率。及时编制"十三五"交通扶贫建设项目财政预算，做好交通扶贫三年滚动财政性资金规划，并加强与国家中期财政规划的衔接。

3. 强化监督检查。加强交通扶贫项目建设管理和质量控制，强化规划实施动态跟踪与监督检查。加强对规划实施情况的跟踪分析，及时把握工作过程中的新情况、新问题，适时调整规划和相关政策，进一步增强规划的实效。不断抓好责任分解、监督考核、责任追究等关键环节，建立健全交通扶贫长效机制。

（二）做好发展资金保障

1. 加大中央投入力度。按照中央要求，优先保障交通扶贫项目资金，继续加大车购税、中央预算内资金等对贫困地区交通建设的投入，提高补助标准；将农村公路养护资金纳入一般性转移支付，加大成品油消费税用于农村公路养护的比例。发挥好政府投入在扶贫开发中的主导作用，确保政府扶贫投入力度与扶贫攻坚任务相适应，与打赢脱贫攻坚战的要求相匹配。对于国家按标准进行补助的公路建设项目，地方在实施过程中必须保障中央资金足额使用，除本规划规定可以调整的外，不得降低补助标准，调整到其他项目。

2. 建立中央和地方投资联动机制。按照激励相容的思路，交通运输部与地方政府共同建立交通扶贫投资联动机制，采取"一年一检、随机抽检、交叉互检"的交通扶贫监督检查机制，将地方政府落实建设资金和相关支持措施、推进项目建设效果等因素与下一年度中央资金安排相挂钩，实行"奖补结合""扶促结合""奖优罚劣"的奖惩机制，落实交通扶贫监督检查机制，进一步督促地方落实好交通扶贫主体责任，把交通扶贫攻坚作为保基本、惠民生的大事来抓，确保如期完成"十三五"交通扶贫规划目标。地方政府作为农村公路的责任主体，要主动作为，积极出台支持政策，加大地方财政性资金对农村公路建设、管理养护的投入力度，并纳入同级财政预算。市县政府要积极整合以工代赈资金、财政专项扶贫资金、国土、农林、水利、移民专项资金、烟草专项资金等部门专项用于农村扶贫的专项资金用于农村公路建设。

3. 拓宽融资渠道。加强与国家开发银行、农业发展银行等政策性金融机构的合作，充分发挥政策性金融机构的中长期投融资优势，争取"两行"组合运用投资、扶贫开发专项贷款等产品，合理定制"低利率、长期限"的融资方案，开辟绿色通道，共同破解交通扶贫建设项目融资难题。"两行"安排抵押补偿贷款和开发金融型贷款，优先用于交通扶贫项目。积极探索交通扶贫财政投入与信贷资金有机结合的新模式，发挥政策性金融和商业性金融的互补作用，利用好信贷资金放大交通扶贫财政投入的效用。

（三）巩固和发展"大扶贫"工作机制

1. 动员社会力量参与。 加强与扶贫部门和其他行业部门的合作，用好对口扶贫政策，鼓励片区定点扶贫和对口扶贫单位参与片区交通建设；倡导各省区政府实施省内共济互助政策，以财政强县为主体，实行强县带弱县的对口帮扶。大力倡导社会扶贫，鼓励企业、个人对交通扶贫项目捐资、捐助。引导社会资金投入农村公路建设，鼓励采取拍卖路桥冠名权、"路、站、运一体化"开发沿线经营服务设施等形式，拓宽农村公路筹资渠道。

2. 创造良好交通扶贫环境。 重视发挥广大基层群众的首创精神，动员全社会力量广泛参与交通扶贫事业。积极构建政府主导、社会支持、群众参与的农村公路建设管理体制，营造全民"建路、爱路、护路"的良好环境。鼓励各级地方政府在农村公路建设中推广"七公开"制度，做到信息公开透明、阳光操作。广泛宣传交通扶贫的政策、成就、经验和典型事迹，构建政府部门、社会力量和广大群众共同支持和参与交通建设的良好氛围。

（四）加强人才培养和科技支撑

做好贫困地区干部人才支持和培训扶贫工作。继续将交通扶贫与干部人才培养锻炼相结合，健全扶贫挂职干部选拔任用、考核评价、监督管理、服务保障等工作机制。紧密结合贫困地区交通建设发展目标任务和干部人才队伍特点，加大教育培训支持帮扶力度，为贫困地区区域发展与扶贫攻坚提供强有力的交通智力支持和人才保障。加强对集中连片特困地区公路建设、公路安全生命防护、灾害防治等技术的研究，加快新技术、新标准在贫困地区的推广应用。

交通运输部关于印发《"四好农村路"督导考评办法》的通知

(2017年1月18日 交公路发〔2017〕11号)

各省、自治区、直辖市、新疆生产建设兵团交通运输厅（局、委）：

现将《"四好农村路"督导考评办法》印发给你们，请遵照执行，有关情况及时报部。

"四好农村路"督导考评办法

第一章 总　　则

第一条 为进一步把农村公路建好、管好、护好、运营好，建立健全督导考评体系，根据《中华人民共和国公路法》、《公路安全保护条例》、《道路运输条例》、《农村公路建设管理办法》、《农村公路养护管理办法》等法律法规规章，制定本办法。

第二条 本办法适用于对中央确定的农村公路发展任务，以及部、省、市、县确定相关任务、目标和主要政策落实情况的督导考评工作。

第三条 督导考评应当遵循科学评价、突出重点、奖优罚劣的原则。

第四条 督导考评实行逐级督导考评制，原则上分为部、省、市、县四个级。

部级督导考评对象为省级交通运输主管部门，省级督导考评对象为市级交通运输主管部门或县级交通运输主管部门，市级督导考评对象为县级交通运输主管部门，县级督导考评对象为乡道、村道的管理单位。

第五条 交通运输部负责部级督导考评的组织实施，指导全国督导考评工作。

省级交通运输主管部门负责省级督导考评的组织实施，协助、配合部级督导考评工作，监督指导本辖区督导考评工作。

省级以下督导考评规则由省级交通运输主管部门制定。

第六条 各级交通运输主管部门应当定期开展督导考评工作，突出目标导向和结果导向，推动重点任务完成和政策落实，强化行业管理，不断提升"四好农村路"服务"三农"和脱贫攻坚的能力和水平。

第七条 各级交通运输主管部门应当积极将"四好农村路"工作纳入地方政府目标考核体系。

第二章 督导考评内容

第八条 部级督导考评内容包括中央年度任务落实情况、政策法规保障情况，以及农村公路建设、管理、养护、运营等方面。

省级及以下督导考评内容由各级交通运输主管部门在上级督导考评内容基础上，结合本地区实际确定。

第九条 中央年度任务落实以任务分解、监督实施、督促整改为考评重点，主要包括中央一号文件、国务院政府工作报告和部确定的"四好农村路"年度工作任务等。

第十条 政策法规保障考评以国家政策落实和相关制度制定情况为考评重点，主要包括以下几个方面：

（一）"四好农村路"相关法律法规规章落实情况。

（二）省级"四好农村路"法规和规章制定情况。

（三）争取省级政府出台"四好农村路"支持政策和纳入地方政府绩效考核情况。

（四）"四好农村路"工作安排部署、组织推动、示范县创建和政策激励等情况。

第十一条 "建设好"以资金投入和行业管理等为考评重点，主要包括以下几个方面：

（一）建设资金筹集、建设任务落实和服务农村经济社会发展情况。

（二）生命安全防护和危桥改造工程开展情况。

（三）行业监督管理和基本建设程序规范情况，建设质量管理的制度体系完善情况，整改措施落实和建设标准、质量达标等情况。

（四）"三同时""七公开"制度落实情况。

第十二条　"管理好"以机构人员配备、路产保护和路域治理等为考评重点，主要包括以下几个方面：

（一）县、乡农村公路管理机构和村级议事机制完善情况，管理机构和人员经费纳入地方政府财政预算情况。

（二）路政、运政行业管理情况。

（三）路产路权保护的部署和落实情况，推进超载超限治理、用地确权等情况，爱路护路乡规民约、村规民约制定和执行情况。

（四）路域环境治理情况，"路田分家""路宅分家"情况。

第十三条　"养护好"以资金保障、养护工程开展、路况水平和行业管理等为考评重点，主要包括以下几个方面：

（一）《农村公路养护管理办法》规定的养护资金相关政策落实情况。

（二）列养率和大中修工程开展情况，优、良、中等路率目标完成情况。

（三）路况检测、评定和决策科学化情况，养护台账情况。

（四）养护管理规范化、市场化、专业化情况。

第十四条　"运营好"以客货运发展情况为考评重点，主要包括以下几个方面：

（一）具备条件的乡镇、建制村通客车情况。

（二）农村客运班线安全通行条件审核情况。

（三）城乡客运一体化发展情况。

（四）覆盖县、乡、村三级的农村物流体系建设情况。

第十五条　部级督导考评根据农村公路发展阶段，选取可量化、可评价、典型性的指标，评分标准在每年交通运输部制定的督导考评实施方案中予以明确。

第三章　督导考评实施

第十六条　督导考评工作流程原则上按印发督导通知、组成督导考评工作组、实地督导考评、印发督导考评情况通报的程序进行。

第十七条　督导考评实行督导考评工作组负责制。

部级督导考评由交通运输部从各地抽调负责农村公路工作的专家组成部督导考评工作组。组长由部内相关司局或委托省级交通运输主管部门负责同志担任。

省级及以下督导考评由当地交通运输主管部门组织，可采用自检、交叉互检、委托第三方检查或检测等方式。组长原则上由相关交通运输主管部门负责同志担任。

第十八条　交通运输部根据全国"四好农村路"开展情况，在每年一季度确定部级督导考评省份和实施方案，每个省份至少实地督导分属不同地市的两个县。其中，一个县由受检查省份推荐，一个县由部督导考评工作组选定。

省级及以下督导考评对象和实地督导相关要求由各级交通运输主管部门确定。

第十九条　实地督导考评一般采用座谈了解、检查内业资料、数据核算、现场检测或检查的方法，并按照评分标准打分，准确客观进行考评。

第二十条　督导考评工作组应与受检单位交换督导考评意见。

第四章　督导考评结果运用

第二十一条　部级督导考评结果由交通运输部向省级交通运输主管部门通报，抄送省级人民政府办公厅。

省级及以下督导考评结果通报方式由省级交通运输主管部门确定。

第二十二条　省级交通运输主管部门应在接到督导考评通报的两个月内向交通运输部反馈整改方案，并根据整改进展及时报告阶段性成果。

第二十三条　部级督导考评结果作为交通运输部评判各地"四好农村路"开展情况的主要依据。

对年度任务落实不力，进度严重滞后，以及在督导考评中弄虚作假的，交通运输部将予以通报批评，并采取相应惩戒措施。

第二十四条 省级交通运输主管部门应当建立健全督导考评结果与投资和荣誉等相挂钩的奖惩机制，充分发挥督导考评结果的激励作用。

第五章 附 则

第二十五条 省级交通运输主管部门应根据本办法制定实施细则，指导市县落实本办法相关规定。

第二十六条 本办法由交通运输部公路局负责解释。

第二十七条 本办法自 2017 年 1 月 18 日起施行。

交通运输部办公厅关于创建"四好农村路"全国示范县的实施意见

（2017年6月22日 交办公路〔2017〕90号）

各省、自治区、直辖市、新疆生产建设兵团交通运输厅（局、委）：

为深入贯彻习近平总书记关于交通运输工作的重要指示批示精神，落实《交通运输部关于推进"四好农村路"建设的意见》（交公路发〔2015〕73号，以下简称《意见》）有关规定，全面推进"四好农村路"工作，现就开展"四好农村路"全国示范县创建活动提出如下实施意见。

一、总体要求

全面贯彻落实党的十八大和十八届三中、四中、五中、六中全会精神，深入学习贯彻习近平总书记系列重要讲话精神和治国理政新理念新思想新战略，牢固树立新发展理念，紧紧围绕2020年实现"建好、管好、护好、运营好"农村公路的目标，以示范县建设为抓手，着力优化农村公路网结构，完善农村公路管理体制，建立健全"四好农村路"建设长效机制，充分发挥典型引领和示范带动作用，以点带面，全面提升农村公路服务能力和品质，为全面建成小康社会提供更好的农村交通保障。创建工作应坚持以下原则：

坚持实事求是、优中选优。从发展实际出发，把"四好农村路"发展水平高、主体责任落实好、长效机制基本健全的县选出来，使之成为引领发展的样板。

坚持经验突出、可学可鉴。从发展特色出发，把建设质量高、养护效果好、运营管理力度大等特点鲜明、典型经验突出且可学可复制的县选出来，使之成为推动工作的样板。

坚持服务脱贫攻坚大局。充分考虑各地经济和社会发展水平的差异，特别是对老少边穷县，不搞发展指标"一刀切"，把重视程度高、创新意识强、服务脱贫攻坚效果好的县选出来，使之成为服务脱贫攻坚的样板。

二、基本条件

"四好农村路"全国示范县暂定100个，原则上2017年创建50个，2018年创建50个。各省（区、市）名额分配主要考虑县级行政单位数量和农村公路里程等因素，并适当向西部地区倾斜，向部督导考评成绩突出、省级政府支持力度大和服务脱贫攻坚效果突出的省份倾斜。

申报的"四好农村路"全国示范县应符合《意见》确定的基本条件和相关要求，农村公路发展水平较高，脱贫攻坚或改革创新经验突出，服务本地区经济社会发展成效显著。部重点审核以下基本条件：

1. 发展基础较好

根据部工作部署要求，已按本辖区省级示范县标准和申报程序命名为省级"四好农村路"示范县。

2. 群众获得感强

基本建成适应经济社会发展的农村公路网络，大力推进具备条件的建制村通客车、城乡交通运输一体化和县、乡、村三级农村物流网络建设，服务本地区经济社会发展或脱贫攻坚成效显著，典型经验突出。

3. 管理体制顺畅

县道县管、乡村道乡村管的管理体制基本完善，县、乡级农村公路管理机构设置率达到100%，机构运行经费纳入一般公共预算的比例达到100%。乡镇、村委会作用发挥充分，爱路护路的乡规民约、村规民约制定率100%。基本建立县有路政员、乡有监管员、村有护路员的路产路权保护队伍。

4. 长效机制基本建立

"四好农村路"主要指标纳入县政府绩效考核目标和对乡镇政府的考核指标。建立了以公共财政投入为主、多渠道筹措为辅的农村公路建设资金保障机制，以及根据物价增长、通车里程和政府财力增加等因素的养护资金增长机制，并在县政府年度预算中反映。

5. 基本实现有路必养、养必到位

建立养护质量与计量支付相挂钩的工作机制。将日常养护经费和人员作为"有路必养"考核指标，列养率达到100%。优、良、中等路的比例不低于75%，路面技术状况指数（PQI）逐年上升。

6. 质量安全基础牢固

近两年新改建农村公路一次交工验收合格率达到98%以上。近五年农村公路安全防护设施逐年提升，危桥总数逐年下降，未发生特别重大安全生产事故或重大质量事故。

7. 促进美丽乡村建设效果好

大力整治农村公路路域环境，全面清理路域范围内非公路标志。路面常年保持整洁、无杂物，边沟齐全，排水通畅，无淤积、堵塞。县道基本实现路田分家、路宅分家，乡村道整治有序进行。

三、工作程序

首批全国示范县创建工作按照以下程序开展：

（一）对标遴选（2017年6月30日前）

各省级交通运输主管部门对照上述基本条件，经审定后形成"四好农村路"全国示范县初步名单，数量不超过3个。在省级交通运输主管部门政务网站公示，公示时间不少于5个工作日。公示无异议或虽有异议但核查通过的，作为初步推荐对象，商相关地市、县开展创建工作。

（二）县级自查（2017年7月7日前）

县级交通运输主管部门向县级人民政府汇报，对照《意见》和上述基本条件逐条自查，形成申报材料。其中，对暂不满足条件的提出整改措施，并由县级交通运输主管部门推动县级人民政府作出书面承诺，县级人民政府未作出书面承诺的，视为自愿放弃。上述申报材料经地市交通运输主管部门审核后，报省级交通运输主管部门复核。县自愿放弃的，不再递补。

(三)省市核查(2017年7月14日前)

省市两级交通运输主管部门组成联合工作组,对拟推荐县进行核查,重点核查县级自查情况,形成核查报告并提出整改要求。示范县按照书面承诺年内必须整改完毕。发现弄虚作假的,取消推荐资格,今后不再纳入全国示范县推荐名单,并建议撤销其省级示范县资格。省级交通运输主管部门对核查情况和相关证明材料负责。

上述两个阶段可合并进行。

(四)报部复核(2017年7月28日前)

省级交通运输主管部门完成核查后,向部报送相关申报材料。申报材料主要内容包括省级示范县创建过程和补助政策、全国示范县推荐排序和推荐过程、示范县经验做法、对标达标情况、整改措施和承诺及主要证明材料等。

部组织力量复核。对省级支持政策不实、创建流于形式以及弄虚作假的,核减分配名额。对未在2017年3月底前推出首批省级示范县,以及推荐对象存在不符合基本条件或整改措施难以达到基本条件的,视同省级交通运输主管部门把关不严,取消该省(区、市)首批推荐资格。

(五)命名确定(2017年8月15日前)

部复核后,按部决策程序报批后正式行文公布。第二批全国示范县参照首批进行,具体安排另行通知。

四、支持政策

部将给予每个全国示范县1000万元的一次性额外投资补助。各省级交通运输主管部门应在省级示范县补助的基础上,再对全国示范县安排不低于1000万元配套投资补助,并在安排投资计划等方面予以适当倾斜。

补助资金用于符合部"十三五"农村公路投资政策的项目(不含"十三五"规划中已经兜底的乡镇和建制村通硬化路),包括:撤并建制村通硬化路、窄路加宽、农村公路路网改善工程、农村公路安全生命防护工程、危桥改造工程等。

全国示范县额外补助项目管理参照《车辆购置税投资补助一般公路建

设项目计划管理办法》（交规划发〔2016〕238号）执行。县级可以不安排配套资金，部省补助资金到位前，可以"先建后补"。投资计划由县安排，地市审核，省级交通运输主管部门审定，并与其他农村公路建设计划一并报部备案。

省级交通运输主管部门要加强对补助资金使用的监督检查，确保资金使用符合相关规定。存在问题的，部将采取惩戒措施。

五、全国示范县管理

（一）加快建立长效机制

全国示范县交通运输主管部门要积极争取当地政府支持，制定印发《"四好农村路"全国示范县专项工作制度》，切实落实相关整改措施和承诺，建立"四好农村路"工作长效机制。部将研究建立"四好农村路"全国示范县复审制度，对弄虚作假、工作开展不力或出现重大安全生产和质量事故的示范县，将责成省级交通运输主管部门组织整改。整改后仍然难以达到标准要求的，将取消示范县资格并采取惩戒措施。

（二）充分发挥示范引领作用

全国示范县要树立"标杆"意识，着力打造"畅安舒美"的农村交通环境，努力形成"精准细严"的农村公路管理制度体系。省、市交通运输主管部门要为示范县传播经验搭建平台，通过现场会、典型经验交流、培训讲座、专题宣传报道等多种方式，推广示范县先进经验。各地要广泛开展示范乡、示范村、示范路创建活动，以点带面，全面提升本辖区农村公路发展水平。部将重点宣传推广示范县的典型经验。

（三）切实加强指导专查

部将重点关注全国示范县工作开展情况，加强指导，推动建立完善长效机制，落实重点任务。全国示范县为部级"四好农村路"督导考评重点。省级交通运输主管部门要重点加强对全国示范县的指导和监督检查，开展省级督导考评时，全国示范县原则上为必选县。全国示范县要于每年12月底前，向部报送"四好农村路"工作开展情况、长效机制落实情况、存在问题和困难以及工作建议等年度总结材料，并抄送省、市级交通运输主管部门。

创建"四好农村路"全国示范县是深入贯彻落实习近平总书记关于交通运输工作系列重要指示批示精神的有力举措。省级交通运输主管部门要按照"四好农村路"建设的总体目标和任务要求，精心组织、认真指导。创建工作要结合服务脱贫攻坚和社会主义新农村建设等重点任务，突出地方特色。地方各级交通运输主管部门要积极向当地政府汇报，推动落实县级人民政府主体责任，将创建活动作为重要载体，全面推进"四好农村路"工作。

(二)地方有关政策

辽宁省人民政府办公厅关于推进"四好农村路"建设的实施意见

(2017年6月21日　辽政办发〔2017〕68号)

各市人民政府，省政府各厅委、各直属机构：

为深入贯彻落实党中央、国务院对"三农"工作的部署和习近平总书记对农村公路的重要批示指示精神，加快推进农村公路建管养运协调可持续发展，到2020年实现"建好、管好、护好、运营好"农村公路（以下简称"四好农村路"）的总目标，经省政府同意，现提出如下实施意见。

一、指导思想

全面贯彻党的十八大和十八届三中、四中、五中、六中全会精神，深入贯彻习近平总书记关于农村公路发展的重要批示指示精神，坚持五大发展理念，遵循政府主导、改革创新、民生优先、统筹推进、普惠服务、安全第一的原则，以推进交通运输供给侧结构性改革为主线，优化农村公路路网结构，加快农村交通运输转型升级，提升农村交通运输普遍服务能力，推进城乡交通运输一体化，切实把农村公路建好、管好、护好、运营好，为全省农村经济发展和社会进步提供坚实的交通运输保障。

二、工作目标

推进"四好农村路"建设，要着力从"会战式"建设向集中攻坚转变，从注重连通向提升质量安全水平转变，从以建设为主向建管养运协调发展转变，从适应发展向引领发展转变，到2020年，基本建成能力总体适应、结构科学合理、组织集约高效、技术先进适用、安全保障有力、生态环境友好、体制机制顺畅的农村交通运输服务体系。主要目标是实现

"十五个100%"，即撤并村通沥青（水泥）路达到100%，行政村之间通沥青（水泥）路达到100%，现有乡级公路沥青（水泥）路铺装率达到100%，县乡公路安全隐患治理率达到100%，农村公路列养率达到100%，县乡农村公路管理机构设置率达到100%，农村客运车辆卫星定位及视频监控装置安装率达到100%，农村客运车辆主动安全技术装备安装率达到100%，城乡客运一体化考核AAA级市县达标率达到100%，农村摆渡式渡船更新改造率达到100%，500人以上岛屿候船设施覆盖率达到100%，农村客运车辆带邮带货建制村覆盖率达到100%，农村客运站亭乡镇覆盖率达到100%，具备条件的乡镇快递服务网点覆盖率达到100%，具备条件的建制村通快递比例达到100%。

三、重点工作

为加快推进"四好农村路"建设，"十三五"期间重点实施六项工程，抓好三项工作。

（一）实施农村公路建设攻坚工程

实施农村公路新改建工程1.86万公里，其中扶贫路4730公里。重点安排农村公路精准扶贫项目，解决通往乡村学校公路的"最后一公里"问题，打通"断头路"，有序推进通往产业园区、乡村旅游景区等新的经济增长点的道路建设。优先保障撤并村通油路和具备条件的窄路面加宽改建，打通农村公路瓶颈路段。重点支持行政村之间通沥青（水泥）路建设，重点安排现有乡级公路黑色化工程（各市政府，省交通运输厅负责）。

（二）实施农村公路养护工程

完成农村公路维修改造工程2.5万公里，使破损严重、建成年限较早的老油路（水泥路）恢复使用功能，切实保障农民基本出行需求。落实县级政府主体责任，充分发挥乡镇政府、村委会和村民的作用，积极开展春秋季节养护会战，切实做到有路必养（各市政府，省交通运输厅负责）。

（三）实施农村运输服务基础设施提升工程

完善农村客运基础设施网络，拓展现有农村客运站服务功能，发展集农村客运、农村物流、农村旅游等功能为一体的农村综合服务站，更集约、更有效地推进农村客货运输发展。积极稳妥推进农村候车亭建设，合理确定农村客运候车亭的设计和建设方案，2020年底前建设农村客运候车亭2500个，进一步提升农村客运候车环境。支持和推进新能源和清洁能源配套服务设施建设，为推进农村新能源和清洁能源应用提供基础保障。改善海岛交通基础设施条件，加快新建陆岛交通码头建设，保障岛民日常出行便捷安全。各有关港口行政管理部门及当地县乡政府要抓紧时间开展超试运行期陆岛交通码头工程的整治工作，责令港口经营人对违规行为尽快完成整改，确保陆岛交通运输正常安全运行。支持当地县乡政府加快推进新建及改扩建陆岛客运站、候船厅等设施建设，全面实现乡镇岛屿有站、建制村岛屿有亭（各市政府，省交通运输厅负责）。

（四）实施农村运输服务资源整合工程

培育一批骨干农村物流企业，支持交通运输企业、邮政企业、供销社企业利用农村客运班车运送邮件、快递件等，重点推进交邮合作、交供合作的资源共享与整合型农村物流试点项目，努力构建"一点多能、一网多用、深度融合"的农村物流发展格局。改善农产品城市配送车辆通行环境，提高农产品城市配送通行管理水平，着力解决农产品运输"最后一公里"的瓶颈问题，促进农产品进城和农资、消费品下乡双向流通。大力推广清洁能源和新能源农村客运车辆应用，提升农村客运绿色可持续发展水平（各市政府，省交通运输厅、省供销社、省邮政管理局负责）。

（五）实施农村交通运输生命防控工程

大力实施农村公路生命安全防护工程，完成农村公路生命安全防护工程8001公里，确保2017年底前完成现有县乡公路隐患路段治理工作，进一步提升农村公路安全防护能力。加大农村公路危桥改造力度，实施农村公路危桥改造912座、2.7万延长米，加强对建成年限较早、桥型结构落后、施工工艺存在缺陷的老龄桥和低标准桥梁的跟踪监测，及时消除桥梁隐患点，确保2017年底前消灭县级公路现有危桥，2020年底前消灭乡级公路现有危桥。推广农村客运安全保障技术装备，强化农村客运车辆动态监管，推进农村客运车辆依照国家有关规定安装卫星定位装置及视频监控设备和胎压检测系统，提升农村客运安全保障水平。加大农村渡口渡船的更新改造力度，推出适合我省渡运特点的标准化船型，依据国家有关规定对农村渡口摆渡式老旧渡船进行更新改造，提升渡运技术水平，彻底消除安全隐患。县乡政府要加大对渡口渡船的安全管理力度，明确责任，打击非法渡运行为，落实好渡口管理机构、人员、设备、经费等，确保渡运安全。逐步完善陆岛客运站安检及相关安保设施设备的配备，不断提升客运站安全管理水平，确保陆岛运输安全畅通（各市政府，省交通运输厅负责）。

（六）实施邮政城乡公共服务均等化工程

以建设普惠邮政为基准线，提升邮政普遍服务质量，提高快递服务城乡普惠水平。建立"覆盖城乡、惠及全民、水平适度、可持续发展"的邮政普遍服务体系和"普惠城乡、技术先进、服务优质、安全高效、绿色节能"的快递服务体系。继续深化交邮合作，大力实施邮政城乡公共服务均等化工程。发挥邮政行业在推进城乡区域协调发展、保障和改善民生中的积极作用，进一步完善农村投递网络建设，力争两年内全部实现建制村邮件"直投到村"。深入推进"快递下乡"工程，推动面向农村的末端网络运营模式，发挥寄递渠道优势，支持消费品下乡和农产品进城，推动精准扶贫和农民增收。2020年底前具备条件的乡镇快递服务实现全覆盖。充分发挥市场竞争和调节机制，推动快递企业投递末梢向建制村延伸，逐年提高建制村通快递比例（各市政府，省邮政管理局、省交通运输厅配合）。

（七）抓好农村公路体制机制建设工作

县级政府要根据本地区"四好农村路"事业发展需要，建立健全政府挂帅、部门配合、社会参与的组织领导机制，切实做好建设资金筹集和组织实施工作，建立以公共财政投入为主的资金保障机制，管理经费全部纳入地方政府财政预算。建立健全"县道县管、乡道乡管、村道村管"的管养责任体系，进一步完善农村公路路政管理和质量安全监督机构或部门，切实履行工作职责。充分发挥乡交通助理在管理养护中的作用，逐步在乡镇政府设立农村公路管理机构，在建制村建立村道管理议事机制，乡镇政府和村委会要落实必要的管养人员和经费（各市政府，省交通运输厅、省财政厅负责）。

（八）抓好农村公路路政管理工作

按照依法治路的总要求，建立并完善农村公路路政管理机构，加强农村公路法制和执法机构能力建设。到 2020 年，基本建立"县有路政员、乡有监管员、村有护路员"的路产路权保护队伍，规范执法行为，提高执法水平。认真贯彻执行相关法律法规和辽宁省农村公路路政管理相关规章制度，对擅自在公路建筑控制区设置违法建筑物、构筑物等行为和各类非法占用、损坏公路路产等案件进行及时查处，努力防止、及时制止各类违法损坏、占用农村公路设施的行为。加强对农村公路涉路工程事前、事中、事后的管理，严格许可审批程序，实施全过程监管。积极有效开展治超执法工作，根据实际在乡道、村道设立必要的限高、限宽设施，同时加强路面执法，有效打击和遏制货运车辆超限运输（各市政府，省交通运输厅负责）。

（九）抓好农村公路环境整治工作

县乡政府要对本地区实行统一领导，结合宜居乡村建设，大力整治农村公路路域环境，加强绿化美化，全面清理路域范围内的草堆、粪堆、垃圾堆以及非公路标志。积极开展骑路市场清理整顿工作，在具备条件的路段可采取有效措施确保"退路进场、退路进厅"，保证公路通行安全，实现路面常年整洁、无杂物，边沟排水通畅，无淤积、堵塞。到 2020 年，具备条件的农村公路实现路田分离、路宅分离，打造畅安舒美的通行环境（各市政府，省交通运输厅、省住房城乡建设厅负责）。

四、保障措施

推进"四好农村路"建设是我省"十三五"农村公路工作的核心任务，各级政府和交通运输部门要高度重视，采取有效措施，精心组织，确保各项任务和目标落到实处。

（一）加强组织领导

市、县级政府要成立政府领导挂帅、相关部门参加的领导小组，负责本辖区的"四好农村路"建设工作，结合本地区实际制定实施方案，明确工作目标和具体措施，确保任务落实、责任落实、资金落实。交通运输、财政、住房城乡建设、邮政、供销等部门要根据职责分工，加强沟通协调，密切配合，齐抓共管，形成工作合力。各级交通运输部门要切实履行工作职责。省交通运输厅要加大对"四好农村路"建设的行业指导和监督管理，制定年度工作计划，明确具体任务，开展"四好农村路"建设督导考评。各市交通运输部门要切实履行行业管理职责，对本地区"四好农村路"建设开展检查监督、业务指导等工作。各县（市、区）交通运输部门是辖区内"四好农村路"建设的直接责任单位，要在当地党委和政府的统一领导下积极开展工作，明确目标任务，细化工作措施，强化责任落实，统筹协调推进（各市政府，省交通运输厅、省财政厅、省住房城乡建设厅、省邮政管理局、省供销社按职责分工负责）。

（二）加强资金保障

做好农村公路建设与养护工作，核心是政策，关键是资金。要明确市、县两级财政投入政策、标准，将农村公路建设与养护所需资金纳入市、县财政预算。市、县级政府要制定出台优惠政策，统筹解决农村公路建设、养护所需砂、石、土料场、生活用地、取水和供电等问题。要加大社会筹资、企业捐资、帮扶投入等政策的支持力度，努力争取政府债券、各种扶贫和涉农资金用于农村公路发展，完善"以奖代补"政策，发挥好"一事一议"在农村公路发展的积极作用（各市政府，省财政厅、省交通运输厅按职责分工负责）。

（三）开展示范县创建活动

各级交通运输部门要高度重视示范引领作用，通过开展"四好农村路"示范县创建活动，充分调动县级政府的主动性和积极性，落实主体责任，以点带面，全面推进。按照"好中选好、优中选优"和"经验突出、可推广、可复制"的原则，每年推出一批"四好农村路"示范县，全面营造"比学赶超"氛围。省交通运输厅要及时通报各地区工作开展情况，总结推广各地区先进经验和好的做法，通报表扬先进集体和先进个人，促进全省"四好农村路"建设活动深入开展（各市政府，省交通运输厅、省邮政管理局按职责分工负责）。

(四)加强监督考评

建立目标考核制度,各级政府要将"四好农村路"建设纳入年度工作目标,逐级签订目标责任状,将目标完成情况按照有关规定纳入绩效考核。建立工作督查制度,按省督导考评办法,重点围绕省确定的农村公路发展任务落实、主体责任落实、资金落实等方面开展督导考评工作,建立健全考评结果与预算安排挂钩的奖罚机制。省交通厅要会同省财政厅、省邮政管理局,对"四好农村路"示范县在下年度项目安排及补助资金等方面给予倾斜,对没有完成年度工作目标任务的县(市、区),按照相关规定予以通报批评,并采取相应惩戒措施(各市政府,省交通运输厅、省财政厅、省邮政管理局按职责分工负责)。

吉林省人民政府办公厅关于实施农村公路惠民工程的意见

(2016年7月22日 吉政办发〔2016〕58号)

各市（州）人民政府，长白山管委会，各县（市）人民政府，省政府各厅委办、各直属机构：

为深入贯彻落实党中央、国务院对"三农"工作的部署和习近平总书记对农村公路建设的重要指示精神，加快推进农村公路建管养运协调可持续发展，经省政府同意，现就"十三五"期间在全省实施农村公路惠民工程提出如下意见：

一、总体要求

农村公路是服务农民群众生产生活的基本条件，是农业和农村发展的先导性、基础性公共设施，是社会主义新农村建设的重要支撑。实施农村公路惠民工程，是切实保障和改善民生，促进农村经济发展，实现广大农民脱贫致富奔小康的重要举措。各地、各相关部门要根据中央促进城乡发展一体化、新一轮东北振兴、脱贫攻坚等战略部署，按照"保基本、强服务、惠民生、促发展"的总体方针，坚持问题导向和目标导向，全面落实党中央建设"四好（建好、管好、护好、运营好）农村路"的各项工作任务，继续加快农村公路建设，加大养护投入，建立健全农村公路养护管理资金保障体系，健全管理体制和养护运行机制，落实农村公路养护管理主体责任，做到有路必养，路路有人监管，努力提升农村公路发展质量和通畅水平，为全面建成小康社会奠定坚实基础。

二、目标任务

"十三五"期间，通过实施农村公路惠民工程，全面落实县级政府主体责任，基本建立起以政府投入为主、稳定的资金保障机制，确保交通脱贫攻坚任务如期完成，路网结构明显优化，通行质量大幅提升，养护责任全面落实，路产路权更加明晰，安全水平显著增强，路域环境优美整洁，农村物流网络服务体系健全完善，城乡交通一体化格局基本形成，全面实现"四好农村路"建设总目标。

（一）农村公路建设

到 2018 年，建成贫困地区通村、通屯硬化路 3000 公里，实施危桥改造 137 座，县乡公路安全生命防护工程 1771 公里，老旧油路改造 2600 公里，完成交通脱贫攻坚目标。到 2020 年，全省建制村通硬化路率达到 100%，自然屯通硬化路率达到 80%，现有危桥改造率达到 100%，县乡公路安全隐患基本得到治理，农村公路通畅能力和安全保障水平显著提升。

（二）农村公路管理

加强农村公路法制和执法能力建设，全面落实《吉林省农村公路条例》，农村公路管理法规制度体系基本健全；规范县级公路管理机构职责，乡级农村公路管理机构设置率达到 100%，基本完善建制村村道管理议事机制；农村公路管理机构经费纳入同级财政预算予以保障；爱路护路的乡（村）规民约制定率达到 100%；具备条件的农村公路全部实现路田分离、路宅分离。

（三）农村公路养护

到 2020 年，全省基本健全农村公路管理养护体制机制，农村公路列养率达到 100%，实现农村公路"建养并重，有路必养"的目标。

（四）农村公路运营

到 2020 年，建制村和自然屯通客车比例分别达到 100% 和 87.5%，推进县、乡、村三级物流站场设施建设，基本建成覆盖县、乡、村三级的农村物流网络。

三、重点工作

（一）全面规划好农村公路，切实发挥规划引领作用

1. 科学制定发展规划

各地、各相关部门要着眼大局，立足长远，2016 年 10 月末前编制完

成当地"十三五"农村公路发展规划。发展规划要充分结合本地实际，重点做到"五个结合"：与农村工业化结合，促进乡镇企业发展壮大；与农业现代化结合，促进粮食增产增收；与新型城镇化结合，促进人口和产业集聚；与扶贫开发结合，加快特困地区发展；与环境保护结合，促进公路与自然和谐发展。使农村公路真正成为改善农民出行、方便农业生产、推动脱贫致富、优化农村环境、促进城乡一体化发展的重要基础。

（二）全面建设好农村公路，有效提高通达深度

2. 加快农村公路建设

重点实施老、少、边、穷地区通村、通屯硬化路建设，加大农村公路安全生命防护工程和危（险）桥、渡口改造力度。要严格落实安全生产"三同时"制度，交通安全、排水及防护设施必须同时设计、同时施工、同时投入使用，确保"建成一条、达标一条"。

3. 强化前期工作

整合简化农村公路建设项目前期审批程序，降低前期费用，缩短审批时限。因地制宜选择技术标准和路面结构，尽量利用原有旧路，减少占用农林地，充分利用当地筑路材料，降低成本，减轻地方资金压力。推广应用新材料、新工艺、新技术，进一步提升质量水平，延长农村公路使用寿命。

4. 统筹农村公路建设资金

要统筹协调发展改革、国土资源、交通运输、农业、林业、水利等部门的项目安排，整合资金使用，共同推进农村公路惠民工程实施。

5. 落实农村公路建设"七公开"制度

各地要建立完善农村公路监管体系，全面落实农村公路建设项目计划、资金来源、招标管理、施工管理、质量监督、资金使用、竣工验收等公开制度，推行项目管理公开透明、阳光操作，自觉接受社会监督。完善农村公路建设质量保证体系，细化参建各方质量管控责任，强化质量监督和技术指导。

（三）全面管理好农村公路，确保权责一致、规范运行

6. 加强依法治路

县级政府要认真学习贯彻落实《吉林省农村公路条例》及其《释

义》，加强农村公路法制和执法机构能力建设，规范执法行为，推广县统一执法、乡村协助执法的工作模式，建立"县有路政员、乡（镇）有监管员、村有护路员"的路政管理体系，最大限度防止、及时制止和严厉查处违法超限运输及其他各类破坏、损坏农村公路设施的行为。

7. 建立完善管理体制机制

按照建立事权与支出责任相适应的财税体制改革要求，规范县级公路管理机构对农村公路的管理工作职责，完善乡镇农村公路管理机构和建制村村道管理议事机制，县级政府和村委会要落实必要的管理技术人员和经费。

8. 做好农村公路用地确权工作

各地政府要结合我省正在开展的农村土地承包经营权确权登记颁证试点工作，组织国土资源、交通运输部门对已建成的农村公路用地与其他农村集体用地划分清晰，新建农村公路同步完成公路用地确权工作。同时，要加强农村公路用地的使用及管理，国土资源部门负责做好明确路界、发证确认工作。

9. 大力整治农村公路路域环境

县级政府要加强组织，全面清理路域范围内的杂物、垃圾，疏通边沟等排水设施，实现路田分离、路宅分离，加强绿化美化，打造畅安舒美的通行环境。

（四）全面养护好农村公路，努力提高通行品质

10. 切实做到有路必养

建立健全"县为主体、行业指导、部门协作、社会参与"的养护工作机制，全面落实县级政府的主体责任，充分发挥乡镇政府、村委会和村民的作用。同时，将日常养护经费和人员作为"有路必养"的重要考核指标，真正实现有路必养。

11. 落实养护资金

县级以上政府要将农村公路养护资金纳入本级财政预算，基本满足养护需求。

12. 建立政府与市场合理分工的养护生产组织形式

平稳有序推进农村公路养护市场化改革，加快推进养护专业化进程。

以养护质量为重点，建立养护质量与计量支付相挂钩的工作机制。对于日常保洁、绿化等非专业项目，可通过分段承包、定额包干等办法，吸收沿线群众参与。农村公路养护大中修等专业性工程，逐步通过政府购买服务的方式交由专业化养护队伍承担。

（五）全面运营好农村公路，切实提高公共客运服务水平

13. 建好农村客运设施

新建、改扩建农村公路项目与农村客运候车亭、"港湾式"汽车停靠站同步设计、同步建设、同步交付使用。

14. 完善农村客运网络

县级政府要结合农村公路建设步伐，及时优化调整现有农村客运网络，统筹村镇公交和农村客运发展。及时组织开辟或优化调整现有线路，扩大农村客运覆盖面和服务范围，提高农村客运班车通达深度。

15. 推进农村物流网络建设

积极构建县、乡、村三级农村物流服务网络，鼓励农村客运站增加货运服务功能，实现"客货同站"；支持快递企业使用农村客运站拓展服务网络，将村邮站作为服务"三农"、服务保障农村电子商务的重要节点，服务农村经济发展。

四、保障措施

（一）加强组织领导

各地政府要加强领导，精心组织，发展改革、财政、国土资源、交通运输、农业、林业、水利等部门要密切配合，形成重大问题联合协商、重大政策联合制定、重点环节联合督查的协同推进机制，为工作开展创造良好的政策环境，合力推进农村公路惠民工程顺利实施。

（二）落实工作责任

各市（州）、县（市、区）政府要强化"农村公路惠民工程"实施的组织责任和主体责任，制定切实可行、符合本地实际的实施方案，落实工作任务、资金投入、机构、人员及保障措施，确保任务清晰、责任明确、落实有力。省发展改革委负责做好全省农村公路规划审核工作，指导全省

农村公路发展。省财政厅负责落实农村公路建设、养护省级补助资金以及资金的监督管理。省交通运输厅负责对农村公路惠民工程实施进行行业指导和监督管理，及时跟踪分析和调查研究，做好分类指导、示范引导和经验推广工作。省政府其他有关部门要结合各自职责，切实做好指导协调、监督服务工作。

（三）严格考核监督

将农村公路惠民工程纳入对市（州）政府的年度绩效考核范围，省交通运输厅要根据考核要求科学制定考核标准，组织开展创建"四好农村路"示范县活动，每年将创建工作成绩突出的县（市、区）作为"四好农村路"示范县，经省政府审定同意后，予以通报表扬。各市（州）、县（市、区）政府也要逐级建立考核机制，强化任务落实，定期对农村公路惠民工程进展、工程质量、资金到位及实施效果等情况进行综合督查及评价。

（四）加大政策支持

省交通运输厅要会同省财政厅完善农村公路发展成果与资金分配相互联动的政策措施，提高农村公路投资标准，依据考核结果，通过"以奖代补"方式调整下一年度资金切块规模和浮动投资补助，发挥省级补助资金的引导和激励作用，落实"差异化"投资补助政策。各市（州）、县（市、区）政府也要研究制定农村公路惠民工程支持政策，结合实际，对农村公路发展给予支持。

（五）加强资金保障

加快建立以政府投入为主，多渠道筹措为辅的农村公路建设资金筹集机制，积极争取政府债券、统筹整合使用涉农资金和扶贫资金、通过政府购买服务方式融资用于农村公路建设，发挥好"一事一议"在农村公路建设中的作用。落实农村公路养护经费，全部纳入县级政府财政预算，推动各地政府建立农村公路养护管理资金投入根据物价增长、农村公路里程和财力增加等因素合理增长的长效机制，利用农村公路冠名权、绿化经营权等多种方式筹集社会资金用于农村公路发展。

江西省人民政府办公厅关于进一步加快推进"四好农村路"建设的实施意见

(2017年7月21日 赣府厅发〔2017〕50号)

市、县(区)人民政府,省政府各部门:

为贯彻落实党中央、国务院对"三农"工作部署和习近平总书记对农村公路提出的"建好、管好、护好、运营好"重要指示精神,进一步加快推进农村公路建管养运协调可持续发展,更好发挥交通扶贫脱贫攻坚基础支撑作用,到2020年实现"四好农村路"的总目标,经省政府同意,现提出如下实施意见。

一、总体要求

深入贯彻落实习近平总书记重要指示精神,根据交通运输部关于推进"四好农村路"建设的有关要求,坚持"因地制宜、以人为本"的方针,以强化政府主体责任、稳定农村公路资金渠道、建立农村公路管养长效体制机制为重点,进一步规范农村公路的管养工作,提升管养水平、安全条件和路域环境,推进全省农村公路建管养运协调可持续发展,为全省同步建成全面小康社会提供可持续保障。

二、工作目标

整体推进全省"四好农村路"建设,改善农村公路技术状况,优化农村公路路网结构,深化农村公路养护管理体制改革,提升农村客运、物流水平,全省农村公路规范有序、便捷高效、安全畅通、持续健康发展,到2020年实现"四好农村路"的总目标。

——"建好"农村公路。到 2020 年，路网结构明显改善，所有乡镇、AAA 级旅游景点建设三级及以上等级公路连接，力争县道实现三级及以上等级公路比率达 50%，实现所有 25 户以上自然村通水泥路。危桥改造取得实质进展，实现新增危桥与改造数量动态平衡。加大安防工程实施力度，基本完成县、乡道隐患路段安全整治任务。实现新建、改扩建农村公路安防设施与主体工程同步到位。建设质量达标，杜绝建设安全事故，新改建工程一次交工验收合格率达到 98%以上。

——"管好"农村公路。到 2020 年，县级政府主体责任得到全面落实，以公共财政投入为主的资金保障机制全面建立，农村公路管理机构经费足额纳入财政预算，规范县级农村公路管理机构职责，县级交通工程质量安全监督机构设置率 100%，乡级政府明确机构和人员负责农村公路管理达到 100%。

——"护好"农村公路。到 2020 年，农村公路经常性养护率明显提升，养护率达 100%；养护水平稳步提高，优、良、中等路比例不低于 75%，路面技术状况指数（PQI）逐年上升。

——"运营好"农村公路。到 2020 年，具备条件的建制村通客车比例达到 100%，城乡客运一体化发展水平 AAA 级以上的县超过 60%；基本建成覆盖县、乡、村三级农村物流网络。

三、主要任务

（一）建设好农村公路，助力脱贫攻坚

1. 加快农村公路建设

提升农村公路通达水平和通行能力，打好精准扶贫攻坚战。重点实施 1.2 万公里农村公路改造建设，实施 3.6 万公里 25 户以上自然村通水泥路建设，力争到 2018 年底全省 25 户以上自然村基本实现村村通水泥路。完成农村公路危桥改造 5000 座，完成安全生命防护工程 3.6 万公里。严格落实"三同时"制度，确保交通安全设施与主体工程同时设计、同时施工、同时验收交付使用。

2. 加强农村公路建设管理

严格农村公路建设技术标准,全面落实农村公路建设项目计划、资金来源、招标管理、施工管理、质量监督、资金使用、竣工验收"七公开"制度,加强行业监管,接受社会监督。加快县级交通工程质量安全监督机构建设,所有县(市、区)交通运输主管部门均设有交通工程质量安全监督机构,并通过标准化验收。

(二)管理好农村公路,提升服务水平

1. 建立健全农村公路管理机构

市、县两级农村公路管理机构机制完善,人员编制到位,管理机构运行经费及人员基本支出按规定纳入财政预算。完善乡镇农村公路管理站和建制村村道管理议事机制,管养人员和经费落实到位。

2. 加强农村公路法治建设

按照依法治路的总要求,加强农村公路路政管理队伍建设,基本建立"县有路政员、乡有监管员、村有护路员"的路产路权保护队伍。充分发挥乡镇政府、村委会的作用和沿线村民的积极性,切实维护好路产路权。加强公路路政管理,爱路护路的乡规民约制定率达到100%,农村公路路域环境大幅改善。

3. 加强农村公路保护

加大农村公路超限超载车辆的治理力度,切实做好农村公路保护工作,保障农村公路安全、畅通。县级交通运输主管部门或者乡镇政府可根据有关规定,在乡道、村道的出入口设置必要的限高、限宽设施,但不得影响消防和卫生急救等应急通行需要,不得向通行车辆收费。积极探索"路长制"工作机制,大力整治农村公路路域环境,加强绿化美化,全面清理路域范围内的草堆、粪堆、垃圾堆和非公路标志。路面常年保持整洁、无杂物,边沟排水通畅,无淤积、堵塞。具备条件的农村公路全部实现路田分家、路宅分家,打造"畅安舒美"的通行环境。

(三)养护好农村公路,巩固建设成果

1. 建立健全"县为主体、行业指导、部门协作、社会参与"的养护工作机制

全面落实县级政府的主体责任,充分发挥乡镇政府、村委会和村民的

作用。将农村公路养护资金纳入一般公共财政预算,建立农村公路养护管理资金的稳定来源渠道。

2. 平稳有序推进农村公路养护市场化改革

以养护质量为重点,建立养护质量与计量支付相挂钩的工作机制。对于日常保洁、绿化等非专业项目,鼓励通过分段承包、定额包干等办法,吸收沿线群众参与。农村公路大中修等专业性工程,逐步通过政府购买服务的方式交由专业化养护队伍承担。有序推进基层养护作业单位向独立核算、自主经营的企业化方向发展,参与养护市场竞争。

3. 提高科学化决策水平,提升管养质量和效益

健全完善农村公路养护管理科学决策机制,不断提高设计、施工、质量检测、工程验收等环节的管理水平。加强农村公路从业人员的技术培训,规范农村公路检测评价工作,努力提升养护质量和资金使用效益。

(四) 运营好农村公路,共享发展成果

1. 着力提升出行服务水平

积极提高农村客运服务水平,加快形成以县城为中心,以乡镇为结点,覆盖建制村的农村客运服务网络。引导农村客运班线实行公司化经营,并鼓励大中型专业道路客运企业大力开拓农村客运市场,鼓励经营者采取灵活发班、电话预约等经营模式,提高线路运行效率和经营效益。继续开展镇村公交试点工作,统筹农村公路客运、货运和农村邮政的融合发展。

2. 着力保障运营安全

加强农村公路运营安全监管,严把农村客运、农村物流市场准入关,各有关部门要联合检查评价路况、车况与安全运营标准的适应性,及时发现和排除安全隐患。严格落实交通运输部《农村道路客运旅客运输班线安全通行条件审核规则》,对不具备安全生产条件、存在重大安全隐患的客运经营者,依法依规严肃处理,确保运输安全。

3. 积极开展农村物流网络节点建设

县级交通运输主管部门编制农村物流三级网络节点体系发展规划,以公路客货运场站为依托建立县级农村物流中心,充分利用现有的农村客运

网络资源，依托乡镇客运站、农村公路综合服务站建立货源集散中心。创新农村物流组织模式，积极发展农产品连锁经营、快速配送和专用运输。积极探索客运车辆向分舱式客车方向改进，实现车辆载客载货功能安全融合，发展农村小件货物运输。

四、保障措施

（一）加强组织领导

各地政府要高度重视"四好农村路"建设工作，切实加强领导，制定符合本地实际、切实可行的工作方案，精心组织实施，加大新闻宣传和舆论引导，研究解决实施过程中遇到的重大问题，确保各项工作顺利高效推进。发展改革、财政、国土资源、交通运输、农业、林业、水利等部门要密切配合，形成重大问题联合协商、重大政策联合制定、重点环节联合督查的协同推进机制，为工作开展创造良好的环境。

（二）落实工作责任

各地政府要强化"四好农村路"实施的组织责任和主体责任，落实工作任务、资金投入、机构、人员及保障措施，确保任务清晰、责任明确、落实有力。省交通运输厅负责对"四好农村路"建设进行行业指导和监督管理，及时跟踪分析和调查研究，做好考核管理和经验推广工作。省政府其他有关部门要结合各自职责，切实做好指导协调、监督服务工作，确保顺利实现"四好农村路"建设各项目标。

（三）开展示范县创建活动

在全省范围内开展"四好农村路"示范县创建活动，通过示范引领推进全省"四好农村路"的建设。省交通运输厅负责制定"四好农村路"示范县创建标准、申报程序、考核评价和激励政策，并按照"好中选好、优中选优"和"经验突出、可推广、可复制"的原则，从 2017 年起，每年考核确定一批省级示范县，到 2020 年，实现每个设区市都有示范县，全面营造比学赶超氛围。示范县由省交通运输厅根据考核评价结果予以公告，并一次性给予 600 万元的资金奖励，获得全国示范县的再给予 1000 万元的配套资金补助。

（四）加强监督考核

加大对"四好农村路"建设工作的监督考核力度，将"四好农村路"建设纳入各级政府目标考核体系，重点对责任落实、建设质量、工作效率、资金到位等情况进行监督考核，建立健全考核结果与投资挂钩的奖惩机制。县级政府要加强对乡镇政府、村民委员会的督导，充分发挥基层政府和组织在农村公路发展中的作用。

（五）加强资金保障

加快建立以公共财政分级投入为主、多渠道筹措为辅的农村公路建设资金筹措机制。各级政府要结合物价上涨、里程增加和等级提升等因素，合理确定农村公路养护资金补助标准。努力争取政府债券、各种扶贫和涉农资金用于农村公路发展。完善"以奖代补"政策，发挥好"一事一议"在农村公路发展中的作用。继续鼓励企业和个人捐款，以及利用道路冠名权、路边资源开发权、绿化权等多种方式筹集社会资金用于农村公路发展。

福建省人民政府关于促进农村公路建管养运全面协调发展的若干意见

(2014年9月13日 闽政〔2014〕51号)

各市、县(区)人民政府,平潭综合实验区管委会,省人民政府各部门、各直属机构,各大企业,各高等院校:

为推进农村公路建管养运全面协调发展,促进我省交通运输现代化和全面建成小康社会,现提出如下意见:

一、总体要求

贯彻习近平总书记"建好、管好、护好、运营好"(以下简称"四好")农村公路重要指示精神,按照省委"三个必须"要求,围绕"优化结构、完善机制、有效养护、运输高效"四项任务,统筹城乡交通发展,提升全省农村公路畅通、安全、舒适水平,改善城乡客运和农村物流条件,实现建管养运全面协调发展。

——坚持政府主导。县级人民政府承担农村公路建、管、养、运主体职责,引导调动广大农民群众和社会各界积极性,推动农村公路全面发展。

——坚持突出重点。优先改善海岛、偏远农村等地区农民群众出行条件,提升通乡镇、建制村公路通畅水平和农村公路路网结构水平。

——坚持协调发展。统筹建设与养护、运营和管理的关系,因地制宜、分类实施,积极稳妥推动农村公路良性发展,方便农村群众出行。

——坚持以人为本。以需求为导向,以服务农民群众、推进便捷出行为基本出发点,改善民生,推动农村交通通畅、安全及运输水平的进一步提升。

二、发展目标

按照"四好"要求全面推动农村公路工作，全面优化乡村路网结构，提升乡村客运物流水平，促进农村公路建设由规模速度型向质量安全效益型转变，由以建设为主向建管养运全面发展转变，进一步推进建管养运协调发展。

——至 2015 年，建设改造农村公路约 6000 公里（其中县道 1000 公里、乡道 1500 公里、村道 3500 公里），经济发达县基本实现 2000 人以上建制村通双车道公路。支持单车道通村公路增设错车道。海岛交通实现百人以上岛屿建成陆岛交通码头，千人以上岛屿开通班轮，万人以上岛屿开通岛内客运班车。农村公路养护经费全面落实到位，经登记农村公路全面列养。

——至 2018 年，建设改造农村公路约 1.5 万公里（其中县道 2000 公里、乡道 5000 公里、村道 8000 公里），全省 80%的 2000 人以上建制村实现通达双车道公路。海岛交通实现有居民岛屿全部建成陆岛交通码头，500 人以上岛屿开通班轮，陆岛、岛际 15 年以上老旧渡运船舶全部更新，客运码头接线道路全部硬化。通乡、通建制村公路出行指示系统基本完善。

——至 2020 年，建设改造农村公路 2 万公里（其中县道 3000 公里、乡道 7000 公里、村道 10000 公里）。基本形成农村公路网络，基本实现常态化、标准化养护，符合运营条件的建制村通客车，构建"便捷畅通、安全适用"的农村交通运输网络。

三、建设好农村公路，构建畅通便捷路网

（一）改善路网通行条件

以规划为引导，围绕消除交通瓶颈，服务畅通出行。积极推进通乡镇、建制村公路提级改造和县乡路网连通完善，促进路网结构优化升级，形成便捷畅通的县际、通乡和通村公路网络，服务广大农民群众出行需求。

（二）加大交通扶贫力度

加快实施海岛交通便民工程、村道公路硬化工程，积极推进撤渡建桥（路），改善海岛及偏远农村交通发展滞后现状，消除渡运交通安全隐患，助推海岛和偏远农村群众脱贫致富。

（三）完善建设推进机制

实行"县为主体、分级管理、统一标准"的农村公路建设机制，省级农村公路建设资金切块下达，具体建设项目由市、县按规划统筹安排，充分发挥地方政府管理职能。依托信息化手段对项目计划、进度、质量全程跟踪，确保"立项一条、建成一条、达标一条"。

（四）提升工程建设水平

积极推行农村公路设计、施工标准化，落实"施工自检、专业抽检、群众参与、政府监督"工程质量保证体系，实行"抽检核销、完工兑现"监管，建设优质工程、放心工程。建立农村公路建设项目实施过程公开制度，打造农村公路"阳光工程"。

四、管理好农村公路，促进安全有序出行

（五）构建路产路权保护机制

县级交通综合执法机构应加强农村公路路产路权保护，加强路域环境整治。积极构建政府牵头，交通综合执法、住建、工商、交警等部门联合整治机制，促进农村公路与沿线环境协调发展。

（六）改善安全通行条件

持续推进农村公路安保提升工程、危桥改造和隧道整治、撤渡建桥（路），至2020年提升安保工程2.5万公里，改造危桥1250座，强化桥隧日常管养，及时改造新增危桥，提升农村公路通行安全水平，服务农村交通安全出行。

（七）完善农村公路指示系统

统一规划农村公路指示标志，重点完善乡村节点和交叉口指示标志、公里牌，并规范地名标识，实现与干线公路、旅游景区、重要行政节点的有效衔接，至2018年通乡、通建制村公路基本建成明晰、准确的农村公

路出行指示系统，方便公众出行。

五、养护好农村公路，全面提升管护成效

（八）健全养护管理体制

按照"县道县管、乡道乡管、村道村管"的分级管理机制，落实加强农村公路管养人员和经费，确保有人管养、有钱管养。县、乡（镇）两级管养人员经费列入财政预算。

（九）推进常态化养护

围绕"有路必养、有效养护、路路通畅"目标，全面列养经登记的农村公路。加大农村公路预防性养护、大中修工程实施力度，加强灾毁路段修复，稳步提升县乡道经常性养护率。结合美丽乡村建设、宜居环境行动部署，大力推进重要县道、通景区路线和美丽乡村通达公路生态路建设，至2020年建成生态路2000公里。

（十）推动管养专业化

统筹建养资源，构建"县道专业队伍养护、乡村道多元化养护"模式。鼓励社会力量组建养护企业，积极培育养护市场。完善农村公路日常巡查、内业档案、桥梁检查等管理制度，提升养护专业化水平。

（十一）健全应急抢险体系

加强养护应急体系建设，建立农村公路抢险基地，组建抢险队伍，加大物资装备配备，提高农村公路灾害防范及处置能力，保障农村公路安全畅通。

六、运营好农村公路，推进城乡客运物流发展

（十二）推进城乡客运网络衔接

加强城乡客运发展规划，综合统筹农村客运站点布局、村镇公交、农村客运和运力投放等要素，大力推进农村客运基础设施建设。进一步优化农村客运网络布局，推进公交线路向人口密集、道路符合安全条件的周边乡镇、建制村延伸，与农村客运衔接融合。积极引导农村客运企业加快淘汰老旧农村客运车辆，进一步优化农村客运运力结构，加快推动农村客车

卫星定位车载终端安装。

（十三）加快构建农村物流网络体系

依托县乡汽车站、邮政配送站等网点，在站内增设货运中介、集散功能，借助邮政汽车等进行配送；鼓励大中型物流企业向农村布设配送网点，建立城乡一体化的配送网络。

（十四）建立客运安全综合监管机制

建立城乡客运开通联合论证机制，农村公路拟开通农村客运、拟延伸公交线路的，由县级人民政府牵头，组织交通、公安、安监等部门进行现场勘查、论证、研定后，符合条件的予以开通。进一步建立健全农村客运和县（区）公交安全生产综合监管机制。

七、加大政策扶持

（十五）完善政策支持

2015年前各地要制定有利于农村公路全面协调发展的支持政策，落实"国家扶持引导、政府主体投资、群众捐资投劳"的农村公路资金筹集和农村公路发展公共财政保障体制。各级政府、各有关部门要强化对农村公路的料场开采、用地用林用海、环保、路产保护、物流发展等的支持，切实减轻农民负担。完善"一事一议"制度，有序鼓励引导广大农民群众和社会各界捐资捐建参与农村公路建养工作。

（十六）加大资金投入

各级政府要根据物价增长等因素建立农村公路建养运资金投入增长机制，不断适应农村交通运输及经济社会发展需要。

省级加大农村公路建养运资金投入，到2020年每年从成品油价格和税费改革资金、车购税等用于交通运输专项资金中安排不少于10亿元建设养护省补资金支持地方农村公路发展，其中：支持省级重点扶贫县及苏区、老区的比例不少于80%，增加县道二级公路、县乡道双车道四级公路的省补政策，农村公路建设省补标准在2008年标准基础上总体提高50%以上。适当提高农村公路养护省补标准，按全覆盖的要求对列入统计范畴的农村公路实行补助，同时将现行"7351"省补标准（年公里县道7000

元、乡道3500元、村道1000元）调整按"年公里县道8000元、乡道4000元、村道2000元"标准执行。

各设区市、县（市、区）政府要配套出台新一轮农村公路建设定额补助政策，并落实市、县两级合计筹措不低于"年公里县道8000元、乡道4000元、村道2000元"的农村公路养护配套资金，同时加大农村公路客运扶持力度。

省级新增的建设养护补助资金与市、县两级出台新一轮农村公路政策及养护配套资金落实到位情况挂钩。

（十七）加强管理力量

按照"权责明确、运转协调、监管有力"的农村公路建设养护管理体系要求，加强农村公路专职管养技术人员配置，逐步培育形成与管养里程相匹配的农村公路管养队伍。重视乡、村基层农村公路管理人员的业务指导、培训，普及建养管理基本知识和技能，提升农村公路管理人员业务水平。

八、保障措施

（十八）强化组织领导

各级政府、各有关部门要深刻认识农村公路发展的重要意义，把建好、管好、护好、运营好农村公路作为农业农村工作中全局性的大事抓实抓好。以政府为主导，建立"市级统筹，县为主体，乡村落实，部门协同"的农村公路工作体系，确保权责明确、运转协调、监管有力。建立有利于农村公路发展的协商机制，加强农村公路组织协调，形成工作合力。

（十九）推进标准化管理

严格设计标准，加强排水、防护、安全设施、平交路口的精细化设计，落实施工标准化要求，逐步推进水泥混凝土路面三辊轴施工和大型桥梁构件集中预制，稳步提升农村公路建设质量水平、防灾能力和使用性能。进一步规范养护巡查要求、养护内容及标准，推进日常养护作业标准化、内业标准化和桥隧档案标准化，全面落实养护公示制度，提升农村公路养护规范化、制度化水平，为构建更加安全、舒畅的通行环境夯实基础。省级编印下发农村公路设计、建设、养护管理标准化指南,加大管理引导力度。

(二十)加大监督力度

省交通运输厅采取日常督查、年度抽查以及专项督办等方式,加强对农村公路建管养运的动态监管。积极探索"社会综合监督、人大代表评议"等监督方式,构建省、市、县多层面的综合监督体系。加强招标投标、材料设备采购等重要环节监管,引入信息化电子监察方式加强资金拨付及使用监督。各级监察机关要加强对职能部门履职的再监督,及时查处违纪违规行为,建设"满意工程、廉政工程"。

(二十一)实行考核奖惩

省交通运输厅对农村公路省补资金实行"建设补助切块资金与建设任务完成情况、养护成效相挂钩,省级养护补助资金与养护配套资金到位相挂钩"的"双挂钩"奖惩制度。

(二十二)注重宣传引导

各级政府、各有关部门要加大宣传工作力度,利用电视、广播、报纸、宣传横幅、村务公告栏等媒介,有阶段、有重点地宣传农村公路发展,让广大农民群众了解政策制度,扩大知情权、监督权,引导群众以主人翁精神支持、参与农村公路发展。要增强农民群众交通安全意识和护路意识,营造全社会关心、支持农村公路建管养运的良好氛围。

福建省人民政府关于进一步创新农村公路管理体制机制的意见

(2017年11月22日　闽政〔2017〕50号)

各市、县(区)人民政府,平潭综合实验区管委会,省人民政府各部门、各直属机构,各大企业,各高等院校:

为深入贯彻党的十九大精神和习近平总书记建设"四好农村路"重要指示,认真落实省委十届三次、四次全会部署要求,加快补齐民生社会事业短板,不断推进提升城乡公共基础设施水平,加快构建建养并重、外通内联、安全舒适、路域洁美、服务优质的"畅、安、洁、优"农村交通发展新格局,现就进一步加强农村公路管理提出以下意见。

一、落实分级管理职责

(一) 县级人民政府履行农村公路管理主体责任

县级人民政府要落实农村公路建管养运的政策支持、财力物力保障,加强机构能力建设。按照"县道县管、乡道乡管、村道村管"的责任体系,建立符合本地实际的农村公路管理体制,进一步明确县级人民政府职能部门、乡镇人民政府的管理权责清单和村民委员会管理工作事项,加强乡镇人民政府、村民委员会开展农村公路管养工作指导和考核。

(二) 设区市(含平潭)人民政府强化领导和监督

设区市(含平潭)人民政府要加强市级养护补助资金筹措,加强管理保障体系建设及责任分工落实的领导和监督。设区市交通主管部门要加强对农村公路管理工作的指导和规范,不断提高农村公路治理能力和水平。

(三) 省级加强督导

省交通运输厅要强化农村公路建管养运督导,加大省级统筹和计划引导,督促农村公路管理有效落实。要加强技术指导,完善农村公路养护管理的制度和技术规范体系。

二、建立农村公路路长制度

(一)设立县乡村各级路长

由县级人民政府主要负责人任总路长,乡镇人民政府和村民委员会主要负责人分别担任辖区内乡镇路长、村路长。

各级路长为辖区内农村公路建设养护管理和路域环境整治的总负责人。负责资金筹措,组织、督促辖区内农村公路建管养运工作落实,协调解决突出问题。

(二)建立协调组织机构

县级人民政府设立路长办公室,主任由分管交通的县级领导担任,副主任由县级交通主管部门、县政府办主要负责人担任,县发改、财政、公安、国土、环保、住建、水利、农业、林业、旅游和安监等相关部门负责人为成员。县级路长办公室负责制定路长管理制度和考核办法,督促落实总路长的工作部署和问题处置;具体负责乡镇路长履职考核,强化激励问责;负责制定乡村道专管员考核管理办法;负责乡村道专管员技术培训。

乡镇人民政府设立路长办公室,与乡镇公路站合署办公。

(三)稳步推进路长制实施

县级人民政府要在 2017 年底前出台路长制细化实施方案,并组织实施;2018 年起全面推行路长制,建立覆盖到县、乡镇、村的路长组织体系,构建起责任明确、协调有序、监管严格、奖惩有力的路长管理制度;2020 年,路长制各项工作形成长效机制和常态化,人民群众满意度明显提升。

三、建立乡村道路专管员制度

(一)设立乡村道专管员

乡镇人民政府要根据辖区内农村公路等级、数量和任务轻重等实际情况,通过政府购买服务的方式招募并管理乡村道专管员,原则上每名专管员负责乡、村道里程 30 公里左右。县级交通主管部门可从各级财政安排的农村公路养护预算中按不超过 5%比例补助专管员经费，不足部分由乡镇人民政府自筹解决。

乡村道专管员在各级路长和路长办公室的指导、监督下，具体负责乡、村道的日常路况巡查、隐患排查、灾毁信息上报及保险理赔，参与管养单位监督考核、工程管理，及时制止并报告侵害路产路权行为，协助交通执法部门现场执法和涉路纠纷调处等工作。

（二）实行动态管理机制

乡镇人民政府要严格专管员选任，加强专管员履职考核，实行月考核制度，实施专管员收入与工作成效挂钩，建立健全科学合理的专管员进退机制。

四、推进养护市场化专业化标准化

（一）培育养护市场主体

县级人民政府要推进政府购买服务方式加强农村公路养护，出台相关优惠政策鼓励县、乡镇社会企业等社会力量参与农村公路养护；鼓励公路养护专业机构、班站及人员成立独资或股份制养护企业。统筹利用现有班站资源，优惠提供社会养护企业使用，降低养护企业运行成本。

（二）推行养护工程包

县级、乡镇人民政府要大力推行大中修养护工程专业队伍施工；推广零星小修、应急抢修工程与日常保养捆绑招标、片区捆绑招标等养护工程包模式，提升养护专业化水平。

（三）推进养护标准化

省交通运输厅要不断完善养护标准化技术指南，加强技术指导。各市、县（区）人民政府、平潭综合实验区管委会要加大养护标准化工作的落实，推广低成本、操作简单的标准化养护技术应用。

五、健全防灾抗灾体系

（一）持续推进农村公路灾毁保险

县级人民政府要不断扩大农村公路灾毁保险的覆盖面，切实发挥保险

"以丰补欠、无灾救助有灾"功能。省级继续执行对省级扶贫开发工作重点县、中等发展水平县和经济发达县分别按保费的90%、50%和30%分担政策，在较大及重特大灾毁时仍按普通公路灾毁保通重建补助政策叠加支持。

（二）加强农村公路应急体系建设

各市、县（区）人民政府、平潭综合实验区管委会要充分发挥领导指挥、分工协作、联动抢险、灾后重建等交通防汛防台风"四个机制"在灾毁应急处置中的作用。加强养护应急基地布局和应急队伍建设，加大抢险设备投入，提升灾毁抢通能力。

（三）简化灾毁修复前期程序

一般水毁工程重建项目可由管养单位直接组织施工；水毁桥梁、大型滑坡治理等工程实行打包建设，可由县级交通主管部门从全省交通建设信用考核AA级、A级公路工程设计、施工、监理单位中选择队伍，加快灾毁修复进程。

六、提升惠民便民服务品质

（一）提升通行能力

加快消除制约农村经济发展的交通瓶颈，鼓励各地对现有交通量大、难以满足出行需求的通村公路进行改扩建，对路面宽度6米及以下或路基宽度6.5米及以下、服务于农村农业生产为主要用途的道路界定为农村道路，简化办理用地、用林、环评等相关手续，最大限度减免报批费用，并予以优先保障。

（二）提升安保水平

县级人民政府要加大农村公路安全生命防护工程和道路安全隐患整治投入，科学合理制定改造方案。县级交通主管部门要加强农村公路安全生命防护工程设计、审查、审批，邀请县级公安交通管理、安全监管等部门参与审查和项目验收。

（三）提升服务品质

推广建设集农村客运、养护、交通执法、物流、电商、旅游、餐饮购物等多功能为一体的"多站合一"乡镇综合运输服务站，整合交通、农业、商务、供销、邮政快递等农村物流资源，加快构建覆盖县、乡、村三级的农村物流网络体系。

七、深化社会资本投入机制

（一）吸引社会资金投入

县级、乡镇人民政府要积极出台整合公路沿线土地开发、资本金注入、财政贴息、以奖代补、先建后补、无偿提供建筑材料等有效激励措施，将农村公路与农村产业基地、旅游景区、田园综合体、特色小镇、乡村旅游等产业项目组合开发，吸引社会资本投入，推动农村公路与产业项目同步建设、合力管护、互利共赢。

（二）引导社会各界参与

鼓励农民和农村集体经济组织自主筹资筹劳，以及利用道路冠名权、广告权、绿化权等多种方式筹集农村公路建设和养护资金。积极引导受益企业认建、认养农村公路。鼓励企业、社会组织通过捐资捐物、结对帮扶、包村包项目等方式支持农村公路建设和养护。

八、注重生态绿色发展

（一）建设绿色品质工程

按照"因地制宜、经济适用、绿色生态"原则择优选择建设方案，充分利用旧路资源，避免高填深挖，加强防排水设计；加强质量监管，延长使用寿命，降低运营养护成本；加强原生植物保护和路域生态恢复。

（二）创建生态示范路

统筹城乡绿化和美丽乡村建设，大力创建生态示范路。通过完善附属设施，加强农村公路沿线绿化、美化、净化，促进农村公路与沿线生态环境自然和谐，推进农村公路生态绿色发展。

九、创新监管督导方式

（一）创新"互联网+"管理模式

省级统一开发农村公路管理信息系统和APP平台，实现农村公路信息化管理省市县乡四级全覆盖,协同推进农村公路养护、应急处置、路政管理等工作,促进农村公路监管网格化、信息化。

(二)创新督查考评机制

建立"省级年度督导、市级半年督查、县级季度检查、乡镇每月自查"分级负责、上下联动的督查机制。推动爱路护路村规民约制定的全覆盖,并纳入乡村道德诚信体系考核,促进形成全民爱路、护路的良好氛围。全面落实农村公路建设养护"阳光工程",将各级路长、专管员、管养单位相关信息向社会公布。综合运用信息化平台、明察暗访、人大代表及社会监督员等,对农村公路管理成效进行公示、监督和评价。

十、加大正向激励

(一)加大养护投入

建立农村公路省级投入合理增长机制,2018年起农村公路养护资金按每年每公里县道30000元、乡道14000元、村道4000元标准安排,省级和地方财政各承担50%,其中地方需承担的资金原则上由设区市、县级财政各承担一半。实际已高于上述标准的不得降低,养护资金不足部分由县级人民政府统筹解决。

(二)强化考核奖惩

将农村公路工作纳入省对市、市对县、县对乡镇的政府年度绩效考核,并建立考核奖惩机制。省级补助标准由原"7351"(即每年每公里县道7000元、乡道3500元、村道1000元标准)提高后的增量资金实行与地方财政投入到位、养护成效等挂钩的以奖代补机制,统筹用于农村公路养护工程激励;对省级扶贫开发工作重点县农村公路养护专项工程的省级补助上浮10%,加大倾斜支持力度。

(三)强化示范激励

每年创建一批"四好农村路"示范县、示范乡镇和生态示范路,力争实现"市市有示范县、县县有示范乡、乡乡有示范路"。省人民政府对省级示范县进行通报表扬,省级、设区市人民政府对每个示范县各给予500万元的一次性项目激励;示范乡镇由设区市(含平潭)人民政府表彰,由设区市（含平潭）、县级人民政府给予适当激励。

省级每年开展优秀总路长评选，各设区市（含平潭）每年开展优秀乡镇路长评选，县级每年开展优秀村路长评选。各地认真总结实施经验，推动"路长制"不断完善，并将路长考核结果作为党政领导干部综合考核评价的依据。

安徽省人民政府关于实施农村道路畅通工程的意见

(2015年12月31日 皖政〔2015〕133号)

各市、县人民政府，省政府各部门、各直属机构：

为认真贯彻落实中央和省委、省政府关于全面建成小康社会的决策部署，切实改善农村地区交通条件，更好地助推精准扶贫，加快贫困地区脱贫致富步伐，省政府决定，从2016年起，用3年时间，在全省实施农村道路畅通工程。现提出如下意见：

一、目标任务

(一) 县乡公路畅通工程

实施县级公路畅通工程，通过对现有公路进行升级改造或路面改善，到2017年6月底，使全省每个乡镇具备1条连接国省干线或县城的路况良好、安全设施齐全的三级及以上公路。

实施乡级公路畅通工程，通过对现有公路进行路面改善，到2017年底，使全省每个乡镇具备1条与相邻乡镇最短捷的路况良好、安全设施齐全的四级及以上公路（其中31个贫困县中农村公路密度小于25公里/万人的乡镇各增加1条通往相邻乡镇或主干道的四级及以上公路），原则上路面宽度不低于5米。

(二) 乡村道路畅通工程

实施老村级道路加宽改造工程，到2018年底，完成交通运输部认定的建制村优选通达路线窄路面拓宽改造任务，原则上在原有路面宽度的基础上加宽不低于1米，对原有路面宽度已达4.5米的路段不再拓宽改造。

实施撤并建制村路面硬化工程，到2018年底，完成交通运输部认定的撤并建制村路面硬化任务，路基宽度不低于 5 米，路面宽度不低于 4 米；特殊路段路基宽度不低于 4.5 米，路面宽度不低于 3.5 米；错车道设置间距原则上不大于 500 米。

实施贫困村内较大自然村道路硬化工程。对全省 3000 个建档立卡贫困村在实施撤并建制村路面硬化的同时，增加实施较大自然村道路硬化工程，到 2018 年底，每个较大自然村硬化一条从村口到既有农村公路的最短捷连通道路，路基宽度不低于 4.5 米，路面宽度不低于 3.5 米；特殊路段路基宽度不低于 4 米，路面宽度不低于 3 米；错车道设置间距原则上不大于 500 米。较大自然村须符合以下条件：皖北平原地区每个自然村 50 户以上、江淮丘陵地区每个自然村 40 户以上、大别山区和皖南山区每个自然村 30 户以上。

二、基本原则

（一）省市统筹，县负总责

省级负责制定有关建设技术标准，下达建设计划，安排部省补助资金，统筹推进工程实施；市级负责指导检查和协调服务，安排市级补助资金；县级政府是农村道路畅通工程实施主体，负责具体组织实施工作，落实应承担的资金。

（二）政府主导，多方参与

充分发挥各级政府及有关部门的主导作用，鼓励和动员帮扶单位、企业、社会各界参与和支持农村道路畅通工程建设。

（三）依法实施，自愿申报

坚持阳光操作、公开透明，确保每个环节依法合规、经得起历史检验。加强宣传发动，充分调动各级、各部门和群众的积极性。尊重群众和基层政府的意愿，群众愿意干、政府就支持，市县先建设、省里再补助。

（四）科学论证，精准施策

统筹考虑当地自然条件、经济社会发展水平、交通需求特点、旅游资源、镇村建设规划等因素，组织专业人员科学论证，精准确定项目的建设规模、方案和标准。因地制宜，注重节约集约用地、生态环境保护和水土保持，尽可能利用既有路基，尽量减少土地占用，确需新增建设用地的，应尽量选择荒山、荒坡、空闲地进行建设，避免大拆大建，有效控制工程造价。

三、组织实施

(一) 明确建设任务

各县（市、区）政府按照目标任务组织开展调查摸底，摸清当地建设需求，提出建设项目计划，向社会公示后报所在市政府审核，各市政府审核后于2016年1月中旬汇总报省交通运输厅。省交通运输厅组织开展实地核查，合理确定建设规模，于2016年3月中旬下达各地建设任务。

(二) 规范工程实施

各地要明确项目实施主体，抓紧开展勘察、设计等前期工作，确保农村道路畅通工程2016年3月底前启动实施。要落实项目法人制度、招投标制度、工程监理制度和合同管理制度，坚持公开公平公正原则，从优选择施工单位，确保工程质优价廉。实行项目公示制，在施工现场设立公示牌，公开项目实施的时间、规模、技术标准、资金来源、项目责任单位和责任人、监督电话等情况，自觉接受群众监督。

(三) 加强质量监督

按照"政府监督、业主管理、社会监理、企业自检"的要求，建立四级质量保证体系和质量责任追究制、安全生产责任制，严格履行工程验收程序。各级交通运输部门加强工程质量监督检查，加大现场抽查力度，省交通运输厅对县级公路畅通工程、乡级公路畅通工程、乡村道路畅通工程抽查率分别不少于10%、5%和2%，市、县交通运输部门的抽查率不得低于省交通运输厅抽查率。实行政府监督和社会监督相结合，组织群众参与管理和监督工作。严格执行质量缺陷责任期和质量保证金制度，对不合格工程责令整改并按合同约定扣减相应的质量保证金。

(四) 加强养护管理

县乡公路畅通工程和老村级道路加宽改造工程竣工验收后，由县、乡（镇）按照农村公路管理规定进行养护管理；撤并建制村路面硬化工程和贫困村内较大自然村道路硬化工程竣工验收后，参照《安徽省农村公路条例》规定的村道进行养护管理。建立健全养护管理长效机制，确保养护管理人员、资金落实到位，推动养护工作规范化、常态化。

四、资金筹措与管理

（一）多渠道筹措资金

农村道路畅通工程建设资金通过交通运输部和省级补助、市县整合、帮扶单位帮扶、社会支持、村级"一事一议"等多种渠道解决。

1. 县乡公路畅通工程

县级公路畅通工程，部、省补助资金合计按一般地区60万元/公里、省级贫困县70万元/公里、国家级贫困县80万元/公里予以定额补助，其余资金由市、县政府负责筹集，市、县政府出资比例由各市政府自行确定。

乡级公路畅通工程，部、省补助资金合计按一般地区40万元/公里予以定额补助，省级贫困县、国家级贫困县补助标准分别提高15%和20%，其余资金由市、县政府负责筹集，市、县政府出资比例由各市政府自行确定。

2. 乡村道路畅通工程

老村级道路加宽改造工程，部、省补助资金合计按一般地区10万元/公里予以定额补助，省级贫困县、国家级贫困县补助标准分别提高15%和20%，其余资金由县级人民政府负责筹集。

撤并建制村路面硬化工程，部、省补助资金合计按一般地区20万元/公里予以定额补助，省级贫困县、国家级贫困县补助标准分别提高15%和20%，其余资金由县级人民政府负责筹集。

贫困村内较大自然村道路硬化工程，部、省补助资金合计按一般地区20万元/公里予以定额补助，省级贫困县、国家级贫困县补助标准分别提高15%和20%，其余资金由县级人民政府负责筹集。

鼓励村级通过"一事一议"、受益群众投工投劳、帮扶单位帮扶、社会支持等多种渠道筹措建设资金。

（二）加强资金管理

建立健全农村道路畅通工程建设资金管理制度，严格按照国家和省有关政策规定，安排和使用各类专项资金，实行财务公开、分级负责、分级监管，确保专款专用。部省补助资金必须全额用于工程直接费，严禁截留、挤占和挪用，违反者将严格按照有关规定给予处罚，依法追究责任。

五、保障措施

（一）加强组织领导

成立省农村道路畅通工程领导小组，由省政府分管领导任组长，省交通运输厅、省扶贫办、省财政厅、省发展改革委等部门负责同志为成员，统筹协调推进全省农村道路畅通工程实施。各市、县政府成立相应议事协调机构，协调推进当地农村道路畅通工程。

（二）明确部门职责

交通运输部门负责牵头编制农村道路畅通工程年度建设计划，制定并完善有关技术标准、实施细则等，做好技术指导、业务培训、质量监督、工程验收等工作；财政部门牵头负责补助资金的筹集、拨付和监管工作；发展改革、扶贫等有关部门根据各自职能做好相关工作。

（三）强化督查考核

从2016年起将农村道路畅通工程纳入省民生工程，签订目标责任书，严格实施考核。省交通运输厅、省财政厅等部门加强对各地工程实施情况的督查，对于擅自改变工程项目或补助资金用途、不能及时落实地方自筹资金、工程建设进度滞后、工程质量不合格的，责令限期整改，并核减、收回专项补助资金；情节严重的，停止下达下年度工程项目计划，并予以全省通报批评。

宁夏回族自治区人民政府办公厅关于转发自治区交通运输厅推进"四好农村路"建设实施方案的通知

(2016年7月3日　宁政办发〔2016〕104号)

各市、县(区)人民政府,自治区政府各部门、各直属机构:

为贯彻落实《交通运输部关于推进"四好农村路"建设的意见》(交公路发〔2015〕73号),推进全区农村公路建管养运协调可持续发展,自治区交通运输厅制定了《宁夏推进"四好农村路"建设实施方案》,经自治区人民政府同意,现转发给你们,请认真组织实施。

宁夏推进"四好农村路"建设实施方案

为深入贯彻落实党中央、国务院对"三农"工作部署和习近平总书记对农村公路的重要指示精神,加快推进全区农村公路建管养运协调可持续发展,实现到2020年实现"建好、管好、护好、运营好"农村公路(以下简称"四好农村路")的总目标,按照《交通运输部关于推进"四好农村路"建设的意见》(交公路发〔2015〕73号)和《自治区党委人民政府关于加快农业现代化实现全面小康目标的意见》(宁党发〔2016〕1号)精神,制定本实施方案。

一、充分认识推进"四好农村路"建设的重大意义

农村公路是保障农民群众生产生活的基本条件,是农业和农村发展的先导性、基础性设施,是社会主义新农村建设的重要支撑。近年来,全区不断加大农村公路建设力度,全面提升养护管理水平,加快推进交通一体化进程,有效改善了农村运输条件和发展环境,为农村经济发展和社会进

步提供了基础保障。当前,全区农村公路发展依然存在基础不牢固、区域发展不平衡、养护任务繁重、危桥险段较多、安全设施偏少、资金投入不足、运输服务水平不高等突出问题,与全面建成小康社会要求还存在较大差距。

党的十八大以来,习近平总书记多次就农村公路发展作出重要指示,在充分肯定农村公路建设成绩的同时,要求农村公路建设要因地制宜、以人为本,与优化村镇布局、农村经济发展和广大群众安全便捷出行相适应,要进一步把农村公路建好、管好、护好、运营好,逐步消除制约农村发展的交通瓶颈,为广大群众脱贫致富奔小康提供更好的保障。"十三五"时期是全面建成小康社会的攻坚期和决战期,要全面贯彻落实好习近平总书记的重要批示,充分认识"四好农村路"建设重大意义,更好发挥交通扶贫脱贫攻坚基础支撑作用,加快推进农村公路提质增效、科学发展,为加快农业现代化和实现全面建成小康社会目标奠定良好基础。

二、目标任务

到2017年,全面完成全区农村公路急弯陡坡、临水临崖等重点路段(乡道不少于管养里程70%)的安全隐患治理。

到2020年,建制村通硬化路率达到100%;县乡道路安全隐患治理率基本达到100%;新改建农村公路一次交工验收合格率达到98%以上;县乡农村公路管理机构设置率达到100%,农村公路管理机构、人员和养护经费纳入财政预算的比例达到100%,并建立稳定的增长机制;农村公路列养率达到100%,优、良、中等路的比例不低于75%,路面技术状况指数(PQI)逐年上升;农村公路管理法规基本健全,爱路护路的乡规民约、村规民约制定率达到100%;具备条件的农村公路全部实现路田分家、路宅分家,打造畅安舒美的通行环境;具备条件的建制村通客车比例达到100%,全区城乡客运一体化发展水平AAA级以上的县超过60%;全区基本建成覆盖县、乡、村三级农村物流网络。

三、工作措施

(一)全面建好农村公路

1. 各市、县(区)人民政府依据区域经济社会发展、资金筹措,结合城乡一体化建设、社会主义新农村建设和广大农民群众安全便捷出行等因素，按照因地制宜、以人为本的原则，有效落实农村公路建设主体责任，统筹考虑区域农村公路建设。

2. 按照《宁夏空间发展战略规划》和空间规划（多规合一）改革试点工作的有关要求，突出重点，科学编制完善农村公路规划，做好项目储备。

3. 扎实开展建制村通畅工程，重点推进扶贫整村推进村、异地扶贫搬迁安置点、撤并建制村、美丽村庄主干道等通硬化路建设。

4. 有序推进农村公路延伸及联网工程建设，扩大农村公路覆盖范围，提高路网辐射带动能力。

5. 加大县乡公路超期服役路段改造力度，对不符合通班车要求的过窄村道实施拓宽改造。

6. 加强农村公路危桥和安全防护设施建设，提高安全水平和抗灾能力。按照安全生产"三同时"和保障畅通的要求，做到生命安全防护工程、交通安全设施与主体工程同时设计、同时施工、同时投入使用。

7. 切实落实农村公路建设"七公开"制度和宁夏农村公路建设"十公开"制度，着力打造公开透明的建设环境。

8. 加强项目管理，严格执行基本建设程序，做好项目立项、审批及施工图设计审查工作，严格项目招投标管理，依法依规报批公路建设用地，杜绝未批先建现象，营造公平竞争的氛围。

9. 进一步落实工程质量责任制，分解细化质量责任，并进行登记和公开，明确一线参建人员责任，提高参建各方的质量意识。

10. 加强质量安全管理，确保工程质量和使用寿命。市级质量监督部门应保证监督人员数量，加强监督人员培训，严格规范质量监督管理程序，加强现场质量督查和项目实体质量、原材料抽检工作，认真做好建设项目的工地试验室备案登记审核工作，以工地试验检测为抓手提升工地现场的质量管理，开展试验检测专项督查和试验检测数据打假工作。

11. 及时开展农村公路交竣工验收工作，严格验收程序，做到当年工程当年验收。

12. 加强从业单位及人员的信用管理，加大对失信行为的处罚力度，加大责任追究力度。

（二）全面管好农村公路

13. 进一步强化县（市、区）人民政府农村公路管理的主体责任，全面建立以公共财政投入为主的资金保障机制。

14. 建立全区农村公路发展绩效评估和成效考核体系。

15. 完善县级农村公路管理机构、乡镇农村公路管理站和建制村村道管理议事机制。乡镇人民政府、村民委员会要落实必要的管养人员和经费。

16. 按照依法治路的总要求，加强农村公路法制和执法机构能力建设，规范执法行为，不断提高执法水平。大力推行县级统一执法、乡村协助执法的工作方式，基本建立"县有路政员、乡有监管员、村有护路员"的路产路权保护队伍。完善农村公路保护设施，努力防止、及时制止和查处违法超限运输及其他各类破坏、损坏农村公路设施等行为。

17. 认真做好农村公路安全隐患排查和治理工作，明确工作任务和资金来源，实行挂牌督办制度，对隐患整治不到位的农村公路，不得开通客运班线和校车。

18. 农村公路安全保障工程建设资金由各市、县（区）人民政府纳入地方财政预算并落实到位。自治区相关部门积极和国家有关部委对接，做好项目资金争取工作。

19. 加强绿化美化，大力整治路域环境，全面清理路域范围内的草堆、粪堆、垃圾堆和非公路标志。路面常年保持整洁、无杂物，边沟排水通畅，无淤积、堵塞。

（三）全面护好农村公路

20. 建立健全"县为主体、行业指导、部门协作、社会参与"的养护工作机制。发挥乡镇人民政府、村民委员会和村民的作用，提升村道养护覆盖率与经常性养护率。各县（市、区）应按实际通车里程制定养管计划、落实养护资金，将日常养护经费和人员作为重要考核指标，真正实现有路必养。推动各市、县（区）将农村公路养护纳入乡镇人民政府年度考核、落实养护责任制，巩固"有路必养"成果。

21. 平稳有序推进农村公路养护市场化改革，加快推进养护专业化进程。农村公路大中修等专业性工程，需要通过政府购买服务的方式完成。

22. 按照"因地制宜、经济实用、绿色环保、安全耐久"的原则，建立健全适应本地区特点的农村公路养护技术规范体系，加大预防性养护和大中修工程实施力度，积极推广废旧路面材料、建筑垃圾等废物循环利用技术。加快农村公路养护管理信息化步伐，加强路况检测和人员培训，科学确定和实施养护计划，努力提升养护质量和资金使用效益。

（四）全面运营好农村公路

23. 坚持"城乡统筹、以城带乡、城乡一体、客货并举、运邮结合"总体思路，加快完善农村公路运输服务网络。以满足城乡居民出行需求为根本出发点，逐步消除城乡二元结构，加强城乡联动，有序衔接，促进城乡道路客运基本公共服务均等化。积极探索城乡道路客运一体化发展模式和推进路径，在推进西吉等县（区）城乡客运一体化试点工作的基础上，认真总结试点工作经验，进一步推进城乡道路客运一体化进程，建立城乡道路客运一体化发展长效机制。

24. 完善农村客运服务网络。整合农村客运线路资源，优化农村客运线网，通过新辟、改线、延伸现有农村客运班线，扩大农村客运的覆盖和服务范围，提高建制村通班车率。稳步推进农村客运片区经营模式，大力开通隔日班、周班、节日、赶集班或农村小公交。对实行公交化运行的农村客运线路，在保证基本服务质量和运输安全的前提下，要根据客流变化进一步合理调整班次或运力。对城镇化水平较高，客流较稳定地区的农村客运线路，鼓励公交企业向农村发展，推行公交化运营，有重点、分阶段在镇域内发展"镇村公交"。

25. 完善农村客运扶持政策。各市、县（区）人民政府和相关部门要将农村客运服务纳入政府公共服务范围，加大公共财政投入，通过奖励、补贴等方式，加快淘汰老旧农村客运车辆，全面提升客车性能，提高农村客运通达深度、广度和服务水平，增强农村客运可持续发展能力，满足城乡居民"行有所乘"的基本公共服务需求。

26. 农村客运基础设施统一纳入各市、县（区）人民政府管理。坚持路、站、运一体化发展，农村客运站点（招呼站）建设应根据实际情况，尽可能与沿线设施合并设置，并与新建、改建、扩建农村公路项目同步设计、同步建设、同步验收、同步投入使用。全区通客车的建制村2公里范围内要建设农村客运招呼站。

27. 进一步提升农村客运安全保障能力。各市、县（区）有关部门要认真贯彻落实交通运输部、公安部、安监总局《关于进一步加强和改进道路客运安全工作的通知》（交运发〔2010〕210号），进一步明确乡镇的农村客运安全监管职责，落实"县管、乡包、村落实"的政策。要认真贯彻落实交通运输部《关于印发农村道路旅客运输班线通行条件审核规则的通知》（交运发〔2014〕258号），建立农村客运班线通行条件联合审核机制，制定农村客运班线通行条件审核细则，督促企业强化司乘人员的安全培训教育，提高从业人员素质，确保农村客运班线安全运行、持续服务。

28. 按照"多站合一、资源共享"的模式，积极推广货运班线、客运班车代运邮件等农村物流组织模式，大力发展适用于农村物流的箱式、冷藏等专业化车辆。支持货物配送发展，统筹交通运输、农业、供销、邮政快递等农村物流资源，完善县、乡、村三级物流服务体系。

四、保障机制

（一）加强组织领导。自治区交通运输厅负责统筹协调和组织指导全区"四好农村路"建设工作。各市、县（区）人民政府作为"四好农村路"建设的责任主体，要成立以政府负责人为组长的领导小组，制订工作方案，抓好组织落实。自治区发展改革、财政、公安、国土资源、环境保护、住房城乡建设、交通运输、水利、安监等部门要协同推进，形成部门联动、地方人民政府负责的工作推进机制。

（二）落实工作责任。各市、县（区）人民政府要积极出台推进农村公路建管养运协调发展的政策措施，将"四好农村路"建设工作纳入年度效能考核，明确工作责任，分解工作任务，细化建设目标，充实工作力量，落实资金、人员和保障措施，确保实现"四好农村路"建设各项目标。要将国有农场公路纳入地方经济社会发展总体规划，并将"四好农村路"建设按属地纳入市、县（区）考核范围，其建设、管理养护、运营等任务由属地人民政府负责。

（三）开展示范县创建活动。自治区在全区范围内开展"四好农村路"示范县创建活动，按照"好中选优、经验突出、可推广可复制"的原则，在2016年11月底评选出组织实施得力、任务目标落实到位的首批"四好农村路"创建示范县。今后每年将评出一批示范县，全面营造比、学、赶、超的建设氛围，并适时召开典型经验交流会，推广先进典型的成功经验和做法。

（四）加强宣传引导。要高度重视新闻宣传和舆论引导，大力宣传"四好农村路"建设的好经验、好做法以及涌现出的先进集体和先进个人，切实把加强信息宣传作为营造氛围、凝聚人心、推动工作的重要手段，作为树立典型、推广经验的有效途径。

（五）加强监督考核。加大对"四好农村路"建设工作的监督考核力度，重点对责任落实、建设质量、工作进度、资金到位等情况进行监督考核，并建立健全考核结果与投资挂钩的奖惩机制。各市、县（区）要加强对乡镇人民政府、村民委员会的督导，充分发挥基层政府和组织在农村公路发展中的作用。

（六）加强资金保障。各市、县（区）人民政府要加快建立以公共财政分级投入为主，多渠道筹措为辅的农村公路资金筹措机制，建立根据物价增长、里程和财力增加等因素的建管养运资金投入增长机制。要将农村公路建设规划纳入地方三年财政中期规划，确保落实项目配套资金。自治区有关部门要积极争取中央财政、地方政府债券、各种扶贫和涉农资金用于支持农村公路建设。要将农村公路养护资金纳入市、县（区）财政预算，进一步发挥"以奖代补"政策的激励导向作用，发挥好"一事一议"资金在农村公路建设养护中的作用，继续鼓励采取多种方式筹集社会资金用于农村公路发展。

贵州省人民政府办公厅关于深入推进"四好农村路"建设的实施意见

(2017年6月7日 黔府办函〔2017〕88号)

各市、自治州人民政府,贵安新区管委会,各县(市、区、特区)人民政府,省政府各部门,各直属机构:

为贯彻落实《中共中央国务院关于深入推进农业供给侧结构性改革加快培育农业农村发展新动能的若干意见》精神和《交通运输部关于推进"四好农村路"建设的意见》要求,加快推进"建好、管好、护好、运营好"农村公路(以下简称"四好农村路")工作,结合贵州实际,现提出如下实施意见。

一、总体要求

按照"巩固成果、完善设施、提高能力、服务均等"的工作思路,抓住"责任落实、资金筹措、示范带动、力量整合、全面推进"五个关键,建立"规划建设、质量监督、养护管理、安全保障、运输发展、政策法规、考核评价"七大体系,为决胜脱贫攻坚、同步全面小康、开创多彩贵州新未来提供强有力的交通运输服务保障。

(一)坚持以人为本、协调发展。坚持以人民为中心的发展导向,最大限度确保农村群众安全便捷出行。统筹建设与管理、养护、运营的关系,因地制宜、分类实施,积极稳妥推动农村公路良性发展。

(二)坚持政府主导、突出重点。县级人民政府是农村公路建管养运责任主体,鼓励广大群众和社会各界积极参与农村公路建管养运工作。重点改善偏远农村、少数民族地区、革命老区等地区群众出行条件,不断提升通乡镇、建制村(含撤并建制村)农村公路的通畅水平,进一步优化路网结构。

（三）坚持"六个同步"、生态优先。牢牢守住发展和生态两条底线，在农村公路建设中，同步实施混凝土路肩、边沟、安防、错车道、绿化、管理养护，强力推进农村公路绿色、节约、循环、低碳发展，形成贵州农村公路特色。

二、工作目标

力争到"十三五"末，全省农村公路建设、管理、养护水平和运输服务覆盖面、服务品质大幅提升，基本建立结构合理、功能完善、畅通舒美、安全便捷的农村公路体系。

到2017年，全面实现"村村通油路、村村通客运"目标，经常性养护率县乡道达100%、村道达25%，县道沥青（水泥）路PQI中等路率达59%、乡道沥青（水泥）路PQI中等路率达55%，无铺装路面县乡道和村道好路率达65%，全面完成通行客运班线和接送学生车辆集中的公路急弯陡坡、临水临崖等重点路段的安全隐患治理，力争实现100%的乡（镇）建有客运站、100%的建制村通客运。

到2020年，实现撤并建制村通畅率达100%，基本完成乡道及以上行政等级公路急弯陡坡、临水临崖等重点路段的安全隐患治理，实现农村公路交通安全基础设施明显改善、安全防护水平显著提高，公路交通安全综合治理能力全面提升。农村公路管理养护体制改革进一步深化，县级人民政府的主体责任全面落实，以公共财政投入为主的农村公路养护资金保障机制基本建立，农村公路列养率达100%，县乡道沥青（水泥）路PQI中等路率保持稳定，城乡道路客运一体化发展水平AAA级以上（含AAA级）的县（市、区、特区）超过60%。

三、重点任务

（一）完善农村公路路网规划体系。结合我省农村公路发展规划、小康路行动计划、20个极贫乡镇规划和"5个100工程"具体内容，以项目差别化动态管理为主要手段，加快推进农村公路优化提等工程，建设一批具有县乡际出口通道功能的农村公路，实现重点工业园区、示范小城镇、现代高效农业示范园区、旅游景区等所在地有等级公路连接，农村物流点、旅游点等节点对外通行条件明显改善。加快实施农村公路硬化工程，合理确定规划项目的建设时序、建设重点，分步有序推进建制村、原撤并建制村通硬化路建设工程，力争完成已硬化通村公路新建桥梁建设，优化农村群众出行条件，有效服务村寨环境整治和新农村建设。（牵头单位：省交通运输厅，责任单位：省发展改革委、省财政厅、省农委、省扶贫办，各市〔州〕人民政府、贵安新区管委会，各县〔市、区、特区〕人民政府）

（二）健全农村公路质量监督体系。贯彻《贵州省交通建设工程质量安全监督管理条例》等法规，县级以上人民政府交通运输主管部门负责本行政区域内农村公路工程的质量安全监管工作。加强技术标准规范性指导和监管，严格执行技术规程，督促施工单位加强试验检测工作，加大质量抽查频率，提高工程耐久性、可靠性和舒适性，确保使用寿命。推行质量公示牌制度，引导社会"义务监督员"参与农村公路建设、养护工程的质量监督工作。（牵头单位：省交通运输厅，责任单位：省质监局，各市〔州〕人民政府、贵安新区管委会，各县〔市、区、特区〕人民政府）

（三）改革农村公路管理养护体系。深入推进农村公路管理养护体制改革，按照"以县为主、分级负责、群众参与、保障畅通"原则，推进管理养护工作常态化，实现"有路必养、养必优良，有路必管、管必到位"。探索多元化分级管理养护模式，推行农村公路管养分离，建立政府与市场分工合理的管理养护模式。落实村公路乡镇管理、村级养护机制，实行省督查、市（州）检查、县（市、区、特区）考核、乡（镇）管理、村负责、群众季节性养护和农民合同日常领养相结合，全面提升农村公路管理养护水平。（牵头单位：省交通运输厅，责任单位：省编委办、省财政厅，各市〔州〕人民政府、贵安新区管委会，各县〔市、区、特区〕人民政府）

（四）健全农村公路安全保障体系。按照"省级统筹、市（州）督促、县抓落实"的工作要求，完善地方人民政府牵头，交通运输、公安、财政、安全监管等部门共同参与的协调联动机制，加强对农村公路安防工程建设的组织领导，充分调动社会各界和广大人民群众的积极性，全力抓好农村公路安防工程实施。地方各级人民政府要按照全省统一部署,深入推进货车非法改装和超限超载治理工作。(牵头单位:省交通运输厅,责任单位:省公安厅、省安全监管局,各市〔州〕人民政府、贵安新区管委会,各县〔市、区、特区〕人民政府)

(五)健全农村公路客运发展体系。加快农村公路站点建设,基本形成以乡镇客运站为支点、农村招呼站为网络的农村客运基础体系。支持有条件的市(州)、县(市、区、特区)制定农村客运发展扶持政策,建立"以城带乡、干支互补、以热补冷"的资源配置机制,推行片区经营、延伸经营、捆绑经营,适度扩大农村客运经营自主权。有重点、分阶段发展"乡(镇)村公交",促进农村客运安全、便捷、经济、舒适发展,更高层次满足农村群众出行需求。(牵头单位:省交通运输厅,责任单位:省公安厅、省安全监管局,各市〔州〕人民政府、贵安新区管委会,各县〔市、区、特区〕人民政府)

(六)健全农村公路政策措施体系。认真贯彻落实《贵州省公路条例》,在遵循国家有关规定前提下,制定国土资源、林业、砂石料场、炸材供应、农村客货运输等推进农村公路快速发展的优惠政策,实现农村公路建设、管理、养护、运营等工作有章可循。(牵头单位:省交通运输厅,责任单位:省公安厅、省财政厅、省国土资源厅、省林业厅,各市〔州〕人民政府、贵安新区管委会,各县〔市、区、特区〕人民政府)

(七)建立农村公路考核评价体系。省交通运输厅要完善《贵州省"四好农村路"示范县评定标准》《贵州省"四好农村路"示范项目评定办法》,建立"四好农村路"省级示范县创建工作激励机制。对省级综合评定达标的县(市、区、特区),由省交通运输厅报请省人民政府同意后以省交通运输厅名义授予其"贵州省四好农村路示范县"荣誉称号,并按照"好中选好、优中选优"的原则,积极向交通运输部申请"四好农村路"全国示范县。要对纳入"四好农村路"示范县的县(市、区、特区),在农村公路建设规模和养护工程等方面给予倾斜支持,将农村公路省级补助资金实行建设补助切块资金与建设任务完成情况和养护成效相挂钩、省级养护补助资金与养护配套资金到位相挂钩的"双挂钩"奖惩制

度。(牵头单位:省交通运输厅,责任单位:各市〔州〕人民政府、贵安新区管委会,各县〔市、区、特区〕人民政府)

四、保障措施

(一)强化组织领导。各地各有关部门要深刻认识农村公路发展的重要意义,把农村公路"建好、管好、护好、运营好"作为农业农村工作的大事抓实抓好。要以政府为主导,建立"省市级统筹、县为主体、乡村落实、部门协同"的农村公路工作机构和体系,确保权责明确、运转协调、监管有力。要建立有利于农村公路发展的协商机制,加强组织协调,形成工作合力。(牵头单位:省交通运输厅,责任单位:省编委办、省发展改革委、省公安厅、省财政厅、省国土资源厅、省农委、省林业厅、省扶贫办、省安全监管局,各市〔州〕人民政府、贵安新区管委会,各县〔市、区、特区〕人民政府)

(二)强化资金投入。各地要根据本辖区农村公路实际,统筹本级财政预算,每年安排必要的财政资金用于农村公路建设、管理、养护和运营。要多渠道筹集农村公路资金,积极争取符合国家政策支持的交通项目、扶贫项目、绿色项目等投入农村公路建设。要推行农村公路"建养一体化"政府采购服务等模式,发挥社会资本在资金和管理方面的优势,缓解各地政府筹资压力。要建立农村客运、农村公交运行扶持机制。要完善"一事一议"制度,有序鼓励和引导广大农村群众与社会各界参与农村公路建管养运工作。(牵头单位:省交通运输厅,责任单位:省财政厅,各市〔州〕人民政府、贵安新区管委会,各县〔市、区、特区〕人民政府)

(三)强化宣传引导。各地各有关部门要加大"四好农村路"建管养运工作宣传力度,分阶段、有重点地宣传全省农村公路发展成绩,让广大农村群众了解政策制度,扩大知情权、监督权,引导群众支持、参与农村公路建管养运工作。要增强农村群众交通安全意识和护路意识,积极营造全社会关心支持农村公路建管养运的良好氛围。(牵头单位:省交通运输厅,责任单位:各市〔州〕人民政府、贵安新区管委会,各县〔市、区、特区〕人民政府)

实 践 篇

部分省区市"四好农村路"示范县经验

河北省迁安市

迁安市地处"京津唐秦承"城市圈和环渤海经济圈中心位置，总面积1208平方公里，总人口77.3万，辖19个镇乡、1个城区街道办事处，共534个村，先后荣获了国家卫生城市、国家园林城市、中国宜居城市、世界健康城市等称号，被列为国家海绵城市建设试点、国家全域旅游示范区创建单位。2016年，在中国中小城市综合实力百强评比中列第19位，在工信部百强县排位中列第29位。

近年来，迁安市深入贯彻落实习近平总书记提出的"因地制宜、以人为本"，实现农村公路"建好、管好、护好、运营好"的"四好"新要求，积极抢抓京津冀协同发展机遇，按照"建的标致、管的精致、护的极致、运的别致"的思路，深入推进"四好农村路"建设，为全市经济社会转型发展提供了有力保障。

一、建的标致：多措并举，政府兜底，高标准建设农村路

一是加强组织领导。为加强对"四好农村路"全国示范县创建工作的组织领导和统筹协调，迁安市专门成立了创建"四好农村路"全国示范县领导小组，制定了《迁安市创建"四好农村路"全国示范县方案》，市委书记、市长等领导多次进行实地踏查、现场调研和安排部署，并把"四好农村路"创建工作与全国文明城市、国家海绵城市建设、国家卫生城市复审紧密结合起来，多部门协调联动，上下齐心，形成合力，为创建工作提供了强有力的保障。

二是加强资金保障。为推动"四好农村路"建设取得大发展，市政府对交通建设资金缺口进行"兜底"，对交通投入实行年度预算足额、按时拨付，近三年来市政府对农村公路建设投入7.292亿元，实施了村村通工程；2016年，县级公路投资就达1.6亿元，乡级公路投资9554万元，美丽乡村农村公路配套投资3821万元；2017年政府划拨创建专项资金1000

万元，财政配套建设资金 2000 万元。同时鼓励社会资本参与经营性或具有盈利能力的交通基础设施建设，大力激发企业和群众建设热情，形成了多渠道、多层次、多元化的投入格局。截至目前，全市企业自建公路 16 条、20 公里，群众出工建设道路 76 条、58 公里。

三是加强规划设计。为保障农村路建的标致，全市从实际出发，对所有镇村道路逐一核实，实现全市一张图规划。因地制宜、合理设计，对以重型、大型车为主的西北部地区，则率先在全省开创了把乡村公路建成一级公路的先例，而东北部则规划建设了适合发展农业旅游的绿色交通廊道，达到了路与景、行与游的完美结合。在建设过程中，全市不断完善公路建设管理制度体系，严把质量安全关，认真落实"三同时""七公开"制度，从源头上保证了工程建设的各项任务达规达标，打造了"四好农村路"的精品工程、廉政工程和样板工程。

二、管的精致：完善机制，强化法制，打造迁安畅通安全路

作为河北县域经济多年的领跑者，迁安市钢铁产业、装备制造、现代物流强劲发展，车辆保有量高达 19 万辆，道路运营任务异常繁重。为让道路更畅通、更安全，把道路管到精致，立足实际积极创新管理理念，改进管理方式，加快推进由传统管理模式向现代管理模式转变。

一是信息化管理。2016 年 10 月迁安市投资 107 万元建立了智能型交通综合指挥平台，集车辆卫星定位数据查询、重点路段视频监控、公交流动视频监控、面向社会受理交通行业投诉举报和业务咨询多位一体的智能型交通综合指挥平台，实现了对道路、车辆动态监控管理。

二是网格化管理。市政府出台《迁安市农村公路精准化、网格化管护实施方案》，建立了交通专门机构管理与镇乡、村自主管理相结合的精准化、网格化管理体系，交通运输局成立了执法大队、执法中队、执法人员三级管理队伍，镇（乡）有监管员、村有护路员，对全市道路实行路长制，责任到岗到人。

三是常态化管理。建立长效机制，制定出台《迁安市市委管理的领导班子和领导干部年度综合考核评价办法》，将"四好农村路"主要指标纳

入市政府绩效考核目标和对镇（乡）政府的考核指标。同时，常态化开展路域环境综合整治，加强超限超载治理，打牢管理基础，落实安全隐患排查制度，消除安全隐患路段。

三、护的极致：加大投入，精细养护，妆就迁安城乡美景路

公路建设三分建七分养，全市始终坚持"有路必养，养必到位"的理念，在投入和机制两个方面入手，因路制宜，着力妆就迁安城乡美景路。

一是加大养护投入。2015年迁安市在全省率先将农村公路养护资金列入市级财政年度预算。2016年市政府配套的养护工程资金、生命安全防护资金和日常养护资金共3960万元，2017年市政府配套资金在3960万元的基础上增加了1000万元创建"四好农村路"全国示范县的专项资金。此外，2016年投资近千万元，购置新能源洒水车10辆、清扫车5辆，进一步提高环保和机械化养护水准。

二是创新养护方式。2015年，迁安市遵循"养护也是发展"的理念，建立健全地方道路管理站、养护中心、养护道班三级养护管理、考核长效机制，对全市列养公路按区域划分至各养护中心和道班，重点加强公路及沿线设施的日常养护、标准化养护和预防性养护，有效提高农村公路的养护质量，形成了精准化、网格化养护雏形。逐步健全完善了地方道路管理站、养护中心、道班、道班班组、养护工五级网格化养护模式，同时所有纳入网格内人员均已制定属于自己的二维码，人民群众可通过扫描二维码了解养护情况信息和人员分布情况，实现了有路必养、列养率达到100%的目标。

四、运的别致：全面覆盖，统筹发展，铸就迁安百姓增收路

全市始终坚持"城乡统筹、以城带乡、城乡一体、客货并举、运邮结合"思路，健全完善农村公路运输服务网络，形成中心城区连接镇乡、农村的"15分钟经济圈"。

一是率先实现农村公共客运服务全覆盖。全市高度重视公共交通发展，积极推行新能源公交车，目前全市投入清洁能源公交车277辆，成立六家出租汽车公司689辆出租车，满足不同人群出行需求，具备条件的建

制村通客车比例达到100%，基本实现农村地区公共客运服务全覆盖，城乡道路客运一体化水平评价等级为AAAAA级。

二是打通农村物流最后一公里。结合电子商务进村工程，构建覆盖县、乡、村三级的农村物流网络，完善县、乡、村三级农村物流服务体系，以城区为依托辐射镇（乡）、村的快递物流，便捷高效，形式多样的农村物流试点和示范工程改善了农村物流基础设施条件，适用于农村物流的厢式、冷藏式专业化车型得到了广泛的推广和应用。

三是铸就迁安百姓增收路。优良的通行环境打通了百姓致富出行的"最后一公里"，有力助推了"美丽乡村"的建设，"四好农村路"撬动了全域旅游产业的大发展。目前，已有16个村庄被评为河北省省级"美丽乡村"；2016年来全市乡村旅游人员已达140万人次，销售大量土特产品，为农村带来实实在在的经济和社会效益；2016年全市游客达到了220多万人次，旅游收入达到了21.4亿元。

今后，全市将充分利用京津冀协同发展，交通被确定为三个率先突破领域之一、国家加大基础设施投资力度，全省交通道路建设补助政策调优等有利机遇，同时在政府资金"兜底"的基础上，积极筹措社会资金，发挥群众爱路护路的热情。以农村路"建、管、护、运"为抓手，完成年度工程建设任务，进一步加大农村公路管护工作，加强公路日常养护，积极提升管养水平，进一步全面完善农村运输服务网络，有效提高城乡一体化水平，在创建"四好农村路"全国示范县中争当排头兵。

山西省临汾市尧都区

尧都区地处山西省中南部，是临汾市的政治、经济、文化中心。全区总面积1304平方公里，辖6乡10镇9个办事处，372个行政村57个社区居委会，总人口98万。

近年来，尧都区委、区政府认真贯彻落实习近平总书记系列重要讲话精神，牢固树立"绿水青山就是金山银山"的发展理念，坚持把"四好农村路"建设作为美丽乡村建设的重要抓手，率先发力，奋力攻坚，在农村公路建设上实现了弯道超车、跨越发展。"十二五"以来，全区累计投资15亿元用于农村公路建设。截至目前，全区公路通车总里程达1665公里，其中农村公路里程1492公里，占比89.6%。农村街巷硬化2012公里。全区372个行政村全部实现了村村通、户户通水泥（油）路，达到了农村循环等级公路全覆盖、大街小巷硬化全覆盖、三级公路管护全覆盖。

路通百业兴。"四好农村路"的建设，为打赢脱贫攻坚战、率先建小康打下了坚实基础，全区经济社会发展活力进一步增强。一是极大改善了出行条件，解决了农民"行路难"的问题；二是有效降低了运输成本，广泛增加了农民收入；三是明显缩短了城乡距离，推进了城乡一体化进程；四是快速带动了产业发展，30万亩核桃基地、十大休闲观光小镇、特色旅游精品线路基本形成；五是很好地助推了脱贫攻坚，经济薄弱村全部实现脱贫，2016年全区精准脱贫3789人；六是加快推进了美丽乡村建设，形成了整洁、畅通、舒适、美丽的乡村环境，群众的获得感和幸福感明显增强。

在"四好农村路"建设上，尧都区的主要做法可以概括为"345"：

一、科学决策，三管齐下，把打造"四好农村路"作为全面建成小康社会的重大战略进行部署

农村公路是社会主义新农村建设的重要支撑，是区域经济发展的基础

工程。党的十八大以来，尧都区坚持把改善农村交通状况、建设"四好农村路"作为促进区域经济转型发展、全面建成小康社会的一项重大战略，摆在重要议事日程进行了统筹谋划和部署。**一是高点定位抓部署**。尧都区以创建"四好农村路"全国示范县为目标，响亮提出了"奋战五年、保持领先、率先发力、勇创一流"的工作举措，从政策、资金、管理等方面进行专题研究、专门安排，成立了以书记、区长为总指挥的领导机构，建立了四大班子分片包干、分管领导协调负责、主管部门牵头实施、部门乡镇协同配合的工作机制，层层压实责任，党政齐抓，共同推进。**二是一步到位抓谋划**。坚持把"四好农村路"与临汾建设经济强市、文化强市、生态强市相结合；与城镇化建设、新农村建设、开发区建设相结合；与产业富农、旅游兴农、科技强农相结合，坚持农村公路主体工程与安防工程、配套工程、绿化工程同步设计、同步施工、同步验收，做到一次规划、一次建设、一次绿化、一次配套到位。**三是多措并举抓资金**。农村公路建设资金是保障，不等不靠，创新机制，四轮驱动，多方筹资，努力破解农村公路建设资金瓶颈。几年来，共争取上级资金 4.88 亿元，区财政挤出资金 6.32 亿元，争取农发行贷款 2.5 亿元，发动社会力量筹资 1.3 亿元，为"四好农村路"建设提供了有力的资金保障。

二、建管护运，四位一体，把打造精品工程、效益工程作为"四好农村路"的核心环节全程把控

农村公路建设，质量是关键，效益是根本。围绕打造"四好农村路"，我们坚持建字当头、管理为先、养护为要、运营为本，把打造精品工程、效益工程作为核心环节全程把控。

一是严把"三关"抓建设。**严把准入关**。全区公路建设严格招投标管理，对施工单位严格把关，要求所有施工单位必须具备公路三级以上资质、雄厚的资金、齐全的机械设备才能参加招投标。**严把施工关**。推行了交通部门、施工单位和监理部门"三配套"质量监管制度，实行了工程质量一票否决制和质量责任终身追究制。**严把现场关**。在专业监理单位进行监理的同时，组织交通部门技术人员跟班作业、乡镇干部村民代表现场监

管、人大代表政协委员视察监督，确保了农村公路高标准、高质量建设，全区农村公路品质合格率始终保持在100%。

二是突出"三严"抓管理。路政管理严。按照"政府负责、部门执法、群众参与、综合治理"的网格化管理体系，严肃查处侵占、损毁农村公路的违法违章案件，对侵犯路产路权违法行为"早发现、早处理"。**双超治理严**。加强部门联动，建立了公路路政、交通运政和公安交警联合执法机制，对无证参运、严重超载等交通违法行为重拳出击，严厉查处。尤其是对车货总重超过49吨的车辆，一经查处坚决强制卸货，对超载率在50%以上的车辆严管重罚。**路域整治严**。以治理"脏、乱、差、堵"为重点，坚持国、省、县、乡、村五道共治，持续开展路域环境综合整治，加大重要节点的绿化美化，为百姓营造"畅、安、舒、美"的通行环境。

三是强化"三有"抓养护。有责任主体。全区建立了农村公路养护三级责任主体，明确区政府为农村公路养护的领导主体，乡镇人民政府为农村公路养护的责任主体，交通主管部门为农村公路养护的监管主体，乡村农村公路管理机构为农村公路养护的实施主体。**有养护网络**。尧都区立足实际，成立了农村道路建设养护管理中心、乡镇农村道路管理站，在全区构建了"区有养护中心、乡有管理站、村有养护员"的三级养护网络。在具体养护上，实行区、乡两级分级管护，区交通运输部门重点对县道和重要乡道进行常年养护；乡镇政府重点负责一般乡道、村道管理养护工作，全区农村公路养护做到了事权明确、责任明确、任务明确。**有经费保障**。区政府出台了《关于加强全区农村道路建设与管理的意见》，区人大常委会作出决议，将农村道路的管护统一纳入区级财政预算，每年拿出830万元用于农村道路管理养护，连续八年拨付专项养护资金6640万元，从根本上解决了农村公路无钱养的问题。

四是实施"三优"抓运营。优化客运班线。大力推行公交化运营模式，实行城乡客运一体化。全区372个行政村具备条件的367个建制村已全部通车，通车率达到98.7%，建有农村客运招呼点（牌）、候车亭533个，客运车辆160辆，优化线路27条，极大地方便了群众出行。**优化客运市场**。围绕创建平安交通，扎实开展"打非治违"专项整治行动，充分利用 GPS 监控平台，加大对运营车辆的监管力度，重点对"两客一危"企业开展全方位排查，严厉打击非法载客营运行为。**优化物流服务**。突出在用地、审批等方面支持物流业发展，重点扶持 36 家物流企业，形成兴荣、鑫港两大物流园区。特别是兴荣物流充分利用"互联网"信息技术，搭建大数据平台，实现了传统物流转型升级，业务对外辐射长三角、珠三角等地区，对内实现县乡村全覆盖。

三、创新机制，五措并举，把建立行之有效的长效机制作为"四好农村路"健康发展的可靠保障积极探索

为切实做到建养并重、管运到位，从五方面着手，探索建立了一套行之有效的农村公路管理体系。

一是建立了党政齐抓的工作机制。坚持把"四好农村路"建设作为"五个尧都"建设的重要内容，列为民生工程，纳入年度目标责任考核体系，层层签订责任书，形成了"党委领导、政府重视、部门协同、社会参与"的建管护运工作机制。

二是建立了上下联动的养护机制。通过建立区、乡、村三级农村公路养护机构，突出区级养护中心、乡级管理站、村级养护员的作用，实行公安、交通、林业、水利等多部门联动共治，做到了农村公路管护到位、长期受益。

三是建立了全民参与的监督机制。通过建立"七公开"制度，充分利用各种媒体，加强对公路法律法规的宣传，增强了广大农民群众爱路护路意识和自觉参与农村公路管理的责任心、使命感，形成了全民参与、共同监督的良好格局。

四是建立了多元投入的资金机制。通过采取财政投、上级补、PPP 模式运作、专项经费保障等多种方式，解决"四好农村路"的建设资金问题，并将农村道路管护统一纳入区级财政预算，从根本上解决了资金不足的问题。

五是建立了科学全面的考核机制。坚持把"四好农村路"建设与农村产业发展相结合、与脱贫攻坚相结合、与新农村建设相结合、与生态环境

治理相结合，细化指标，明确要求，全方位、全过程督查考核，助推了农村各项事业发展。

总之，尧都区在"四好农村路"建设上取得了一定成效，但与中央、省、市的要求和基层群众的期待相比，还有一定的差距。下一步，全区将深入贯彻落实习近平总书记视察山西重要讲话精神，围绕"四好农村路"建设，主动作为，担当实干，持续高起点、高标准、高要求建好、管好、护好、运营好农村公路，打造"外通内连、通村畅乡、班车进村、安全便捷"的农村交通运输网络，为早日全面建成小康社会提供强有力的道路交通保障。

内蒙古自治区达拉特旗

达拉特旗地处"呼包鄂"经济圈腹地，总面积 8188 平方公里，总人口 36.9 万人，其中农牧业人口 29 万人。截至 2016 年底，全旗农村公路 2602 公里，占公路总里程的 79.6%。旗委、政府深刻领会交通基础设施建设的先导作用，深入贯彻习近平总书记"四好农村路"重要指示，着力优化路网结构，完善管养体制，提升服务品质，推动产业融合，促进农村公路协调发展。主要采取以下做法。

一、推进农村公路"精品化"建设，优化路网结构，提升通行能力

按照保通求畅、干支衔接、联网成片的思路，结合美丽乡村、扶贫攻坚、分类规划、分步实施、有序推进，破除运力不强等瓶颈。2014 年以来，投资 13.2 亿元新改建农村公路 547 公里、街巷硬化道路 1386 公里。**一是**政府健全管理体系，提供政策支持和制度保障；交通、财政、国土、审计等部门发挥各自职能，协调联动；苏木镇主动作为，化解矛盾纠纷；嘎查村委积极配合，争取群众支持；营造了多层次多部门参与交通建设的氛围。**二是**争取上级补助，加大地方配套，多渠道筹集长期稳定、低成本的资金。2016 年争取上级补助 6000 多万元，旗级通过财政配套、基金、贷款等方式自筹 2 亿多元。**三是**综合考虑镇村规划、地质条件、车流量等，区别采用路面宽度和结构，便于施工及日后养护管理。**四是**择优选取招标代理公司，打捆招标地域临近项目，增加项目吸引力，调动大型企业竞标积极性，引进有实力企业。**五是**开展质量安全管理、计量支付、标准化建设培训，采取人员资质备案、信用评价等手段，把高素质人员留在现场为项目服务把关。**六是**健全"政府监督、专群结合"的质量监督模式，政府、监察部门加大建设程序和资金监督，审计部门进行跟踪审计，交通部门成立监督组、聘请第三方检测公司和群众义务监督员，严格关键工序

监管，严守质量安全红线，把农村公路建成满意工程、精品工程。

二、推进农村公路"规范化"管理，依法保护路产路权

针对农村公路分布广、产权多元的实际，旗政府明确县乡村三级管理原则，按照旗统一执法、乡村协助执法的方式，统一领导、分级管理、联合执法。**一是明确责任主体**。县道由旗级负责，路政经费全额列入财政预算，会同交管等部门开展日常巡查。乡、村公路以镇、村为主，配备义务护路人员。经常开展培训，提升专业化和依法行政水平。**二是充分发动群众参与**。依托《农村牧区农牧户道德诚信体系建设实施方案》，构建全旗道德诚信体系数据库，以农牧民家庭为单位逐一建档。对农牧民日常管路等行为进行监控和打分，半年考评，考核结果以红黑榜公布，80分以上进红榜、60分以下进黑榜。红黑榜的农牧民在农村信用金融信贷服务、地方性奖补政策享受等方面区别对待，红榜人员在享受金融贷款、低保评定等非普惠性政策时优先考虑，黑榜人员取消享受非普惠性政策资格，并暂缓煤炭补贴等普惠性政策发放时间。奖励惩治并行，规范村民行为，调动积极性，做到村民的道路村民管护，村民的事情村民监督。**三是强化路域环境整治**。推进"美丽乡村路"建设，常态化治理公路沿线乱建、乱堆、乱放和运输车辆遗撒等行为，绿化美化公路沿线，做好日常保洁。**四是依法治路**。结合全旗"六五"普法法依法治理，每年开展交通普法宣传4次，提高群众爱路护路意识；路政、交管、运管、煤炭等多部门联合开展执法检查，保护路产路权。

三、推进农村公路"精细化"养护，提升服务品质

农村公路验收合格后，及时移交管养单位，保证建养衔接有序。**一是细化养护责任**。经营性公路由经营企业养护，非经营性县道由旗公路管理段养护，乡、村公路由镇村养护，旗农村牧区公路养护管理所每年开展桥梁例检2次、路况质量和安全设施季度巡查4次，并做好日常监管。**二是落实养护经费**。经营企业设立专项养护资金，非经营性公路养护资金列入财政预算。近年，旗政府在资金十分紧困的情况下，加大养护资金投入。同时，村委采取"一事一议"方式积极筹资。**三是多方式开展养护**。建立

农村公路基础数据库,实行档案化管理。根据公路等级、路面类型、技术评定状况等,采取委托养护、承包到户、集中养护等模式开展养护。**四是强化监督考核**。旗政府将农村公路养护纳入旗对苏木镇、部门实绩考核,并通过信息化考评系统实时监控。养护到位的镇村,通过以奖代投等方式追加养护经费,经营性企业每年缴纳5万元养护承诺金,推动农村公路有路必养。

四、推进农村公路"市场化"运营,健全农村客货运体系

农村公路建设的目的是改善农村运输条件,促进农村经济发展。循此思路,我旗多方推进城乡客运统筹发展和县乡村物流体系建设。**一是推进城乡公交一体化运营**。全旗实行城乡公交一体化模式运营,运营线路42条、公交142台,其中城乡公交线路33条、公交56台,行政村通客运班车率100%,解决了农牧民出行难问题。**二是促进农村物流体系构建**。依托四通八达的农村交通推进电商扶贫新模式,建成8个乡级、19个村级、30个街道社区电商服务站和10个电商扶贫站,形成电商三级物流体系。2016年农副产品网上交易额3657万元,解决就业214人,带动一批贫困户增收致富。**三是助力现代农牧业发展**。全旗粮油、蔬菜、乳肉、水产等产业多元发展,初步形成4条产业带、5大加工物流及休闲观光农业区和8个产业示范区;瓜果蔬菜远销港澳深、东南亚等地;饲草种植面积近40万亩,向伊利、蒙牛等大型牧场稳定供应。2016年全旗一产增加值34亿元,农牧民人均可支配收入达到15982元。**四是培育全域旅游产业**。畅通的农村公路使响沙湾等星级旅游景点与农牧渔家乐乡村旅游接待户有效连接,形成乡村旅游接待户近百户。2016年接待游客188万人次,旅游收入64.3亿元。

通过旗、镇、村三级联动,上级交通主管部门鼎力支持,建管养运单位通力协作,广大群众积极参与,凝聚起了"经济要发展、交通需先行"的共识,与此同时也深切体会到:**扩大农村公路建设成果,加强政府领导是前提**。金旗始终把农村公路建设作为"一把手工程"和"民心工程"来抓,结合美丽乡村、扶贫攻坚,建立起县级领导包苏木镇和包重大项目

制度，成立驻苏木镇工作团和驻村工作队，实现公路项目县级领导督促指导、主管部门组织实施、苏木镇协调配合、包扶单位联合推进。**强化农村公路监督管理，建章立制是抓手**。出台了农村公路管理办法、农村牧区环境综合管理暂行办法等一系列制度规范，明确职责，形成"上下联动、责任连带"的农村公路管理体系，保证各项工作有章可循。**实现农村公路有路必养，发动群众是关键**。路通了，管养必须跟得上。结合千名干部下基层等活动，发动党员干部大力开展群众工作，赢得群众支持。将村民护路与道德诚信体系建设和村规民约挂钩，调动起农牧民的积极性，让村民成为管路护路的主人翁，保障乡村公路养护行稳致远。**推进农村公路全面运营，服务"三农"是落脚点**。连接市场、盘活物流是农村公路建设的核心。在推进美丽乡村建设中，金旗大力发展农村电子商务、现代农业和乡村旅游，坚持"电商先行、客货并举、上下双行、多点整合"原则，以客运网络为纽带，整合资源，互补优势，推动"农村客运+农村电商+现代农业+乡村旅游"发展模式，使建设成果惠及更多农村百姓。

下一步，金旗将以示范县创建为抓手，进一步统一思想认识，树立全局意识和新发展理念，坚持"建好、管好、护好、运营好"标准，扎实推进窄路拓宽、撤并嘎查村通硬化路、农村公路大中修和安防工程等项目建设；持续健全农村公路管理机制，提高养护专业化水平，提升运输从业队伍综合素质，推动农村公路由线成网、由窄变宽、由量转质、由通向好协调发展；充分发挥交通基础设施服务"三农"的重要作用，为全面建成小康社会提供更好的农村交通保障。

辽宁省绥中县

在国家、省、市交通运输主管部门的关心、指导和帮助下，绥中县深入贯彻落实党中央、国务院及上级有关部门对"三农"工作的部署，特别是习近平总书记关于发展农村公路事业的重要指示精神，不断深化农村公路管理养护体制改革，积极开展"农村公路管理养护年"活动，全力创建"四好农村路"示范县，推动了农村公路事业的不断发展进步，打破了制约农村经济发展的交通"瓶颈"，为全县经济社会快速发展奠定了坚实基础，获得了绥中百姓一致赞誉和好评。

2008年以前，绥中县农村公路发展相对滞后，农村公路总里程仅有1381.5公里。由于农村公路分布不均，管理养护体制、机制不顺，责任不明，力量严重不足，导致内陆乡镇与沿海乡镇经济社会发展不均衡，部分山区乡镇经济落后，农副产品运输难，群众"行路难"问题比较突出，影响了全县整体经济社会发展。为彻底改变农村公路落后的面貌，绥中县全力开展农村公路建管养体制改革，经过几年的努力，全县农村公路事业得到了较快发展。2016年公路总里程增加至2230公里，较2008年增加了61.5%，路网结构不断完善，路况质量水平和整体形象得到了较大提升。

政府主导，政策先行。为了将"四好农村路"创建工作落到实处，实现"建好、管好、护好、运营好"农村公路的总目标，绥中县成立了以县长为组长、主管副县长为副组长，交通、财政、农发、运管、路政等部门及各乡镇主要领导为成员的"四好农村路"建设工作领导小组，负责组织领导统筹协调"四好农村路"建设工作，制定了《绥中县推进"四好农村路"建设实施方案》，形成了政府主导、各单位分工协作的工作格局，为"四好农村路"示范县创建工作提供了组织保障。

整合机构，明确职能。为了保障农村公路有关工作的有序推进，从2008年开始，绥中县先后整合成立了一系列机构。2009年，在交通局原乡道股的基础上，成立了绥中县农村公路管理处，统筹管理全县农村公路建设和养护工作；2010年成立了绥中县道路稽查处，是全省第一家农村公路路政管理机构；2011年5月成立了绥中县交通工程质量与安全监督处；2011年9月成立了绥中县农村公路专业化养护站；2011年，成立了绥中县运输管理局乡村公交管理办公室，负责城乡公交化校车的安全管理及经营行为的日常监督；2014年，根据农村公路分布状况和乡镇行政区划情况，成立了6个农村公路管理所，为县农村公路管理处所属副科级事业单位，负责所辖区域的农村公路建设、管理和养护工作。2017年，绥中县对养护管理体制进行了新的探索，每个乡镇设立1个农村公路管理养护站，为乡镇所属事业单位，人权、事权统归乡镇管理，增强了乡镇政府的主体责任意识和主人翁意识，促进了农村公路整体管养水平的不断提升。

落实责任，强化管理。一是绥中县出台了《绥中县农村公路管理办法实施方案》《绥中县人民政府关于进一步加强农村公路管理工作的实施方案》等文件，进一步明确了责任，建立了以政府公共财政投入为主的资金筹措体系，并将公路建设及养护资金纳入财政预算。"十二五"以来，全县对农村公路的资金投入不断增加，至今累计投入15780万元，同时县政府还对农村公路建设给予免费提供砂料场等一系列优惠政策，有力支持了农村公路的发展。二是严格履行基本建设程序，实行"四制管理"，即实行项目法人责任制、工程招投标制、工程监理制和合同制，确保工程建设规范进行。三是所有农村公路建设项目，全部列入县交通工程质量与安全监督处监督范围，建立了有效的监督管理机制。四是严格实行"七公开"制度。各工程施工现场和乡镇政府、村委会设立公示栏等对工程项目信息进行公开，主动接受社会各界监督。五是强化县、乡、村三级管养责任，县政府每年与乡镇政府签订农村公路建设、养护、管理责任状，将交通工作完成情况纳入政府绩效考核内容，有效传导了压力，提高了乡、村两级公路建设、管理和养护工作的积极性。

经过近些年来的不懈努力，绥中县农村公路事业得到了较大的发展。

农村公路建设方面。一是完善了路网结构。农村公路总里程由2003的640公里增加到2016年的2230公里，尤其是永加线和高葛线两条南北大通道的建设，打通了绥中县南部沿海和北部山区的路网，逐步消除了农村发展的交通瓶颈，促进了当地经济社会的全面发展。二是逐步解决了公路危桥。"十二五"以来，绥中县实施危桥改造工程共计18座824.5延米，保证了路网的良好运行。三是创建了平安农村公路。2013年在全县中小学校及幼儿园门口两侧安装警示标志379处；2014年在全县农村公路路口设置减速安全工程235处，设立路标指示牌2233块，道口标注1826根；2015年以来共处治隐患路段263.5公里，安装了防撞挡墙及防护栏，设置了道路反光镜及配套警示标志；到2017年底，农村公路隐患路段治理基本完成。同时，在公路建设和维修改造工程中同步实施安防工程，保证了农村公路的安防能力。

农村公路管理方面。一是路政管理不断加强。绥中县基本建立了县有路政员、乡有监管员、村有护路员的路产路权保护队伍。绥中县道路稽查处自2011年1月1日正式运行至今，共治理并处罚了1605台超载车辆，卸载3775台次，收缴罚没款710万元，清理违章建筑97处，有效巩固了来之不易的农村公路建设、养护成果。二是路域环境不断改善。在历年利用春秋两季集中会战进行路域环境整治的基础上，绥中县于2015年建立了农村环境卫生治理的长效机制，全面提升了农村公路整体形象和服务水平。同时，在农村公路标准化养护工程创建和美丽乡村建设中，对有条件的路段进行路田、路宅分家，有效延长了公路使用寿命，改变了农村的整体面貌，取得了良好的效益。

农村公路养护方面。一是养护工作体制机制不断完善。建立了群专结合的农村公路养护运行机制，乡道、村道的日常养护由当地乡镇、村组织进行，县道养护和乡道、村道的专业化养护由县交通局农村公路管理处负责组织实施。二是农村公路维修改造初见成效，2011年以来共实施农村公路维修改造1089.9公里，约占现有农村公路总里程的48%。三是农村公路养护实现常态化管理，不断加强农村公路日常养护和季节性养护工作，每年春季由县政府统一发动，交通各部门、各乡镇及村委会共同参与，全面提升了农村公路管理养护水平和服务质量，全县县、乡、村三级农村公路基本实现"有路必养"，保证了路况水平。四是标准化养护工程创建和公路绿化不断深入。2011年以来，绥中县共创建标准化养护工程57条

449.8 公里，实施公路绿化 422.2 公里，极大提升了农村公路路域环境和形象。五是农村公路养护巡查力度不断增强，建立和完善了农村公路养护巡查制度，并按照制度要求加强养护巡查，确保农村公路安全畅通。

农村公路运营方面。一是建立了农村客运班线安全通行条件审核机制。县政府出台了《绥中县农村道路旅客运输班线通行条件联合审核实施细则》，确保了新增（延伸）的农村客运班线符合百姓需求，运营安全有效。二是加快推进城乡客运一体化建设，促进了城乡客运统筹协调发展。目前全县农村线路班车达 142 台，农村公交达 117 台，建制村通车率达到 100%，自然屯通车覆盖率达 95%，形成了县城至乡镇、乡镇至行政村、行政村至自然屯四级客运网络，实现零距离乘降，全面提高了城乡道路客运一体化发展水平。三是建立覆盖县、乡、村三级的物流网络。绥中物流园区一期建设主体工程已经完成并投入使用，道路货运水平也将由传统运输方式向现代物流方面发生质的转变；物流二期建设工程将以城市配送为主线，发展城乡物流网络体系；同时利用"互联网+"，依托城乡客运一体化交通网络平台，解决农村电子商务最后一公里问题；另外，绥中县建立了物流信息服务平台，形成与省交通厅、交通部物流信息网络对接，同时通过市场化运作与江苏镇江惠龙 e 通国际物流有限责任公司进行合作，建立标准物流信息服务体系，拓展物流网络发展定向，为物流时代的大发展奠定基础。

在上级相关部门的大力支持和帮助下，绥中县将继续按照党中央、国务院及上级有关精神，不断加强农村公路建设、管理、养护及运行工作，力争到 2020 年实现"建好、管好、护好、运营好"农村公路的总目标，不断推动农村公路事业的发展，为全面建成小康社会的伟大目标作出应有的贡献。

吉林省柳河县

柳河县地处吉林省东南部，面积3348平方公里，总人口38万，是吉林省15个贫困县之一，存在经济总量低、财税收入少等不足。尽管经济基础薄弱，资金筹措困难，柳河县仍坚持把发展交通运输事业特别是农村交通运输工作放在首位，逐年积累、全力实施，着力打造城乡一体、支干结合、建养并重、管运同步、综合协调的大交通运输网络，用"四好农村路"带动新农村建设，取得了较好的工作成绩和效果。

一、突破瓶颈 多渠道开展农村公路建设工作

近年来，为破解农村公路建设筹资难题，县政府采取整合国土、水利、财政农发办和林业等部门项目资源用于农村公路建设，统筹村级公益事业建设"一事一议"用于农村公路建设，借助当地驻军实施国防公路建设的有利契机，通过"军地共建"实施农村公路建设等多种方式，筹措农村公路建设资金。截止到2017年6月，柳河县境内共有各级公路672条，总里程2303.6公里。其中，硬化公路里程2042.9公里，占公路总里程的90%；农村公路里程1994.7公里，占公路总里程的86.6%；全县15个乡镇、219个行政村已于2005年全面实现水泥路"乡乡通"和"村村通"；512个自然屯，有488个通上了水泥路，占自然屯总数的95.3%；有326个自然屯实现了户户通水泥路，占自然屯总数的63.6%；农村公路硬化路覆盖率和通达率均位于吉林省前列，已基本建成适应经济社会发展的农村公路网络。

二、依法实施 全方位抓好农村公路管理工作

一是理顺农村公路管理体制。2001年，经省交通厅批准，全县成立了设在县级交通局的农村公路路政监理所，负责专养县道、乡道和村道的路政管理和路产路权保护工作。经省交通厅法规处考核和培训，为监理所工

作人员办理了交通部颁发的路政管理执法证；经省法制办培训、考试，为乡镇分管交通和副职领导和交通助理办理了省人民政府颁发的交通路政执法证；同时，经县法制办和交通局共同办班，为各行政村分别培训了1至2名路政协管人员，建立了县、乡、村三级联动，全面覆盖的农村公路路政管理体系；

二是实现农村公路管理有法可依。全县农村公路管理人员达到242人，采取县级统一执法、乡村协助执法的方式开展工作，针对侵占公路用地、破坏路肩、植树台和排水系统、影响公路畅通与安全的违法行为实施打击。从2010年起，连续开展依法回收公路用地、综合治理公路环境的大会战活动。以《公路安全保护条例》和《吉林省公路条例》等法律法规为依据，依法划定公路用地范围，累计投入资金3100万元，收回被侵占为小片荒耕地和占道经营场所的公路用地7712亩，整修路肩、边沟、植树台1146.8公里，保障了农村公路路产路权，为农村公路建设和养护工作奠定了基础。2011年，为进一步抓好路域环境整治和美丽乡村建设，印发了《农村公路路域环境综合整治实施方案》（柳政办发〔2011〕10号），规划了"路田分离""路宅分离"时间表，明确实施标准；2015-2017年，利用第二轮农村土地承包确权登记，逐步将"公路用地界限的实测坐标"和"村屯农户本人签字"建库立案，登记造册；2017年，出台了《柳河县农村土地承包经营权确权归户工作指导意见》（柳政办发〔2017〕29号），确定公路用地回收确权与公路沿线"路田分离""路宅分离"工作截止时间，计划在2018年10月底前完成全部任务，确保农村公路养护向功能设施完善、服务质量提升、打造舒适美观的建设目标迈进。

三、同步跟进 高标准抓好农村公路养护工作

一是建立稳定长效的保障制度。2007年，柳河出台了《柳河县农村公路养护和路政管理办法》《柳河县养护工程管理办法》《柳河县养护员工管理办法》等一系列文件，在全县15个乡镇分别建立了农村公路养护管理站，统一开展农村公路"常年、常态"管养工作；在县财政局及乡镇政府设立农村公路养护资金专户，将农村公路养护资金全额纳入财政年度预

算，日常养护资金以县财政每年固定列支200万元、乡镇财政每年配套100万元为基准，按管养里程增长和投入标准提高相应调整增加，建立了稳定、持续增长的专项养护资金投入制度；采取日常管养、小修保养和集中整修相结合的方式实施"常态化、专业化、精品化和机械化"养护，农村公路村列养率达到100%，PQI值常年保持在90%以上；县委、县人大、县政府、县政协领导每年视察农村公路管养工作，各副县级以上领导都有明确的分片、包乡农村公路管养任务，对春整、秋整、冬季除雪防滑和夏季防汛等重点工作实行两办督查室与县交通运输局联合督查制度，对公路小修保养和安防工程实行县财政、审计实时跟进管理制度，为农村公路养护管理提供了全面有力的体制保障。

二是建立规范合理的管理机制。2007年至2015年，县政府在交通运输局建立了农村公路小修保养专业施工队，采取自购设备、自建队伍、自主施工、即时监管的方式开展农村小修保养作业，用有限的资金实现了农村公路小修保养常态化和高效化，公路完好率、附属设施设置率和公路整体养护质量均走在全省前列。2016年，为适应"管养分离"和养护管理"市场化、规范化、机械化、专业化"的新要求，全县对农村公路的小修、保养工程按年度进行统一打包招标，全面推向市场化，强化交通运输局监督管理地位，划清安全监管和直接安全管理责任，实现了"管养分离""管专于管、养精于养"。

三是打造安全完善的特色路网。为实现畅、安、舒、美的农村公路养护管理目标，柳河自2007年起，逐年实施农村公路事故多发、临水临崖、急弯陡坡路段的生命安全防护工程。2010年，基本实现村级以上线路危险路段以及平交道口警示桩埋设全覆盖；2014年，基本完成主要乡道交通标志标牌全覆盖；确保在2018年年底前，完成全部交通运输部安防库计划内的安防设施建设任务。

四、突出服务　科学化布局农村公路运营网络

一是加强基础设施建设。2011年至2016年，累计投资5586万元，新建二级标准客运总站一座，改造乡镇客运分站15座，建设大型港湾式停

靠站 2 处，建设农村公路候车站亭 55 处，全面改善了农村群众出行候车、换车条件。城乡交通运输一体化进程不断加快，现有城区公交线路 7 条，其他营运线路 149 条，建制村通客车率 100%，自然屯通客车率达到 95.4%，基本建成了覆盖城乡、运输一体、网格化的客运网络。在物流网络建设方面，随着 2015 年投资 1.2 亿元打造的采胜物流园区和易联物流中心投入使用，全县完成了由农村到城镇乃至国内国外的物流衔接，全面提升了商贸仓储和物流配送发展水平；全县物流公司、配货站及快递公司达到 47 家，供销系统三农服务站覆盖全部行政村，邮政快递物流代办点遍及全部自然屯，县、乡、村三级农村物流网络已基本形成，打通了农村物流"最后一公里"，对本地区经济社会发展服务能力明显增强。在农村电子商务和三级物流的推动下，柳河"蛙田贡米""大米姐富硒米""火山岩绿优米"等一批农业品牌迅速在国内与周边打响知名度，中药材、山野菜、棚膜果品蔬菜、采摘园、观光园等特色产业得到了大规模发展，农业特色产业产值达到 100 亿元以上，助推和带动区域经济社会发展。

二是提高管理服务能力。在出租车市场和农村客运管理方面，在统一安装 LED 顶灯、对讲机、GPS 定位的基础上，于 2016 年 5 月，出台了《出租车电召行业服务规范》，规定了电召出租车的经营范围和经营时间，提升了出租车服务水平，化解了运营班线和出租车经营者之间的矛盾。2017 年 1 月，投资 5000 万元，更换新能源环保公交车 51 台，并为 170 台农村班线运营车辆安装了 GPS 显示屏，形成了农村班线客车网格化管理、公交化服务格局，全县 219 个行政村全部实现一站式无缝换车。

三是履行行业监管职责。为解决运政执法相对人不配合、取证难的问题，投入资金 300 万元，为全部执法车辆安装 360 度高清摄像头，为执法人员配齐执法记录设备，实行交通、运管、公安、交警联合执法，将打击"黑车"工作形成专项整治常态化，五年依法取缔、查扣无证黑车 1200 余台，保持了良好的城乡客运秩序。

"春旅繁花相伴，夏游绿树遮阴，秋行枫杨彩叶，冬安畅享瑞雪"！这就是走在柳河山区生态旅游公路上的真实感受。在柳河的农村公路上行走，一年四季看到的都是如画般的美景。一条条镶嵌着绿色树和彩色花的公路，蜿蜒在山山水水之间，连接着城与镇、乡与村，输送物产、创造财源。远望烟柳是一幕水墨画卷，近瞧百花是一张精美随拍；粉刷整齐的院墙、清水流淌的边沟，路旁每一个幸福的农家院，进进出出都是一张张因丰收、富足而陶醉的笑脸。

黑龙江省富裕县

近年来，富裕县始终坚持以建好农村公路为基础，以运营好农村公路为核心，以管养好农村公路为重要保障和有力抓手，进一步深化思想认识，凝聚思想共识，落实落靠地方党委政府管养农村公路主体责任，创新思维、创新举措，不断加大投入力度，以破解难题为靶向，向体制机制聚焦发力，彻底扭转农村公路管养被动落后的局面，使农村公路的管养水平得到了全面提升。经过几年来的努力经营，全县的农村公路管养工作从2012年的全省考核排名末位跃升至全省一等奖行列，承办了省市农村公路工作现场会。2016年代表黑龙江省接受国检，先后在全国农村公路管理培训班和全国公路局长培训班上介绍推广农村公路管养经验。富强县的主要做法是：

一、创新思维，深化改革，努力扫除农村公路管养体制障碍

推进农村公路管养体制改革，必须坚持问题导向，抓住关键，注重实效，努力使体制的改革创新适应农村公路可持续健康发展的基本要求。具体工作中，深刻对照检查过去公路管养过程中存在的资金投入不足、人员配置不足、权责失衡、管养"两层皮"等问题，细致剖析原因，对改革举措作了有益探索。**一是构建明晰的责任体系**。改变以往县、乡、村分级独立管养公路的局面，建立了县乡村三级一体化管养责任体系。在县级，将原有地方道路管理站与农村养路费征稽所进行整合，成立农村公路管理站，吸收地方养路费征稽分流人员，设置养护、路政等业务股室，明确了县农村公路管理站负责全县农村公路管养的推进落实责任；在乡镇，将原有的乡镇养路段和养护道班进行整合，成立农村公路管理所，由县站垂直领导管理，设所长、内业、外业等岗位，负责乡镇区域内的县乡村公路的管养；在村屯，以行政村为单元，由村"两委"班子推荐选派至少1名养护人员，县站把关，乡所领导，负责行政村区域内的公路管养工作。实现

了县乡村三级公路管养的区域覆盖、主体到位、责任到位。**二是拓展多元的资金来源**。努力克服作为大兴安岭南麓集中特困连片贫困县财力薄弱的困难,实行政府财政投入承担大部分,农村公路管理站经营收入返还、乡村两级适当匹配、砂石企业支持等办法筹措资金,三年来,累计投入管养、机械、大中修等资金达 1.2 亿元,足额保障了农村公路的各项管养支出。**三是探索有力的治理方式**。在县级,成立县路政大队,重要路段进行 24 小时巡查看守,抽调公安、交警、城管等部门组成常设综合执法办公室,多部门联动执法,治理各类超载超限和公路区域"六乱"行为;动员县域内管理的大型货车在机动车检测线主动切割超高大箱,从源头降低超载超限的比例。在乡镇,依托乡镇农村公路管理所,实行一所双责,既负责区域内公路的专业化养护工作又负责区域内的路政巡查工作。在村屯,每个村选派 2 名路政协管员,进行本村(屯)内路政巡查。对县乡村三级相关责任区域内发生的"六乱"现象,给予媒体曝光,追究区域负责路政巡查人员的责任,倒逼区域内路政巡查人员严肃执法、认真履责。目前,全县超载率保持在千分之一以下,路域环境得到了改善,公路的损坏率也降到了最低。

二、创新举措,深化联动,努力破解农村公路管养机制难题

科学合理的公路管养运行机制,有利于提高管养实效。为此,全县积极深入探索,从活化机制入手,集中攻坚、破解难题。**一是实行分段作业机制**。农村公路管理所养护人员实行分段到人集中作业的机制,明确了责任主体,体现扣分路段和扣分内容,同时确定不允许由于超载造成的新发生的大中修路段,出现罚分,自行解决大中修经费,使路政管理格外严格。**二是实行奖罚激励机制**。县站与农村公路管理所签订管养责任状,将养护标准、道班建设、设备维护、安全生产等 10 项内容列入其中,每月组织农村公路管理所联检联评,进行打分排名,前三名挂红牌予以奖励,倒数三名挂黄牌或评分低于 90 分的予以警告,每块牌对应具体责任人和全体养护人员,精准兑现奖罚,解决干好干坏一个样的问题。**三是实行联路计酬机制**。对养路工人的养护工作,实行量化打分,发放的工资额度与

得到分数进行挂钩，进一步调动养护工人的积极性和主动性。**四是实行成效考核机制**。成立了由交通局、财政局、审计局、监察局、农业局等部门组成的考核小组，颁布《富裕县农村公路管理养护考核评比细则》，将公路管养工作纳入全县重点工作考核指标评价体系，按照日常考核和年终考核相结合的方式组织实施，日常考核每季度组织一次，年度考核按四个季度日常考核得分平均计算，将考核结果作为提拔使用、晋升职称、兑现奖罚的重要依据。

三、创新文化，深化内涵，努力凝聚农村公路管养工作合力

文化是激发内生动力的源泉，是公路管养精神的集中体现，是推动公路管养水平不断提升的重要引擎。工作中，坚持以基层党建为引领，创新公路文化建设，深挖公路文化内涵，努力让公路文化枝繁叶茂、落地生根。**一是抓班子引领文化**。把学习摆在首位，县站领导班子每月例会集中学习，将党的理论知识、业务知识、廉洁纪律、公路文化等内容纳入重要学习内容，做好学习笔记，撰写学习心得，增加研讨环节，把知识真正内化于心；扎实推进"两学一做"学习教育，巩固群众路线教育实践活动成果，创新实行班子成员"1+3"联系片区制度，即：1名班子成员联系3个乡镇管养片区，每月至少深入片区4次，引领片区业务和文化等工作的开展落实。**二是抓载体活化文化**。把历年来的重大活动、急难险重的现场、突出的好人好事等内容，全部记录下来，制作专题片，在公路管养队伍中进行集中投放，让全体职工留得住回忆、记得住荣耀，增强全体职工自豪感和成就感；扎实开展"6.19"养路工节、重阳"孝亲敬老"、演讲比赛、技术比武等一系列主题活动，通过活动凝聚人心，形成"学、赶、帮、超""就怕没有别人干得好"的积极向上、团结奋进的氛围。**三是抓阵地展现文化**。对全县9个乡镇农村公路管理所软硬件设施进行了提档升级，按照"四园五化"的标准进行了统一改造，即：农村公路管理所除菜园、果园、花园、禽园和五化建设外，院内全部实现硬化、美化、香化、绿化、亮化，为办公人员和养护工人提供了温暖、干净、舒适的休息场所和活动环境，让全体职工回到所内即有回家的感觉。

江苏省丹阳市

江苏省丹阳市位于长江下游的黄金地段,是长三角中心节点城市。京沪铁路、京沪高铁、沪宁城际铁路穿城而过,沪蓉高速公路、312国道、京杭大运河横贯全城,常州机场坐落境内,外贸港大港离市区仅30公里,形成了铁路、公路、水路、航空综合立体交通格局。全市总面积1047平方公里,常住人口近100万。2016年,丹阳的综合实力和工业经济均位列全国百强县第18,全年实现GDP1136亿元,先后获得"长三角最强中国制造"县市、"长三角最具投资价值"县市、"全国卫生城市"和"中国和谐城市"等称号。多年来,丹阳市委、市政府始终坚持将农村公路作为服务新农村建设、促进城乡和谐发展的核心工作,倾力支持农村公路工作。至2016年年底,全市共有农村公路2006公里,其中县道315公里,乡道688公里,村道1003公里,平均每百平方公里土地面积占有农村公路192公里,建成了布局合理、覆盖面广、通达水平高、附属设施完善的农村公路网,实现了农村公路的可持续发展。

一、谋划全局,坚持规划先行

(一)规划先行,高位谋划

丹阳市高度重视农村公路建设,编制科学、合理的《农村公路提档升级建设规划》,形成以县道为局域骨干、乡村公路为基础的干支相连、布局合理、具有较高服务水平的农村公路网。市政府专门出台《关于丹阳市农村公路提档升级工程的实施意见》,指导各镇(区、街道)用三年完成了五年的建设任务,创造了全市公路建设史上的奇迹。为激励乡镇建设积极性,市政府又出台《丹阳市农村公路提档升级工程建设管理办法》。到2016年底,乡村道四级路双车道以上比例达到42.9%,农村公路三级及以上等级公路比例达到37.2%,县道的99.7%达到三级标准,100%集中居住点都能直通等级公路,三类及以上桥梁占比达100%,行政村双车道覆盖率达到92.3%。

（二）政府主导，落实责任

丹阳在全市范围内成立了以分管副市长为组长，各镇（区、街道）分管领导、市交运局等相关单位部门主要负责人为成员的"丹阳市农村公路管理养护工作领导小组办公室"，以此为依托开展农村公路建设。并在全市召开农村公路工作会议，由分管副市长与12个镇（区、街道）的主要领导签订农村公路工作目标考核责任状。把各乡镇的农村公路工作纳入市政府"五位一体"考核。

（三）质量第一，把控进度

在健全市、镇两级建设领导机构基础上，每年农村公路建设任务纳入市委市政府对各镇（区、街道）绩效考核，实行工程建设项目管理由市农护办统一设计、统一招投标、统一监理。确保施工质量全面可控。严格实行"七公开"和纪检监察巡查跟踪制。同时市交运局分片包干到镇，精准推进。2017年全市已经完成省级建设项目42.9%，里程39公里，桥梁完成比例66.7%。

（四）精准发力，加大投入

针对制约现代农业、镇村公交、城乡一体化等发展的交通"短板"，加大各级财政投入。2013-2016年间，全市共计投入31亿元，完成新建县道8条，里程51公里，农村公路提档升级改造470公里（其中县道89公里，乡村道381公里），危桥改造63座。为进一步提高通行水平，2017年全市还将投入10亿元，完成县道大中修13公里，乡村道提档升级46公里，危桥改造2座，重点交叉口渠化11处，进一步提升农村公路路况水平，为"四好农村路"全国示范县创建打下扎实基础。

二、创新举措，完善长效机制

（一）深化改革，理顺体制

按照《丹阳市农村公路管理养护实施意见》，农村公路管理养护实行"统一领导、分级管理"体制。全市12个镇（区、街道）全部成立农村公路管理养护办公室，配备专业技术人员实现"路路有人管，路路有人养"。

（二）落实资金，财政保障

按照《丹阳市农村公路管理养护实施意见》要求，农村公路养护资金纳入市、镇两级财政预算，设立专项资金账户，保障了养护工作顺利开展。2013年以来，市财政共计投入3亿元用于农村公路养护大中修，完成里程88公里。另外，县道每年1200万用于小修保养。县乡村道列养率和经常性养护率达到100%。同时，市政府将农村公路日常养护工作纳入政府绩效考核。市农护办按季度对各镇（区、街道）进行行业考核，实现管养工作考核常态化。

（三）创新机制，联合巡查

市公路处一方面推行"路政中队驻点办公"制，实行"路面巡查与案件查处分离"制度、公路巡查目标考核和日常巡查通报制度；另一方面，聘请养护工和沿线关心公路的热心人士为路政管理信息员，形成路况信息全覆盖的"路政群管网络"。

三、精细养护，保障通行水平

（一）精细养护，保畅保优

近年来，全市开展"农村公路管理养护年"活动，共完成了22公里县道文明样板路、4个省级示范镇、2个省级规范达标镇创建。一方面完善制度建设，另一方面强化考核，考核验收检查结果作为拨付养护资金的依据，提高了路况质量。全市县道优良中率达到99%，乡村道优良中率达86%。

（二）安全管理，保障通行

2015年丹阳由市财政配套资金6000万元，开展三年计划一年完成的"农村公路安全生命防护工程"整治工作，共实施县道249公里、乡村道621公里，有效提升农村公路安全通行水平。全市严格执行专职桥梁工程师制度，定期对全市农村公路桥梁进行"体检"，7年来，共改造农路危桥99座，在全市范围内已经全部消灭了四、五类桥梁。

（三）科技兴路，持续发展

积极探索桥梁安全管理新思路，加强科技兴路，计划投资600万元建立桥梁管理及健康系统。在农路提档升级中，大力推广"三新"技术应用。在节能减排方面，积极推进低碳、环保新技术。

（四）规范运作，公平公正

全市对公路养护生产职能就进行了分类剥离。从 2013 年开始，县道小修保养实行公开招投标，降低养护成本。县道好路率始终保持在 90%以上。

四、为民服务，改善出行环境

（一）优化运营，服务出行

全市从 2011 年起，开通镇村公交线路 37 条，建立起 5 个镇村公交中心节点镇，连接镇村公交网络，实现了所有行政村镇村公交的全覆盖。目前全市共建成农村客运站 5 座、首末站 12 个、农村候车亭 784 个，镇村公交线路共有 44 条，线路总里程 534 公里，配备车辆 60 辆，日发班次 321 班，全程票价 1 元，每天出行人次达 0.75 万。形成了以城市公交、城乡公交、镇村公交为基本框架的三级城乡客运体系，全市城乡客运一体化发展指标已经全部达到了 5A 级标准。

（二）发展物流，推动经济

近年来，全市始终坚持民生优先，以满足城乡经济发展需求为出发点和着力点，编制《丹阳市现代物流发展布局规划（2012-2020 年）》，优化物流园区布局，其中规划了 3 个涉及农副产品的物流园区，积极建设县、乡、村农村物流配送网络，培育省级农村物流示范企业 1 家，建立了 12 个镇级站和 32 个村级站负责农资的采购流通，仅 2016 年稻谷、小麦等农产品流通量就达 47 万吨。

（三）安全监管，促进和谐

最大限度地发挥农村公路的服务功能。组织乡镇交管所定期对辖区内镇村公交通行道路进行巡察，发现安全隐患由当地政府、公路等部门进行整改完善。同时，对镇村公交车辆实行智能化动态监控，全市所有镇村公交车辆均已安装 GPS。

五、民生为本，服务千万群众

（一）优化路网，富村富民

贯彻中央精准扶贫、精准脱贫的要求，全力推进贫困地区农村公路建设，精准发力，让群众切实得到农村公路发展带来的普惠作用，尤其注重欠发达地区道路建设。司徒镇区域交通基础设施相对落后，作为江苏省现代农业产业园区基础工程的司徒镇生态大道建成后，2016年园区年销售达5.5亿元，带动周边6个村1300多名农民增收致富，农民年人均增收4000元。

（二）改善环境，美化乡村

农村公路建设营造舒适优美的乡村环境，助力乡村旅游业发展。省级历史文化名村——延陵镇九里村，有着3000余年的文化积淀，过去因为道路不通，资源优势难以发挥。近年来，随着丹延线、丹行线、丁珥线、延荣线的建成通车，九里村终结了以往藏在"深山无人识"的尴尬。先后获得"中国传统村落""全国农业旅游示范点"、镇江首批"最美乡村"等荣誉称号。

"四好农村路"全国示范县创建工作是新时期党中央、国务院推动农村经济社会持续健康发展的重要举措。丹阳市政府遵照习总书记"不让任何一个地方因农村交通问题在小康路上掉队"的指示，以良好的作风齐心同创"四好农村路"全国示范县，为建设美丽乡村和"强富美高"新丹阳做出新的更大贡献。

浙江省安吉县

近年来，安吉县全力践行习近平总书记"两山"重要思想，立足实际效果转化，高起点、高标准、高要求推进"四好农村路"建设，打开了农村公路发展的新局面。五年来，全县累计投资27.4亿元，专项用于农村公路建设管理，并在全国首创"5.26爱路日"公路文化品牌，在全省率先构建"五级路长制"责任体系，自上而下、多级联动推进农村公路建设。2016年，交通运输部杨传堂书记和李小鹏部长共同对安吉县"四好农村路"建设做出重要批示，表示充分肯定。2017年，安吉县以全省综合评分第一的排名，获全省第一批"四好农村路"示范县称号。

一、以建设为龙头，不断提升农村路网水平

一是及早起步，构建村村通达的农村路网。2003年，习总书记任浙江省委书记时全面部署了"乡村康庄工程"。安吉县积极贯彻落实，大力建设通乡、通村公路建设。三年内累计建成康庄公路492.7公里，提前实现了等级公路行政村覆盖率100%的目标。2007年，全面启动农村联网公路建设。十年来，累计建成农村联网公路725公里，基本实现了通自然村公路硬化率100%的目标，有效盘活了农村资源，促进农民增收。"十二五"期间，所有乡镇财政收入突破千万元，经济薄弱村全部实现脱贫。至2016年底，全县农村居民人均可支配收入达25477元，同比增长8.2%。

二是精心规划，形成多位统筹的整体布局。牢固树立协调发展和可持续发展理念，以农村路网为引线，把整个县域作为一个大景区进行打造，同时结合区块功能和产业布局，在农村公路项目前期谋划中，从线位比选、方案设计等多个层面把好"头道关"，注重彰显区域特色。同时，尽可能利用城区道路和园区道路，进一步延展新改建农村公路的功能性。目前，全县已形成了以主城区为辐射原点，北部区块工业发展，西南、东南区块休闲旅游产业特色明显的农村路网体系。

三是不忘初心，探索环境友好的建设方法。在农村公路建设中，优先考虑环境影响评价，尽最大努力保护周边环境。大力实施旅游环线及绿道建设，成功打造4条精品观光带，连接12个乡镇和62个行政村，建成景观公路190公里，建成农村公路绿道132.4公里。如黄浦江源精品观光带，经6个乡镇、18个行政村、11个景点，最终通达龙王山国家级自然保护区，全长57公里，全线配套公路绿道及公路驿站，打造公路小品32处，既提升了"一路一景"的整体美感，又体现"一村一品"的区域特色。

二、以管理为支点，持续做强农村公路品质

一是创新构建长效管理机制。全省率先实施"五级路长制"（"县级路长""乡镇路长""村级路长""公路警长""路政队长"），建立了责任明晰、制度健全、运转高效的协同体系，共同对县域农村公路实行全范围监管。配合建立长效考核，对发现的问题实施"逐一销号制"。制度实施以来，共处置涉路问题583处，超限率控制在3.5%以下，农村公路行驶质量指数大幅优化。

二是强化农村公路环境治理。紧密结合四边三化、两路两侧、三改一拆等专项行动，制定出台《安吉县公路沿线日常保洁管理办法》，把农村公路保洁工作纳入对乡镇（街道）的综合考核体系，常态化进行路域环境治理，累计整治拆除"非标"及非法广告484块，拆除涉路违章建筑621.6万平方米，公路两侧绿化率、站场地硬化率、店铺立面改造率、沿线路口接坡硬化率实现"四个100%"目标，农村公路保洁频率较以往提升30%，公路扬尘率、垃圾泄漏率分别下降了55%和40%，路域环境大幅提升。

三是打造农村路网安全体系。农村公路建设与安保设施建设中，严格实施同步设计、同步施工、同步验收的"三同步"原则，全县农村公路安保设施覆盖率达到100%。构建"一中心三分中心"的公路应急抢险网络，建成全省首个县级交通战备物资仓库，成立路网监控与应急处置指挥中心。在易发生地质灾害、易结冰打滑等路段部署"全球眼"监控114个，对县域600多公里农村公路实施24小时监控。对全县农村公路桥梁组织全面定期检查，农村公路桥梁定检率100%，最大限度保障通行安全。

三、以养护为抓手，提升基层农养服务精度

一是提升基层养护现代化水平。 2009 年，出台补助政策，鼓励乡镇建立农养站，当年乡镇农养站实现全覆盖。2013 年，开展农养站规范化创建，现已完成创建 9 个。同时，对农养站购置现代化养护和抢险设备分别给予 30%和 50%的补助，共落实补助资金 480 万元，实现乡镇农养站必要抢养设备全配备。

二是提升基层养护专业化水平。 先后组建了安全设施养护管理站和桥隧养护管理站，负责落实全县县道公路的安全设施和桥隧专业化养护管理，对桥隧的经常性检查每周一次，对安全设施损坏维护实现 24 小时内修复到位。同时，全面落实农村公路桥梁养护工程师制度，全县 465 座农村公路桥梁 100%配设桥梁养护工程师。全面实施农村养护站派驻指导员制度，制度实施以来，已累计向乡镇农村公路养护站派出指导员 5 批共 10 人，精准帮扶 6 个基层农养站，受到乡镇的欢迎。

三是提升基层养护本地化水平。 创新构建多样性、本地化的养护模式，实现"有路必养、养必到位"，全县农村公路管养模式向多元化方向发展。1. 专业养护模式。县道日常养护由县公路部门进行专业养护。2. "承包+考核"模式。采取农养站与养护工签订承包协议，由养护站进行考核。3. "专业+村补助"模式。乡道以招投标形式选择养护企业，村道由村自主养护，乡镇补助。4. "一站+多组"模式。建立以村为单位的养护小组，实行一站多组式的养护模式。多种养护模式的运用，充分调动了基层养护单位的积极性，最大限度地发挥了各区域的地方优势。

四、以运营为根本，促进城乡一体协调发展

一是提升城乡公交覆盖水平。 依托不断完善的农村公路网，进一步提升城乡客运能力，推进城乡运输一体化发展。早在 2005 年，全县已实现农村公交行政村通达率 100%的目标。2016 年，城乡客运一体化发展达到 5A 级水平。至目前，全县农村客运班线总量达 57 条，里程 1084 公里，班线数和总里程分别较上一个五年分别增长 9.6%和 7.4%，农村群众满意度

逐年提升。

二是培育农村物流新兴业态。 积极推行"连锁托运与中国美丽乡村城乡物流配送"整合项目试点，不断提升城乡物流配送能力和水平，推出"美丽E家"和"邮掌柜"村级电商服务，建成物流配送中心1个、配送站20个、村邮站174个，其中包含104个信息化村邮站，全县行政村实现物流配送全覆盖，打通了农村物流的"最后一公里"。2016年，开通了全国第一条农村无人机邮路，城乡物流正在向科技化转型。

五、以提档为方向，深度挖掘美丽公路内涵

一是提升"美丽公路+旅游"的传统服务。 构建"一体化"指路体系，部署无障碍指引系统600余套，建成9个农村公路驿站，提升农村公路自驾游服务能力。2016年，全县接待游客1824万人次，旅游总收入233亿元，分别增长22%和33%；接待自驾游客900万人次左右，自驾游占比呈井喷式增长。

二是创新"美丽公路+体育"的功能拓展。 依托"四好农村路"和"美丽公路"资源，引入"环浙自行车赛"等国内重要体育赛事，赛事硬件全部利用农村公路设施，全面拓展农村公路服务功能附加值，提升安吉"美丽公路"品牌的对外影响力。

三是挖掘"美丽公路+文化"的内涵韵味。 首创安吉公路"5·26爱路日"的文化推广节日，安吉县人大已将"爱路日"明确为全县法定宣传日。2017年，"5·26爱路日"在全省得到推广，进一步打响安吉美丽公路品牌。建成并启用全省首个公路桥梁综合文化展示馆，并通过举办一系列特色活动，倡导全社会形成爱路、护路的共识。

接下来，安吉县立足农村公路"建、管、养、运"四大体系，坚持落实主体责任，在巩固现有建设成果的同时，进一步实施精细化管理，做出亮点、做出特色，把农村公路管养工作推上一个新的高度，进一步打通"绿水青山"到"金山银山"实质性转化的通途，为全面建成高水平小康社会提供坚实的要素保障。

安徽省舒城县

安徽省六安市舒城县地处大别山东麓，面积2100平方公里，人口100万，辖21个乡镇394个村，集山区、库区、老区、贫困地区、巢湖生态屏障及合肥饮用水源保护区于一体，是国家扶贫开发重点县和大别山革命老区县。长期以来，群众出行难、出行贵，一直是制约县域发展和群众脱贫的突出瓶颈。近年来，在交通运输部和省委省政府的坚强领导下，在省交通运输厅的大力支持下，全县认真贯彻落实习近平总书记"四好农村路"指示要求，坚持"建、管、护、运"并重，结合交通精准扶贫工作，在基础设施建设、公路治超、城乡交通一体化工作等方面，进行了一些积极的探索和尝试。主要抓了以下四个方面工作。

一、全力建好，构建外通内畅运输网

一是升级国省干线网。从2013年起，全县总投资39.5亿元，重点对境内全长125公里的G206、S317、S351三条国省干线公路，按照一级公路标准，全面实施升级改造，在三条道路的交汇处，建设一座三层半式互通立交，单体投资2.2亿元。升级后的三条国省干道共同环绕县城，形成31.28公里绕城快速通道，并向舒城五个主要出口辐射，形成了"一环五射"的路网格局。**二是打造旅游扶贫网**。结合国家5A景区万佛湖发展规划，总投资15亿元，按二级路标准建设主线全长42.195公里的旅游景观大道。同时按四级公路标准建设5条支线（长41.95公里），打通万佛湖景区内部循环的"中梗阻"，形成上接高速公路、下联乡村公路、沟通铁路和水运的环湖公路网络。**三是打通群众致富网**。2016年开始，为解决通村水泥路会车不便、通而不畅的问题，县政府决定利用全省实施农村道路畅通工程的大好时机，用三年时间对1657公里的农村道路进行改造，总投资约7.4亿元。同时以交通精准扶贫为抓手，全面推进"县县通高速，市县一级路，乡乡二级路，村村五米五"建设，助推地方经济发展。目前，农村道路畅通工程已完成1000余公里建设任务。面对工程建设巨大的资金需求，全县不等不靠，一方面积极争取上级项目补助，另一方面采用政府和社会资本合作的PPP模式，发挥政府投融资平台等作用，多措并举，从而确保了工程建设顺利推进。

二、全力管好，打造畅安舒美放心路

在加快公路建设的同时，格外重视公路管护工作，**一是紧盯公路治超不放松**。全县治超工作大体经历两个阶段，2014年以前，从路面流动管控、改装车辆整治到打击违法冲卡，治超工作主要靠人力死看硬守，均取得了一些成效。2014年以后，随着《安徽省治理货物运输车辆超限超载条例》颁布实施，根据形势变化需要，全县又及时启动了科技治超体系建设，投入1200多万元，在源头企业主要出入口按照"统一设计标准、统一治超规范、统一工作流程、统一安装设施"的原则，规划建设了12个治超卡点和1个实时监控中心，实现了科技管控网络全覆盖。**二是建立管护资金保障渠道**。针对全县道路里程长，点多面广的现状，建立了政府投入为主的公路管护资金保障渠道，对国省干线养护，县财政按每年每公里8万元标准给予经费补助，并陆续采购配置了大型扫路车、洒水车等养护机械，提升公路机械化管养水平。**三是创新农村公路管理养护模式**。积极推进农村公路养护市场化，目前全县县道实行的是分路段专业化承包常态化管理模式，乡村道路主要采取乡镇集中发包、委托村委会代管、个人包路段三种管理形式，已形成了"政府主导、社会参与、分级管护"的新模式。

三、全力护好，构建管理养护新机制

一是政策保障。县政府先后出台了《舒城县农村公路养护体制实施方案》《舒城县乡村公路日常养护管理专项资金管理办法》等文件，成立了县、乡两级组织领导，明确了指导思想、主要任务和监督考评。对列入县级财政预算的乡村道路资金安排、拨付、管理与监督作了规定，使得全县乡村道路日常养护运行管理工作步入正轨。**二是制度保障**。根据农村公路分级管理原则,各乡镇成立农村公路管理办公室,落实机构、场所、人员,逐步建立起"政府兜底,有路必养"的农村公路管养长效机制。**三是资金保障**。县财政每年按照县道5000元/公里·年、乡道2000元/公里·年、村道500元/公里·年的标准,对乡村道路日常养护专项资金拨付,确保乡村道路安全畅通,更好地为沿线乡镇服务,助推精准扶贫工作开展。

四、全力运营好,助力城乡脱贫攻坚

一是在全县开通"一元公交"。早在2012年,全县利用农村客运班线经营权到期的有利时机,采取"农村客运经营权到期依法终止,给予原车主适当补偿"的办法,将分散的私营线路统一收归国营,286台老旧农客车辆一律退出客运市场。秉承"政府主导、民生普惠、财政保障"的服务理念,坚持国有公益属性,将城乡公交一体化纳入县级自主实施的民生工程,县财政初期一次性投入9000万元,现在县财政每年拿出2800万元,用于车辆运营补贴。全县共规划建设了1个公交客运总站、2个公交中转站、287对公交站台,开通城乡公交线路17条、镇村公交11条。城乡公交实行全程1元票价,70岁以上老人和残疾人享受免费乘车的福利政策。**二是推进城乡公交镇村化**。按照"县乡合办,乡镇为主"模式,由乡镇成立镇村公交公司负责具体运营,县里提供车辆、服务和安全保障,占30%股份,另外70%归乡镇所有,同步执行1元票价,县财政为每个乡镇站场建设补贴50万元,每辆公交车每年补贴乡镇6万至7万元,计划2017年底,实现所有具备通车条件的行政村100%通新能源镇村公交。**三是创新农村物流融合发展**。充分利用现有的站场资源,发挥"一站三场"的功能特点,依托新能源物流企业的成本和政策优势,规划建设占地500亩左右的城区物流产业园,以21个乡镇交通综合服务站为运输节点,逐步完善394个村级交通综合服务点,进而构建县外至城区、城区至乡镇、乡镇至村组的三级物流服务网络。同时,积极支持推广纯电动物流车企业的整车租赁、自营班线和镇村物流三种模式。试点运营"邮政网络+新沃运力"农村物流模式。依托21个乡镇公交场站,实现公交站、充电站、物流站

"三站合一"，由新沃运力提供运输车辆和物流班线，邮政网络提供管理平台和配送体系，实现企企合作，强强联手，打造开放共享的农村物流配送网，承接其他快递物流企业配送揽件业务，打通县到镇、镇至村两级物流通道，围绕交通扶贫，构建农村物流新模式，实现工业品下乡、农产品进城双向流通。同步规划建设具有开放融合、突出县乡物流特点的信息化公共平台，提高农村物流的综合服务水平。

福建省永安市

永安位于福建中部偏西，下辖15个乡镇（街道），228个建制村、33个社区，总面积2942平方公里，总人口35万人，城镇化水平63.9%。泉南、长深国家高速公路和永漳海西高速公路交汇境内，鹰厦铁路、国道205、356线、省道219线构成永安公铁主通道，农村路网四通八达，是闽西北重要交通枢纽和物资中转、集散地。随着南龙、兴泉铁路在永安的建成通车，永安交通枢纽优势将更为突显。

近年来，永安市紧紧围绕习总书记提出的"建好、管好、护好、运营好"农村公路的重要批示指示精神，全力打造"四好农村路"，通过创建省级和全国示范县，农村公路建设得到快速发展。截至2016年底，全市农村公路通车总里程2176.9公里，建制村道路硬化达100%，列入日常管养里程1203公里，其中县道235公里、乡道686公里、村道282公里。永安通过打好"三张牌"促"四好农村路"的综合效应已然呈现。

一、打好"示范牌"，构建便捷交通网络

永安以创建"四好农村路"全国示范县为契机，打造出一批示范品牌。**一是打造一条示范路**。将永安文西线作为创建"四好农村路"的示范路，推动沿线农村公路建设与乡村民俗文化、生态旅游和"美丽乡村"建设相融合。今年市政府先行投入1340余万元，对沿线公路实施改善工程、道路安防工程及绿化美化工程，新（改）建2个农村养护道班和7个港湾式客运站。同时，在沿线集镇建设3个集农村客运、商贸物流、电子商务等功能为一体的乡镇综合运输服务站。运用新能源环保道钉技术，在福建山区建成了全省首条10公里夜间自发光农村公路。下一步，通过该技术的全面推广实施，农村公路夜间通行安全防护能力将得到充分保障。**二是建设"综合管养基地"**。投入2500余万元，充分利用治超站建设用地，优化整合交通公安联合治超、交通质监站、农村公路养护应急中心等功能，

建成全省首个多位一体的农村公路综合管养基地，以此提升农村公路综合管养水平。目前，交通公安联合治超站、农村公路养护应急中心和交通质量监督站房已陆续完工并投入使用。**三是建设乡镇综合运输服务站**。按照乡镇综合运输服务站"多站合一、一站多能"定位，通过"企业投入，政府补助"方式，在永安小陶镇投资90余万元，实施客运站改建工程，形成"九站三中心"综合服务功能，现已完工并投入使用，真正实现了农村"一站式"服务。**四是突出农村客运供给侧改革**。通过政府补助，投入100万元，在小陶镇购置5辆中型公交车，率先在全省山区地区开通了村镇公交。同时，永安注重农村潜在运力运量探索整合，在部分乡镇，交通、公安等部门对符合条件的36辆社会闲散小型客车进行有效整合，进一步优化农村客运供给。**五是率先推出自助微公交**。大力推广"互联网+城乡出行"，2016年市财政共投入1600万元，在全省率先推出绿色环保纯电动自助公交，现已投放新能源纯电动汽车160台，设立服务点14个，充电桩107座，采用分时租赁模式，通过手机APP自助租还车，开展城、镇、村百姓自助出行服务。

二、打好"机制牌"，落实建管养运职能

坚持"建、管、养、运"相结合，不断健全完善农村路网建设长效机制。**一是拓宽"建"的机制**。全力打造"两对接、一平台"，"两对接"即一方面将农村公路升级改造工程对接为民办实事、扶贫等项目，争取政策补助资金；另一方面将农村公路建设项目对接生态旅游、红色旅游、"美丽乡村"建设，争取项目补助资金。"一平台"即依托交通建设开发公司建立融资平台和融资机制，开展多渠道融资业务，仅2016年就累计筹措资金1.35亿元。**二是强化"管"的机制**。强协作，2011年以来，由市政府牵头组织交通、公安、效能等多部门，持续开展联合治超。在联合治超中，将治超站对接公安卡口，实现治超站"一站式多点辐射"联网联控。强养护，将专业养护公司引入综合管养基地，对农村公路养护应急抢险和公路绿化进行优化整合，构筑一个日常养护和应急抢险相辅相成，反应迅速、组织高效的公路综合管养体系。强监管，今年市政府印发实施

《永安市公路工程质量监督管理办法》，促进了农村公路工程安全质量监管法治建设，加大了监管力度，提升了农村公路好路率。**三是建立"养"的机制**。不断探索实践，形成有保障、有机制、有队伍的"三有"立体养护网。"有保障"，即按县、乡、村道每公里8000元、4000元、2000元标准，每年县乡两级财政配套养护资金约520万元。在此基础上，永安率先在全地区实施农村公路灾害保险，2016年县乡两级财政共投入保险资金132万元，在当年"莫兰蒂""鲇鱼"等灾害期间共获赔892万元；2017年5月，又投入保险资金97万元，为全市境内总计1320公里的农村公路"买了保险"。"有机制"，即建立以奖代补激励机制，对各乡镇的养护工作实行季度考核，根据考核分数下拨养护经费；此外，年终综合各乡镇全年养护情况，再给予0.5万至3万元不等的表彰奖励，提高农村公路养护积极性。建立"养护工程包"机制，将区域内农村公路年度零星小修工程、应急抢修工程与县道日常保养等进行整体打包招标，推行市场化养护，推动农村公路养护步入规范化、专业化管养轨道。行之有效的机制，促进永安农村公路好路率逐年提高，好路率保持在90%以上。"有队伍"，即按照三级管养原则，县道公路由市交通运输局负责监管，经公开招投标，由专业养护公司负责日常养护管理；乡村道路由乡镇下辖的农村公路站负责日常管养，力促"有路必养、养必优良"的工作格局。**四是创新"运"的机制**。在农村客运供给侧改革试点工作中，推出"一降一提一补"（即降成本、提效率、补短板）的农村客运管理和补贴机制，实现运营企业节约车辆购置成本，提高车辆实载率近20%，驾驶员每月可享受奖励近500元，有力推动了农村客运从"开得通、留得住、保安全"向"保安全、服务优、效益好"过渡和提升。

三、打好"效益牌"，助推农业农村发展

坚持把交通建设与农村发展相结合，充分发挥交通设施的综合效益。**一是建好路，促发展**。自2014年起，永安市实施了农村公路升级改造工程、生态旅游工程、为民办实事工程和精准扶贫工程等项目建设，完成县级干线公路提级改造约114公里、通村公路硬化220公里、危桥改造23

座,促进了全市旅游路、产业路、资源路建设提升,推动了永安农村经济社会发展。**二是强管养,保平安。安防工程方面,**近三年共投入1419万元,先后完成县道文西线青水至槐南路段、文西线永安至上坪路段、县道飞大线、城安线、城贡线道路沿线安防工程和危险隐患路段改造。治超治限方面,近三年共组织农村公路路政检查8199人次、收处罚金319.65万元、累计检查车辆26246辆,其中超限超载873辆,清理路障1430处。运输监管方面,打造农村客运安全监管体系,全市农村客运班车全部安装GPS,实现"车辆一动、全程监控",连续7年农村客运安全生产实现了零伤亡、零事故、零投诉的安全目标。**三是重运营,惠民生。**近年来,永安为发展农村客运,相继出台了一些好的政策和措施,如农村客运场站配套补助政策、村镇公交补助措施以及"一降一提一补"补贴机制等,积极推动农村客运优质服务向纵深发展,通过采用线路班车、预约班车、周末圩日班车和村镇公交等多种形式,实现100%建制村通客车。

在各级各部门正确领导和大力支持下,永安扎实推进"四好农村路"全国示范县创建工作,取得了一定成效,但也存在一些不足,特别是与发达地区相比还存在一定差距。下一步,永安将认真学习借鉴各地先进经验,切实以"马上就办、真抓实干"的精气神和"撸起袖子加油干"的敢拼劲,加快"四好农村路"的创建步伐,为全面建成小康社会做出新的贡献!

江西省安远县

作为山区县,安远曾是江西省唯一不通铁路、国道、高速的"三无县",更别提四好农村路的建设了。而今,随着《关于支持赣南等原中央苏区振兴发展的若干意见》出台实施,安远人民脱贫致富奔小康的夙愿一个个得以实现。以下几个小故事折射了安远"四好农村路"建设给群众生活带来的异样改变。

故事一:在偏僻的安远县长沙乡吉祥村,有这么一个人,他通过求学走出大山并在深圳拥有一份高薪职业。2014年,他毅然放弃大都市优越的生活环境,回到了家乡办起了合作社,开起了网店,卖起了土特产,只为解乡邻滞销脐橙的燃眉之急。随着"四好农村路"的建设,他在线上销售脐橙、土鸡蛋等农特产品半个多小时便能送到县城和周边乡镇,2016年,他实现年营业额200多万元。这个人就是钟橙农业专业合作社的创始人、长沙乡致富带头人——钟遥。

故事二:安远县天心镇的叶锦有,曾是一个无资金、无技术、无收入的三无贫困户,生活苦不堪言,凑巧的是他的命运却因"四好农村路"建设而得到彻底改变。因公路养护是"四好农村路"建设中的重要一环,需长期投入人力养护,2016年,他通过政府购买的公益性岗位承包了8.23公里的县道路段养护,实现再就业的他一年下来可得到4万多元的收入。叶锦有通过公路养护工一举摘掉贫困帽成为左邻右舍茶余饭后的美谈。

故事三:山田广袤,生态多样,风景迤逦,森林覆盖率达80%的安远县蔡坊乡,曾因山高路远、交通闭塞,导致该乡农村经济发展一度落后。自从实施"村村通"以后,该乡蜿蜒曲折的乡村公路成为打造慢游小乡的重要一环,更值得乡民自豪的是,该乡整洁舒畅的通村公路成为2017年安远县首届自行车公开赛的首选赛道。届时,公开赛将吸引更多游客自驾前来游玩,火热的乡村旅游将成为当地群众致富奔小康的有力法宝。

这三个故事正是全县推进"四好农村路"建设,助推经济社会发展的缩影。

安远县地处江西省南部，赣粤闽交界处，是典型的山区农业县，也是国家扶贫开发重点县、罗霄山脉特困片区县。全县辖18个乡镇151个行政村，总人口40万人，现仍有贫困人口2.2万人，贫困发生率6.88%。近年来，安远县委、县政府在交通运输部、省交通运输厅的鼎力帮扶指导下，深入贯彻落实习近平总书记关于"四好农村路"的重要指示精神，主动作为，大胆创新，攻坚克难，积极推进"四好农村路"建设，为"决战脱贫攻坚、决胜全面小康"提供了坚实的基础保障，特别是为2018年全县脱贫摘帽提供交通保障。

一、主要成效

（一）建好路，铺就脱贫攻坚"快车道"。2013年以来，全县投入交通建设资金超过100亿元，是"十一五"时期的30多倍，改写了江西省唯一不通高速和国道县份的历史。截至目前，全县共改建农村公路1291.1公里，改造危桥26座，实现25户以上自然村全部通水泥（沥青）路，一条条羊肠小道变成宽阔平坦的"康庄大道"，成了农村群众脱贫致富的"绿色通道"。2013年至今，全县减贫63554人，贫困发生率下降20.69%，农村人均可支配收入年均增长12.5%。

（二）管好路，织牢群众安全"保障网"。按照依法治路的总要求，全面加强农村公路管理。2015年以来，清除占用路肩、边沟、边坡种植农作物近1.4万平方米，拆除占道违章建筑1151平方米，清理乱堆乱放1361余处，查处各类案件24宗件。特别是大力开展治超工作以来，累计出动人员3906人次，出动执法车辆444辆次，监测车辆9970辆，查处超限超载车辆132台次，卸载2335吨，扣分555分，恢复改装车117辆，辖区内违法超限超载行为得到有效控制，主干道超限超载率控制在1%以内。

（三）养好路，绘就一路一景"风景线"。近年来，每年投入资金500余万元，扎实推进农村公路养护管理工作，全县945公里农村公路列入养护范围，占总里程的100%，好路率达95%。境内农村公路路面干净整洁、路肩平整结实、水沟明显通畅、边坡修理到位、安全设施齐全、驾车视线良好。一条公路获评"江西最美乡村路"。《江西日报》《中国交通报》等主流媒体和行业报刊杂志先后多次进行宣传推介农村公路养护"安远经验"。

（四）**运营好路，打造经济发展"新引擎"**。坚持客货并举方针，全面加快道路运输事业发展。近年来，开工建设二级客运站1个，建成乡镇客运站12个，便民候车亭92个，县内行政村通班车率达到96%，实现具备通行条件的行政村全部通客运班车，群众出行更为快捷便利。同时，连续多年实现道路运输安全平衡。新建总投资6.2亿元占地486亩的物流中心，新建乡（镇）物流站、村物流点18个，覆盖率达到100%。

二、主要做法

（一）"三化并举"建公路

安远立足产业发展和民生需求，瞄准脱贫攻坚的交通短板，采取以政府投资为主、多渠道筹资为辅、社会资金参与的筹资模式，三年来投入资金15.5亿元，扎实推进农村公路建设。

第一，**一体化规划**。全县把农村公路建设与产业发展、秀美乡村建设和扶贫开发紧密结合，优化农村公路布局，加快现代农业、旅游等产业发展；将通村公路建设一并纳入整村推进扶贫规划中，按照"先贫困村、后一般村"的原则，着力完善农村道路基础设施。2016年，全县完成了70个贫困村的进村主干道大中修，2017年全面完成对剩余81个非贫困村进村公路的修建。

第二，**灵活化实施**。明确县道由交通部门实施建设，乡村公路建设则由乡镇组织实施。对进村主干道路面的大中修，全县通过抽签摇号方式确定施工单位。2016年仅用4个月时间就完成了70个贫困村和25户以上自然村通组公路共计503.4公里的改造任务。全面落实公路建设"七公开"制度，确保了工程质量。

第三，**标准化建设**。全县通过改造，使路面宽度达到4.5米以上，全部铺设沥青路面并绿化，完善了标线标识和农村公路"招呼站"等附属设施。同时坚持安保工程、客运物流、公路建设同步规划、建设和验收，确保农村公路"建成一条、达标一条"。

(二)"三管齐下"保畅通

"四好农村路"建好是基础,管好才是保障,我们力行"三管齐下",扎实做好农村公路管理工作。

第一,严管道路设施。在全省率先设立全县18个乡镇全覆盖的交通管理站,分别由1名乡镇分管领导、1名站长和1名交通员组成,具体负责辖区内的农村公路管养工作。同时,成立由村干部、"五老人员"组成的村级理事会,负责每日巡查,维护村道设施,制止侵路行为,形成了县、乡、村三级联动的路产路权保护网络,确保农村公路的通畅和设施的完好。

第二,严治超限超载。整合公安、交通、公路等部门队伍力量,成立县治超大队,综合运用法律、行政、经济等手段,采取流动治超的方式,将治超范围延伸至乡道、村道,严厉打击超载超限行为;在每条农村公路上完善限载、限高、限宽等设施和标志,既有效延长公路使用年限,又确保道路交通安全。

第三,严整路域环境。将路域环境整治列为农村环境整治的重要内容、写进村规民约,建立路域卫生保洁长效机制;按照属地管理原则,由镇村两级负责做好路面及沿线的环境治理和卫生保洁。今年来,全县农村公路保洁率较2014年提升了35%,营造了"畅安舒美"的通行环境。

(三)"三个到位"护好路

农村公路"三分建设、七分养护"。全县注重强化基层养护力量,调动基层养护积极性,以绣花功夫做好养护。

第一,责任压实到位。实行县道"管养分离",在全省率先将县级公路养护权下放到乡镇,形成县、乡、村三级齐抓农村公路养护的责任体系;按照养护"八无标准",建立了养护考核"评定清单",将评定结果纳入年终科学发展综合考核,对落实不力的乡镇,予以问效问责,促进了养护责任的全面落实。

第二,人员安排到位。积极探索交通扶贫新模式,将农村公路养护和精准扶贫相结合,开发农村公路养护员公益性岗位,安排200名贫困户从事公路养护工作，保障每人每月考核工资1200元，实现了"扶持一岗、脱贫一户"目标。同时强化县、乡、村三级公路养护班组、公路管理员和养护员的专业知识和职业道德培训，提高公路养护能力和水平。

第三，资金保障到位。 由县财政统筹500万元作为农村公路养护专项资金，其中一部分用于全额保障养护员工资，另一部分用于养护机械及工具添置、水毁抢修和季节性奖补经费；建立了稳定的养护经费增长机制，保障养护需求；通过"一事一议"社会捐助等方式筹措管养资金，充分调动乡、村两级及社会力量的积极性，形成了全民爱路护路的良好氛围。

(四)"四篇文章"促运营

农村公路，运营好是目的，也是根本价值体现。全县着力做好"城乡客运"和"交通+产业、旅游、电商"等"四篇文章"，最大化提升农村公路运营效益。

第一，做好"城乡客运一体化"文章。 全县通过新增镇村公路线路、增设公路沿线候车站（点），扩大了乡村公交和农村客运网络覆盖面，并通过政府补贴，确保了乡村公交"开得通、留得住、可持续"，加快了城乡客运一体化建设进程。目前，全县乡（镇）客车通达率100%，行政村客车覆盖率94%，农村群众到县城和圩镇的时间平均分别缩短了41.6%和48.2%，贫困地区群众也实现了"出门水泥路、抬脚上客车"的便利生活。

第二，做好"交通+特色产业"文章。 全县将农村公路与扶贫产业发展相结合，大力发展有机蔬菜、百香果、猕猴桃等特色产业，依托全新农村公路网络，农业生产成本和农产品货运成本明显下降，贫困群众发展产业的意愿和信心倍增。近三年来，全县新增特色产业9.6万亩，新增农民专业合作社148个，全县农业总产值年均增长4.6%，实现了"修好一条路、发展一片产业、脱贫一方群众"的目标，5300余户贫困群众通过发展产业实现脱贫。

第三，做好"交通+生态旅游"文章。 全县把农村公路建设与乡村旅游发展相结合，通过畅通乡村旅游公路，建设和谐秀美乡村，有效带动乡村旅游产业的快速发展。近三年来，全县接待旅游人次年均增长32%，旅游综合收入年均增长28%，其中休闲自驾旅游人次占接待人次达82%，带动发展乡村农家乐、农家旅馆200余家。

第四，做好"交通+农村电商"文章。将交通、供销、电商、快递等资源进行整合，实施"交通+电商"工程，通过打造县、乡、村三级农村电商物流配送网点，全面打通电商进村的"最后一公里"，加快农村电商产业的发展。目前，全县农村发展网店1800多家，有3万多农户参与电子商务产业，脐橙、猕猴桃等农产品销售量年均增长25%，先后有1100余户贫困户通过发展电商实现脱贫。

三、几点体会

第一，坚持从解决认识问题入手推进"四好农村路"建设。思想是行动的指南。重建设轻管养是影响农村公路发展的现实问题，2016年以前，因管理养护跟不上，农村公路损毁严重，路产路权破坏致使交通事故频发，农村公路建设成效完全不能有效体现，沉痛的现实让人幡然醒悟。为此，"四好农村路"建设摆上了县委、县政府的重要议事日程，主要领导及分管领导多次深入农村公路一线开展调查研究，就推进"四好农村路"建设工作多次作出重要批示，在政策、资金等方面给予大力支持，并于2016年9月在孔田镇组建起全市首支乡镇级农村公路养护队，为全县全面推进"四好农村路"建设起到示范引领的作用。

第二，坚持多方联动发挥合力推进"四好农村路"建设。一是乡镇配合。在"四好农村路"建设中，乡镇承担着项目建设业主、资金保障、协助行业管理等相关工作，全县通过把"四好农村路"建设列入对各乡镇绩效考评，考评结果与绩效奖金发放、干部提拔使用挂钩，为各责任主体扎实开展养护工作提供了动力，确保"四好农村路"建设的深入推进。**二是群众的支持**。全县在推进"四好农村路"建设中，极为重视发挥群众支持作用，广大群众积极参与项目筹资、质量管理、路政协管等工作，为全县"四好农村路"推进提供了强力的支撑。多方联动发挥巨大的合力，加快了"四好农村路"建设的推进。

第三，坚持分步实施逐步推进的办法推进"四好农村路"建设。项目

建设中，坚持把群众收益多、涉及面广的项目优先实施，其余项目逐步解决。**路政执法（治超）中**，按照宣传教育、集中整治、巩固提高、常态化管理四个阶段予以推进。**农村公路养护中**，采取了"先集中整治，再移交个人养护"的方法，先清除路面泥沙、路边树枝和杂草，再培路肩、开水沟，然后分路段落实养护工人。**工作衔接中**，把建好路作为基础，确保质量合格，把管养好路作为关键，确保道路通畅，把运营好路作为目标，确保安全平稳。

第四，坚持狠抓工作落实推进"四好农村路"建设。一是狠抓督查调度。根据工作性质和特点，坚持重大项目周督查，重点工作月调度和常规工作季调度相结合，综合运用现场督查、会议调度、部门督查、重点调度、专项督查等多种形式，为工作推动提供强大动力。**二是坚持严格问责**。项目进度达不到时序、项目管理混乱的要问责，项目质量不达标、养护质量不达标、路政执法管理不规范的要问责，出现安全事故、违反廉洁纪律的要问责，形成压力倒逼工作开展。

农村公路是农村地区脱贫致富的基础保障，深入推进"四好农村公路"建设，是当前一项重要的民心工程，也是脱贫攻坚的先导工程。近年来，通过交通运输部、省交通运输厅的全力扶持和倾力推动，全县在建设"四好农村路"上取得了初步的成效，但与上级要求和群众期盼还有一定的差距。下一步，我们将认真贯彻落实李小鹏部长在安远考察调研时的重要讲话精神和此次会议精神，进一步把农村公路建好、管好、护好、运营好，积极创建"四好农村路"示范县，打赢交通扶贫攻坚战，加快脱贫摘帽和同步小康步伐。

山东省荣成市

荣成市地处山东半岛最东端,三面环海,海岸线近500公里,陆地面积1526平方公里。设经济开发区、石岛管理区、好运角旅游度假区,辖12个镇、10个街道、826个行政村、118个居委会、67万人。近年来,荣成市以推动市域经济跨域提升绿色发展、增进民生福祉为出发点,坚持因地制宜、以人为本的工作方针,确定了服务地方经济、造福群众百姓,打造更安全、更美观、更舒畅、更便捷的农村公路的发展理念,紧紧围绕习近平总书记关于"建好、管好、护好、运营好"农村公路的指示精神,坚持"建得标致、管得精致、护得极致、运得别致",深入推进"四好农村路"建设,有效提升了农村公路通行能力、通达深度和服务水平,走出了一条具有荣成特色的"四好农村路"发展新路子,为全市经济社会发展提供了有力支撑。目前,全市农村公路总里程1452公里,通达村庄826个,行政村硬化路率达到100%。2013年获评山东省首批"村级公路网化示范县",2016年以全省第一的成绩获评首批"四好农村路"示范县。

一、"实"字当头抓建设,夯实农村公路发展基础

一是主体责任实。 市政府成立了"四好农村路"建设工作领导小组,由市长任组长,分管副市长任副组长,市交通、公路、财政、城建、规划及各镇街主要负责人为成员,负责农村公路建设工作的统一部署和重大事项的协调对接。制定印发了《荣成市推进"四好农村路"建设活动实施方案》,明确了建设内容、目标和举措。同时,市交通运输局也成立了以主要负责人为指挥、分管负责人为副指挥,路管处、运管处、监察大队、各镇街交管所负责人为成员的"四好农村路"建设指挥部,将目标细化到位、责任压实到人,确保建设工作有人领导、有人牵头、有人协调、有人落实,充分调动各方力量为"四好农村路"建设保驾护航。

二是工程建设实。 围绕打造农村公路升级版,自2014年以来先后投

资2.7亿元，对17条、72.5公里的县级公路和163条、157.14公里的镇村公路实施改造，有效提高了农村公路通达能力、优化了农村路网结构。围绕打造"平安交通"的目标，先后投入2740多万元对县乡公路及校车通行的村级公路建设安全生命防护设施，实现了县乡公路生命安全防护工程全覆盖。同时，以消除路网"断头路""瓶颈路"为突破点，通过大力实施农村公路新改建工程，全市农村公路技术状况评定中级路率达到88.3%，县乡公路中技术等级为三级路（含）以上的公路所占比例达到97%，农村公路危桥数量呈逐年下降趋势，农村公路等级公路铺装率为95%，镇街及建制村道硬化路率为100%，在全省率先实现了"村村通油路"的目标，极大地改善了全市农村公路通达水平，为群众提供了安全、畅通、便捷的出行环境，切实发挥了交通在新农村建设中"先行官"作用。

二、"畅"字当头抓管理，强化农村公路日常监管

一是工作机制畅。坚持"政府主导、市场运作、社会化管养"，全面落实农村公路管养主体责任，明确了"县道县养、乡道乡养、村道村养"三级养护主体责任和交通主管部门行业管理责任，目前，市、镇两级农村公路养护管理机构设置率达100%，全市共有乡镇农村公路管理人员96人，农村公路日常养护人员370人，县、乡、村道养护率均达到100%。同时，出台了《荣成市农村公路建设养护管理工作考核意见》，明确将农村公路日常养护纳入政府目标责任制考核，有效地调动了各级农村公路管理养护工作的积极性、主动性，形成了齐抓共管的良好氛围。

二是公路通行畅。按照依法治路总要求，建立健全农村路政群管网络，县里设有公路管理处，镇上设有交通管理所，实现县有路政员、镇有监管员、村有护路员，切实做到了"有路必养、养必到位，有路必管、管必见效"。同时，定期组织开展路域环境集中综合整治，着力推动整治重点由县道向乡村道路、重点村镇向一般村镇延伸，对公路沿线环境、违法建筑、路面抛洒、乱堆乱放、违法涉路施工等进行严格整治。2017年以来，已出动执法车辆400余辆次，执法人员2000余人次，有效提升了路容

路貌。

三、"足"字当头抓养护，提高农村公路建养质量

一是财政投入足。为切实维护农村公路建设成果，提升农村公路养护专业化水平，在资金补助上，出台了《荣成市农村公路建设资金管理办法》，明确了县、乡、村级公路建设资金筹措及管理使用规定，将县级公路建设资金全部纳入市财政预算，镇村建设资金按沿海镇40%、内陆镇60%的比例予以补贴，确保工程建设资金足额到位。同时，出台了《荣成市关于推行农村公路和环境综合管护的实施意见》，将县级公路大中修养护所需资金全部纳入财政预算，农村公路日常养护经费高于"7351"标准，养护质量逐年提高，全市农村公路列养率达到100%。"十二五"期间，全市累计投入6亿多元，改造县级公路16条、156公里，新建改造乡村公路521条、709.1公里，完成1060处农村公路安全隐患整治。

二是管护措施足。农村公路"三分建，七分养"，在常规化养护的基础上，探索推行"市场化、专业化"的农村公路养护新模式，逐步实现"政府负责、行业指导、市场运作"的管养新机制，打造一支专业的农村公路管护队伍，加强了管护力量，提高了管护质量。同时加大道路绿化美化工程建设，先后共投资3800万元对24条（段）县道、317条镇村公路实施绿化，栽植各类苗木202万棵，并加强绿化苗木的后期管护，强化落实各方管护责任，确保苗木成活率，保证道路绿化效果。近几年，全市将农村公路日常养护管理与文明城市建设、生态荣成建设相结合，大力整治农村公路路域环境，全面清理路域范围内的杂物和非公路标志，有效解决了农村公路以路为市、占道经营及大棚垃圾侵道等路域环境"老大难"问题，实现了"畅、洁、绿、美、安"的出行环境。

四、"优"字当头抓运营，提升农村公路通达能力

一是客运发展优。坚持把推进城乡道路客运一体化作为"四好农村路"建设的重要载体，积极创新城乡客运管理和服务模式，快速推进城乡客运一体化建设。先后累计投入3亿元，完成了公交公司国有化、客车改

造集约化、线路运行公交化"三步走",开通公交线路101条,设立公交站点1760个,投入公交车452辆,其中新能源公交车277辆,线路总长3133公里,日运行班次3036次,日客运量9.5万人次,实现了县域范围内行政村公共交通覆盖率100%、公交线网密度每平方公里2.06公里、城镇1小时生活圈的目标,"情深巴士"直通田间地头,取得了"群众得实惠、政府得民心、行管得形象、企业得发展"的社会效果。

二是物品流通优。实行"互联网+农村公路"新运营模式,积极引导交通公共基础设施向农村延伸,交通公共服务向农村覆盖,实施"互联网+城乡公交"和"互联网+农村物流"战略,推行电子商务"千店计划",通过大数据为城乡居民出行和网店营销提供精准服务,全市已形成"交通引导、部门协同、公司运作、网络运营"的荣成农村物流模式。目前,已累计开展电商培训60场次,培训8200人次,涉及农网商600余家,有效促进了农副产品的集聚,增加了农民收入,带动了社会就业和服务业的增长。

近年来,全市在"四好农村路"建设工作中取得了一些成绩,做了一些有益的探索,但与上级的要求、群众的期盼还存在一定的差距。下一步,全市将按照上级部署要求,不断提高全市农村公路建设水平、增强农村公路通达深度和管理养护力度,推动"四好农村路"建设再上新台阶。

河南省新安县

新安县委、县政府认真贯彻习近平总书记关于"四好农村路"建设的重要批示精神，积极落实交通运输部、河南省交通运输厅及洛阳市委、市政府的安排部署，将"四好农村路"建设作为推进脱贫攻坚、全面建成小康社会的重要抓手，切实落实农村公路主体责任，多措并举，强力推进，取得了明显成效。现将有关情况总结如下：

一、发挥主体作用，扎实推进工作

（一）做好整体谋划，强化组织领导

一是统筹谋划，明确目标。县委、县政府根据全县农村公路发展实际，确定了"河南样板、全国一流"的高起点创建目标，并据此制定了《"四好农村路"建设工作方案》和《"四好农村路"示范县创建实施方案》，全面启动了"四好农村路"建设和示范县创建工作。

二是成立组织，细化责任。县政府成立了以县长为组长，以相关职能部门和各乡（镇）政府一把手为成员的创建工作领导小组，分解细化创建任务为26大项112条，逐条明确了各项任务的责任部门及乡（镇）、具体责任人和完成时限，并与各责任单位签订了《创建工作目标责任书》，夯实创建责任。

三是加强督导，狠抓落实。县委、县政府把示范县创建工作纳入年度目标考核体系，并对各责任单位实行严格奖惩；县委、县政府主要领导经常深入一线现场办公，指导协调创建工作；县政府分管领导具体抓好推进，定期检查工作进度，每三天召开一次创建例会，通报工作进展，提出工作要求。

四是部门联动，全民动员。创建领导小组办公室负责下达创建计划并督促落实；县政府办督查科每三天进行一次督查和通报；组建了"新安交通工作"微信群，县主要领导和分管领导及各责任单位主要负责人均加入

该群，加强上传下达，及时解决问题。

（二）精心规划设计，科学制定方案

为确保"四好农村路"建设效果，按照"统筹规划、全域推进、分类提升、逐年实施"的工作思路，县政府委托甲级设计院进行规划和设计，并邀请省、市专家进行指导，科学制定创建提升方案。

提升方案以完善道路基本功能，因地制宜进行提升为原则，从改善道路技术安全状况、提升运营服务能力、整治路域路侧环境、提升绿化美化文化等方面全面明确了创建任务，如：开展路基路面整修提升和安全防护工程；新改建养护中心、公交港湾、公路驿站等服务设施；对平交道口120米范围内实行硬化；利用微地形和交叉区域布置绿化景观，设置景观雕塑等，在过村路段利用墙体等立面设置文化和宣传版面；对沿线路域环境进行综合整治，实现"路宅分家、路田分家"等。提升方案的制定为示范县创建提供了科学指导，确保创建效果。

（三）加大财政投入，提供资金保障

一是加大工程建设投入。出台了《关于实施农村公路三年行动计划的意见》，明确了工程建设资金渠道。三年来，全县农村公路建设共计投资37630.8万元，其中上级补助资金7836.9万元，全县配套资金29793.9万元。

二是明确创建资金来源。为保障创建工作顺利开展，县政府明确创建所需资金由县政府统一协调解决，坚定了各责任单位的创建信心。截至目前，已落实创建提升资金7200余万元。

三是积极落实管养经费。县政府将县乡两级农村公路管理机构运行经费（含人员工资）纳入县级财政一般公共预算并形成制度化，建立高于财政收入增长率一个百分点的养护资金增长机制，为农村公路持续发展提供必要支持。

二、协调建管养运，全面开展创建

（一）全面建设好农村公路

全县农村公路总里程达到2059.3公里，11个乡（镇）及309个建制村全部实现了通沥青（水泥）路，已建成了基本适应全县经济社会发展的农村公路网。

在农村公路建设过程中，严格履行基本建设程序，认真落实工程建设四项制度、生命安全防护工程"三同时"制度，并强化项目过程控制和工程质量管理。严格开展"七公开"，建立了县政府网站专栏、办公场所公开栏、施工现场公示牌等公开平台，并做到了应公开尽公开；对乡、村道建设项目，由交通部门统一招标选择监理单位，强化质量监管；实行"三阶段"验收制度，市、县分级负责对建设项目开展阶段验收；成立了农村公路检查组，对全县所有在建农村公路项目进行全覆盖巡查；结合农村公路实际，实行2名技术骨干现场技术指导和2名老党员现场监督的"2+2"质量技术监管机制；委托有资质的第三方检测机构开展主要质量指标抽检，实现科学监管。

（二）全面管理好农村公路

交通运输局执法所负责农村公路路政管理，其下设的六个执法中队与分管辖区内的乡（镇）政府、村委会及管养站建立协作机制，开展排查和专项治理。**一是**加强《公路安全保护条例》等宣传，增强依法治路意识；**二是**加强农村公路两侧建筑控制区的管理；**三是**规范管理公路用地范围内的非公路标志牌；**四是**建立了县路政员、乡监管员、村护路员三级联动的路产路权保护队伍，重点整治私搭乱建等破坏路域环境的违法行为；**五是**加大治超力度，遏制超限超载，科学设置限高限宽设施，建立智能化监控平台和应急处置中心。

（三）全面养护好农村公路

目前，全县农村公路"县道县养、乡道乡养、村道村养"的管养机制已经形成。**一是**完善机构设置，明确分级养护职责。县农村公路管理所负责养护工作的行业管理，下属的3个中心养护站和1个机械化应急养护中心负责县道和重要乡道的养护作业。全县11个乡（镇）均成立了农村公路管养站，负责辖区内一般乡道的管养。75%的行政村已成立了养护协会，负责村道的日常管养；**二是**大中修和安保项目由县农村所统一组织设计、监理、招标，分级实施；**三是**沿线设立管养公示牌，加强社会监督；

四是建立了计量支付、信息报告和管养资金管理等制度，实现了管养工作的制度化；五是开展检查评比，并将评比结果与日常养护资金拨付挂钩。对年度成绩优、良的乡（镇）分别授予"金杯乡""模范乡"称号，对两个季度成绩不合格的给予黄牌警告。

（四）全面运营好农村公路

一是县政府拨付专项资金支持场站建设，建设候车棚118个，公交站点300米覆盖率达到80%，在县城周边的城市公交点设置了4个换乘服务点。目前，通车里程2443公里，建制村通客车率达到100%。

二是结合脱贫攻坚工作的需要，对全县51条城乡客运班线进行了优化和辐射延伸，对个别地处偏远、路况狭窄的村加大宣传，设置通班车公示牌，实行电话预约；已实现网络购票、公交一卡通，并落实残疾军人优惠乘车政策。

三是按照"多站合一、资源共享"的模式推进县、乡、村三级物流站场设施和信息系统建设，推广货运班线、客运班车代运邮件等农村物流组织模式，目前已建成1个市区配送中心、11个乡（镇）配送站和169个村级配送点，形成了"线上体验、线下订单、终端配送"并覆盖城乡的三级农村物流网络，为新安樱桃、石榴等特色农产品远销外地提供了便利。

三、坚持一流标准，全面持续提升

"四好农村路"示范县创建极大地推动了全县农村公路工作，促进了全县农村公路建管养运全面协调发展。在取得阶段性成果的同时，全县又提出了建设新安"美丽乡村路"的奋斗目标。下一步将总结创建经验，进一步丰富农村公路发展内涵，高标准制定"四好"整体规划，坚持"四好"建设永远在路上的理念，更加注重整体路网的提升，更加注重运营效益的提升，更加注重质量安全的提升，更加注重自然人文的提升，通过分步实施、持续提升，打造功能完善、标准适度、生态环保、资源旅游产业带动明显的农村公路服务体系，真正实现、持续保持新安县农村公路河南样板、全国一流的发展水平，为新安县建设"宜居宜业地，北方山水城"，为全面建成小康社会贡献新的更大的力量。

湖北省竹山县

竹山县地处鄂西北秦巴山区腹地,辖9镇8乡、254个行政村,版图面积3588平方公里。近年来,竹山县把习近平总书记"进一步把农村公路建好、管好、护好、运营好"的殷切期望当作推进农村公路发展的巨大动力,积极争创"四好农村路"示范县,谱写惠民新篇章。2016年底,全县已硬化农村公路4202公里、危桥改造30座,打造精品示范路1000公里,"四好农村路"示范路段396公里,全县17个乡镇254个行政村196个撤并村通达、通畅率均达100%。

一、"实"字当头抓建设,完善道路交通网络

实施"以路为先"战略,着力科学规划、高点起步、合理布局,着力发挥政府主导作用、整合资源、合力筑路,着力质量管理、以质兴路、以质促路,拓展农村公路建设新格局。**一是注重规划引领**。按照"通盘谋划、先急后缓、分步实施"的原则,结合扶贫攻坚、移民搬迁、产业配套、生态环保等发展重点,编制农村公路发展规划,促进农村公路建设与经济发展、生态绿化互促共进。**二是注重政策支撑**。出台《关于加强全县农村公路养护管理工作的通知》《竹山县创建"四好农村路"示范县实施方案》等文件,强化政府引导,稳步推进示范县创建工作。**三是注重资金保障**。按照"各炒一盘菜、共办一桌席"的思路,整合国土、住建、林业、水利等政策项目资金用于农村公路建设,通过"六个一点"办法,即国家补助帮一点、县乡财政挤一点、项目资金切一点、联系单位献一点、一事一议筹一点、社会捐赠集一点,广辟渠道,保证农村公路建设资金,已累计筹集农村公路建设资金19亿元。**四是注重质量监督**。按照项目法人制、招投标制、合同管理制、工程监理制"四项制度"进行管理,先后出台农村公路建设管理、质量管理、安全管理、资金管理、勘察设计、招投标、竣工验收7个管理办法,确保了农村公路提档升级建设质量。

二、"严"字当头抓管理，提升农村公路管理水平

按照"有路必管、管必到位"的要求，不断完善管理体制和运行机制，全面管理好农村公路，切实做到权责一致，规范运行。**一是创新管理机制。**健全农村公路管理机构，县成立农村公路管理局，人员和经费纳入全额财政预算，乡镇设立农村公路管理站，村委会成立协管站，做到县道县管、乡道乡管、村路村管，建成县有路政员、乡有监管员、村有护路员的路产路权保护网络。**二是创新管理制度。**制定并落实村规民约制、路长制、"十星"评选挂钩制、地边屋边责任制、诚信评定挂钩制、路旁植树受益制，让群众亲身参与乡村公路综合管护工作。**三是创新执法机制。**成立竹山县农村公路路政执法大队，严格按照"简政放权、创新管理、服务发展、依法行政"基本原则，不断加强公路法律法规宣传力度，加大路面定期、不定期巡查力度，严防公路病害、挤占公路等问题的发生，严肃查处侵占、损坏公路的违法违章案件和公路"三乱"，依法维护路产路权。**四是创新路域环境整治方法。**将路域环境整治、公路绿化与美丽乡村建设、农村卫生清洁运动、旅游景点、休闲农业一起同安排、同部署、同检查、同落实，推行文明示范路创建活动，因地制宜美化、绿化农村公路，全力整治穿越集镇、村庄的道路，努力打造畅安舒美的通行环境。目前，全县已建成"十星级文明路"850公里、"十星级护路村（乡镇）"各5个。

三、"畅"字当头抓养护，健全农村公路养护机制

按照"县为主体、行业指导、部门协作、社会参与"的思路，全面落实县政府主体责任，充分发挥乡镇政府、村委会和村民的作用，做到"专群结合，有路必养，养必优良"。**一是健全责任体系。**出台农村公路养护管理办法，明确标准和责任，形成县、乡、村、组、户"五位一体"养护体系。每年县政府与乡镇政府签订养护管理目标责任状，季度抽查、半年检查、年度考核。乡镇与村、村与养路员签订养护承包协议，定人员、定里程、定标准、定质量、定奖罚，落实及时养护、常规养护、全面养护、

科学养护相结合的养护管理办法，确保公路养护目标落到实处。**二是健全资金保障制度**。县乡村三级联动，积极筹措农村公路管养经费，确保农村公路每年每公里养护经费不低于3000元，其中上级补助1000元，县政府配套解决1000元，乡村通过"一事一议"筹措1000元，同时建立农村公路管养基金，纳入县财政专户管理使用。**三是健全激励机制**。结合农村"十星"文明创建，规定只有获得十颗星的农户和个人，才能参与农村公路养护员竞聘。对养护人员的公路管护实行绩效兑现，分优、良、中、次、差五个档次，分别按标准日常养护工资的120%、100%、80%、60%、40%兑现日常养护费，每年评选出3个优秀乡镇、10个优秀村、20个优秀养护员，实行奖励。

四、"优"字当头抓运营，推动城乡客货运新发展

紧扣"城乡统筹、以城带乡、城乡一体、客货并举、运邮结合"总体发展思路，加快完善农村公路运输服务网络，让群众出行更方便、农村物流更快捷、群众收入更增加。**一是城乡客运公交实现管网衔接**。坚持车头向下，初步形成以县城为中心、乡镇为节点、建制村为网点，遍布农村、连接城乡、纵横交错的农村公路客运网络，城乡客运公交实现管网衔接。引入市场机制，通过招商引资吸引客运企业参与竹山城乡交通运输一体化工程，组建成立竹山县城乡公交公司，逐步实现公车公营，并由县财政每年再拿出800万元进行补贴。全县已开通农村客运班线203条，开通城乡公交车线路12条，乡镇通公交率达85%，客车通达率达100%，改善了沿线26万群众的出行难、出行贵问题，每年为群众节省车费开支800万元。该县已被交通运输部列入城乡交通运输一体化示范县。**二是城乡物流配送实现衔接**。立足打造"鄂西北现代物流重要集散区"定位，初步形成以县级农村物流配送中心为中枢、以乡镇农村物流综合服务站为支点、以村级物流综合服务点为终端、以物流班车为纽带的物流网络，城乡物流配送实现衔接。政府搭台、企业唱戏，推进交通与邮政资源同享、站点共建、融合发展。县财政筹资1.03亿元，建成占地129亩的物流中心1个、物流仓储配送中心4处、乡镇物流综合服务站17个、村级物流配送点150个。利

用邮政站点网络，探索实行"客票进所入网，邮政进站上车"模式，全面开展物流代收、商品代购、服务代办、金融代付等综合服务。推行小件客运捎代、大件货运班线专送的"客货联盟"运营模式，建立"快递超市"，实现城乡物流服务网络与干线物流网络无缝融合，推进了"网货下乡""农产品进城"的双向流通。**三是促进农村公路引领经济能力新提高。**坚持把产业路修到田间地头，促进了产业发展。以烟叶、茶叶、油料等农业特色产业和特色绿松石矿业为核心，建成农村产业公路500公里，使得一批种养基地、产业园区依托产业公路迅速发展。坚持把脱贫路修到农户院头，推进了脱贫攻坚。打响精准扶贫攻坚战，以圣母山、沧浪山、武陵峡、九华山等集中连片特困地区作为主战场，围绕全县5000户易地搬迁对象、428个集中安置点，重资投入全面打通连片地区5万群众出行路，做到安置点建到哪里，公路就通到哪里，服务就送到哪里。坚持把旅游路修到美丽村头，提升了旅游服务。新改建景区公路100公里、绿化平台300处，完善道路配套，建设观景平台，打造精品自驾游路线，建成了一批县乡道生态景观廊道。随着美丽农村路修进景区、村头，竹山已建成4A级旅游景区2个、3A级旅游景区4个、国家级旅游名镇2个、省级命名美丽乡村5个。

竹山农村公路由"线"成"网"、由"窄"变"宽"、由"通"向"好"，"四好农村路"逐步成为引领美丽乡村建设、服务新农村经济社会发展、提升百姓出行品质的重要支撑和保障。

湖南省长沙县

近年来,长沙县深入贯彻落实党中央、国务院对"三农"工作部署和习近平总书记对农村公路的重要指示精神,在湖南省、长沙市交通部门的大力支持和指导下,紧紧围绕县委、县政府"领跑进军"战略和"三个共同"理念,坚持以机制为突破,以建设求发展,以管理出成效,以服务提水平,努力做到"四个转变"(从"会战式"建设向集中攻坚转变,从注重连通向提升质量安全水平转变,从以建设为主向建管养运协调发展转变,从适应发展向引领发展转变),做好"四个提升"(提升路网结构、质安水平,提升养护能力、路况水平,提升保护能力、路域环境,提升服务质量、群众满意度),实现"建好、管好、护好、运营好"农村公路的总目标。

一、加大投入,打造畅通交通

加大投入力度。近三年县财政平均每年安排 3.8 亿元资金用于交通建设,其中农村公路投入每年在 1 亿元以上。投入 4000 万元实施农村公路连接工程 150 公里;投入 5829 万元实施农村公路安保工程;投入 2015 万元修建生态路 403 公里;投入 14022 万元实施了秋江线、金向线、瞿麻线等县道提质改造项目 81 公里;投入 11369 万元实施农村公路提质改造项目 1450 公里。

创新融资模式。率先采取 BT、融资加施工总承包、PPP 等融资模式,自主成功运作了 S207 线、开元东路东延线、黄兴大道北延线一期等多个单项投资过数亿元的大项目,解决了黄兴大道南延北拓、万家丽路北延、人民路东延、S207 南延、黄江公路东延拓改等几十个重大项目近 115 亿元资金筹措难题。

构建公路路网。截至目前,全县公路总里程达 5966 公里,其中高速公路 90 公里,国、省道 116 公里,农村公路 5760 公里;与邻县之间、县与乡之间全部通二级以上公路，县道、乡道硬化率均达 100%，村道硬化率达 95%，一个以干线公路为骨架，乡村公路为支脉，干支相连，四通八达的大交通网络基本形成。

二、规范管理，打造精品交通

明确乡镇主导，规范建设程序。出台了《长沙县农村公路建设基本程序流程图》，以镇为主导下达农村公路建设计划，使计划下达更早、更科学和符合镇村的实际。严把工程质量关，建立健全了地方政府、工程监理、交通部门、村民自主质监小组的四级质量监控体系。严把竣工验收关，创新推行路基、路面"两次验收"制度，提高了路基、路面质量，确保了监管到位。

强化技术服务，加强质量监管。采取包片技术指导的形式，无偿为项目提供基本建设程序指导、施工准备阶段专项指导和施工工艺交底、关键工序旁站、安全生产等技术服务，印发《长沙县农村公路（桥梁）建设标准》《长沙县农村公路建设工程监督管理手册》等资料，对关键岗位和关键人员开展日常技术培训，为全县农村公路建设的总体推进提供智力支持。

深化审计监督，严格资金拨付。严格执行项目资金管理制度，规范招投标行为，严格管理资金申请、拨付、使用等各个环节，设立专户，单独建账、单独核算。严格按照项目投资计划、施工合同、工程进度及质量分路基、路面验收结果两次拨付工程款。全面推行关口前移、跟踪审计，委托会计事务所开展内部审计和监察，保证资金运行安全有效。

强化路政管理，保护路产路权。成立了由县长任组长的治超工作领导小组，出台了《长沙县治理车辆超限超载工作实施方案》，明确了各职能部门、镇的职责职能；开展了多次集中整治行动和联合执法，重点加强了治超的源头管控，实现了治超执法的常态化；加快治超平台建设，在全县建立了两个治超站和十个治超点；强化科技治超，建立了治超指挥中心，建立了 6 套不停车检测系统。

三、落实责任，打造平安交通

理顺体制，明确养护责任。出台了《长沙县农村公路管理养护实施细则》和《养护考核办法》，坚持"定额分配、投资包干、分级管理、目标考核"的原则，以农村公路里程、补助标准和各乡镇年度考核结果来确定资金分配。全县各镇都相继制定了乡规民约，所有建制村都制定了村规民约，促进了公路日常养护常态化。

落实资金，强化考核考评。在全市首开先河将农村公路养护资金纳入县级财政预算，形成了以政府投入为主的资金来源渠道。加强了考核考评工作，建立健全了农村公路养护"月检查、季评比、年度考核"体系，建立了农村公路养护质量与计量支付相挂钩的工作机制。十二五期间，县财政共计安排农村公路养护资金6483万元，2016年和2017年，全县农村公路养护资金投入分别达到2429万元和3429万元。

打造亮点，加强示范创建。按照《湖南省农村公路文明示范路标准》对文明示范路进行维护管理，将管养示范乡镇创建活动列入年度工作目标考核，验收合格给予一定奖励并优先考虑拨付养护资金。2012-2016年，投资4708万元创建了420条县级文明示范路，全长1075公里，全县农村公路文明示范路工程成为引领湖南省"十三五"规划农村公路建设标准的文明示范路工程。

加大宣传，发动群众参与。以"农村公路养护宣传月"活动为载体深入村庄、集市等人员集中的地方进行宣传讲解，充分利用电台、电视、官网、微博等平台助力宣传，同时组织开展群众投工投劳义务养护活动，积极营造爱路护路的社会环境。截至目前，全县农村公路实际管养里程达到5760公里。农村公路优良路率达到88.3%，中等路率达到94.6%，绿化率达到93%。

四、提升服务，打造惠民交通

破解难题，为"城乡一体化"推进做试点。率先全省以PPP模式组建公交集团推行城乡公交一体化，分批对全县485台农村客运车辆进行了

"公车公营"改造，开通了 30 条城乡公交线路和一条红色旅游公交专线，构建了市县对接公交、县城城市公交、县域城乡公交、乡镇循环公交四级公交网络，县内主干道和所有镇全面实现通公交。目前，全县已有公交线路 57 条、城区公交首末站 18 个、公交候车亭 429 个、公交招呼站 800 个、在线营运公交车辆 876 台，其中清洁能源公交车 753 台。

服务发展，为现代农业建设做支撑。重点实施了春龙公路、瞿麻线、好三线等县乡道的提质改造，实现农村公路"毛细血管"扩容，实现了公路沿线的现代农业、红色旅游业以及粮食、茶叶、蔬菜等产业由资源型向品牌型的转变，全县新农村建设、农业产业化、粮食生产获得全省先进，并成功跻身中国旅游竞争力百强县。

打造品牌，为美丽乡村建设做推手。重点实施了农村公路连接工程、安保工程、路容路貌整治以及提质改造工程，打通了农村公路微循环，全面改善了农村生产生活条件，构建了黄兴镇、开慧镇、福临镇等一批全省领先的"宜居宜业宜游"的美丽乡村，开慧镇、金井镇、高桥镇的各种水果蔬菜基地以及现代农庄也成为了周末市民体验田园生活、亲近户外露营，开展亲子游、骑行游的休闲度假好去处，打造了长沙县"美丽农村、快乐农业、幸福农民"的"三农"新品牌。

广东省惠州市惠阳区

惠州市惠阳区地处珠江三角洲东部,与深圳、东莞两市以及本市的惠城区、惠东县、大亚湾开发区接壤,辖区总面积915.6平方公里,所辖三街六镇102个建制行政村,户籍人口约40万人,居住总人口约82万人。

近年来,惠阳以创建全国文明城市为契机,努力打造"宜居、宜业、宜游"的发展环境。今天的惠阳,已形成了较为完善的农村公路网络。全区"镇镇通高速"已成现实;全区贯通国省道路6条,通车里程151.53公里;建成县道64.3公里,乡道831.1公里,村道499.4公里,乡村小路390.4公里,农村公路总通车里程达1785公里,每百平方公里农村公路密度达194.9公里。

创建"四好农村路"工作以来,我们克服重重困难,争取各方支持,抢抓机遇,完善机制,全力推进农村公路的"建管养运"工作,我们的具体做法,可概括为四个方面。

一、确定目标——坚持"让农村公路发挥效益"是全区推进"四好农村路"建设的根本目标

公路建设是经济发展的先行官,正所谓"要致富,先修路",农村公路建设的最终目标就是改善农村通行条件,增强农村群众对农村公路发展的满意度和获得感,促进农村经济发展,实现脱贫攻坚和精准扶贫目标。

二、夯实基础——坚持政府主导、各级参与是快速推进"四好农村路"建设的基础条件

全面推进农村公路建设以来,特别"十二五"以来,全区积极争取各级党委政府的关心支持,特别是资金投入上给予了优先倾斜。据统计,全区"十二五"期内,完成了780公里通村公路路面硬化工程,投入村道建设的资金省级配套的达11700万元,市级配套的达5800万元,区级配套的

达 9500 万元，镇村自筹资金 5200 万元，投入安保工程建设专项资金达 783.34 万元，投入修复水毁公路工程达 521.7 万元，投入公路养护资金 691.1 万元。多渠道筹措资金使乡村道路建设取得更快的发展速度。

三、抓住关键——坚持"六统一"做法是规范推进"四好农村路"建设的关键所在

自农村公路建设，特别是通村公路路面硬化建设全面实施以来，全区一直坚持"六统一"做法，即：统一立项、统一招标、统一施工、统一验收、统一结算、统一支付。全区年度通村公路路面硬化建设工程实施打捆招标，纳入一个笼子组织实施，并通过公共资源平台进行公开招投标，由具备资质的中标单位组织施工队进场施工，确保质量。施工完成后，实行"企业自检，社会监理，政府监督"的方式，最终由市级公路质监部门统一实施质检验收，严把公路建设质量关。所有工程按进度和验收结果统发工程款项，交通、财政部门设立共管账户，实行工程款联合审查、逐级审批的方式支付工程款项。

实施"六统一"的做法，避免了分散发包、分别施工带来的标准不一、质量参差不齐的问题；避免了工程质量难以管控、建设资金相互推诿扯皮的问题；避免了施工竣工资料缺乏规范统一、专项资金挪作他用的问题。实现了农村公路建设的道路编码、计划任务、专门资金的高度统一与对应。

四、提供保障——坚持对农村公路实行专业化与社会化结合的养护方式是推进"四好农村路"建设的重要保障

公路建成后，养护就成了重中之重。农村公路养护工作坚持走专业化与社会化养护相结合的路子，区地方公路管理局设有专门的养护道班和养护基地，建立一支比较稳定的养护队伍。尽管区里的经费不尽充裕，但依然为养护工作提供了强有力的保障，并在体制上、机制上和保障上实现了有效统一。

目前，全区农村公路养护队伍 125 人，配备了必要的养护机械，"十

二五"期间，为农村公路养护机械更新购置投资 99 万元，更新购置养护车 9 台、小型挖掘机 1 台、割草机 50 台，及其他各类养护机械一批，重点对县道、乡道和行政村村道实施养护。在实施专业化养护的同时，全区全力推进村组养护方式，各乡镇建立了农村公路保洁队伍，据统计，各镇街现有保洁人员 510 人，主要担负了通自然村村道养护保洁工作，借助双结合的方式，实现了全区农村公路"有路必养"的目标。

通过努力，全区在"三个推进"上取得了显著的成果：

一是推进了农村客运服务均等化建设。全区着力提升农村客运服务均等化工作，"十二五"以来，共建成 6 个乡镇汽车客运站（含招呼站）、114 个农村客运候车亭、开通或延伸农村客运公交线路 17 条，基本覆盖了所有的行政村，让有通客车条件的行政村"村村通公交"成为了现实。

二是推进了农村物流体系建设。初步建成了覆盖县、乡、村三级物流网络体系，依托完善的农村公路通行网络，形成以惠阳汽车客运总站、惠阳供销民生广场、惠阳东城物流园为中心的货物流通枢纽，促进农村小件货物托运、农副产品运输的流通。

三是推进了现代农业基地建设。借助农村公路网的建成，全区大力推进农村农副产品转型升级和集约化经营，建立了良井万亩花卉基地、平潭万亩四季绿蔬菜基地和淮山粉葛基地，每年产值 1.2 亿元左右，种植品种 50 多个，每年远销我国港澳地区。镇隆镇 2266 公顷荔枝基地，年平均产量为 5000 吨，种植户为 7000 户，每年产生的经济效益 8400 万元，平均户收入 1.2 万元，并获得国家农业部的地理认证。良井镇矮光、时化、大白、松元、黄洞等村正在联片打造农业观光旅游项目，引进 5 家农业龙头企业，周边 3250 多户，8000 多群众共同参与，目前每年能吸引 10 多万游客，促使片区内群众每年人均增收 5000 元以上。

可以说，农村公路建设的飞速发展为推动城乡协调发展示范区的创建起到了巨大推动作用。但是"路漫漫其修远兮，吾将上下而求索。"今后，该如何在推进全面建设小康社会，构建城乡发展一体化，推进新型城镇化建设的进程中，精准定位农村公路建设发展的地位和作用，让农村公路更加惠及民生、促进农村经济发展发挥更为重要的作用。全区需在四个方面着力：

一是在统筹规划上实现新的突破。应当把农村公路规划与"三规"实施有效统一，将农村公路建设纳入整体社会规划发展蓝图统一实施，既能有利解决公路建设用地问题，又能推动农村建设迈上更高台阶。

二是在建设规模上实现新的提升。农村公路，尤其村道建设，大多按路基4米，路面3.5米设计，随着汽车时代的到来，现有的道路规模明显不适应、难满足交通出行和经济运行的需要。努力在今后的村道建设规模上实行有效提升，以提升道路运行效能为目标，为实现路容路貌的全面整治提供基础和条件。

三是在资金投入上实现新的增长。目前，农村公路建设实行的是各级资金配套，但大量资金仍然依靠地方财政筹措。从建设县道方面来看，上级的配套资金比例较小；就通村公路路面硬化而言，镇村一级的配套资金10万元往往很难筹措，村道配套资金越来越难落实，继续推进面临资金缺口和困难；从养护角度看，县、乡、村道路养护资金标准过低，目前，养护经费按7351标准发放，在物价上涨的情形下，已显得捉襟见肘，道班养护队伍难以保持稳定。

四是在管理体制上实现新的创新。全面建立以县区、乡镇两级为主体的农村公路养护管理机制，县区交通运输部门代表县区政府负责县道管养工作，乡村道路则全部交由乡镇政府负责，养护经费纳入财政预算，夯实乡镇农村公路管理工作的机构建制、人员配置和经费保障，确保实现"有路必养，有养必好"的目标。

借深圳市"东进战略"和惠州市"对标深圳"的发展契机，全区也将迎来新一轮的发展机遇，惠阳广大农村地区必然成为经济发展的主阵地。坚持以"引凤必先筑巢，筑巢必先修路"的理念推动农村地区公路建设，有上级部门的关怀支持，有全区上下的同心协力，有社会各界的鼎力赞助，编制的《2013—2030年惠阳区规划公路网》的蓝图，在不远的将来，必将得以实现。

广西壮族自治区荔浦县

为深入贯彻落实习近平总书记关于"四好农村路"的重要批示指示精神，根据交通运输部及广西壮族自治区交通运输厅创建"四好农村路"全国示范县的统一部署，荔浦县紧紧围绕"四好农村路"总目标，牢牢把握黄金发展时期，开拓创新、奋勇拼搏，不断完善农村公路管理体制，着力优化农村公路网结构，紧密联系脱贫攻坚大局，全方位提升农村公路服务能力和品质，"四好农村路"建设取得了显著成绩。现将创建"四好农村路"全国示范县的工作总结如下：

一、"四好农村路"建设成绩

（一）发展基础较好

荔浦县坚持突出区域特色和优势，扎实推进农村公路建好、管好、护好、运营好的各项工作，切实履行主体责任，通过实施公路建设大会战并加大农村公路投入，不断完善路网结构，提高公路等级，创新工作机制，加强综合治理，加快推进交通运输服务提档升级，积极推进城乡交通运输一体化，努力实现农村公路路网结构优化，工程质量稳步提升，路产路权保护有效，养护管理机制完善，做到有路必养，路域环境整洁，客运物流体系已基本健全完善。鉴于荔浦县在农村公路建设、管理、养护、运营各方面工作突出，"四好农村路"建设成绩显著，2016年度，自治区交通运输厅农村公路建设办公室授予荔浦县"广西四好农村路示范县"称号。

（二）群众获得感强

1. 基本建成适应经济社会发展的农村公路网络

截至2016年底，全县农村公路总里程898.498公里，其中等级公路662.484公里，占比73.7%。按技术等级分：二级公路13.45公里，三级公路46.38公里，四级公路602.654公里；按行政等级分：县道9条，里程166.682公里；乡道76条，里程335.628公里；村道203条，里程

396.188公里。全县13个乡镇全部通水泥、沥青路，乡镇通三级公路以上的比例为84.6%。全县122个行政村道路通达率100%，其中通水泥、沥青路的建制村有117个，占95.9%，到2017年底建制村通畅率将达100%。基本形成国省干线公路为主骨架，县乡道路为支线的布局合理、公路等级搭配优化、四通八达的交通网络格局。

2. 大力推进具备条件的建制村通客车

2016年荔浦县建立了城乡公交、农村客运班线通行条件联合审核制度，经审核同意，开通了马岭镇至地狮村、大塘镇至苏结村、修仁镇至黄洞村3条镇村公交线路。截至2016年底，农村客运线路共39条，其中班车线路15条，公交线路24条；累计通客车建制村数122个，建制村通客车率达100%。

3. 城乡交通运输一体化取得新成果

（1）荔浦县于2011年在桂林市率先实现乡镇通公交车后，大力推进"镇村公交"。编制完成了《荔浦县"十三五"城乡公交一体化发展规划》，完善了城乡公交一体化管理办法和实施细则，加强对公交运输企业的规范化管理。同时加快推进绿色交通新能源汽车推广，结合全县行政村道路的实际和国家对新能源公交车辆的补贴政策，制定了《荔浦县发展镇村公交、客运及推广新能源车辆的实施方案》。目前，全县已开通12条城乡公交线路，12条"镇村公交"线路，共有公交车辆106辆，其中包括16辆新能源公交车，受益群众达到28万人。城乡客运一体化水平已达到AAAA级，基本形成了以县城为中心、乡镇为节点、建制村为网点，遍布农村、连接城乡、纵横交错的城乡公交客运网。2017年，荔浦县入选交通运输部全国城乡交通运输一体化首批创建示范县。

（2）交通运输发展取得新成绩。荔浦县已建成客运站7个（其中二级客运站1个，三级客运站1个，五级农村客运站5个），建有乡村候车亭81个。2016年共完成输送旅客量1191万人次，旅客周转量3.38亿人公里；货运量1776万吨，货运周转量24.14亿吨公里；公路周转量达30.46亿吨公里，同比增长15%。

4. 农村物流发展实现新突破

荔浦县组织县交通、供销、商务、邮政、农业等部门整合现有物流资源，完善城乡配送跨部门协同工作机制，推进农村物流资源整合与协同开发，大力发展农村电商和农村物流，全县共有注册物流公司 12 家。2016 年，为加快电子商务进农村工作步伐，荔浦县与阿里巴巴集团就农村淘宝项目达成合作协议，规划在全县范围内建立 100 个农村淘宝村级服务站，成为了桂林市首个成功引进电商阿里巴巴的县。目前，农村淘宝村级服务站点已成功进驻荔浦县域部分乡镇级空间节点，同时依托特色农产品产业发展，菜鸟物流配送体系正在逐步获得搭建，独具特色的荔浦县、乡（镇）、村三级农村电子商务物流服务体系正在逐步形成，有力推动了荔浦县城乡一体发展。

5. 履职尽责、精准发力，全力服务脱贫攻坚

为加快荔浦县农村交通基础设施建设，服务交通扶贫攻坚工作，县委、县政府出台了《荔浦县进一步推进农村交通公路建设实施方案》（荔发〔2014〕6 号），全面实施县道大修及提级改造、行政村硬化工程，启动自然村（屯）道路硬化工程。对自然村屯道路硬化项目按照标准每公里分别给予 30 万元、25 万元、15 万元、10 万元的财政奖补。全县 1246 个自然村（屯）已有 883 个自然村（屯）通水泥路，占 71%；20 户以上自然村屯道路硬化率达 75%，有效地推进了全县的交通扶贫工作，为实现"十三五"脱贫攻坚战提供了强大的交通运输保障。

（三）管理体制顺畅

根据桂林市人民政府下发的《桂林市农村公路养护管理方案》（市政办〔2014〕18 号）精神，荔浦县人民政府《关于印发荔浦县农村公路养护管理方案的通知》（荔政办发〔2015〕24 号）要求，全面落实县级人民政府的主体责任，强化县交通部门的养护管理职能，明确乡镇政府及村委对农村公路养护管理的责任。实行县道县管，乡道乡管，村道由村委负责管理制度，县、乡农村公路管理机构设置率达 100%，所有乡镇均设置了交通管理站，县、乡级农村公路管理机构运行经费全部纳入县财政一般公共预算。乡镇、村委作用发挥充分，爱路护路的乡规民约、村规民约制定

率达100%。建立了县有路政员、乡有监管员、村有护路员的路产路权保护队伍。形成统一领导、分级管理、社会支持的县、乡、村齐抓共管的农村公路养护管理格局，有力推进了全县农村公路养护管理标准化、制度化、规范化进程。

（四）建立长效机制

1. 绩效考核机制

2017年桂林市绩效办已将"四好农村路"主要指标纳入对县政府的绩效考核目标，2018年，市绩效办将进一步细化考核指标，把农村公路大中修工程及路况相关指标增纳入对县政府的绩效考核目标。2017年也把"四好农村路"主要指标纳入到乡镇政府的绩效考核目标。

2. 财政预算机制

荔浦县人民政府通过多渠道筹集农村公路建设资金，并出台了《关于开展农村公路建设大会战的决定》（荔发〔2011〕91号）、《荔浦县进一步推进农村交通公路建设实施方案》（荔发〔2014〕6号），明确了县财政对农村公路建设的补助标准。县人民政府针对县乡村道养护情况制定下发了《关于印发荔浦县农村公路养护管理方案的通知》（荔政办发〔2015〕24号），明确了全县农村公路养护管理资金定额标准。除"燃油税转移支付资金"补助外，不足部分由县财政补全，并纳入县财政年度预算中。2018年将把农村公路建设、管理、养护、运营经费全面纳入财政预算，确保"四好农村路"资金到位。

（五）基本实现有路必养、养必到位

1. 多措并举，加强养护

按照中央、自治区及桂林市交通主管部门对农村公路管理养护要求，荔浦县坚持"有路必养、养必到位"原则，建立"政府主导、行业指导、部门协作、社会参与"的养护工作机制，将养护指标纳入政府绩效考核目标，实行政府财政投入为主，多渠道筹措资金为辅的农村公路养护资金保障机制，并将日常养护经费和人员工资纳入财政预算中。2016年年报农村公路里程总数为898.498公里，列养里程为898.498公里，全县农村公路列养率达到100%。通过整合资金，实施一岗双责或多责模式，荔浦县的

县、乡、村道每公里每年养护经费分别达到了 11000 元、5000 元和 2500 元。

为确保养护质量，荔浦县交通运输局出台了《关于印发荔浦县农村公路养护管理考评办法的通知》（荔交字〔2016〕23 号），建立了养护质量与计量支付相挂钩的机制；同时荔浦县交通运输局每季度都会对农村公路工作进行考评，对考评结果进行通报，对发现问题及时整改。道路养护得到进一步加强，农村公路养护管理水平不断提高。

2. 创新机制，树立标杆

根据《桂林市农村公路中心养护站创建指导意见》（市交〔2014〕103 号），结合荔浦县实际，成立了荔浦县农村公路中心养护站。对日常养护、灾毁抢修、应急保通等难以利用市场机制提供的基本公共服务，通过实行"中心养护站"管养模式，发挥基层养护中心的作用，逐步实现"规范化、集约化、机械化、科学化"的养护新机制，全县的农村公路行驶质量指数及路域环境均得到大幅提升。2016 年全县农村公路中等路以上的比例达到 75.61%，路面技术状况指数（PQI）为 75.11，与 2014 年（74.33）、2015 年（74.91）相比逐年上升。2015 年桂林市农村公路标准化管理工作现场会中，荔浦县农村公路中心养护站成为参观学习现场之一，在全市农村公路管理养护体制改革中树立标杆。

3. 精心管理，打造品牌

积极打造荔浦县农村公路"规范、优质、畅美、安全"的科学品牌。以改善生态环境、提高景观品位为重点，实行绿化、美化同步推进，营造"四季常青、四季有花，一路一景、一季一景"的农村公路生态化和景观化。同时对景观点聘请了专业的园林管理机构进行长期护理，保证了景观点的四季常青、整洁和美观。目前，荔浦县共有莲塘至双江等景观道路 9 条，线路总长 81 公里，突显了荔浦特色农村公路品牌。

(六) 质量安全基础牢固

1. 实施南北片区管理制度

根据荔浦县的交通网络布局，结合工作实际，将农村公路建设项目分为南北片区，每个片区成立项目建设管理小组，成员从交通相关部门抽调人员组成，项目实行专人负责管理制，一人一路全程跟踪管理，确保了项目各项工作有序开展。落实农村公路建设"七公开"制度和群众监督机制，对项目工程进度、质量、安全、投资实行监管。

2. 实行多种模式监理制度

荔浦县农村公路建设项目通过聘请有资质的第三方对项目建设进行社会监理，同时聘请1-2名热心群众作为群众监督员，对建设项目全程进行监督，形成业主负责、社会监理、政府及群众监督的管理模式，确保工程项目质量。

3. 强化项目质量管理

建立了荔浦县农村公路中心试验室，对全县范围内的公路建设项目进行试验检测工作，主动为农村公路建设提供服务。通过对农村公路和桥梁建设现场取样、抽样，给工程建设提供及时、准确的试验数据，实现了对全县农村公路建设高效、便捷的质量监控、评定与动态管理。

4. 完善项目交竣工验收程序

项目完工后，由县交通、安监、交警组成初级验收小组，对工程项目进行初验和评定，将初验评定结果上报县人民政府。然后由县人民政府组织交通、发改、财政、住建、审计、监察等部门，组成项目验收小组进行终级验收。2015、2016年新改建农村公路已交竣工项目共计10个，一次交工验收合格率达100%；近五年农村公路未发生特重大安全生产事故或重大质量事故。

5. 安全隐患处治

2012—2016年农村公路一直实施安防工程，安全防护设施逐年增加，危桥总数逐年下降，由2012年的40座下降到14座。

（七）促进美丽乡村建设效果好

1. 大力整治农村公路路域环境

（1）荔浦县交通运输局针对农村公路用地、公路建筑控制区域、农村公路"路田分家""路宅分家"、乡村道路入口出台了《关于印发荔浦县农村公路路域环境综合整治工作方案的通知》（荔交字〔2016〕32号），全面清理路域范围内非公路标志，有序推进"路田分家""路宅分家"、乡村道整治，整治效果较为明显，路域环境整洁。

（2）为加强公路管理，提高路政管理水平，保障公路的完好、安全和畅通，出台了《关于印发荔浦县农村公路路政管理制度的通知》（荔交字〔2016〕15号）。

2. 注重日常养护，确保道路通行质量

为巩固农村公路建设成果，提高道路通行质量，县交通运输局制定了《关于印发荔浦县交通运输局日常养护制度的通知》（荔交字〔2015〕10号），确保路面整洁、无杂物、排水通畅，无淤积。

3. 提前介入，有效把控污染源头

荔浦县交通运输局对县内的采石场进行排查摸底，与采石场签订了扬撒物管理协议，使全县的道路扬洒物治理得到有效遏制，进一步保护了路产路权。

4. 建立健全交通、公路、公安、农机等多部门联合执法工作常态化机制

根据荔浦县超限超载违法运输车辆实际情况，建立多部门联合执法机制，加强巡路和流动稽查工作，把公路的动态掌握在管理之中，突出检查治理农村公路营运车辆超限超载、抛撒等影响公路安全、畅通的行为，有力地打击了超限超载违法行为，有效地保护了农村公路建设成果。

二、当前农村公路发展面临形势

"十三五"是全面建成小康社会的决胜阶段，习近平总书记做出了当前交通运输行业处于"黄金时期"的重大判断。自治区将"基础设施建设攻坚"列入广西"三大攻坚战"，桂林国际旅游胜地建设上升为自治区"十三五"发展战略，确立了桂林在广西大局中的战略地位，对桂林国际旅游胜地建设的交通项目给予政策支持。同时，荔浦县入选全国城乡交通运输一体化首批创建示范县，荔浦县交通运输发展将迎来前所未有的"黄金发展时期"。从荔浦发展规划看，市委、市政府已经将荔浦定位为桂林市南部副中心城市，同时，荔浦将创建"山水名城、工业名城、创业名城"，全县经济将保持高速增长。2017年GDP增速预期目标将达到7.5%

左右，力争达到8%，经济稳增长任务繁重、压力不减。可以预见，地方经济社会对加快交通发展、提高运输保障的需求将持续增长，农村公路的发展对第一、二产业的发展作用将日益突出。

对照"三大名城"和桂林南部副中心城市建设目标，荔浦县农村公路还存在一些不足。一是路网结构仍不够完善，农村公路技术等级偏低，通达深度不足。二是农村公路已进入周期性的养护高峰，大中修工程、日常养护、水毁修复等资金不足。三是各种运输方式的联运水平尚比较低，综合运输建设滞后，物流发展缓慢，运输结构不尽合理。

三、不忘初心，撸袖实干，续写四好农村路新篇章

（一）奋勇拼搏，全力打好交通运输基础建设攻坚战

1. 抓好公路工程质量

牢固树立"质量是工程建设的生命线"理念，深入落实桂林市交通运输局《关于推进"十三五"期间全市农村公路建设质量稳步提升的实施方案》（市交〔2017〕37号），不断完善市场信用评价体系，增加信用评价结果运用，健全招投标实施细则，优化招投标程序，进一步规范招投标行为；大力推进监督信息化建设，强化质量监督信息报备工作，严格按照监督程序监管；项目业主要强化在工程建设过程中的质量监管主体责任，落实农村公路建设"七公开"制度和群众参与监督办法，广泛接受社会监督，着力打造群众满意的"优质工程"。

2. 抓好农村公路建管养工作

坚持把农村公路建设作为重要的民生工程，加快推进"四好农村路"建设。继续抓好通村硬化、县乡道联网、危桥改造、渡改桥、窄路加宽和安防工程等项目建设，开工建设茶香至清良等4条公路、盘瑶桥等10座桥梁、龙珠至六部等15条安保工程项目，并会同扶贫部门积极推进贫困地区自然村（屯）道路硬化建设。深化农村公路养护体制改革，推进农村公路管理养护体系建设，不断提高农村公路安全水平和整体服务能力。做到有路必养，有效保护路产路权，美化绿化路域环境，完善农村运输体系，加快形成城乡交通一体化格局，力争全县农村公路建、管、养、运工作再

上一个新台阶。

（二）完善机制，全力提升交通运输执法工作水平

继续完善交通、公路、公安、农机等多部门联合执法工作常态化机制，强化交通运输市场治理，加大打击三轮车、面包车、出租车、电动车等各类车辆非法营运行为。在条件成熟许可的县道设置2-3个超限超载检查点（马青线2个，歧路至龙怀线1个），保持全县打击超限超载运输的高压态势，维护公路基础设施完好和交通安全畅通。

（三）统筹推进，全力打造城乡公交一体化新格局

按照《荔浦县发展城乡公交、客运一体化工作方案》的要求，继续推进城乡公交一体化工作的进程，力争2017年开通1-2条"镇村公交"线路，投入2-4辆公交车运营，新增行政村通公交2-4个。加快公交车更新换代步伐，积极引进新能源公交车，新建一个公交站场，完成1-2座新能源公交车充电桩建设。规范公交运营行为，提升运输服务质量，严厉打击公交拒载老人行为。对全县的城乡公交、客运班线、出租车、货物运输、物流、快递等各行业进行资源整合，优化合理布局，形成综合交通运输一体化格局。

交通运输肩负着先行一步、率先突破的历史重任。荔浦县将不辱使命，不忘初心，把握黄金时期，全力打造荔浦特色交通发展品牌，加快构建现代综合交通运输体系，为实现"三大名城"和桂林南部副中心城市，全面决胜小康社会目标提供坚强的交通运输支撑和保障！

重庆市永川区

近年来,重庆市永川区全面贯彻新发展理念,坚持"以强区富民为目标,以服务出行为根本,以公众满意为追求",坚持"政府主导、部门协作、广泛动员、全民参与",深入推进"四好农村路"建设,为经济社会发展提供了有力交通保障,进一步增强了群众的获得感。

一、基本情况

永川区位于长江上游,重庆西部,面积1576平方公里,辖镇街23个、行政村209个。截至2016年末,公路总里程3694公里,公路密度234.39公里/百平方公里,镇通畅率、行政村通畅率、撤并村通达率均达到100%,撤并村通畅率86%,镇、行政村通客车率均达100%,城乡交通一体化水平达到AAAA,成为首批全国城乡交通运输一体化试点县。

二、主要措施

(一)认真全面落实政府主体责任

以"建好扶贫路、构建循环路、建设产业路、打造旅游路"为重点,编制农村公路发展规划;将农村公路发展作为重要民生实事列入政府工作报告,先后出台系列政策文件,明确农村公路发展政府责任,健全农村公路管理机构并落实经费保障。在加大财政投入的同时,还通过银行融资、世行贷款、PPP等方式筹集农村公路建设资金;按建设里程3万元/公里的标准落实农村公路安全防护设施经费;每年按通车里程,县、乡、村公路分别按18000元/公里、12000元/公里、2000元/公里的标准落实日常养护经费;专项安排农村公路养护工程资金,防止"畅返不畅"。

(二)全面推进建管养运协调发展

一是明确任务,严控质量,提升路网水平。每年以硬化300公里以上的任务推进建设,按四级及以上公路标准进行工程设计、施工,落实安防、排水、标志标牌、绿化等设施"三同时"制度；严格建设项目立项、设计审查、财政投资评审、质量监管、交竣工验收、审计等程序，实现农村公路质量监督全覆盖，未发生一起重大工程质量安全责任事故；认真落实"七公开"制度，打造农村公路的精品工程、样板工程。

二是网格管路，依法治路，构建畅通安全路。制定区农村公路路政管理办法，完善了县有路政员、镇有监督员、村有护路员的三级网络管理体系，每年深入村社、农户、学校开展路政宣传活动，爱路护路的乡规民约、村规民约群众知晓、付诸行动；完善农村公路超限超载设施，设置公路界桩，明确公路用地及建控范围，开展"八无"路域环境整治，县乡道基本完成田路分家、路宅分家，田路权属明确，沿线设施完善，较好地保持了巴渝田园风光。

三是对标看齐，精细养护，打造美丽乡村路。结合"美丽乡村""公路+旅游"融合发展，完善"分级负责、横向到边、纵向到底、经费保障、技术配套"的全覆盖养护模式，实现列养护率100%。比照国省道养护标准，健全养护质量与计量支付相挂钩的工作机制，每季度按养护考核评分拨付养护资金。定期开展农村公路路况综合检测，据此进行农村公路养护工程建设，路面技术状况持续上升。基本实现县、乡公路宜林路段绿化全覆盖，农村公路犹如一条条玉带飘逸在乡村大地上。

四是统筹发展，全面覆盖，铺就群众小康幸福路。健全农村公路运输服务网络，率先在重庆实现村村通客车目标，建成客运站（亭）350多个，开行城乡公交28条、农村客运104条，营运客车579辆，实现农村公共客运服务进村达社。编制农村物流三级网络节点发展规划，利用农村客运车辆、专用物流车、农村电商等方式，基本构建起全区农村物流网络，完善的交通网络，成为城乡要素流动的血脉。

（三）路通人和百业兴

近年来，永川区以农村公路为依托，全区5个市级扶贫村提前整村脱贫，农村土地流转和规模经营集中度达41%，建成国家、重庆市、区级现代农业园区8个，催生新型农业经营主体2943户，成为全市最大的茶叶种植基地、最大的食用菌生产基地和重要的名优水果基地，乡村旅游接待游客年均增长15%，就地就近转移农村富余劳动力年均增长11%，农民人均可支配收入年均增长保持11%以上，农村家庭汽车保有量较快增长，家家门前乘车出行、物资配送快捷到户，群众满意度不断提高，幸福感不断增强，永川获评中国优秀旅游城市、中国最具幸福感城市。

三、"四好农村路"示范县创建对标自查情况

（一）五个到位，"四好农村路"重庆示范区县达标

对标看齐，按照交通运输部"四好农村路"建设系列部署和要求，区政府确保"组织领导到位、人员到位、措施到位、责任到位、经费到位"，"四好农村路"建设实现由交通部门行为上升到政府行为，形成了全社会广泛参与、齐心协力共建共创格局。经过扎实工作，永川区"四好农村路"建设各项指标达到了重庆市示范区县创建标准，通过了重庆市交委的督导考核验收，被授予了"四好农村路"重庆市示范县称号。

对标自查情况：已达标。

（二）五个建好，农村公路发展迈上新台阶

近年来，永川交通着力"建好扶贫路、建好循环路、建好客运路、建好产业路、建好小康路"，农村公路路网结构和水平明显提升，服务全面建成小康社会作用进一步发挥，成为永川农村公路发展最快、规模最大、标准最高、群众反响最好的时期。

对标自查情况：已达标。

（三）五个明确，管理体制建设取得新成效

近年来，区政府政策文件，明确了"县道县管、乡村道乡村管原则，明确了区、镇两级政府农村公路管理机构职责，明确了机构运行和人员经费财政保障，明确了镇村两级爱路护路责任，明确了区、镇、村三级路产路权保护队伍建设"等工作，理顺了区、镇、村三级农村公路建设管理体制。

对标自查情况：已达标。

（四）五个强化，长效机制建设有了新进展

区政府系列政策文件，明确了农村公路建设、管理、养护、运营相关

管理办法、政府责任、财政支持等举措。这些措施，进一步强化了"四好农村路"绩效考核管理、强化了政府主体责任、强化了财政公共职责、强化了多渠道筹资力度，强化了财政投入增长机制，基本建立起了农村公路发展长效机制，"四好农村路"发展各项任务得到有效落实，所需资金得到基本保障。

对标自查情况：已达标。

（五）五个落实，农村公路养护成新亮点

认真贯彻农村公路养护体制改革要求，全面落实了"区镇村三级公路养护责任、养护机构、养护经费、考核指标、养护目标"，建立了养护质量与计量支付相挂钩工作机制，实现农村公路列养率100%，优良中等路比例达到了80%，路面技术状况指数逐年上升。

对标自查情况：已达标。

（六）五个覆盖，建设质量安全得到新提升

设置了公路质量监督专门机构和公路工程质量检测试验室，建立了"政府监督、专业抽检、群众参与、施工自检"的农村公路质量保证体系，实现了农村公路建设工程质量安全"业主自查全覆盖、行业监管全覆盖、施工企业自检全覆盖、人员培训全覆盖、社会监督全覆盖"。三年来，未发生重大安全生产事故和重大质量事故，农村公路安保设施覆盖率100%。县乡村道安全隐患整治率达100%，基本消除了农村公路危桥。

对标自查情况：已达标。

（七）五个结合，公路路域环境呈新面貌

坚持"四好农村路"建设与"美丽乡村建设相结合、与乡村旅游发展相结合、与农村面上环境治理相结合、与乡贤文化挖掘相结合、与农业现代园区打造相结合"，因地制宜，实施富有乡村特色的文化公路，建成了一批景观路、生态路、文明路，公路更加畅通、安全、舒适、美丽。目前，县道基本实现了路田分家、路宅分家，乡、村道各镇街也积极针对存在的问题进行整治。

对标自查情况：已基本达标。但个别乡道、部分村道"田路分家""路宅分家"还有差距。特别是村道公路该现象较为突出，全区境内农村

公路建设主要以原路改建进行硬化为主，原先存在的田土、房屋都紧邻公路，若进行强制拆迁实现"田路分家""路宅分家"，将会造成大量的资金投入。

整改措施：目前已经在全区刚举办的"四好农村路"培训会上明确，在今后规划新建的农村公路项目上，合理优化路线走向，2017年底确保具备条件的农村公路实现"田路分家""路宅分家"。

四川省成都市郫都区

成都市郫都区是全国首批双创示范基地、中国农家乐旅游发源地、成都市饮用水源保护地。近年来,全区认真贯彻落实习近平总书记提出的建设"四好农村路"重要批示、指示精神,紧紧抓住成都市建设"全面体现新发展理念的国家中心城市"战略机遇,在建设"四好农村路"工作中,坚持"大规划引领、高标准建设、新机制管养、一体化运营",使全区农村公路基础设施明显改善,有力助推了农业增效、农村发展、农民增收。目前,全区重大农业产业化项目达40个,农村土地连片经营19万亩,实现产值30多亿元,农村居民人均可支配收入达22134元。

一、基本情况

全区坚持"创新、协调、绿色、开放、共享"发展理念,着力构建"内联外畅"综合交通网络,初步形成以高、快速公路为骨架、普通国省干道和农村公路为支撑的交通干线体系。全区公路总里程达1223公里,其中农村公路达1092公里,占公路总里程90%,路网密度达2.8公里/平方公里,实现对外交通快速化、农村公路网络化、公交服务一体化、运输管理智能化的总体目标,全区"四好农村路"创建工作得到了四川省交通运输厅充分肯定。

二、主要做法

(一)夯实基础,农村公路建设突出一个"实"字

一是规划编制实。以"四好农村路"建设为标准,先后编制完成《郫都区"十三五"交通运输规划》《区域公路网专项规划》《公交场站用地专项规划》,从顶层设计层层递进到专项规划,并与区域总规、控规、土规无缝衔接,进一步夯实农村公路规划建设基础。**二是资金保障实**。重大农村公路建设项目资金均列入区政府年度投资计划予以保障,财政资金主

要保证项目涉及征地拆迁费用，工程建设资金由区级国有公司作为项目业主筹措。对于镇村自主实施的农村公路建设项目资金，采取村公资金、镇级财政匹配和市交委通村通组道路补贴"三个一点"筹集，全力保证项目建设。**三是工程建设实**。统一建设标准，制定《农村公路建设技术导则》。创新建设模式，除重大农村公路项目采用基本建设程序建设外，200万元以下的村组公路采用村民自建方式建设，200万元以上500万以下的村组公路可采用村民自治方式建设，提高项目建设速度。注重建设质量，区交通运输局质监部门全程把控工程质量，实现交通建设项目一次性验收合格率100%，高于四川省平均水平3.2个百分点。

（二）落实责任，农村公路管理突出一个"严"字

一是严格落实责任。2016年区政府出台了《农村公路养护与管理实施细则》，强化农村公路县、乡、村三级管理责任体系，农村公路分别由区交通运输部门、属地镇政府和属地村民委员会负责管理，并制定了各级、各部门的工作职责和工作任务，具体工作纳入区政府绩效目标进行考核。**二是严格日常巡查**。强化路政管理执法，进一步贯彻落实《中华人民共和国公路法》《公路安全保护条例》等法律法规，建立了"政府负责、部门执法、群众参与、综合治理"的网格化管理模式，路政案件发现率和查处率达95%以上。同时，充分整合利用区内双创成果，与国家信息中心大数据创新创业（成都）基地开展合作，率先将"大数据+"与农村公路管理工作紧密结合，把农村公路安全日常巡查纳入智能化监管平台。**三是严格考核奖惩**。坚持每月对全区14个镇农村公路管理四个方面13个分项进行抽检、考评、通报，年终进行综合评定，位列前3名的镇给予总计30万元奖励，排名末位镇在区长办公会作书面检讨，并纳入区级目标考核。特别是全区切实加大农村公路沿线两侧违章搭建管控和环境综合整治力度，专项开展了沙西线、新团路、两友路等一体化提升工作，努力实现农村公路"既联又畅且美"。

（三）注重实效，农村公路养护突出一个"专"字

一是养护机构专业化。将分属于城管、水务、交通、园林4个部门的清扫保洁进行整合（即"四扫合一"），由城管部门统一牵头负责，实现

"农垃"、道路、沟渠清扫、保洁、冲洗一体化,让公路养护机构能集中精力投入到公路专业化维修和保通保畅当中。同时,各镇均设立农村公路养护管理办公室,落实了专门的养护管理机构和队伍。**二是病害检测专业化**。全区对所有道路、桥梁进行统筹技术管理,按照"一路一档、一桥一档"分类建立台账,并通过购买服务,委托有资质的桥隧、道路检测单位定期对桥梁隧道进行检测,提高桥隧、路面综合性能检测精准水平。**三是养护作业专业化**。全区中修、路面病害处理和压实施工全面实行机械化作业,在材料运输、混合料拌和、路基路面压实、路面挖补和摊铺等主要环节均实现标准化施工。同时,将公路绿化管护、交安设施维护等通过比选推向市场,明确管护标准,由专业公司进行管护,由行业进行监管。全区农村公路养护管理工作水平逐年得到提升,多次获得省、市表彰,安德镇还被交通部授予"全国农村公路养护与管理先进集体"称号。

(四)以人为本,农村公路运营突出一个"优"字

一是场站布局优。先后建成了全省县级最大的多功能郫县客运中心,以及镇级公交客运站11个、港湾式公交站点430座,在成都市率先实现农村公交全覆盖。以客运中心为枢纽、镇级公交客运场站为中转站、港湾式站点为集散点,布局合理、相互衔接、循环成网、方便快捷、畅通有序的农村客运网络基本形成。**二是公交运营优**。通过收购重组公交企业,全面实现公交国有化经营,政府每年补贴公交营运资金1.13亿元,实现全域公交和票价"普通车1元、高档车2元",营运线路达63条,公交车达604台,建立了公交智能调度、公交车查询平台,城乡居民公交出行率大幅度上升,日均客流达20多万人次。**三是物流服务优**。着力服务于农业产业化发展,围绕唐元韭黄出口基地、多利农庄、春天花乐园等重大农业产业项目,联点成线成环,为农副产品销售提供便捷通道。以寄递物流为代表的县、乡、村三级农村物流网络基本形成,农村快递物流网点达300余个,改变了农村居民生产生活方式。切实加强农村公路运营监管,依托"大数据+"GPS平台,对"两客一危"、货运企业等车辆进行全天候24小时监控,确保农村公路的安全运营。

三、工作打算

下一步,将持续深化"四好农村路"创建工作,对标先进,创新举措,攻坚克难,为全区经济发展和群众出行营造安全、畅通、便捷的交通环境。**一是着力提高建设标准**。针对全区都市现代农业发展需求,进一步修订《农村公路建设技术导则》,提高农村公路建设标准,强化工程质量监管,确保农村公路质量优、品质好。**二是着力提升依法治路水平**。按照依法治路总体要求,进一步完善公路路况、公交运行、车辆调度、场站管理等智能化监管平台,加大路产路权管控,加强路域环境整治,实现农村公路一路一景。**三是着力推进养护市场化**。分级分段明确养护主体,层层落实责任,鼓励分段承包、定额包干,充分调动群众参与,努力营造"重建重养"氛围。**四是着力发挥运营效益**。进一步完善镇村公交首末站等基础设施,开设乡村旅游班线,统筹交通、邮政、商务、供销等农村物流资源,发展"一点多能、一网多用"的农村物流新模式,健全完善农村运输网络,最大限度地发挥农村公路的整体效能和经济效益。

贵州省六盘水市钟山区

近年来，钟山区委区政府高度重视农村公路发展，组织各部门积极开展以建好、管好、养护好、运营好农村公路为主要内容的"四好农村路"示范县创建工作，并取得一定成效，现将创建情况汇报如下：

一、基本情况

钟山区位于贵州省西部，为六盘水市中心城区，距离省会城市贵阳260公里，辖3镇15个城市社区，92个居委会，44个农村社区（村），总人口60.84万人。目前，农村公路通车总里程551.8公里（其中县道162.1公里，乡道156.5公里，村道233.2公里）。

二、"四好农村路"示范县创建情况

近年来，六盘水市按照中央和省委关于农村改革的部署，以农民为主体、产业为平台、股权为纽带、企业为龙头、脱贫为核心、小康为目标，在实践中率先创新推行农村"资源变资产、资金变股金、农民变股东"的"三变"改革，全区采取"三变+基础设施+扶贫"的模式，以"四好农村路"建设为统领，全面夯实农村交通基础设施建设，建立"政府主导、交通主抓、部门配合、乡村尽责"的工作机制，细化责任落实，畅通农村物流网络，确保"三变"改革落地落实。2014年，全区已提前实现了"100%建制村通沥青路（水泥路）"和"100%建制村通客运"的目标。

三、主要做法及成效

（一）注重高位推动，强化责任落实

按照习近平总书记关于"建好、管好、护好、运营好"农村公路的指示精神，以及《交通运输部关于推进"四好农村路"建设的意见》和《省人民政府办公厅关于深入推进"四好农村路"建设的实施意见》要

求,区委、区政府高度重视农村公路建设工作,始终将其摆在优先发展的战略位置,纳入工作重要议事日程,多次召开专题会议研究部署农村公路建设。区四大班子领导适时深入实地进行调研,及时了解现状,限时解决建设工作中存在的困难和问题,制定出台了《钟山区农村公路养护与管理办法》《钟山区创建"四好农村路"示范县实施方案》等规范性文件,明确相关部门责任,督促交通部门按要求落实好"六个同步""七公开"制度,高位推动"四好农村路"建设工作。

（二）坚持规划引领,强化基础建设

全区按照"修通一条公路,搞活一带流通,繁荣一地经济,富裕一方百姓"的思路,紧紧围绕扶贫攻坚脱贫、农业特色产业及生态旅游资源开发等,进一步完善路网规划布局,实施了"扶贫路""产业路""旅游路"等项目。2011年至2016年投入资金约100亿元,新、改建农村公路478.7公里；投入资金约2亿元,对农村公路基础设施、绿化、美化、亮化等工程进行提级改造,实现了新、改建农村公路绿化率县道不低于90%、乡（镇）道不低于40%、村道在原有基础上有所增长,农村公路安防设施完善率达80%,危桥改造率达100%的目标任务。2017年拟建交通路网项目13个,总投资约50.7亿元,总里程约320公里,目前已开工建设4个,完成投资约13亿元,建成后,全区农村交通路网将更加优化、更加合理。

（三）理顺体制机制,强化管理养护

按照依法治路的要求,深入开展"三基三化"建设,不断加强农村公路法制和执法能力建设,规范执法行为,提高执法水平。建立健全了区、乡（镇）、村三级农村公路管理体制,制定了自我教育、自我管理的爱路护路"村规民约",建立了区有路政员、乡（镇）有监管员、村有协管员的路产路权保护队伍,设有乡（镇）级交管所4个、村级公路管理站45个,配足配齐专（兼）职管理人员98名,不定期组织运政、路政执法部门严厉打击违章建筑、占道经营、打场晒粮、抛洒滴漏运输车辆等违章行为,为群众生产生活营造良好的交通环境。

同时,建立完善"县为主体、行业指导、部门协作、社会参与"的农村公路养护管理机制,全面落实路面、路基、桥隧养护工作,建立健全路况档案，委托第三方专业检测机构采用专业检测设备定期对路况进行检测，按照3-5公里配备1名养护人员的标准配备养护人员67人，采取认养、领养、专业养护和乡村主导等多元化养护模式，组建一支20人的常年养护队。加强对农村公路常年养护，确保农村公路常年保持良好技术状况。按照"把路网做成产业，把农村做成景区，把产业做成景观"的思路，紧紧抓住农村公路提级改造之机，运用"三变+基础设施+就业+扶贫"等模式，引入企业在农村公路沿线布局水上运动、康体养生、休闲度假、蔬果采摘、农家休闲等产业，对全区"有劳动力、有生产资源"的贫困人口进行交通基础建设、农村公路养护、驾驶技术等培训，将农村公路简易基础设施建设、部分日常养护承包给公路沿线贫困群众，撬动农村公路沿线经济发展，实现沿线贫困户脱贫增收。

（四）完善物流网络，强化客运服务

全区坚持路、站、运一体化发展思路，大力推进城乡客运（公交）网络一体化建设工作，形成以乡（镇）客运为支点、招呼站为网络的客运示范体系，通过电商、快递、物流、仓储分拣、"贵农网"服务站、万村千乡工程等网点提升客运服务能力。截至目前已规划建成城市公交一体化农村客运站、交通服务点、招呼站70个，旅游观景站台20个，设立永久性公示、公告、宣传牌100余块，人文景观宣传画廊28公里，宣传100余次；投入1000万元购买54辆城乡公交一体化客车交由公交公司运营，以"以奖代补"的方式每辆车每年给予10万元补贴，先后开通了6条城区通往乡（镇）或旅游景区景点的公交旅游专线，城市公交覆盖了75%的乡（镇），发展水平达到AAA级以上，极大地方便了群众出行、景区互动，提升了群众对四好农村路创建的满意度，推动了"全域旅游"的快速发展。

随着"四好农村路"建设的推进，全区"三变+产业+扶贫"的发展模式日臻完善，农村"三变"改革遍地开花，以区级平台公司为主体，整合财政资金8502.5万元，撬动农户、集体、经营主体、金融机构等社会资本17.66亿元参与"三变"改革，推进全区228个20户以上自然村寨"10+N"、农村公路等提级改造，惠及农户10896户36160人（其中含贫困户 2755 户 8336 人），铺就了一条条生态产业化、产业生态化、农旅文一体化的绿色发展之路，实现了百姓富、产业强、生态美的有机统一。

四、下一步工作打算

全区四好农村路创建工作虽然取得了一定成绩，得到各级交通主管部门认可，但也存在一些不足，与其他先进市、县相比，还有一定差距。下一步，钟山区将按照省、市政府和交通主管部门的安排部署，以此次创建"四好农村路"全国示范县为契机，借鉴和学习其他示范县好的经验和做法，把农村公路建设当作全区最大的民生事业，当作脱贫奔小康的宏伟事业，当作城市经济发展的产业全面推进，走出一条具有钟山特色的农村交通发展之路。

云南省华宁县

华宁县地处滇中,总面积1313平方公里,山地面积占总面积的89%,属典型的山区农业县。行政区域辖3镇1乡1街道,77个村(社区),654个村(居)民小组,总人口22万。华宁县古称宁州,具有悠久的历史文化积淀,自然资源丰富,在云南享有"泉乡""橘乡""陶乡"美誉。2016年,县内生产总值79.3亿元,公共财政预算收入3.95亿元,公共财政预算支出15.5亿元,社会消费品零售总额18.4亿元,农村居民人均可支配收入11694元,城镇居民人均可支配收入31533元。目前,全县通车里程1818.8公里,省道、县道、通建制村公路硬化率均为100%。

一、工作措施及成效

(一) 公路建设基础好

华宁县历来高度重视农村公路建设,2014年底,全县建制村公路硬化率仅为33.33%,2015至2016年建设了通40个建制村共35条363.54公里农村公路,总投资2.89亿元,实现了建制村道路硬化率100%。2017年计划新改建、硬化农村公路307项829.35公里,计划总投资6.3亿元,目前已完成建设316.4公里,完成投资3.6亿元,年底将全部完工,届时将实现全县自然村100%通硬化路。2016年10月,被评为创建"四好农村路"省级示范县,为创建全国"四好农村路"示范县带来了机遇、奠定了基础。

(二) 服务发展成效显著

经过不懈努力,华宁已经建立起了适应县域经济发展的农村公路网络,大大推进了城乡交通运输一体化和县、乡、村三级农村物流网络建设,对经济社会发展起到了巨大的推动作用。通过不断加强城乡交通运输站(点)和农村公交设施建设,合理配置客运资源,目前全县建制村通客车率达82%,乡镇通客车率达100%。全县农村公路路网的建设完善,打通了农村网络购销运输配送渠道,构建起"县、乡、村"三级供应链式运营物流网络,解决了由乡镇到村"最后一公里"物流瓶颈问题,建制村通邮率达100%。2014、2015、2016年贫困发生率逐年递减,三年分别为6.02%、4.75%、1.75%,按照省市下达的目标任务,华宁将提前一年与全市同步率先在全省实现小康目标。

(三)管理体制健全顺畅

县、镇、村三级按照各自职责,深入推进路产路权维护工作,县设路政管理大队,乡设交通管理所,村设交通协管站,县、乡级农村公路管理机构设置率达100%,机构运行经费全部纳入县乡两级一般公共财政预算予以保障。县政府及各乡镇(街道)分别制定了《农村公路养护管理办法》,各村(社区)制定了爱路护路村规民约,制定率达100%。县路政大队配备路政管理人员20人,乡镇(街道)共配备路政管理人员10人,村级配备路政协管员68人,建立起了县有路政员、乡有监管员、村有护路员的路产路权保护队伍,做到农村公路路政管理全覆盖。

(四)长效机制基本建立

2014年成立了由县长任组长,分管副县长任副组长,县属有关单位主要负责人为成员的农村公路建设领导小组,2015年出台实施《创建"四好农村路"示范县实施方案》,将"四好农村路"主要指标纳入县政府绩效考核目标和对乡镇政府的考核指标。建立了以公共财政投入为主,多渠道筹措为辅的农村公路建设资金保障机制。2016年,与云南公投建设集团有限公司签订合作协议垫资建设全县通自然村道路硬化工程,协议投资金额达5.52亿元,支付费用纳入中长期财政预算,分5年支付;养护资金纳入公共财政支出,2014年至今县财政养护资金总投入1.10亿元。

(五)管养水平不断提高

全县公路养护始终坚持"建养并重,协调发展"的方针,县道县养、乡道乡养、村道村养,各级压实责任,实现了县、乡、村三级上下联动,管养全覆盖,列养率达100%。县乡两级共设立农村公路管理养护机构10个,农村公路养护协管员90人(户),其中,地方公路段出资组建成立的云南通捷公路养护公司,通过市场运作,承担养护大中修工程、水毁修复抢险工程等为主的公路施工和养护任务。建立了养护质量与计量支付相挂钩的工作机制，做到了"有路必管、有路必养、管必到位、养必见效"，保证了农村公路安全通畅。2016年全县优、良、中等路比例达77.162%，2017年各项工程完成后预计可达82%以上；路面技术状况指数（PQI）逐年上升，达77.184%。

（六）质量安全基础牢固

牢固树立"质量第一""安全第一"的思想，建立了完善的农村公路建设质量监管体系。成立了农村公路建设质量监督站，对20公里以下全县农村公路建设开展全面的质量和安全监督工作，建立了业主单位、监理单位、质量监督站联合监督机制，并邀请村组人员对辖区内农村公路建设共同参与质量监督。制定了《华宁县农村公路建设"七公开"制度实施方案》，认真履行《工程质量终身责任追究暂行办法》。不断加大公路安全生命防护工程建设，2017年将启动预计投资6500万元的县域内省道、县道及通建制村公路安全生命防护工程建设。2015年以来新改建35条农村公路，一次交工验收合格率达100%，近五年全县境内新改建农村公路未发生重大质量事故和重大安全生产事故。

（七）促进美丽乡村建设效果较好

按照玉溪市人民政府关于开展"清门户，除垃圾，保畅通，还路权，美家园"路域环境专项整治相关要求，对公路沿线违章建筑和非交通标志等广告牌一律拆除，全力整治环境卫生、做好路面修复。对公路路面、公路用地范围内的堆积物、占道作业及时整治，做到了路面常年保持整洁、无杂物、边沟齐全、排水通畅、无淤积、堵塞，县道基本实现"路田分家、路宅分家"。认真研究"四好农村路"内涵，立足华宁地域特色，融合田园风光，优化植物配置，打造"一路一风景、一景一特色"的农村旅游公路，建成6个苗圃基地，种植农村公路沿线行道树36.85万余株，农村公路绿化率分别为县道97.27%、乡道72.1%、村道59.86%。

二、主要经验及特点

（一）创新建管机制是建设"四好农村路"的根本保证

华宁作为典型的山区县，财政收入只能保工资、保运转，县政府及时成立了华宁县通达投资有限责任公司作为县政府投融资平台，成功向社会融资2亿元、向银行贷款3000万元；通过公开招标成功引进云南公投建设集团有限公司，采用融资+EPC模式建设通自然村公路及全县公路安全生命防护工程。县交通运输局作为农村公路建设行业主管部门进行项目计划下达、设计审批、质量监管和日常督查检查，县通达投资有限责任公司作为农村公路建设管理业主承担了公路建设项目的勘察、设计、招投标、融资、建设管理，使县交通运输局摆脱了"既当裁判员，又当运动员"的尴尬局面，从而建立起了行业主管部门、业主、设计、施工、监理既互相监督又互相配合的质量监管体系。

（二）上级关心支持是建设"四好农村路"的坚强后盾

丁绍祥副省长在联系华宁县"四群教育"活动中，多次到华宁调研指导工作，并结合华宁实际制定出台了全省非"集联特、少边穷"地区农村公路建设补助政策。近三年来，省市安排各种项目资金3.5亿元支持华宁"四好农村路"建设，有效缓解了华宁财政资金收支矛盾。省市政府和交通部门的领导多次现场检查指导华宁"四好农村路"创建工作，助推华宁县成功创建为"四好农村路"省级示范县。

（三）群众积极参与是建设"四好农村路"的强大助力

群众参与是农村公路建设、管理、养护的一股重要力量。县乡两级共设立农村公路管理养护机构10个，农村公路养护协管员90人（户），实现了乡道乡养、村道村养，爱路护路村规民约制定率达100%。为充分调动群众的积极性，在农村公路建设立项前要求各村召开村民代表会或村民大会，讨论决定各村道路建设项目的实施方案，并自行解决土地占用、青苗补偿、建构筑物拆迁等前期工作，具备施工条件后向县农村公路建设指挥部提出申请。近三年来，群众在农村公路建设中占用土地、青苗补偿、建构筑物拆迁及投工投劳等方面的投资估算达1.6亿元，让沿途群众真正认识到路是自己的，建路、爱路、护路是自己的责任，义务护路员显著增多，护路意识明显增强。

（四）强化公路养护是建设"四好农村路"的重要内容

有力的养护工作是延长农村公路使用寿命的关键所在。设立县、乡、村三级农村公路管养机构，健全了农村公路管养组织机构，并以市场化运行方式成立专业养护公司参与农村公路养护工作，县、乡、村"三级"上下联动，齐抓共管，实现了管养全覆盖。推进农村公路管养工作管养规范化和制度化，确保各项工作有章可循，强化养护工作严格计划管理，为日常养护、小修保养、大中修工程、危桥改造工程提供制度保障。省级按照养里程足额拨付养护资金，2014年至今共拨付2923.53万元；市级建立"以奖代补"激励机制，2014年至今共给予全县以奖代补资金和养护配套资金875.28万元；县财政将养护资金纳入年度财政预算，2014年至今共拨付1101.2万元，形成了省、市、县三级护资金保障长效机制。

（五）加强营运管理是建设"四好农村路"的必要举措

积极推动城乡道路客运一体化发展进程，实现了乡镇客运站全部标准化建设，通过不断加强城乡交通运输站（点）建设和农村公交客运设施建设，坚持路、站、运、管、安一体化思路，全力打造全面、方便、快捷的运输环境。建立了农村客运安全通行条件联审机制，实行政府、安监、交警、交通、运管"五方"会审，农村客运班线审核机制得以健全，堵住了"三无车辆"漏洞，有效消除了农村公路交通安全隐患。加强对驾驶员良好的教育培训，培养驾驶员良好的驾驶习惯和安全意识。加强农村客运车辆监管，杜绝乱收费现象，确保农村客运规范有序运行。进一步强化路政管理，逐步完善规范标志标牌，建立起县有路政员、乡有监管员、村有护路员的路产路权保护队伍，做到农村公路路政管理全覆盖。

陕西省大荔县

近年来,大荔县坚持把建设"四好农村路"作为连通县域城乡一体、助力经济融合转型、打造开放型经济新高地的重要载体,统筹规划建设,牢固树立融合转型和"旅游+"发展理念,立足县情实际,抢抓国家实施西部大开发、"一带一路"战略、打赢脱贫攻坚战等系列政策叠加机遇,以美丽宜居乡村建设为抓手,高点定位,精准发力,重点突破,纵深推进,努力把道路建成风景线、村庄建成小公园、县城建成大公园、全县建成大景区,走出了一条以"美丽交通"领跑经济社会追赶超越的特色发展之路。

一、规划先行,夯实发展基础

坚持全域全景理念,统筹规划、系统建设。**明晰思路**。秉承"修一条路、造一片景、富一方百姓"发展理念,提出了"把道路建成靓丽风景线"的总体思路,交通和景观并重,力求在实现"畅、洁、绿、亮、安"路域环境的同时,达到"美化、彩化、香化、文化"的景观化效果,着力建成绿色生态经济廊道。**高点定位**。依托秦晋豫黄河金三角重要节点城市、沿黄观光路新兴旅游城市、陕西东大门和渭南副中心城市等区位优势,通过建设大路桥、构筑大路网、培育大运输、发展大交通,加快构建互联互通、安全便捷、畅通高效、绿色生态的农村综合交通运输体系,打造黄河西岸综合交通枢纽。**科学谋划**。将农村公路建设与县域城镇化、全域旅游、脱贫攻坚等紧密结合,以《大荔县城市总体规划(2014-2030)》为纲,高质量编制了《"十三五"交通规划》《城乡道路一体化发展规划》等,制定下发了《美丽公路建设五年计划》《推进"四好农村路"建设实施方案》,使农村公路建设有规可依,做到布局合理、等级适宜、具体可行。

二、建管养运，打造"四好农村路"

围绕"四好"目标，推进农村公路"建管养运"协调发展。**高标准建好**。以完善农村路网结构为重点，累计投资15亿元，先后实施一般县乡公路改建项目、重点农村公路项目、通村公路项目等一批农村公路建设项目，新改建农村公路700余公里，县域道路交通环境全面改善。特别是创建"四好农村路示范县"以来，重点聚焦全县68个贫困村，完成投资5亿元，新改建朝高公路等农村公路200余公里，同步建设交通安全、排水和生命安全防护设施，农村公路安全隐患和危桥改造治理率达到100%。在建设过程中，切实落实"六位一体""七公开"制度，实行设计、施工、监理工程质量终身负责制，一次性交工验收合格率达到98%以上，实现了"建成一条、达标一条"。**严要求管好**。以"属地管理"为核心，全面落实主体责任，健全完善了县镇村三级管理体系，做到县有路政员、镇有监管员、村有护路员，爱路护路乡规民约制定率达到100%。不断强化路政管理，严厉打击侵占路产路权、超限超载等违法违章行为，建成县级路政信息综合管理平台，县乡公路全部实现路宅、路田分离，车辆超限超载率稳定控制在3%以内。**精细化护好**。坚持专群结合、有路必养，建立了以县养护中心和四个分中心为基点、辐射全县16个镇（街道）的网格化道路养护模式，配备道路清扫车、洗扫车等养护作业车辆16台，实现养护责任化、机械化、无盲区；将日常管养与美丽宜居乡村建设充分融合，聘请养路员1000余名，推行"一岗双责双酬"制（"一岗"即一条路段，"双责"即公路作业范围内日常养护职责和公路作业范围外清洁保洁职责，"双酬"即美丽乡村保洁员工资和养护员工资），县道养护员每月每公里养护费从600元增加到1000元，乡道养护费从300元增加到700元，养护费标准大大提高，养护队伍得到稳定，农村公路列养率达到100%。加大养护管理信息化建设，投资40万元，建成农村公路养建管理平台，农村公路"健康档案"建档率达100%。**高水平运营好**。积极推进城乡客运一体化发展，投资4000万元，开通客运线路66条，设置镇村候车亭108个、公交站牌152对，形成了"县有客运站、镇有客运点、村有候车亭"的便民乘车系统，通班率达100%，一体化水平达到部颁AAAA级标准。投资2亿元，规划建设了集高铁站、汽车站、自行车站、城乡公交站和旅游客运站"五位一体"的多功能综合车站，为群众出行提供零换乘体验。大力发展农村物流，通过科学搭建物流站点、物流信息、货运配送三个网络，在全国率先建成"以县城为中心、以镇为站、以行政村为点"的三级物流服务网络。规划建设了汽贸产业园，全县汽贸企业达到200多家，货运车辆1.2万辆，年货运量5000万吨，货车保有量和货运周转量均居渭南之首。

三、转段提升，打造景观廊道

有序推进"四好"农村路沿线同步配套跟进，打造美丽农村公路品牌。**打造生态之路**。坚持"路修到哪里，树栽到哪里"，按照防护、美观及经济效益相结合的原则，因路而宜，全线推进国省县乡村道绿化提升，乔、灌、花、草复合配置，消除黄土裸露，推动路景相融，建成"产业文化东张路""温泉度假大火路"等三季有花、四时常绿，五彩缤纷、错落有致，层次鲜明、各具特色的绿色长廊。同时，积极开展街道巷道绿化美化，栽绿篱、建广场、造花坛、种绿草、植片林，建成环村林带122个、花卉村50个，"村边森林化、村内园林化、道路林荫化"生态田园风光初步形成。**打造文化之路**。坚持"以路为载，传承文化"，把文化墙建设作为打造公路文化、扮靓美丽公路的有效载体，以宣传党的治国理政新思想新理念、道德模范、移风易俗、社会主义核心价值观、讲文明树新风公益广告、中华传统美德等为重点，融入大荔历史文化、民俗风情及美丽大荔人身边典型等内容，通过漫画、标语、农村老物件装饰等多种形式弘扬文明乡风，助推农村精神文明建设。**打造景观之路**。按照公路景区的标准，对农村公路沿线民居建筑立面进行统一风貌改造，安装中国红元素路灯和现代化镇村标识系统，增设旅游驿站、服务区、观景台、露营地、自行车绿道、旅游厕所等设施，建成了"交通干道108""旅游专线大朝路"等7条美丽农村公路示范样板路，特别是38公里沿黄观光路大荔段成为全省沿黄公路中最先建成通车、配套设施最全、沿途风景最美的路段，真正实现"车在路上行,人在画中游"。

四、融合转型,助推全域发展

以"农业+""旅游+""体育+"为主题,坚持融合转型,使优美的农村公路风景线真正成为生产力、竞争力。**"交通+农业"深度融合**。依托千公里美丽公路风景线,开展百公里百万亩美丽产业提质增效行动,将"38万亩有机冬枣基地""10万亩生态渔业基地""10万亩时令水果基地""20万亩黄河粮仓""现代科技畜牧养殖区""12公里多彩月季花长廊"等特色农业功能区域串联一体、组团集聚、协同发展,打通了农产品进城"最先一公里",有力助推了农业增效、农民增收,"四好农村路"成为群众致富金桥。**"交通+旅游"深度融合**。依托发达的交通网络和优美的乡村环境,大力发展全域旅游,打造了以"关中沙海、北国西湖、天下粮仓、醉美黄河"四大核心景区为引领,6条美丽乡村精品线路为支撑,平罗农业公园、黄河"多彩渔村"、新堡休闲农庄等为基础的全域旅游发展格局,贯通形成西至西安、东至永济、北至洽川、南至华山的1小时黄金乡村旅游圈,使大荔成为全国知名的乡村旅游目的地、秦晋豫黄河金三角重要的旅游集散地。2016年累计接待游客600万人次,综合收入突破30亿元。**"交通+体育"深度融合**。坚持把大朝旅游专线、沿黄观光路等最美农村路作为承接赛事、拉动经济、推动发展的重要载体,重点实施百公里"5+1"站自行车绿道工程,使绿色、生态、低碳、环保的慢生活出行方式成为时尚。特别是投资3000万元,在沿黄观光路上配套建设了15公里的黄河湿地水上自行车道,形成陕西大荔黄河湿地水上最美的"景观图"。"丝绸之路·美丽大荔"国际马拉松赛、全国竞走锦标赛等多项中省赛事在大荔成功举办,大朝旅游专线被各界誉为"最美乡村赛道",有力提升了大荔的知名度、影响力和对外开放水平。

实践证明,坚持以打造美丽乡村助推"四好"农村路建设的这条路走对了,坚定不移地走下去,大力发展现代交通,加快推进城乡交通一体化,逐步消除制约农村发展的交通瓶颈,以交通运输事业大发展推动美丽大荔新跨越,努力实现"全景大荔、全域旅游、全面小康"奋斗目标。

甘肃省陇西县

陇西县位于甘肃省东南部，定西市中部，总面积2408平方公里，辖10镇7乡，215个行政村，11个社区，1287个村民小组，总人口52.2万人。近年来，陇西县认真贯彻习近平总书记关于"进一步建好、管好、护好、运营好"农村公路的重要指示精神，坚持精准扶贫、交通先行，以建设"四好农村路"为目标，强力推动交通扶贫各项惠民工程纵深拓展，取得了显著成效。2015年被交通运输部评为"全国农村公路养护与管理先进集体"，在全省86个县区农村公路考核中连续8年排名靠前，特别在2016年获得了全省农村公路考核第2名的优异成绩，两名同志先后被交通运输部评为全国农村公路建设和养护先进个人，2017年陇西县被甘肃省交通运输厅确定为全省第一批"四好农村路"示范县和养护体制改革试点县。在具体工作中，主要抓了以下六个方面：

一是强化组织领导抓推进。始终把交通建设作为实施精准脱贫、全面建成小康社会的有力抓手和重要支撑，着力在组织领导、目标管理等层面不断夯实基础，切实保障工程建设顺利推进。成立了县委主要领导任组长，政府主要领导任副组长，县上四大家分管领导和各乡镇、各部门主要负责人为成员的交通扶贫攻坚工作领导小组，并把农村公路建设和养护管理纳入全县综合目标考核重要内容，每年年初县政府与交通运输主管部门、各乡镇签订目标责任书，做到任务明确、责任到人。结合定西市全面理顺交通运输体制机制的有利机遇，在现有的县乡公路管理站50人专业管护队伍基础上，在全县17个乡镇成立了正科级建制的农村公路管理所，按管理任务的大小，配备了专职乡镇监管员102名，成立村级护路小组215个，制定了爱路护路乡规民约及村规民约，使县乡村三级养护机制更加健全，有力促进了"建、养、管、运"各项工作落实。同时，定期邀请市、县人大代表、政协委员检查指导农村公路工作，有力地促进了农村公路工作的顺利开展。

二是坚持规划引领抓建设。按照"大规划引领、小规划配套"的思路,紧盯脱贫攻坚目标任务,制定出台了《六盘山连片特困地区定西市陇西县区域发展与扶贫攻坚规划(2011年-2020年)》和《陇西县交通运输业"十三五"发展规划》,明确提出了2010年实现乡镇通油路、2016年行政村通畅硬化、2020年村组通达硬化道路全覆盖的"三步走"奋斗目标。近五年来,积极争取投入资金12亿元,新建改建二级公路3条114公里,完成通畅工程175条1000余公里,村社道路300条1000公里。目前,全县境内公路总里程达1519公里(不含通社道路),其中高速公路3条100公里、国道1条43.7公里、省道4条177.4公里、县道6条185.6公里、乡道11条157.3公里、村道148条850公里、专用道1条5.2公里。在如期实现乡镇通油路率全覆盖的基础上,行政村道路通畅硬化于2016年底实现了全覆盖,并在全市范围内率先实现了与周边县区二级以上高等级公路相连接,形成了以县城为中心的"一小时交通圈",使陇西县成为全省公路交通条件最好的县区之一。

三是严控关键环节抓质量。坚持把质量作为农村公路建设的"生命线",组建成立了陇西县交通工程质量安全监督站,并配备专业人员8名,全面加强跟踪巡查监管。实行专业监理与群众代表监督相结合,全面落实施工监理现场签到和旁站监理工作制度,重点把控"原材料检验、机械设备准入、工程质量检测、分项工程验收、质量监管程序和资金拨付"六个关键环节,定期召开交通工程建设生产调度质量检查通报会,分析部署质量监管工作,建立问责机制,靠实工作责任制,做到质量技术不达标不放过、工程验收不合格不放过、返工整改不到位不放过。特别在老旧油路改造养护维修中积极采用冷再生技术,在全省农村公路建设项目中率先采用设计施工总承包的方式进行通畅工程项目建设,既合理有效地节约了建设成本,也保护了建设环境,保证了工程质量。近五年来,全县新建改建的农村公路一次性交工验收合格率均达到了100%。同时,坚持把农村公路通道绿化作为生态建设的重要内容,先后对162条1200多公里农村公路进行了绿化,真正做到了道路建设到哪里、绿化同步跟进到哪里。

四是健全工作机制抓养护。研究制定了《陇西县农村公路管理养护实施意见》，全面建立了"县乡道县管县养、村道乡管乡养"管养机制，农村公路列养率达到了100%。先后筹资1400万元购置配备各类机械设备28台（辆），建设沥青混合料拌和站1处，为养护工作提供了必要保障。在日常养护上，根据路线长短，将80多名养护人员分成5个作业组，全年开展县乡公路日常养护，并组建了2个30人的路面专业养护队和1个20人的构造物维修队对破损路面和桥涵等构造物进行常年维修，县乡道路优良率达到了74%。在资金保障上，县上每年都将管养经费列入县财政预算足额保障，年均拨付养护经费700万元左右，并通过在县财政部门设立社会捐助农村公路养护管理基金专户和将农村公共服务运行维护机制项目建设资金重点列入乡村道路养护经费的方式，多渠道筹集养护资金，形成了规范稳定的筹资保障机制。2016年通过多渠道筹措养护经费1250万元，全县乡村道路养护得到有效保障。在考核奖惩上，切实加大村道养护工作在乡镇年度综合考核中的评分权重，并实行季度检查、年度考核与养护经费拨付相挂钩，进行奖惩激励，有效调动了工作积极性，促进了管护措施全面落实。

五是规范行政执法抓管理。抢抓甘肃省将陇西县确定为全省农村公路路政执法管理工作示范县的有利机遇，做到"三个坚持"，切实规范执法工作。一是坚持"内业抓规范、外业抓整治"，配备执法设备加强执法硬件建设。按照"六统一四规范"的标准要求，全面整理规范路政内业资料，特别是法律文书的制作力求规范、齐全，案件做到"一案一档"，并及时结案归档。二是坚持"五四"巡查制度加大路产路权维护，做到每周巡查不少于5天，每天巡查不少于4小时，及时发现和制止各种违法行为。在保证消防、医疗救护车正常通行的情况下，以现浇混凝土限宽墩为主，在主要农村公路出入口和节点位置，设置限宽限载标志，加强源头治理，公路通行环境得到明显改善。三是坚持通过开展示范路创建和整治路基路面病害、完善安防设施以及加强农村公路路域环境整治，使全县农村公路实现由"通"到"畅、安、舒、美"的转变，基本实现了路田分家和路宅分家。

六是统筹城乡客运抓发展。坚持以人为本的思想，积极推行为民、利民、便民的各项措施,不断加快城乡公交一体化进程,切实提高行政村班车通达率,方便群众出行。目前,全县拥有城市公交车170辆,运营线路11条;班线车145辆,运营线路56条,营运里程8850公里。在2001年实现乡镇通班车率全覆盖的基础上,目前全县215个行政村通班车率达到了93%。为切实运营好农村公路,陇西县将原陇西县运输公司、陇西县客运站和陇西县货运站3家运输企业进行整合,组建成立陇西县交通运输总公司,为实现客运企业转型升级奠定了坚实基础。同时,不断加强农村物流体系建设,充分发挥宇臻、天马和邮政等龙头物流企业的带动作用,切实加快交通运输邮政快递电商的融合发展,积极推进县、乡、村三级物流站场设施和信息系统建设,目前已实现了村邮站全覆盖,并建立了覆盖县、乡、村三级的快递邮件配送网络。

青海省海东市乐都区

海东市乐都区位于青海省东部湟水河中下游，总面积 3050 平方公里，下辖 7 镇 12 乡，354 个行政村，14 个居民委员会，总人口 28.85 万人，其中农村人口 16.3 万人，是一个汉、藏、蒙古、回、土等多民族聚居地区。2002 年，被国务院确定为国家扶贫开发重点县，目前全区共有贫困人口 30079 人，占总人口的 10.4%。

截至目前，全区公路通车总里程达 1662 公里，公路密度每百平方公里 54.5 公里，19 个乡镇通四级及以上沥青（水泥）路，354 个行政村公路通畅率达 100%。全区现有客运线路 55 条，公交线路 12 条，乡镇等级客运站点 22 个，初步形成了覆盖全区、结构合理、衔接顺畅的城乡客运服务网络。各乡镇普遍建立了邮政服务机构，投递网、绿卡网、物流网三网建设已显雏形。

一、主要做法

（一）全力以赴抓建设，农村公路网结构日益优化

一是加快农村公路提标升级。截至 2016 年底，完成全区农村公路提标升级项目 54 个，总计 583.21 里程，其中县道 227.404 公里、乡道 87.379 公里、村道 268.427 公里；实施精准扶贫村道硬化 1179.872 公里，实施农村公路配套桥梁 384.996 延米/16 座，大桥 183.2 延米/1 座，总投资 6.22 亿元，基本建成了适应全区经济社会发展的农村公路网；**二是积极落实项目资金**。区配套六盘山交通扶贫攻坚示范试点项目征地拆迁资金 3700 万元，配套精准扶贫村村道硬化资金 10200 万元，有力保障了农村公路交通建设项目的顺利实施；**三是切实规范工作程序**。督促项目参建单位严格落实同时设计、同时施工、同时验收的"三同时"制度和对农村公路年度建设计划、省级补助政策、招投标制度等相关内容进行公示、公开的"七公开"制度。

（二）多方合力强管理，农村公路管理体制不断完善

一是建立完善的县、乡、村路政管理机构。县一级设路政管理所，19个乡镇、354个建制村100%设立乡、村两级农村公路管理站，确保县有路政员、乡有监管员、村有护路员。年配套超限超载治理资金20万元，限高限宽资金10万元，运行经费100%纳入一般公共预算；**二是**建立健全交通路政、公安交警、市场监管、城市管理等多部门联勤联动机制，每月不少于一次对源头货运企业及运输车辆开展联合治超，超限率控制在5%以内；**三是**切实做好路产路权保护工作，不断完善路产路权档案，逐步实现"路宅分家、路田分家"，爱路护路乡规民约、村规民约制定率达100%；**四是**大力开展路域环境专项整治，设立7条总长165公里的路政管理示范路，进行定期巡查，及时清理堆放物，拆除非公路标志，杜绝打场晒粮，保障公路的畅通和美化，为全区高原美丽乡村建设提供优质的路域环境。

（三）精耕细作重养护，农村公路养护长效机制日益健全

一是积极落实"有路必养、养必到位"工作要求。全区1549公里农村公路列养率100%，县、乡、村三级管护模式有机构、有人员、有经费，农村公路通畅率、使用率、良好率均达100%；**二是**建立健全养护管理办法。先后出台并修订《乐都区农村公路养护管理办法》《乐都区乡村农村公路管理站考核办法》和《乐都区农村公路乡村道管理养护以奖代补实施方案》，将日常养护经费和人员作为"有路必养"的考核指标，出台《乐都区农村公路养护工程招投标管理办法》，确保养护工程项目管理程序规范、管理技术周密、质量安全管理到位；**三是**落实养护资金及其长效增长机制。建立以公共财政投入为主、多渠道筹措为辅的农村公路养护与管理资金保障机制，落实地方财政年配套养护资金301万元，水毁专项维修金50万元；**四是**强化路况评定。积极开展农村公路技术状况评定工作，2016年，农村公路养护质量评定优、良、中等路比例为77%，其中县道优、良、中等路比例为82%，乡道优、良、中等路比例为79.8%，村道优、良、中等路比例为66%，路面技术状况指数逐年上升。根据评定结果科学合理安排养护工程，确保农村公路养护决策有据可依。

（四）多措并举优运营，农村公路服务能力和品质稳步提升

一是不断完善一级汽车站、公交首末站、公交港湾、停保场、充电桩等城乡运输服务基础设施，采购环保公交车，总计投资1.82亿元。目前，全区乡镇客运站覆盖率达100%、通班车率达100%，行政村通班车率达97%，农村群众对公交出行的满意度逐年提升；二是规范运输市场秩序。全面整治客货运市场和维修市场，严格按照规定标准审批客货运车辆、驾培维修企业开业，并做好源头管理、客运班车报停、二级维护和等级评定等备案工作。同时，全力开展打非治违，保护合法经营者正当权益，对全区337辆出租车加大路检路查，通过车容车貌整治保持车内外清洁、规整，提高群众出行舒适度和满意度；三是正在建设县、乡、村三级农村物流网络。以乡镇汽车站为依托，逐步建设集农村公路养护、客运管理、邮政物流、源头治超、信息集散"五位一体"的乡镇综合交通服务体系，基本建成覆盖城区、乡、村三级的农村物流网络。

二、突出的亮点

（一）农村公路建设在扶贫攻坚中的基础性、先导性作用不断凸显

贫困地区出行条件明显改善，补齐了发展短板，打通了交通扶贫"最后一公里"。全区141个贫困村、8934户30079人的出行难问题基本得到解决，群众生产生活成本和农副产品、建筑材料等运输费用明显降低。农村公路网结构的优化推动了产业结构转型升级，仅2016年全区增加温室蔬菜大棚783栋，农家乐22家，养殖专业合作社15家，农民经济收入提升20%以上，人均年收入增长1500元以上。村容村貌、居住环境得到明显改善，村民主动投工投劳、改善村容村貌、构建幸福家园，加快了脱贫致富的步伐。2017年1月，交通运输部部长李小鹏到乐都区视察指导扶贫攻坚工作并慰问贫困户，对全区交通扶贫工作予以肯定。

（二）农村公路项目管理模式不断创新

六盘山交通扶贫示范项目在全省农村公路建设中首例试点采用"政府购买服务"第三方代管模式。通过公开招标选择技术水平高、管理经验丰富的项目管理服务单位，对农村公路建设项目的施工、工程款支付、工程

质量监理、竣工决算和竣工验收、资产移交等工作进行专业化管理，并对项目工程质量、安全、投资、合同、进度、环保、信息等方面进行全程管理和控制，有效解决了农村公路建设项目点多面广，项目管理人员紧缺，管理力量薄弱等问题，确保了六盘山扶贫攻坚交通示范试点项目高效推进。2016年9月，交通运输部党组书记杨传堂到乐都区六盘山扶贫攻坚示范项目视察指导工作，对这一项目管理模式创新做法予以肯定。

（三）智慧型道路运输体系助推城乡交通运输一体化建设

全区班线车和出租汽车全部安装了GPS和4G实时监控设施，覆盖率达到100%，实现了监管部门和客运企业对运营车辆状态的动态监控；建立了集多功能于一体的客、货运信息平台、道路运输管理信息平台、联网售票系统，实现道路运输组织和管理的信息化、智能化，增强了行业安全监管、持续发展、运输服务等多方面能力。2017年，被列为交通运输部第一批城乡交通运输一体化示范县。

（四）农村公路管理中深入贯彻绿色交通理念

将生态环境保护要求纳入"十三五"交通运输发展规划，积极打造生态环保路和公路绿色走廊，公路建设与路容路貌、路域环境整治、恢复植被相结合，共实施绿化项目161公里，累计绿化植树68262株。同时，以"提高能效、降低排放、保护生态"为核心，加快黄标车等老旧车辆淘汰步伐，大力提倡使用清洁新能源车辆，定期开展尾气检测工作，建立营运车辆尾气检测数据库，加强渣土运输车辆抛洒治理，加大对过境危险品车辆查处力度，确保了道路运输市场可持续发展。

宁夏回族自治区固原市原州区

近年来,在党中央、国务院的亲切关怀和自治区、市党委、政府的坚强领导下,在交通运输部和宁夏交通运输厅的倾力支持下,原州区委、区政府团结带领全区各族人民,解放思想,抢抓机遇,开拓创新,务实苦干,把农村公路建设作为推进脱贫攻坚的主要抓手,举全区之力抓好农村公路建设,组织实施了道路"通达工程""村村通工程"、农村公路安防等工程,农村公路建设取得了显著成效。

一、基本情况

原州区位于宁夏南部山区、六盘山东麓,是国家扶贫开发工作重点县(区),集民族地区、革命老区、"三西"地区、连片特困地区于一体。辖7镇4乡3个街道办事处,区域总面积2739平方公里,总人口46.1万人,回族人口占48.7%。2011年被国务院确定为六盘山集中连片特殊困难地区贫困县区之一,是典型的"老少贫"地区。2016年7月,习近平总书记到原州区彭堡镇姚磨村调研产业发展,看望并慰问困难群众,充分体现了党中央和习近平总书记对贫困地区、民族地区的深情关怀和心系基层、关心群众的为民情怀。

原州区自2009—2013年,实施"村村通工程",修建四级以上沥青路840公里;2014—2016年,围绕脱贫攻坚,修建贫困村道路600公里。目前全区通车里程达2462.33公里,其中国道68.6公里,省道202.88公里,县道105.16公里,乡道393.25公里,村道1623.94公里,高速公路68.5公里,形成了以城区为中心,乡镇为节点,连接城镇、辐射乡村的交通网络,率先在宁夏实现了"村村通客车"的目标。

二、主要做法和成效

（一）抓公路建设规划，构建和谐交通运输体系

围绕原州区"六纵六横"公路建设规划，成立专业规划组，在深入调研论证、充分听取乡镇村组意见的基础上，通过实地踏勘测量，编制了以市区为中心、国省道为主骨架、县乡道路为支撑的农村道路规划，为推进原州区"四好农村路"建设提供了遵循。

（二）抓"通达工程"实施，破解群众出行难题

积极争取项目，累计投入资金8.3亿元，其中地方政府投资1.9亿元，每年建设农村公路200公里，新改建农村公路1145公里。率先在宁夏实现了村村通沥青水泥路目标，形成从市区到乡镇"一小时交通圈"，被自治区评为"农村公路建设先进县区"。

（三）抓农村公路改建，全面提升镇村建设水平

坚持农村公路与美丽乡村建设相结合，先后建成了张易、头营、三营等7个小城镇和开城深沟、彭堡闫堡等50个美丽村庄。三营和张易小城镇分别被评为国家级小城镇、自治区环境优美乡镇，三营镇还被列为全国建制镇示范点。打造的驼巷、头营等美丽村庄成为自治区样板工程。

（四）抓农村公路管护，保障道路安全畅通

修订完善《原州区农村公路养护管理办法》《原州区农村公路养护目标任务考核评定标准》等制度，按照道路养护市场化运作、企业化管理、社会化用工要求，对县道、乡道采取专业养护，对村道采取补贴资金形式，承包给村委会进行养护，公路部门对养护质量进行考核，结果纳入乡镇年终综合考核。

（五）抓执法整治行动，全面优化路域环境

通过各种有效方式，向社会各界宣传《中华人民共和国公路法》《公路安全保护条例》等法律法规，教育广大群众爱路护路，引导车辆按法律规定合法守法运营，坚决遏制车辆超限超载势头，路政案件查处率达到100%，车辆超限超载率控制在5%以内。公开路政治超处罚程序和收费标准，自觉接受社会各界监督。配置执法仪器设备和安全执法用具，确保执

法程序的合法性、执法工作的公正性。

(六)抓农村公路运输,打通城乡交流畅途

建成 11 个乡村客运站、36 个农村客运招呼站,开通客运线 79 条,日发客车 200 班次,形成了方便快捷的农村客运网络。建成清水河综合物流园、三营火车站工业品物流园,开展货运代理、配送、信息服务等,为物流业发展提供了良好的环境。

农村基础设施的改善,有力带动了经济社会发展,提升了广大群众的获得感和幸福感,突出体现为"四个成效":**一是农民增收成效明显**。2016 年原州区城镇和农村常住居民人均可支配收入分别达 24153.4 元和 8070.4 元,分别是 2010 年的 1.7 倍和 2.3 倍。**二是特色优势产业培育成效明显**。2016 年原州区发展冷凉蔬菜 23 万亩,蔬菜收入占农民人均纯收入 42%以上。张易镇大店交通便利,建成年产 3 万吨的矿泉水公司,产值 1 亿元。官厅镇阳洼村道路改造后,自来水入户和阳光沐浴工程实现全覆盖,现已成为原州区繁殖母牛养殖示范村。**三是素质提升成效明显**。"公路通了、信息灵了、脑瓜活了、收入多了、讲文明了"。医疗、教育、文化等惠民实事得以兴办,农村社会事业快速发展。**四是城乡一体化建设成效明显**。农村公路和小城镇、美丽乡村的建设,完善了农村基础设施,改善了农村生产生活条件,优化了人居环境,推进了城乡协调发展。

三、农村公路建设的实践与体会

(一)建机制,营造建设农村公路好环境

一是建立领导决策机制。把农村公路工作摆上重要议事日程,每年列入政府民生实事,召开专题会议研究解决问题,为农村公路发展提供了科学决策。**二是建立联合推进机制**。成立农村公路领导小组,抽调骨干力量,建立专业化管理队伍。各相关部门密切配合、齐抓共管,形成重大问题联合协商、重点环节联合督查的协同推进机制。**三是建立考核监督机制**。将农村公路工作纳入新农村考核,向乡镇和有关部门下达任务,通过定期检查指导、督促整改存在问题,形成责任明晰、监督有力、运转高效的良好机制。**四是创新管理机制**。建立"业主负责制、合同管理制、招投

标制和工程监理制"体系，采取专业化管理与社会监督相结合的办法，项目验收合格后兑付资金。

（二）抓典型，树立发展农村经济好标杆

一是统筹城乡发展的"三营经验"。按照"一次规划、分步实施"思路，优化"十横四纵"道路网络，新修道路15公里，建成须弥山路等2条宽幅绿化带，建设清水河景观园，助推三营成为"宁南民族特色商贸物流重镇"。**二是促进产业发展的"头营经验"**。头营镇以公路建设为依托，通过基地示范、土地流转等模式，大力发展冷凉蔬菜产业，2016年全镇农民可支配收入8339元，高于全区平均水平。**三是推动精准扶贫的"驼巷经验"**。实施张易镇驼巷村道路建设、特色产业培育、人居环境改善等，结束了该村道路崎岖、村容破旧的历史，建成水通路平、干净整洁、绿色宜居的扶贫"样板村"。

（三）重保障，巩固提升农村公路好成果

一是资金保障。坚持交通优先发展战略，每年将农村公路建设养护资金列入财政预算，确保农村公路持续健康发展。**二是用地保障**。制定原州区农村公路建设征地拆迁补偿方案，解决农村公路建设改造用地问题，为"四好农村路"建设奠定坚实基础。**三是队伍保障**。按照精简高效原则，设置农村公路养护管理站12个，落实管理人员146人，负责县道和重点乡道的专业养护和路政执法，依法管养农村公路。

四、农村公路建设的设想与打算

一是全面改进融资模式。探索实施PPP模式，吸引社会资本参与投资，2017—2019年，计划投资11.6亿元，对农村公路全面改造提升。改造升级超级服役县道100.2公里，乡道305.2公里，村道300.9公里。

二是全面提高通达水平。到2020年，新增自然村道1000公里以上，提升改造农村公路860公里以上，创建一批产业路、旅游路、生态路、致富路。

三是全面提升路况质量。严格落实主体责任，结合农村公路PPP项目，研究采取建养一体打包模式，探索实施"市场主导，企业主体，群专结合，双向考核"的农村公路养护模式。

四是全面优化运输服务。坚持"以人为本"，进一步优化农村客货运输网络，增加农村公交发车频次，提高客车运营水平，为群众出行提供更加便利的条件。

下一步，将以习近平总书记"四好农村路"重要批示精神为总纲，认真贯彻落实本次会议精神，加快推进农村公路提质增效，力争到"十三五"末，全面建成"便捷、畅通、安全、绿色"的农村公路运输网络，为打赢脱贫攻坚战和全面建成小康社会奠定坚实基础。

新疆维吾尔自治区巩留县

巩留县位于新疆维吾尔自治区西北部伊犁州境内，总面积4528平方公里，辖6镇2乡5个农牧场80个村队6个社区，总人口20.35万人，由汉、哈、维、回等23个民族组成。境内公路总里程1045公里，其中国道95公里、省道42公里、县道75公里、乡道576公里、村道167公里、专用公路90公里。现有二级以上公路137公里、三级公路84公里、四级通油公路824公里。近年来，在交通运输部、自治区交通运输厅和自治州交通运输局的关心帮助下，巩留县委、县政府高度重视农村公路工作，不断推进农村公路建管养运协调可持续发展，有力地促进了县域经济发展和社会和谐稳定。

一、聚力建设好，不断加大建设力度

（一）高度重视，不断加大农村公路投入力度

巩留县委、县政府积极探索，大胆创新，以多元化方式推进农村公路建设。3年来，县财政投资8.1亿元（总投资9.58亿元），群众投工投劳10万人次，新改建农村公路项目113个，建设里程达765.6公里，新建乡镇客运站5座，村级招呼站10座。2014年，巩留县委、县政府把破解农村公路建设"最后一公里"难题列为重要民生工程，决定利用3年时间，将"村村通"工程覆盖面扩大到"户户通"（村内巷道），3年共计修建350公里，2017年底村内巷道硬化率将达到95%，基本实现了"户户通"。采取了"县财政拨付一部分、乡镇财政补助一部分、村队通过'一事一议'动员农牧民投工投劳解决一部分"的方式，合力解决农村公路建设资金缺乏的难题。目前，全县乡镇通畅率达100%，建制村通畅率达98.76%，各族群众的出行环境和乘车条件得到极大改善，为新农村建设发挥了积极的作用。

（二）强化监管，不断提升公路建设水平

结合全区"农村公路建设质量年"活动，全面提升农村公路建设监管水平。**一**是建立了以政府主导、部门监督、监理抽检、企业自检、群众参与的五级质量保障体系，严格落实质量责任倒查追究制度。**二**是通过人才引进、县内聘用等方式，增加公路工程技术岗位2个，强化专业技术力量。**三**是县人民政府筹资25万元在县养路队建立巩留县农村公路建设质量检测试验中心，实现了公路建设管理精细化，科学化，标准化。**四**是认真落实项目法人制、招投标制、工程监理制、合同管理制。**五**是组织纪检、财政、审计等部门共同参与、共同监督，严把公路建设各个环节，确保建设资金使用不出问题。

二、聚力管理好，构建常态长效保障机制

（一）明确管护职责

2015年，县人民政府办公室印发了《巩留县农村公路管理养护实施细则》。全县13个乡（镇场）都设立"公路养护管理站"，制定相应的规章制度和工作人员岗位职责，负责本乡镇农村公路的日常管理和养护工作，由一名副职领导兼任站长，并按照每管养25公里至少配备一名路管员的标准，在乡（镇场）共设路管员35人，村队共设协管员81人。养护机械及必备交通工具由县政府负责配备，日常经费从养护专项资金中给予补助，形成了县、乡、村三级管理养护格局。

（二）不断加大路政管理力度

围绕"依法保护路产路权"和打造"安全、畅通"的公路出行环境的目标任务，狠抓路政管理工作，积极开展公路法律法规宣传教育活动，不断扩大农村公路日常巡查范围，并组成联合检查组不定期开展路域环境专项整治，依法查处占用、污染、损坏路产路权的违法行为。2017年，已查处各类路政事案3起，罚款1.5万元，有效维护了农村公路路产路权。

三、聚力养护好,提高农村公路养护水平

(一)保障养护资金

根据《巩留县农村公路管理养护实施细则》,将农村公路养护经费纳入年度财政预算,明确县财政列支的农村公路养护补助资金不得低于以下标准:县道每年每公里7000元,乡道每年每公里3500元,村道每年每公里1000元。同时,根据养护里程的增加和养护工程量的加大,适当追加养护经费,确保了养护资金有稳定来源。近3年县财政投入农村公路的养护资金不断增加,其中,2015为263万元,2016年为275万元,2017年为282万元。

(二)巩固养护队伍

巩留县养路队是县交通运输局下属差额补贴事业单位,由县财政承担80%的工资,自行解决20%的工资。县人民政府鼓励支持县养路队对外积极承建农村公路建设项目,用建设效益保障养护目标,并从技术力量和施工机械方面给予支持,以达到以建促养、建养并重的目标。2011年,县人民政府划拨土地25亩、投资500万元,为养路队新建1600平方米的办公楼、仓库等。2013年,县人民政府又投资700万元购置了封层车、3000型拌和站,机械化养护水平得到进一步提高。目前县养路队成为拥有各类养护机械55台(辆、组)、专业养护人员52人、固定资产4800万元的正规化养护建设单位,已成为巩留县行政事业单位改革的成功典型。

(三)完善养护机制

初步建立了以"查、治、督"为重点的工作机制。"查"即做到日常巡查、定期检查、特殊检查相结合。日常巡查重点放在路面、路基排水,主要由各乡镇养护站实施。定期检查由县养路队每半年对全县农村公路、公路桥梁进行一次检查,并根据检查中发现的病害上报养护工程数量、制定养护处治方案。特殊检查就是各养护单位针对雨雪天气、发生自然灾害后立即检查,并对病害及时抢修。"治"即要求各乡镇养护站在日常巡查中及时做好公路的清扫保洁,对发现的公路病害能现场解决的就地解决,不能解决的及时上报,由县交通运输局及时安排养护小修,把病害消灭在萌芽;"督"即县交通运输局定期或不定期对各乡镇养护站、县养路队的

日常养护工作和养护小修工作进行督查、评定，并作为年终考核评比和落实奖惩的重要依据。

（四）有效开展养护工作

一是变临时修补为统筹安排，统一制定养护计划，统一安排，统一实施，提高了养护效益。二是在农村公路养护中，坚持做到抓好小修、及时中修、科学养护，变被动补修为主动养护，立足于预防性养护。对小修、中修采取了定额承包养护的措施，推进了公路养护的市场化进程，减少了养护成本。81名协管员随时动员群众对家门口的道路进行日常养护。三是对部分路面坑槽、龟裂，路基沉陷病害情况较为突出的农村公路，参考干线公路大中修工程，采取加设水稳层、沥青碎石封层和铺设4厘米沥青混凝土面层的方式实施了大中修。全县农村公路列养率达到90.6%，其中优良路比例达到80%，中等路比例达到85%以上。

（五）积极打造"最美乡村公路"

2017年，县人民政府投资560万元，打造"最美乡村公路"70公里。主要实施了四项工程。一是实施路基标准化工程。按照规范要求对公路边坡、路肩进行了整修；二是实施路面维护工程。对路面坑槽等病害及时进行了处治，增设道路双边热熔标线，重新粉刷护柱，不仅突出公路流畅、舒适的线型，也使公路文化得到了进一步的凸显；三是实施道路环境治理工程。对在农村公路控制范围内堆放建筑材料等脏乱差现象进行了治理。四是实施绿化美化工程。由乡镇组织群众对公路沿线树木进行刷白、病虫害防治、修剪枝丫工作，美化了公路环境。

四、聚力运营好，服务城乡经济社会发展

一是解决偏远村队乘车难的问题。目前全县已开通农村公交线路46条，投放客运车274辆，出租车232辆，村队通客车率达100%。初步建立了以道路班线客运、城市出租客运、城乡公交客运为主的三元结构客运体系。二是交通秩序明显好转。通过不定期组织交警、运管、城管等单位开展联合执法检查，对营运车辆乱停车及"黑车"非法运营等现象加大了整治力度，确保了交通秩序良性发展。三是建立健全了定价和价格调整机制。由县发改、交通部门按照价格定价和调价程序，合理确定了城乡出租

车票价，确保各族群众享受"低票价、高效率"的出行服务。**四是**促进了物流业发展。建立了集物流、农资、邮政、路政集一体的农村物流综合服务站。利用"互联网+"优势开发电商服务，开展"快递下乡"工程，全县13个乡（镇场）均设立了快递服务站，结合原有的邮政所加快了乡镇物流网络全覆盖进程，给居民的日常生活带来极大的便利。

图书在版编目（CIP）数据

"四好农村路"理论与实践／交通运输部政策研究室，交通运输部公路局编著．—北京：人民交通出版社股份有限公司，2018.3
ISBN 978-7-114-13661-0

Ⅰ.①四… Ⅱ.①交… ②交… Ⅲ.①农村道路—道路建设—研究—中国 Ⅳ.①F542.3

中国版本图书馆 CIP 数据核字（2018）第 044548 号

SI HAO NONGCUNLU LILUN YU SHIJIAN

书　　名：	"四好农村路"理论与实践
著 作 者：	交通运输部政策研究室　交通运输部公路局
责任编辑：	陈　鹏
出版发行：	人民交通出版社股份有限公司
地　　址：	（100011）北京市朝阳区安定门外外馆斜街 3 号
网　　址：	http：//www.ccpress.com.cn
销售电话：	（010）59757973
总 经 销：	人民交通出版社股份有限公司发行部
经　　销：	各地新华书店
印　　刷：	北京鑫正大印刷有限公司
开　　本：	720×960　1/16
印　　张：	25.5
字　　数：	363 千
版　　次：	2018 年 3 月　第 1 版
印　　次：	2018 年 6 月　第 3 次印刷
书　　号：	ISBN 978-7-114-13661-0
定　　价：	38.00 元

（有印刷、装订质量问题的图书由本公司负责调换）